BOSWELL · US-ARMY SURVIVAL HANDBUCH

John Boswell

US ★ ARMY SURVIVAL HANDBUCH

Die Hohe Schule des Überlebens

Pietsch Verlag Stuttgart

Einbandgestaltung: Siegfried Horn

Die US-Ausgabe ist erschienen bei Times Books, New York, unter dem Titel: The U.S. Armed Forces Survival Manual.

Illustrationen von Herb Mott

Die Übertragung ins Deutsche besorgte
Hermann Leifeld

ISBN 3-87943-838-2

10. Auflage 1987

Satz und Druck: studiodruck, 7440 Nürtingen-Raidwangen.
Bindung: Buchbinderei Wilhelm Nething, 7315 Weilheim.
Printed in Germany.

INHALT

Vorwort

Seit Jahrhunderten sind die Amerikaner stolz auf ihre Selbstgenügsamkeit. Sie ist einer der Eckpfeiler, auf denen dieses Land ruht.

Aber die Technologie des zwanzigsten Jahrhunderts macht es immer schwieriger, diese Selbstgenügsamkeit zu erreichen. In unserer Zeit der Spezialisierung ist es weitaus einfacher, einen Experten für die zu bewältigenden Aufgaben zu finden. Am Ende sind wir immer weniger in der Lage, für unsere eigenen Bedürfnisse zu sorgen.

Daran dachten die Herausgeber, als sie begannen, die neuesten Informationen zur Überlebenstechnik und -denkweise zu sammeln. In der Forschung passiert es nur sehr selten, daß man alle maßgeblichen Informationen an einer Quelle findet. Das vorliegende Buch bildet eine Ausnahme von dieser Regel. Für das Thema Überleben gibt es auf der Welt keine größere Autorität als die vier Teilstreitkräfte der Vereinigten Staaten.

Das meiste in diesem Buch enthaltene Material stammt aus einer Sammlung von Broschüren, Druckschriften und Artikeln, die vom Government Printing Office für amerikanisches Militärpersonal in der ganzen Welt herausgegeben wurden. Es handelt sich um das gleiche Material, das die amerikanischen Bodentruppen und Special Forces im Zweiten Weltkrieg, die Marines in Korea und die Green Berets und Navy-Seal-Einheiten in Vietnam erhielten. Mit Hilfe von Soldaten und Seeleuten, die es verwenden mußten, wurde es regelmäßig auf den neuesten Stand gebracht und revidiert. Es ist praxisnahes und spezifisches Material, das den aktuellsten Stand der Überlegungen zu wirkungsvollen Überlebenstechniken widerspiegelt.

Die Aufgabe der Herausgeber bestand also darin, dieses Material zu sammeln und es zu einem zusammenhängenden, klaren, genauen und leicht verständlichen Buch zusammenzustellen, das für zivile und militärische Zwecke geeignet ist. Heutzutage – wo die internationale Luftfahrt Flüge über entfernte und abgelegene Gegenden zu einem alltäglichen Ereignis macht, wo Wanderungen und Camping in der Wildnis populärer denn je sind, wo die Anzahl von Reisemobilen und Geländefahrzeugen, Booten und Privatflugzeugen einen nie gekannten Stand erreicht hat – heute ist es die Art von Informationen, die jedermann griffbereit haben sollte.

Die Herausgeber John Boswell und George Reiger, beide früher Marineoffiziere, haben die SERE School der US-Marine (Schule für Überleben, Ausweichen, Widerstand und Flucht) erfolgreich absolviert. Boswell ist Schriftsteller, Herausgeber und Literaturagent und seit neun Jahren im Verlagsgeschäft. Reiger, ausgezeichnet mit der Ehrenmedaille der vietnamesischen Streitkräfte, war einer der ersten Militärberater in Vietnam und diente später als offizieller Dolmetscher bei den Pariser Friedensgesprächen. Er war Redakteur bei Popular Mechanics, Naturschutzredakteur bei Field and Stream und hat neun Bücher über freie Natur und Wildnis verfaßt.

Die Herausgeber danken dem Government Printing Office; dem Office of the Adjutant General, Department of the Navy; Headquarters, US Marine Corps und dem Directorate of Administration, Department of the Air Force für ihre Hilfe und Unterstützung bei der Suche nach dem im *US Army Survival-Handbuch* enthaltenen Material.

1 Die Psychologie des Überlebens

Niemand kann jemals völlig auf eine Überlebenssituation vorbereitet sein. Wenn du Glück hast, hast du Zugang zu einem Überlebenspäckchen, einem Gewehr oder einer Axt. Wenn du geschickt bist, bist du schon gut bewandert in den Fähigkeiten und Techniken, die in diesem Handbuch beschrieben werden. Aber ganz egal, wieviel Glück jemand hat oder wie geschickt er auch ist, wenn man sich plötzlich allein in einer gottverlassenen Gegend wiederfindet, ist das ein Schock für den gesamten Menschen – emotionell, geistig und körperlich. Es ist von großer Wichtigkeit, sowohl die Psychologie des Überlebens als auch seine Techniken zu verstehen.

DER WILLE ZU ÜBERLEBEN

Leichtathleten sprechen von dem »Bären«, der Mittel- und Langstreckenläufer jagt. Nach einer gewissen Strecke kommt der Läufer innerhalb weniger Meter aus dem Schrittrhythmus, richtet sich aus der Laufhaltung auf und wird merklich langsamer. Übermannt von Schmerz oder Krämpfen oder Müdigkeit hat er den Willen zum Gewinnen verloren.

Das gleiche Phänomen erlebt man häufig bei Überlebenssituationen, nur ist der Einsatz hier viel größer als bei einer Leichtathletikveranstaltung. Es gibt Berichte von Leuten, die gerettet und auf alle Krankheiten hin behandelt wurden und die anschließend dann im Krankenhaus starben. Sie hatten den Willen zu leben verloren. Die Erfahrungen Hunderter von Soldaten, die im Zweiten Weltkrieg, in Korea und Vietnam abgeschnitten wurden, beweisen, daß das Überleben größtenteils eine Sache der Geisteshaltung ist. Der Wille zu überleben ist dabei der wichtigste Faktor. Ob man sich in einer Gruppe befindet oder allein ist, emotionelle Probleme werden auf jeden Fall auftauchen – sei es durch Schock, Furcht, Verzweiflung, Einsamkeit oder Langeweile. Zusätzlich zu diesen geistigen Gefahren werden Verletzungen und Schmerzen, Müdigkeit, Hunger oder Durst den Willen zu leben beeinflussen. Wenn man geistig nicht darauf vorbereitet ist, alle Hindernisse zu überwinden und das Schlechteste zu erwarten, werden die Chancen, alles glücklich und lebendig zu überstehen, sehr stark verringert.

WOHIN DIE GEDANKEN FÜHREN...

Interviews mit Tausenden von Überlebenden aus deutschen Gefangenenlagern im Zweiten Weltkrieg zeigten die erstaunliche Belastbarkeit des menschlichen Körpers, wenn er vom menschlichen Geist gelenkt wird. Unsere Körper sind hochkomplizierte Maschinen, aber selbst unter den härtesten und schlimmsten Bedingungen kann der Wille zu überleben den Lebensprozeß aufrecht erhalten. Der Energiebedarf des Körpers durch Lebensmittel kann über eine gewisse Zeitspanne praktisch auf Null reduziert werden. Überlebende aus deutschen Konzentrationslagern haben berichtet, daß das Leben selbst unter unmenschlichen Bedingungen lebenswert war. In vielen Fällen wurde allein diese Geisteshaltung für das Überleben verantwortlich gemacht.

VORBEREITUNG

Die richtige Vorbereitung kann einem Menschen in einer lebensbedrohlichen Situation einen starken psychologischen Vorteil für die Bewältigung dieser Lage verschaffen. Es erwartet zwar niemand, in solch eine Lage zu kommen, man kann sich aber gewisse Umstände vorstellen, die die Wahrscheinlichkeit dafür sehr stark erhöhen. Wenn man sich auf eine Camping- oder Wandertour vorbereitet oder darauf, eine Fahrt in einem kleinen Flugzeug oder Boot zu unternehmen, vergrößert sich die Wahrscheinlichkeit, daß man sich plötzlich in einer extremen Situation wiederfindet. Die folgenden Tips sind nicht nur gute Ratschläge, sondern – wenn sie befolgt werden – bieten starke psychologische Unterstützung im Falle einer lebensgefährlichen Lage:

1. Bereite ein Überlebenspäckchen vor *(siehe Anlage II)* und nimm es auf jede Fahrt mit, bei der auch nur die entfernteste Möglichkeit besteht, irgendwo zu stranden oder abgeschnitten zu werden.
2. Wenn du ein kleines Flugzeug, Sportboot oder Reisemobil besitzt oder regelmäßig damit reist, bewahre dieses Handbuch im Handschuhfach oder im Werkzeugkasten auf.
3. Wenn du wanderst oder zeltest, nimm dieses Handbuch im Gepäck oder Rucksack mit.
4. Präge dir möglichst viele Informationen aus diesem Buch ein.

Die Kenntnis von Überlebenstechniken schafft Selbstvertrauen, und mit Selbstvertrauen kannst du die Umwelt, in der du dich dann befindest, kontrollieren.

PANIK UND FURCHT

Nahezu jeder, der sich jemals verirrt hatte, isoliert und von der Zivilisation abgeschnitten war, hat die Furcht kennengelernt – Furcht vor dem Unbekannten, Furcht vor Schmerz und Unbequemlichkeit, Furcht vor den eigenen Schwächen. Unter solchen Umständen ist Furcht nicht nur normal – sie ist gesund. Furcht schärft die Sinne und stimmt auf mögliche Gefahren und Risiken ein. Furcht ist das natürliche Ansteigen des Adrenalinspiegels, das bei allen Säugetieren vorkommt und als Verteidigungsmechanismus gegen Feindseligkeit oder Unbekanntes fungiert. Aber die Furcht muß eingegrenzt und in die richtigen Kanäle gelenkt werden oder sie wird zur Panik. Panik ist die schlimmste Reaktion in einer Überlebenssituation. Es wird Energie vergeudet, das rationale Denken wird beeinträchtigt oder sogar zunichte gemacht, und positive Maßnahmen zum Überleben werden unmöglich. Panik kann zur Hoffnungslosigkeit führen, die der erste Schritt zum Verlust des Überlebenswillens ist.
Es gibt mehrere geistige Schritte, mit denen sich die Furcht zum Bundesgenossen machen läßt und die ein Aufkommen von Panik verhindern. Wie schon gesagt, flößen Vorbereitung und Kenntnis von Überlebenstechniken Vertrauen ein und führen zur Selbstkontrolle und zur Kontrolle der Umwelt. Außerdem ist es wichtig, die Gedanken sofort auf eine Analyse der Situation und der augenblicklich wichtigen Aufgaben zu lenken. Dabei kann das Wort Ü-B-E-R-L-E-B-E als Gedächtnisstütze dienen. Die mit den Buchstaben des Wortes verbundenen Überlebenstips bilden eine erste Checkliste. Wichtiger noch, die Liste konzentriert die Gedanken auf die wichtigen Aufgaben und verringert damit die Furcht und die Gefahr einer Panik.

Ü*berdenke die Lage* – Bin ich verletzt? Welche erste Hilfemaßnahmen muß ich treffen? Sind andere in meiner Gruppe verletzt? Was gibt es für unmittelbare Gefahren? Gab es unmittelbar vor dieser Lage etwas, das mir sagt, wo ich bin oder wie ich am besten überlebe? Bin ich in der Nähe von Wasser? Lebensmittel? Wie ist das Wetter und das Gelände? Was gibt es um mich herum, das mir beim Überleben helfen kann.

B*ewahre Ruhe* – Haste nicht ohne Sinn und Zweck herum. Bis du dir deiner Lage voll bewußt bist, ist es wichtig, Energie zu sparen. Unter Überlebensbedingungen ist Energie kostbar und Zeit (außer bei medizinischen Notfällen) weniger wichtig. Stürze dich nicht in irgendwelche körperlichen Tätigkeiten, bis du dir einen Plan und bestimmte Aufgaben zurechtgelegt hast. Sinnlose Tätigkeiten begünstigen das Gefühl der Hoffnungslosigkeit, das letztlich zu Panik führen kann.

E*rinnere dich, wo du bist* – Mit größter Wahrscheinlichkeit wirst du dir Nahrung besorgen und dich von deinem ursprünglichen Standort entfernen müssen. Vertrautheit schafft Sicherheit, und in einer Überlebenssituation gibt es nur wenig Schlimmeres, als den Bezugspunkt oder das Basislager zu verlieren. Merke dir deine Umgebung, ungewöhnliche topographische Merkmale usw., und präge sie deinem Gedächtnis ein. Bei Verlassen des Basislagers markiere deinen Weg so, daß du deine Fußstapfen immer zurückverfolgen kannst. Ganz gleich, wo du auch gestrandet oder abgeschnitten bist, du bist immer »irgendwo«. Wenn du weißt, wo du bist, selbst wenn es nur in bezug auf deine unmittelbare Umgebung ist, erhöht das deine Rettungschancen.

R*ichte deine Gedanken gegen Furcht und Panik* – Wenn man sich selbst der schwächenden Wirkung von Furcht und Panik bewußt wird, verringert das ihre Gefahren. Überprüfe deine Haltung und analysiere die Ergebnisse objektiv.

L*erne zu improvisieren* – Wo du dich auch wiederfinden magst, es gibt etwas, wahrscheinlich sogar mehrere Dinge, innerhalb deines unmittelbaren Bereichs, das dir beim Überleben hilft. Je erfindungsreicher und kreativer du bist, desto bequemer wird deine Lage werden. Du mußt vor allem deinen Bezugsrahmen ändern. Ein Baum ist nicht länger ein Baum, sondern wird zu einer potentiellen Quelle von Nahrungsmitteln, Treibstoff, Schutz und Kleidung.

Mach dich mit deiner Umgebung vertraut. Wie bei einer optischen Illusion wird dein Gehirn Objekte in der Natur zu Überlebensinstrumenten umbilden.

E*rkenne den Wert des Lebens* – Der Drang zu überleben ist eine grundlegende Eigenschaft von Mensch und Tier und liegt den meisten kulturellen und technischen Revolutionen in der Geschichte zugrunde. Unter extremen Bedingungen kann der Wille zum Überleben stark gefordert werden. Wenn der Wille verloren ist, wird alles Wissen um Überlebenstechniken nutzlos. Geh' keine unnötigen Risiken ein. Du bist der Schlüssel zu deinem eigenen Überleben, und närrische Spielereien, die zu Verletzungen oder irgend einer Art der Behinderung führen, schränken deine Effektivität ein.

B*enimm dich wie die Eingeborenen* – In vielen weit von der Zivilisation entfernten Gegenden der Welt entdeckst du möglicherweise menschliche Bewohner. Primitive Eingeborene und Stammesgruppen sind normalerweise nicht feindselig; nähere dich ihnen jedoch mit Vorsicht. Sie kennen das Land: Wasser, Schutzmöglichkeiten, Nahrungsmittel, den Weg zurück in die Zivilisation.

Achte darauf, sie nicht zu beleidigen. Sie können dein Leben retten. Beachte die folgenden Hinweise, um dich der Hilfe der Eingeborenen zu versichern:

1. Überlaß' den Eingeborenen die Kontaktaufnahme. Verhandle um alles, was du brauchst, mit dem anerkannten Führer oder Häuptling.
2. Sei freundlich, höflich und geduldig. Zeige keine Furcht; zeige keine Waffen.
3. Respektiere ihre örtlichen Gebräuche und Sitten.

4. Respektiere ihr persönliches Eigentum.
5. Die meisten Stammeskulturen sind patriarchalisch aufgebaut. Versuche generell, direkten Kontakt mit den weiblichen Stammesmitgliedern zu vermeiden.
6. Lerne von den Eingeborenen, wie man jagt und zu Nahrungsmitteln und Getränken kommt. Laß' dich von ihnen über lokale Gefahren aufklären.
7. Vermeide körperlichen Kontakt, ohne daß es auffällt.
8. Papiergeld ist meist wertlos, aber Münzen, wie auch Streichhölzer, Tabak, Salz, Rasierklingen, leere Behälter oder Tuch können sich als wertvolle Tauschgüter erweisen.
9. Hinterlasse einen guten Eindruck. Andere könnten diese Hilfe ebenfalls benötigen.

E*rarbeite dir grundlegende Fähigkeiten* – In diesem Buch findest du Anleitungen zu grundlegenden Tätigkeiten. Aber lernen heißt tun. Je häufiger du grundlegende Aufgaben und Tätigkeiten wiederholst, desto geschickter wirst du schließlich darin.

Überleben ist eine positive Geisteshaltung gegen dich selbst und deine Umgebung. Wenn du dir die Hinweise, die mit den Buchstaben des Wortes verbunden sind, einprägst und sie dann untersuchst, werden deine Überlebenstätigkeiten bereits in bestimmte Bahnen gelenkt, und du hast ein paar Aufgaben durchzuführen, die sich lohnen.

EINSAMKEIT UND LANGEWEILE

Diese beiden sind die Stiefgeschwister von Furcht und Panik. Anders als die letzten überfallen sie dich jedoch nicht plötzlich und mit aller Wildheit, sondern ruhig und unerwartet, meist nachdem alle grundlegenden Überlebensaufgaben durchgeführt sind und nachdem für die Grundbedürfnisse – Wasser, Nahrung, Schutz und Kleidung – gesorgt ist. Einsamkeit und Langeweile können zu Depressionen führen und den Willen zum Überleben untergraben.

Das psychologische Gegenmittel gegen Einsamkeit und Langeweile ist das gleiche wie gegen Furcht und Panik: halte deinen Geist beschäftigt. Setze dir Prioritäten und stelle dir Aufgaben, durch die die Unbequemlichkeiten auf ein Minimum reduziert werden, die die Möglichkeiten einer Rettung vergrößern und die ein Überleben über einen längeren Zeitraum ermöglichen. Stelle dir unerwartete, aber nichtsdestoweniger mögliche Notfälle vor und entwickle Pläne und Aufgaben, um mit ihnen fertig zu werden. Mache dir einen Zeitplan. Ein Zeitplan gibt dir nicht nur eine Art der Sicherheit; er hält auch den Geist beschäftigt.

Stelle dir große Aufgaben, wie etwa den Bau einer Dauerunterkunft, und kleinere Aufgaben, die jeden Tag wiederholt werden müssen, wie etwa das Führen eines Tagebuchs.

Einsamkeit und Langeweile können nur existieren, wenn keine positiven Gedanken und Handlungen vorhanden sind. In einer Überlebenssituation gibt es immer eine Menge Arbeit, die getan werden muß.

ÜBERLEBEN IN DER GRUPPE

Die Gruppendynamik kann sowohl eine Hilfe als auch eine Gefahr für das Überleben des Einzelnen darstellen. Es stehen offensichtlich mehr Hände für die erforderlichen Arbeiten zur Verfügung, und der Kontakt mit anderen Menschen kann psychologisch hilfreich sein. Aber eine Kette ist immer nur so stark wie ihr schwächstes Glied, und die Schwierigkeiten beim Überleben können durch die Anzahl der betroffenen Personen vervielfacht werden. Das Überleben im Gruppenrahmen bringt möglicherweise einen weiteren gefährlichen Faktor ins Spiel: Streit. Streit muß auf jeden Fall vermieden werden.

So wie die Reaktionen eines Einzelnen auf Überlebenssituationen automatisch werden, müssen es auch die der Gruppe. Gruppen (wie beispielsweise militärische Trupps oder Züge), die zusammenarbeiten und Führer haben, die ihre Verantwortung ernst nehmen, haben die beste Chance zum Überleben. Wenn kein fester Führer vorhanden ist, wählt einen. Wenn eure Gruppe die folgenden Faktoren in Betracht zieht, werden die Chancen, auf heimatliches Territorium zurückzukehren, deutlich größer:

1. Überlebenstätigkeiten im Gruppenrahmen organisieren.
2. Auf einen Führer einigen. Der Führer sollte einzelne Aufgaben und Pflichten delegieren und die Gruppe im Rahmen der Gesamtüberlebensaktivitäten beschäftigen.
3. Ein Gefühl gegenseitiger Abhängigkeit innerhalb der Gruppe entwickeln.
4. Wenn möglich, sollte die Gruppe die Entscheidungen unter der Aufsicht des Führers treffen. Anderenfalls, ganz gleich wie die Lage ist, muß der Führer die Entscheidungen treffen, und seine Befehle müssen befolgt werden.

Schließlich mußt du dir noch bewußt werden, daß der größte Test für deinen Willen und dein Durchhaltevermögen dann bevorsteht, wenn du schon fast gerettet bist – wenn du das Flugzeug oder Schiff siehst, aber von dort aus sieht dich niemand. Depressionen und Verzweiflung sind dann unvermeidlich. Aber versinke nicht in diesen Gefühlen. Wo ein Flugzeug ist, sind auch noch andere. Wenn es nach einem bestimmten Plan fliegt, bedeutet das, daß jemand nach dir Ausschau hält. Jetzt ist es an der Zeit, alle Energie und Überlebenstechnik darauf zu richten, beim nächten Mal gesehen zu werden. Und es wird ein nächstes Mal geben. Das Motto beim Überleben heißt: niemals aufgeben.

2 Richtungsbestimmung mit Karte und Kompaß

Zu wissen oder herauszufinden, wo man ist, ist im wahrsten Sinne des Wortes der erste Schritt in Richtung auf ein erfolgreiches Überleben. Jedes Jahr gehen Menschen verloren – und einige davon kommen um –, weil sie keine Karte hatten oder nicht in der Lage waren, die vorhandenen Karten wirksam zu nutzen. Der einfachste Weg, dieses Risiko zu vermeiden, besteht darin, zu jeder Zeit auf der Reise zu wissen, wo man ist. Es ist zwar unwahrscheinlich, daß man bei jeder Reise Karten für sämtliche Gegenden dabei hat – besonders bei Reisen ins Ausland, wo zuverlässige Karten oft nur unter Schwierigkeiten zu bekommen sind –, eine allgemeine Orientierung über die Richtung der Reise und das Land, durch oder über das man reist, ist jedoch möglich.
Wenn man ein Schiff oder Flugzeug auf See verlassen muß und die Zeit es erlaubt, geographische Breite und Länge, den Unterschied zwischen geographisch- und magnetisch-Nord, die Richtung auf das nächste Land, vorherrschende Windrichtung, vorherrschende Meeresströmung (wenn vorhanden) sowie Richtung und Entfernung zu den nächsten Schiffahrtsstraßen herauszufinden versuchen.
Wenn man als Passagier (Flugzeug oder Schiff) reist, werden Kapitän und Mannschaft automatisch den Befehl übernehmen. Sie könnten der Ansicht sein, man sollte sich um solche Dinge nicht kümmern. Darauf hinweisen, daß ihnen etwas passieren könnte und daß ein Überleben aller um so wahrscheinlicher wird, je mehr Leute mit den wesentlichen Informationen über Standort und Rettungswege vertraut sind.
Wenn man auf einer Abenteuerfahrt oder Safari mit einem Führer ist, darum bitten, über die jeweiligen Standorte und Richtungen auf dem laufenden gehalten zu werden. Mit ihm die Karten studieren und den täglichen Fortschritt zeigen lassen; dem Führer könnte etwas passieren und man hat nicht sein spezielles Wissen um die jeweilige Region.

KARTENLESEN

Die meisten Leute behaupten, sie könnten eine Karte lesen – und diese Leute haben zum Teil recht. Aber eine Karte bietet dem Leser eine Menge Informationen, die dem ungeübten Auge nicht gleich sichtbar werden. Kartenlesen kann ein schwieriges, oft faszinierendes Gebiet sein, viel zu kompliziert, um es hier in allen Einzelheiten aufzuzeigen. Was wir hier machen, ist nur eine grundlegende Einweisung in die Karte; das Verhältnis der Karte zu geographischen Koordinaten oder Breiten- und Längengraden; und die einfache Benutzung einer Karte zusammen mit einem Kompaß.
Sowohl Heer als auch Marine bieten ihren Soldaten Kartenlesekurse an (einige dauern acht Wochen, ein Zeichen dafür, wie umfassend dieses scheinbar einfache Thema sein kann). Viel von dem bei diesen Kursen verwendeten Textmaterial ist der Öffentlichkeit zugänglich. Weitere Informationen über Kartenlesen sind erhältlich vom Office of Information, Department of the Navy, Washington, D.C. 20350 oder dem Office of the Chief of Information, Department of the Army, Washington, D.C. 20310 oder vom Government Printing Office, bei dem man eine Ausgabe von »Map Reading« (Department of the Army, FM 21–76) anfordern kann.

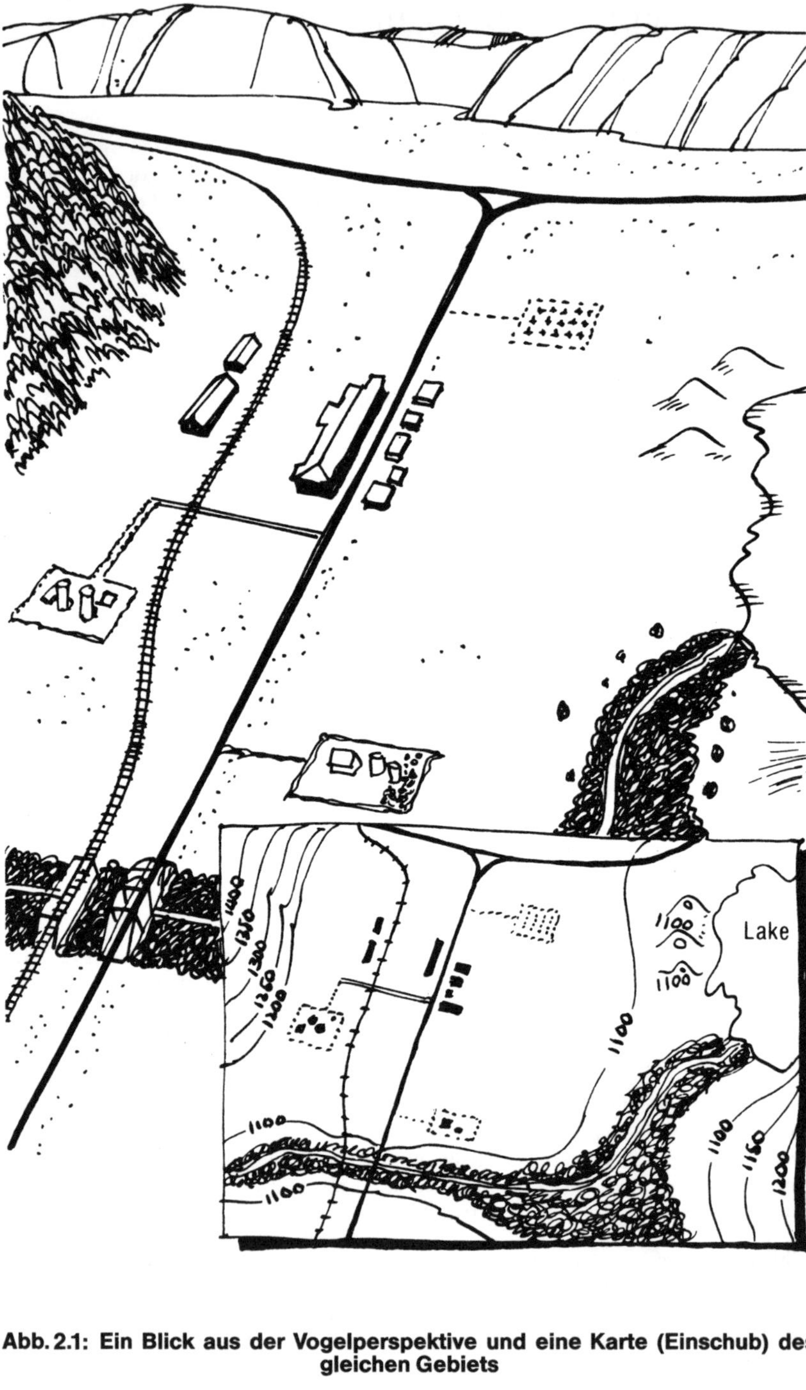

Abb. 2.1: Ein Blick aus der Vogelperspektive und eine Karte (Einschub) des gleichen Gebiets

Was ist eine Karte?

Mit einer Karte soll man sich einen Teil der Erdoberfläche so vorstellen können, wie ein Vogel die Erde sieht *(siehe Abbildung 2–1)*. Aufgrund wechselnder Winkel und Entfernungen sieht natürlich auch ein Vogel nicht alle Bodenmerkmale in ihren richtigen Proportionen, Positionen und Formen. Deshalb muß sich ein Kartenzeichner auf die Einzelheiten konzentrieren, die den besonderen Interessen und Bedürfnissen eines Kartenlesers entgegenkommen.

Ein Lastwagenfahrer ist beispielsweise überhaupt nicht daran interessiert, daß seine Karte solche Details wie einzelne Gebäude oder Wassertiefen von verschiedenen Flüssen, die er überquert, enthält. Wenn die Straßen auf seiner Karte oft größer und breiter aussehen als die Städte, durch die sie führen, akzeptiert der Lastwagenfahrer diese nicht der Wirklichkeit entsprechende Abbildung, weil die Karte seinen Bedürfnissen so besser entgegenkommt.

Straßenkarten – Diese Karten werden richtiger als »planimetrische Karten« bezeichnet und sind am ehesten von Nutzen, wenn man über eine Straße von Punkt A nach Punkt B fahren will. In dieser Überlebenssituation sind sie jedoch mit Sicherheit besser als überhaupt keine Karte. Straßenkarten sind an den Punkten eines Kompaß orientiert, mit deren Hilfe man die Richtung zum nächsten Wasser oder zum nächsten besiedelten Gebiet bestimmen kann. Mit Hilfe des Maßstabs kann man auch abschätzen, wie weit man von dem Punkt, den man erreichen will, entfernt ist. Am wichtigsten ist jedoch, daß man Richtung und Entfernung zur nächsten Straße bestimmen kann und damit die Chancen, gerettet zu werden, erhöht. Wenn man sich verirrt hat, auf Straßenkreuzungen zuzugehen versuchen, denn dadurch verdoppelt sich die Chance, einen Pkw oder Lkw zu treffen.

Seekarten – Das sind Navigationskarten, auf denen Wassertiefen, Kanäle, Bojen und andere Markierungen eingezeichnet sind. Da sie fast keine Landmerkmale enthalten, sind sie für eine Landexpedition nicht zu gebrauchen – aber äußerst wichtig für Reisen an der Küste oder auf See.

Eine andere Art dieser Karten wird von Piloten benutzt; sie enthält den Standort von Flughäfen, Sperrgebiete und Loran-Koordinaten. Für die besondere Aufgabe des Piloten sind diese Angaben zwar wesentlich, dem Opfer einer Überlebenssituation bieten sie jedoch nur wenig zusätzlichen Nutzen.

Topographische Karten – Diese Karten zeigen alle Merkmale der planimetrischen Karten plus Landschaftsformen und Erhöhungen. Sie bilden den nützlichsten Kartentyp in einer Überlebenssituation.

Die Legende

Kaum jemand wird versuchen, ein Möbelstück zusammenzusetzen, ohne erst die Bauanleitung zu lesen. Auch auf Karten findet man eine Reihe von Anleitungen. Diese Anleitungen, die sogenannte Legende, findet sich in einem Kästchen zusammengefaßt auf allen topographischen Karten. In der Legende sind die Kartensymbole erklärt, Entfernungen angezeigt und Maßstäbe angegeben, mit denen die Entfernungen auf der Karte in die Realität umgerechnet werden können *(siehe Abbildung 2–2)*. Die Informationen, die aus dieser Legende abzulesen sind, können zum Überleben nützlich sein.

Um durch natürlicheres Aussehen und Kontrast die Erkennung von Merkmalen auf der Karte zu erleichtern, werden topographische Symbole normalerweise in verschiedenen Farben gedruckt, wobei jede Farbe für eine bestimmte Klasse von Merkmalen steht. Die Farben variieren je nach Art der Karte, aber auf einer nor-

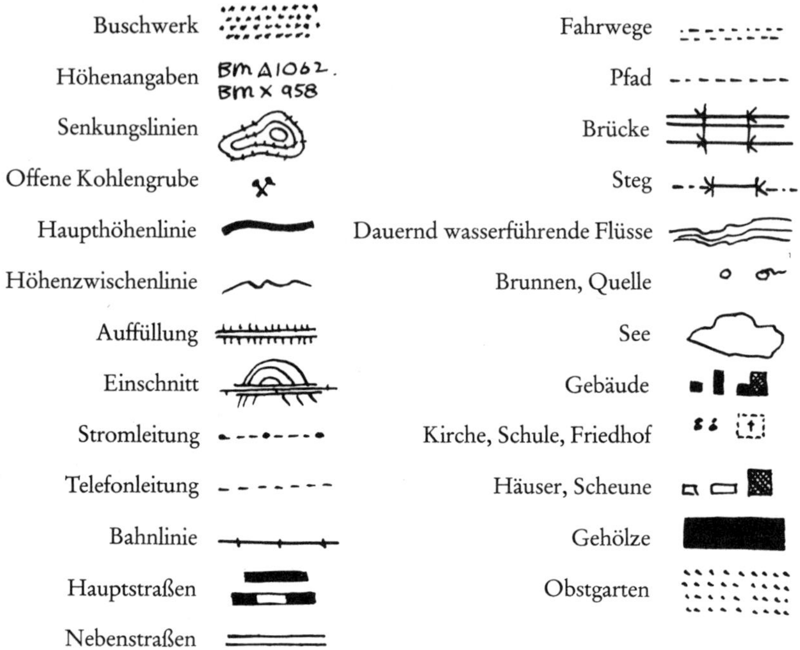

Abb. 2.2: Zeichenerklärung

malen topographischen Karte mit großem Maßstab werden meist folgende Farben verwendet:

Schwarz für die Mehrheit kultureller oder künstlicher Merkmale.
Blau für Gewässer wie Seen, Flüsse und Sümpfe.
Grün für Vegetation wie Wälder, Obstkulturen und Weinberge.
Braun für alle Reliefmerkmale wie etwa Höhenlinien.
Rot für Hauptstraßen, bebautes Gebiet und Spezialmerkmale.

Höhen sind als braune Linien eingezeichnet. Man findet eine Höhe, indem man einer der dickeren Linien (den sogenannten Höhenschichtlinien) folgt, bis sie von einer Zahl unterbrochen wird. Bei dieser Zahl handelt es sich um eine Fuß- oder Meterangabe, und jeder Punkt auf dieser Linie liegt in gleicher Höhe über Normalnull. Normalerweise ist jede fünfte Linie in Richtung auf den Gipfel einer Erhöhung eine Höhenschichtlinie. Aus einer Notiz am unteren Kartenrand ist zu ersehen, welche Maßeinheit diese Zahl hat und wie groß der Höhenabstand zwischen den Linien ist.

Am unteren Rand einer topographischen Karte befindet sich ein graphischer Maßstab *(siehe Abbildung 2–3)*. Dadurch kann der Kartenleser die Größe aller bedeutenderen Naturdenkmale genau bestimmen. Wenn zum Beispiel die Karte einen Maßstab von 1 : 50 000 hat, bedeutet das, daß eine Maßeinheit auf der Karte in Fuß, Yard oder Meter 50 000 Einheiten des gleichen Maßes in der Natur entspricht. Weiterhin ist die Skala normalerweise in kleinere Abschnitte von Yard, Meilen und Metern eingeteilt, so daß man, indem man die Entfernung zwischen zwei Punkten auf der Karte mit Hilfe eines Lineals auf die Abschnitte in der Skala überträgt, die wirkliche Entfernung zwischen diesen beiden Punkten feststellen kann. Für kürzere Entfernungen findet sich links der Hauptskala normalerweise noch eine weiter unterteilte Nebenskala.

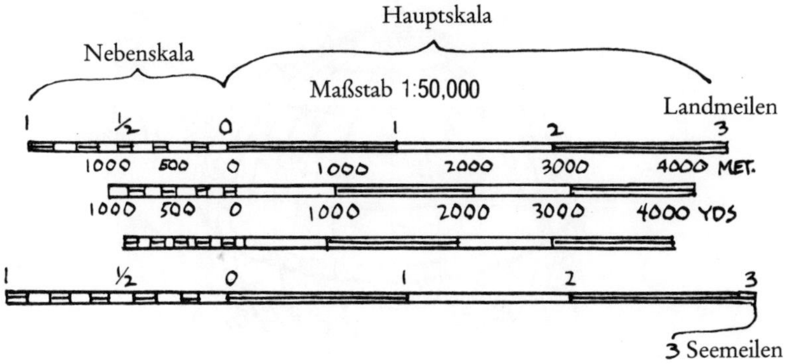

Abb. 2.3: Graphischer Maßstab

Topographische Karten der Vereinigten Staaten sind vom U.S. Geological Survey zu beziehen. Für Gebiete östlich des Mississippi ist der U.S. Geological Survey in Washington, D.C. 202444 zuständig. Für Gebiete westlich des Mississippi lautet die Adresse: U.S. Geological Survey Federal Center, Denver, CO. 80225. Karten von Alaska erhält man am schnellsten durch U.S. Geological Survey, 520 Illinois Street, Fairbanks, AL 99701. Der National Forest Service stellt ebenfalls ausgezeichnete topographische Karten von Gebieten, für die er zuständig ist, her; diese Karten sind entweder von den regionalen Stellen des Forest Service oder direkt vom Hauptsitz in Washington, D.C. 20250 zu beziehen. Topographische Karten von Kanada gibt es beim Map Distribution Office, Department of Mines and Technical Service, Ottawa, Ontario.

In vielen anderen Ländern gibt es ähnliche Möglichkeiten. Während englischsprechende Länder ihre geographischen Koordinaten jedoch mit Hilfe eines Hauptmeridians berechnen, der durch Greenwich in England verläuft, verwenden andere Länder möglicherweise eine Linie, die durch ihre Hauptstädte oder den Standort eines größeren Observatoriums verläuft, als Hauptmeridian. Bevor wir einige Beispiele geben, wollen wir erklären, wie geographische Koordinaten zustande kommen.

Geographische Koordinaten

Wenn wir parallel zum Äquator eine Reihe von Ost-West-Linien um die Erde ziehen und dazu eine Reihe von Nord-Süd-Linien, die den Äquator rechtwinklig kreuzen und an den Polen zusammenlaufen, entsteht ein Netz von Bezugslinien, von dem aus jeder Punkt auf der Erdoberfläche bestimmt werden kann. Die Entfernung eines Punkts in nördlicher oder südlicher Richtung vom Äquator wird als dessen Breite bezeichnet. Die parallel zum Äquator verlaufenden Linien nennt man Breitenkreise.

Anfänger im Kartenlesen lassen sich manchmal dadurch verwirren, daß die Breitengrade von Osten nach Westen verlaufen, daß zwischen ihnen aber Nord-Süd-Abstände gemessen werden. Eine zweite Reihe von Linien um den Globus, die rechtwinklig zu den Breitenkreisen verlaufen und durch die Pole gehen, werden als Längenmeridiane, oder einfacher Meridiane, bezeichnet. Längenkreise verlaufen von Norden nach Süden, es werden aber Ost-West-Abstände

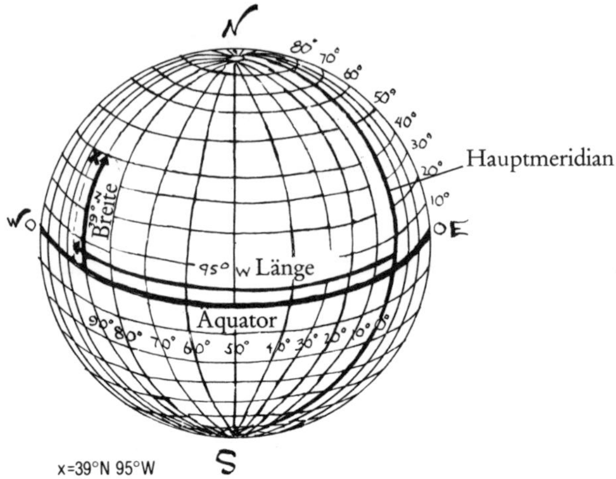

Abb. 2.4: Breite und Länge

zwischen ihnen gemessen. Geographische Koordinaten werden im Winkelmaß ausgedrückt. Jeder Kreis ist in 360 Grad aufgeteilt. Jedes Grad hat 60 Minuten und jede Minute 60 Sekunden. Das Zeichen für Grad ist °, das für die Minute ′ und das für die Sekunde ein ″. Mit 0° am Äquator beginnend, werden die Breitenkreise bis jeweils 90° nördlich und südlich bezeichnet. Die äußersten Punkte sind der Nordpol bei 90° nördlicher Breite und der Südpol bei 90° südlicher Breite. Breitengrade können nördlich oder südlich des Äquators den gleichen zahlenmäßigen Wert haben, so daß die Richtung N oder S immer angegeben werden muß. Mit Null Grad am Hauptmeridian beginnend wird die Länge sowohl in östlicher als auch in westlicher Richtung um die Erde gemessen. Linien östlich des Hauptmeridians erhalten Zahlen bis 180 Grad und werden als östliche Länge bezeichnet; Linien westlich des Hauptmeridians erhalten ebenfalls Zahlen bis 180 Grad, werden aber als westliche Länge gekennzeichnet. Die Richtung O oder W muß immer angegeben werden. Die dem Hauptmeridian direkt gegenüberliegende Linie, d.h. 180 Grad, kann als östliche oder westliche Länge bezeichnet werden. Das »x« in Abbildung 2–4 steht beispielsweise für einen Punkt in 39 Grad nördlicher Breite und 95 Grad westlicher Länge. Bei schriftlichen Angaben steht die Breite immer zuerst; diese Stelle würde also bezeichnet als 39° N 95° W.
Die Werte der geographischen Koordinaten, bei denen es sich ja um Winkelmaße handelt, werden deutlicher, wenn man sie mit vertrauteren Maßeinheiten vergleicht. An jedem Punkt der Erde beträgt die Entfernung zwischen zwei Breitengraden etwa 111 km; eine Sekunde entspricht etwa 30 Metern.
Die Entfernung zwischen zwei Längengraden beträgt am Äquator ebenfalls 111 km, sie nimmt aber in Richtung Norden oder Süden immer mehr ab, bis sie an den Polen zu Null wird. Eine Längensekunde beträgt beispielsweise am Äquator etwa 30 Meter, auf der Breite von Washington D.C. aber nur etwa 24 Meter. Wie schon gesagt, basieren die Längengradangaben in einigen Ländern nicht auf einem durch Greenwich in England verlaufenden Hauptmeridian. Unten sind einige in anderen Ländern gebräuchliche Hauptmeridiane zu finden. Wenn diese Karten in den Vereinigten Staaten bezogen werden, ist in der Legende meist der Unterschied zwischen dem Meridian von Greenwich und dem in der Karte verwendeten angegeben. Um die Karten dieser Länder auf den Greenwich-Meridian

umzurechnen, sind die folgenden Entfernungen hinzuzufügen oder abzuziehen (je nach dem, ob man sich östlich oder westlich von Greenwich befindet):

	°	′	″	
Amsterdam, Niederlande	4	53	01	O
Athen, Griechenland	23	42	59	O
Batavia (Djakarta), Indonesien	106	48	28	O
Bern, Schweiz	7	26	22	O
Brüssel, Belgien	4	22	06	O
Kopenhagen, Dänemark	12	34	40	O
Djakarta, siehe Batavia				
Ferro, Kanarische Inseln	17	39	46	W
Helsinki, Finnland	24	57	17	O
Istanbul, Türkei	28	58	50	O
Lissabon, Portugal	9	07	55	W
Madrid, Spanien	3	41	15	W
Oslo, Norwegen	10	43	23	O
Paris, Frankreich	2	20	14	O
Pulkowo, UdSSR	30	19	39	O
Rom, Italien	12	27	08	O
Stockholm, Schweden	18	03	30	O
Tirana, Albanien	19	46	45	O

Einnorden der Karte

Um den eigenen Standort auf der Karte zu bestimmen, die Umgebung genau ansehen. Gibt es in der Nähe Hügel oder Gipfel, Flüsse oder Bäche, künstliche Gebilde wie Scheunen, Türme oder Eisenbahnlinien? Zwei solcher hervorstechender Merkmale aussuchen und dann in Beziehung zur Karte setzen. Obgleich alle Karten so gehalten werden, daß Norden oben liegt, die Karte drehen, bis sich die topographischen Merkmale in Beziehung auf den eigenen Standort an der richtigen Stelle befinden. Die Richtung, in die man blickt oder gehen will, kann jetzt aus den geographischen Koordinaten auf der Karte abgelesen werden. Diesen Vorgang nennt man Einnorden.

Richtungen

Im normalen Leben werden Richtungen als rechts, links, geradeaus usw. ausgedrückt, aber es erhebt sich die Frage: »rechts wovon?« Beim Kartenlesen braucht man nur zur Angabe einer Richtung eine Methode, die genau ist, sich in jedem Gebiet der Erde anwenden läßt und eine allgemein anerkannte Maßeinheit besitzt. Richtungen werden als Winkelmaßeinheiten angegeben, und es sind verschiedene Systeme im Gebrauch. Die gebräuchlichste Einheit für das Winkelmaß ist allerdings das Grad mit seinen Unterteilungen in Minuten und Sekunden.
Auf ausländischen Karten findet man manchmal als Maßeinheit das grad. Ein vollständiger Kreis hat 400 grad (ein rechter Winkel entspricht 100 grad). Das grad ist unterteilt in 100 Zentigrad, und das Zentigrad hat 100 Milligrad. Diese Maßeinheit findet im metrischen System Verwendung.
Um etwas zu messen, muß immer ein Anfangspunkt oder eine Nullmessung vorhanden sein. Um eine Richtung als Winkelmaß anzugeben, braucht man einen Anfangspunkt oder ein Nullmaß und einen Bezugspunkt. Diese beiden Punkte ergeben die Basis oder Bezugslinie. Es gibt drei Basislinien: Geographisch-Nord, magnetisch-Nord und Gitter-Nord. Am gebräuchlichsten sind magnetisch- und

Gitter-Nord: Magnetisch-Nord in Verbindung mit einem Kompaß und Gitter-Nord in Verbindung mit einer Militärkarte. Geographisch-Nord ist eine Linie von einer beliebigen Stelle auf der Erdoberfläche zum Nordpol. Alle Längenmeridiane verlaufen in Richtung geographisch-Nord. Geographisch-Nord wird normalerweise mit einem Sternchen gekennzeichnet.
Magnetisch-Nord ist die Richtung zum magnetischen Nordpol, wie sie durch die Nadel eines Magnetinstruments angezeigt wird. Magnetisch-Nord wird meist mit einer halben Pfeilspitze gekennzeichnet.
Bei Gitter-Nord handelt es sich um das Nord, das sich aus den senkrechten Gitterlinien auf der Karte ergibt. Gitter-Nord wird durch die Buchstaben GN oder durch den Buchstaben y gekennzeichnet.
Richtungen werden am häufigsten mit Hilfe eines Azimuts oder Seitenwinkels angegeben. Ein Azimut ist definiert als horizontaler Winkel, von einer nach Norden verlaufenden Basislinie im Uhrzeigersinn gemessen. Wenn der Azimut zwischen zwei Punkten auf einer Karte festgestellt werden soll, werden die Punkte mit einer geraden Linie verbunden und der Winkel zwischen Gitter-Nord und der gezeichneten Linie mit Hilfe eines Winkelmessers gemessen. Dieser Winkel ist der Gitterazimut der gezeichneten Linie. Dabei bildet der Punkt, von dem der Azimut ausgeht, den Mittelpunkt des Azimutkreises.
Die Azimutarten werden nach der Basislinie, von der aus sie gemessen wurden, bezeichnet; ein geographischer Azimut wird von geographisch-Nord, ein magnetischer von magnetisch-Nord und ein Gitterazimut von Gitter-Nord aus gemessen. Daher läßt sich jede Richtung auf drei verschiedene Arten ausdrücken: als Gitterazimut, wenn sie auf einer topographischen Karte gemessen wird, als magnetischer Azimut, wenn die Messung mit einem Kompaß vorgenommen wurde, oder als geographischer Azimut, wenn ein Längenmeridian als Basislinie diente.
Ein Gegenazimut ist die umgekehrte Richtung eines Azimuts. Er ist mit einer Kehrtwendung vergleichbar. Um einen Gegenazimut zu erhalten, werden 180 Grad addiert, wenn der Azimut 180 Grad oder weniger beträgt, bzw. 180 Grad subtrahiert, wenn der Azimut 180 Grad oder größer ist. Der Gegenazimut von 180 Grad kann als 0 Grad oder 360 Grad angegeben werden.
Auf den meisten Karten mit großem Maßstab findet sich ein Mißweisungsdiagramm, damit der Nutzer die Karte richtig einnorden kann. Das Diagramm zeigt die Beziehung zwischen magnetisch-Nord, Gitter-Nord und geographisch-Nord. Auf Karten mit mittlerem Maßstab finden sich Angaben zur Mißweisung in der Legende. Mißweisung ist der Winkelunterschied zwischen geographisch-Nord einerseits und magnetisch- oder Gitter-Nord andererseits.

DER MAGNETKOMPASS

Der Handmagnetkompaß ist das verbreitetste und einfachste Instrument, um Richtungen und Winkel zu bestimmen und zu messen. Es gibt ihn in einer Vielzahl von Modellen, von einfachen Taschen- oder Armbandmodellen bis zu den komplizierteren Navigationsausführungen (Slyva) oder Typen mit Vergrößerungsglas. Sie lassen sich alle für einfache Navigationszwecke nutzen und sollten zumindest einen Schutz für das eigentliche Instrument haben.
Das Slyva-Modell befindet sich auf einem transparenten rechtwinkligen Stück Plastik mit aufgedruckter Einteilung und einem großen Pfeil (dem sogenannten Richtungsweiser).
Der Kompaß mit Vergrößerungsglas ist mit einer Metallklappe versehen, in der sich ein kleines Vergrößerungsglas befindet, mit dessen Hilfe man bei der Peilung kleine Gradeinteilungen ablesen kann. Im Schutzdeckel für diesen Kompaß befin-

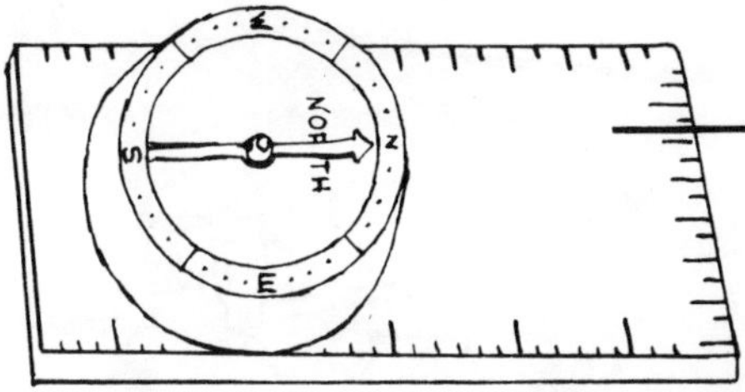

Orientierungs- oder Slyvakompaß

Militärkompaß mit Lupe

Abb. 2.5: Der Kompaß

det sich ein schlüssellochähnliches Visier zum Anpeilen von Landmarken. Zur einfachen Orientierung und zum Kartenlesen ist ein Magnetkompaß so lange brauchbar, wie seine ursprüngliche Genauigkeit erhalten wird, indem man ihn von Stahl- oder Eisenobjekten bzw. von Gegenden mit größeren Vorkommen an Magnetit, einem Eisenerz, entfernt hält.
Da alle Magnetkompasse auf magnetisch-Nord und nicht geographisch-Nord zeigen, ist auf allen Karten eine Korrektur (Mißweisung genannt) zwischen den wirklichen Bezugspunkten zu finden, die natürlich von Punkt zu Punkt variiert. In den Vereinigten Staaten überlappt beispielsweise die geographische Nordpeilung die magnetische auf einer Linie, die etwa vom oberen Teil der Halbinsel von Michigan durch Chicago nach Süden bis zur Spitze von Florida verläuft. An jedem Punkt östlich oder westlich dieser Linie ist durch Addition oder Subtraktion der auf der Karte angegebenen Gradzahlen ein Ausgleich in Richtung geographisch-Nord erforderlich. Bei kurzen Ausflügen ist dieser Ausgleich zwar meist nicht erforderlich, im Falle einer längeren Expedition jedoch, sagen wir im pazifischen Nordwesten (wo die Magnetpeilungen in manchen Fällen mehr als 20 Grad östlich von geographisch-Nord liegen) sind entsprechende Justierungen von Karte und Kompaß äußerst wichtig.
Eine isogonische oder Mißweisungstabelle der Vereinigten Staaten (Tabelle Nr. 3077) ist für etwa 50 Cents beim U.S. Coast and Geodetic Survey, Distribution Division C44, Washington D.C. 20235, erhältlich.

Die Benutzung von Karte und Kompaß ist einfach, weil dazu nicht mehr gehört, als sich über den jeweiligen Standort und das jeweilige Ziel im klaren zu sein. Selbst wenn der Weg durch ein auf der Karte nicht deutlich eingezeichnetes Marsch- oder Sumpfgebiet versperrt ist, braucht man das Hindernis nur auf drei rechtwinklig zueinander verlaufenden Strecken zu umgehen, um sich auf der anderen Seite und in der gleichen Richtung wiederzufinden, die zu dem vorher gewählten Ziel führt. Man wird nur selten eine größere Strecke zurückzulegen haben, ohne in der Lage zu sein, in der Ferne eine Landmarke zu sehen, die mit einem Merkmal auf der Karte übereinstimmt. Nur in tiefen Wäldern oder im

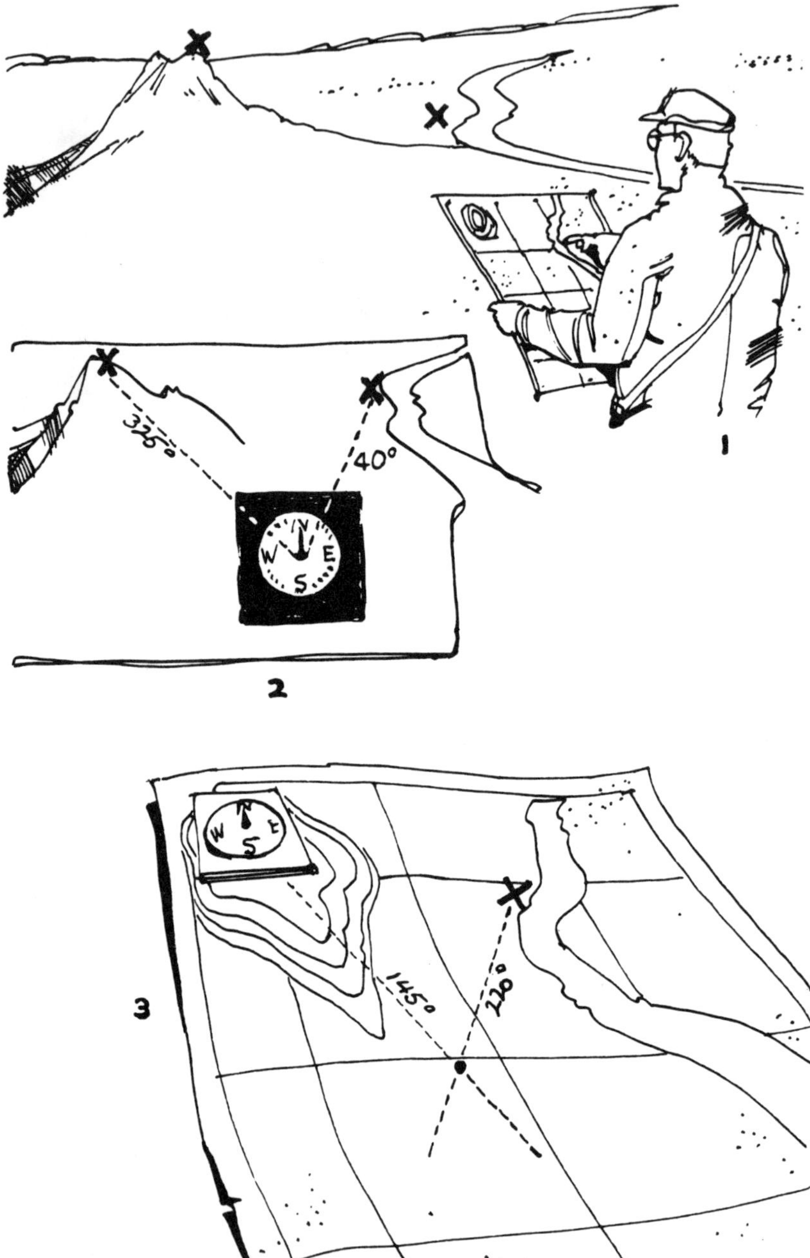

Abb. 2.6: Bestimmung des Standorts durch Triangulation

Dschungel ist die Möglichkeit, sich an Bezugspunkten zu orientieren, eingeschränkt. In diesem Fall mag es erforderlich werden, auf den höchsten in der Nähe befindlichen Baum zu steigen, um nach Bergketten oder anderen Merkmalen in der Ferne Ausschau zu halten. Übrigens ist es selbst vom höchsten Punkt des Dschungeldachs aus schwierig, Flüsse und Bäche vom umgebenden Dschungel zu unterscheiden, da solche stark bewaldeten Gebiete eine gleichförmige Höhe und dichten Bewuchs aufweisen. Aus diesem und vielen anderen Gründen also bei einem Dschungelfluß bleiben, sobald man einen gefunden hat, und ihn als Quelle für Wasser, Nahrung und zur Orientierung nutzen. Bei der Triangulation handelt es sich einfach nur darum, sich selbst mit Hilfe von zwei Bezugspunkten, die nicht in der Nähe liegen, auf eine Karte zu versetzen. Jeweils eine Kompaßpeilung auf Punkt A und B vornehmen. Diese Peilungen auf die Karte übertragen, wie aus *Abbildung 2–6* zu ersehen, und wo die beiden Linien sich schneiden – genau da ist der eigene Standort.

Der einzige Fall, in dem eine sorgfältige Abstimmung zwischen Karte und Kompaß erforderlich ist, ergibt sich dann, wenn man einen Zick-Zack-Kurs über zerklüftetes Gelände plant. Dann ist es nach jedem Marschabschnitt in einer gegebenen Richtung nötig, die Anzahl der Schritte, die man gemacht hat, auf die Karte zu übertragen; dabei ist die durchschnittliche Schrittlänge mit etwa 75 cm anzusetzen. Der Maßstab unten auf der Karte erleichtert dabei die Umrechnung von Schritten in Yard, Meter oder Meilen. Man muß auf jeden Fall die eigene Position so genau wie möglich bestimmen, bevor man eine andere Richtung einschlägt.

Solange das Ziel aus einem großen Merkmal, wie etwa einer rechtwinklig zur allgemeinen Marschrichtung verlaufenden Straße besteht, ist äußerste Genauigkeit nicht so wichtig. Wenn man jedoch versucht, eine Hütte im tiefen Wald oder einen bestimmten unter mehreren Hügelkämmen zu finden, kann ein Fehler von nur wenigen Metern am Anfang dazu führen, daß man nach nur wenigen Kilometern Marsch Tausende von Metern neben dem Ziel landet. Daher bei jedem Abschnitt eines Kompaßkurses auf möglichst große Genauigkeit achten.

Das Vorankommen auf zerklüftetem Boden nicht zu hoch einschätzen. Man mag zwar in der Lage sein, eine Meile in acht Minuten zu laufen oder in fünfzehn Minuten zu gehen, mit schwerem Gepäck und beim Marsch über Berge und durch Gehölz kann man sich aber glücklich schätzen, einen Durchschnitt von einer Meile pro Stunde zu schaffen. Das ist ein weiterer Grund dafür, Karte und Kompaß zu benutzen und die Schritte mitzuzählen. Viele Leute verlassen ein Lager am Morgen voller Elan, nur um am Nachmittag erschöpft zurückzukehren. Sie sind möglicherweise genau auf dem richtigen Weg zum Lager, kehren aber vielleicht nur wenige 100 Meter vor der Lichtung um – überzeugt, daß sie bereits zu weit gegangen sind.

3 Richtungsbestimmung ohne Karte oder Kompaß

Es mag passieren, daß man keine Karte oder keinen Kompaß hat oder sich in einem eisenerzreichen Gebiet oder in einer Polarregion befindet, wo die Verwendung eines Magnetkompaß mehr Schaden anrichten als Gutes tun kann. Wenn man sich oberhalb des sechzigsten Breitengrads in der nördlichen Hemisphäre befindet und nicht genau weiß, wo man ist, bzw. nicht sicher ist, zu einer Ortschaft zu gelangen, indem man einem nahen Fluß folgt, gilt in jedem Fall der dringende Ratschlag des amerikanischen und kanadischen Verteidigungsministeriums, nämlich, daß alle erschöpften Leute in Überlebenssituationen bleiben sollen, wo sie sind, und dort auf Rettung warten.
In den Polarregionen werden alle Bewegungen in der Luft und an Land an eine Vielzahl von nationalen und internationalen Stellen gemeldet und von dort überwacht, und bei Unregelmäßigkeiten oder Hilferufen werden schnell Such- und Rettungsmaßnahmen getroffen.
Unter anderen Umständen oder in anderen Teilen der Welt mag es jedoch sein, daß man eine Rückkehr zur Zivilisation versuchen will, anstatt darauf zu warten, daß die Zivilisation kommt. Dabei ist es wichtig, nicht ein zweites Mal verloren zu gehen – d.h. zu wissen, wie man seinen Weg zum Abmarschpunkt zurückverfolgt und gezielt und genau in die Richtung marschiert, in die man gehen will. Im nächsten Kapitel finden sich Ratschläge zur Überquerung rauhen Geländes und zur Beibehaltung der Richtung. Vor dem Abmarsch (und in regelmäßigen Abständen während des Marsches) muß aber erst die Richtung bestimmt werden. Der wichtigste Schritt dabei ist das Feststellen der vier Himmelsrichtungen. Dazu gibt es auch ohne Kompaß mehrere Möglichkeiten.

RICHTUNGSBESTIMMUNG AM TAGE

Die Sonne

Daran denken, daß die Sonne im Osten (aber nur selten *genau* im Osten) aufgeht und im Westen (aber selten *genau* im Westen) untergeht. Die Sonne geht leicht südlich der genauen Ostrichtung auf und leicht nördlich der genauen Westrichtung unter, und die Abweichung variiert mit den verschiedenen Jahreszeiten. Man muß jedoch auch daran denken, daß Richtung in einer bestimmten Beziehung zum angestrebten Ziel steht. Wenn man einen bestimmten Punkt oder Standort erreichen will, muß die Richtung auf geographisch- oder magnetisch-Nord bzw. -Süd abgestimmt werden. Wenn man aber einfach nur eine bestimmte Richtung einhalten will, ist der Sonnenbogen der beste dauernde Bezugspunkt. Zumindest einmal am Tag ist die Richtung mit Hilfe einer der folgenden Methoden zu überprüfen.

Die Schattenspitzen-Methode

1. An einer ausreichend ebenen Stelle, wo ein deutlicher Schatten geworfen wird, einen Stock oder zweiglosen Ast in den Boden stecken. Die Stelle, an der die Spitze des Schattens auf dem Boden erscheint, mit einem Stein, Zweig oder Kiesel markieren.

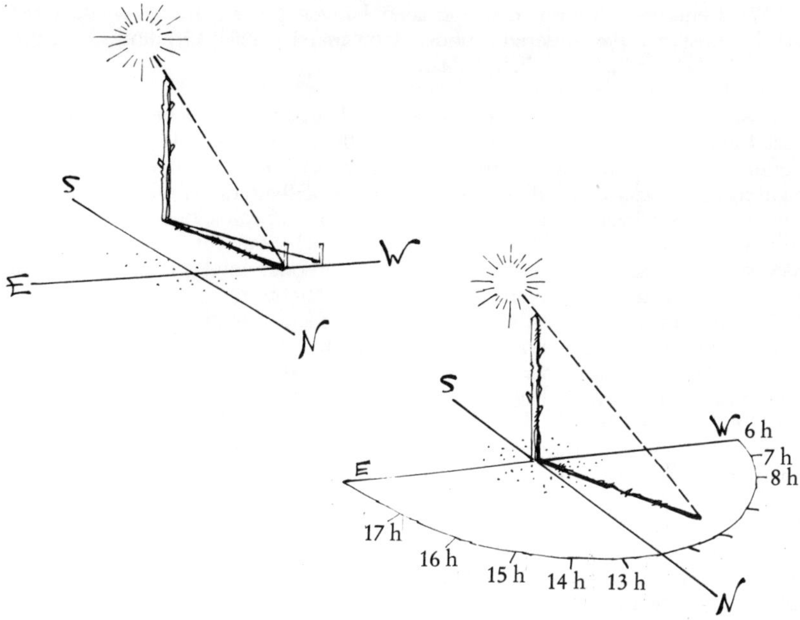

Abb. 3.1: Bestimmung von Richtung und Tageszeit · Schattenspitzenmethode

2. Warten, bis sich die Spitze des Schattens ein wenig bewegt hat. Wenn der Stock etwa einen Meter lang ist, sollten fünfzehn Minuten genügen. Je länger der Stock, desto schneller bewegt sich der Schatten. Die neue Position der Schattenspitze genau wie die erste markieren.
3. Eine gerade Linie durch die beiden Markierungen ziehen, um damit eine ungefähre Ost-West-Linie zu erhalten. Die erste Markierung liegt immer in Richtung Westen, die zweite immer in Richtung Osten – zu jeder Tageszeit und überall auf der Erde.
4. Eine an irgend einem Punkt rechtwinklig zur Ost-West-Linie gezogene Linie bildet die ungefähre Nord-Süd-Linie, die zur Orientierung in jede gewünschte Marschrichtung dienen kann.

Ein Neigen des Stocks, um einen besseren Schatten zu erhalten, sei es von der Größe oder von der Richtung her, beeinflußt die Genauigkeit der Schattenspitzen-Methode nicht. Daher braucht man auf geneigtem oder dicht bewachsenem Gelände keine wertvolle Zeit mit der Suche nach einem geeigneten ebenen Platz zu verschwenden. Für die Markierungen der Schattenspitze reicht ein flacher Fleck von der Größe einer Hand vollkommen aus, wobei der Stock oberhalb, unterhalb oder seitlich dieses Flecks in den Boden gesteckt werden kann. Auch jedes stationäre Objekt (das Ende eines Baumstumpfs oder die Kerbe, an der sich zwei Äste treffen) leistet genauso gute Dienste wie ein eingesetzter Stock, da nur die Spitze des Schattens markiert wird.

Feststellen der Tageszeit mit Hilfe der Schattenspitzen-Methode. In der Lage zu sein, die Tageszeit festzustellen, ist dann wichtig, wenn man beispielsweise ein vereinbartes Treffen einhalten, vorher besprochene gemeinsame Aktionen von Einzelpersonen oder Gruppen durchführen, die restliche Tageszeit abschätzen will usw.

Die Schattenuhrzeit kommt der normalen Uhrzeit gegen Mittag am nächsten, und die Abstände der anderen Stunden schwanken je nach Ort und Datum im Vergleich mit der herkömmlichen Zeit.
Um die Tageszeit herauszufinden, den Stock am Schnittpunkt der Ost-West- und Nord-Süd-Linie senkrecht in den Boden stecken. Der westliche Teil der Ost-West-Linie zeigt sechs Uhr morgens, der östliche Teil sechs Uhr abends an – überall auf der Erde. Die Nord-Süd-Linie ist jetzt die Zwölf-Uhr-Linie. Der Schatten des Stocks bildet den Stundenzeiger der Schattenuhr, mit dem man die Tageszeit abschätzen kann, indem man die Zwölf-Uhr-Linie und die Sechs-Uhr-Linie als Richtlinien verwendet. Je nach Standort und Jahreszeit bewegt sich der Schatten entweder im Uhrzeigersinn oder entgegen dem Uhrzeigersinn, das ändert aber nichts am Ablesen der Schattenuhr.
Die Schattenuhr ist kein Zeitmesser im normalen Sinn. Sie unterteilt jeden Tag in zwölf ungleiche Stunden und zeigt immer sechs Uhr bei Sonnenaufgang und achtzehn Uhr bei Sonnenuntergang. Sie bietet jedoch eine zufriedenstellende Möglichkeit, auch ohne richtig gestellte Uhren die Zeit zu bestimmen. Wenn man eine Uhr hat, kann man die Schattenuhr dazu verwenden, die mit Hilfe der Schattenspitzen-Methode gefundene Richtung zu »speichern«. Die Uhr einfach auf Schattenuhrzeit einstellen und dann die unten beschriebene »Uhrenmethode« anwenden.
Dadurch vermeidet man die zehn bis fünfzehn Minuten Wartezeit, die für eine vollständige Schattenspitzenablesung erforderlich sind, und kann außerdem so viele Zwischenablesungen machen, wie erforderlich sind, um nicht im Kreise zu gehen. Nach etwa einer Stunde eine Überprüfung mit Hilfe der Schattenspitzenablesung vornehmen und, falls erforderlich, die Uhr neu stellen. Die mit dieser modifizierten Uhrenmethode gefundene Richtung ist die gleiche wie die, die sich aus der normalen Schattenspitzen-Methode mit einem Stock ergibt. Das heißt, der Genauigkeitsgrad beider Methoden ist identisch.

Richtungsbestimmung mit einer Uhr

Wie in *Abbildung 3–2* zu sehen, kann man mit einer Uhr geographisch Nord oder Süd annähernd festlegen. In der nördlichen gemäßigten Zone wird der Stundenzeiger auf die Sonne gerichtet. Süden liegt dann in der Mitte zwischen dem Stundenzeiger und zwölf Uhr. Wenn die Uhr auf Sommerzeit eingestellt ist, liegt Süden in der Mitte zwischen dem Stundenzeiger und ein Uhr. Falls nicht ganz klar ist, wo Norden oder Süden liegt, daran denken, daß die Sonne vor Mittag im Osten und nach Mittag im Westen steht.

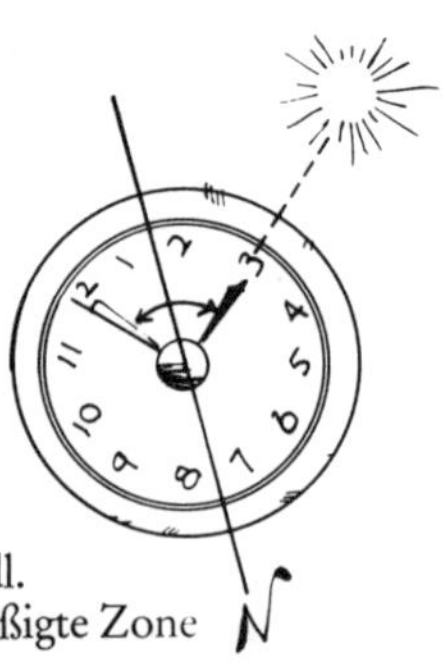

Nördl. gemäßigte Zone

Südl. gemäßigte Zone

Abb. 3.2: Bestimmung der Richtung mit einer Uhr

Auch in der südlichen gemäßigten Zone läßt sich die Richtung mit einer Uhr bestimmen; die Methode ist jedoch anders. Hier wird die Zwölf auf die Sonne gerichtet, und in der Mitte zwischen der Zwölf und dem Stundenzeiger liegt Norden. In der Sommerzeit liegt Norden in der Mitte zwischen dem Stundenzeiger und Eins. Die gemäßigten Zonen reichen jeweils von 23 1/2 Grad bis 66 1/2 Grad nördlicher und südlicher Breite.
Insbesondere in den unteren Breiten kann die Uhrenmethode ungenau sein und zu Kreisbewegungen führen. Um das zu vermeiden, eine Schattenuhr bauen und die Armbanduhr auf die dort angezeigte Zeit einstellen. Nach einer Stunde Marsch noch einmal die Schattenuhr ablesen. Falls erforderlich, die Armbanduhr nachstellen.

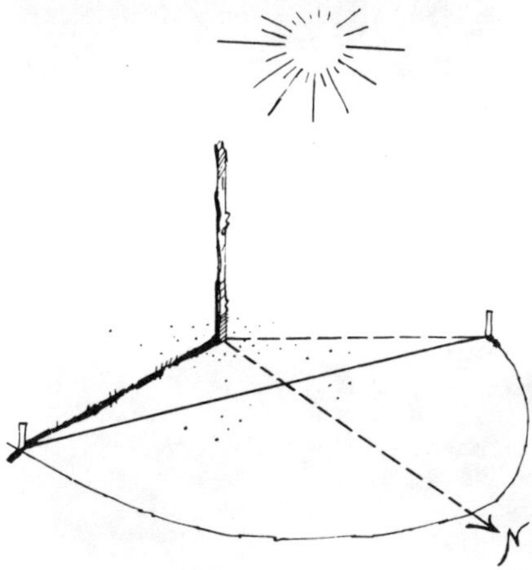

Abb. 3.3: Richtungsbestimmung Methode der gleichen Schatten

Die Methode der gleichen Schatten zur Richtungsbestimmung

Diese Variation der Schattenspitzen-Methode *(siehe Abbildung 3–3)* ist genauer und läßt sich zu allen Jahreszeiten in allen Breiten unterhalb 66 Grad verwenden.

1. An einer einigermaßen ebenen Stelle, an der ein mindestens 30 cm langer Schatten geworfen wird, einen Stock oder Ast senkrecht in den Boden stekken. Die Schattenspitze mit einem Stein, Zweig oder anderen Mitteln markieren. Das muß fünf bis zehn Minuten vor Mittag (Sonnenzeit) geschehen.
2. Mit dem Schatten als Radius und dem Stock als Mittelpunkt einen Bogen ziehen. Dazu kann man ein Stück Bindfaden, einen Schnürsenkel oder einen zweiten Stock verwenden.
3. Gegen Mittag wird der Schatten kürzer. Nach Mittag wird der Schatten wieder länger, bis er den Bogen schneidet. Diese Stelle markieren, sobald die Spitze des Schattens den Bogen ein zweites Mal berührt.
4. Eine gerade Linie durch die beiden Markierungen ziehen, um so eine Ost-West-Linie zu erhalten.

Dies ist zwar die genaueste Version der Schattenspitzen-Methode, es ist dabei aber folgendes zu beachten:

- Sie muß gegen Mittag durchgeführt werden.
- Der Beobachter muß den Schatten beobachten und Schritt 3, oben, genau dann durchführen, wenn die Spitze des Schattens den Bogen berührt.

Nördliche Hemisphäre

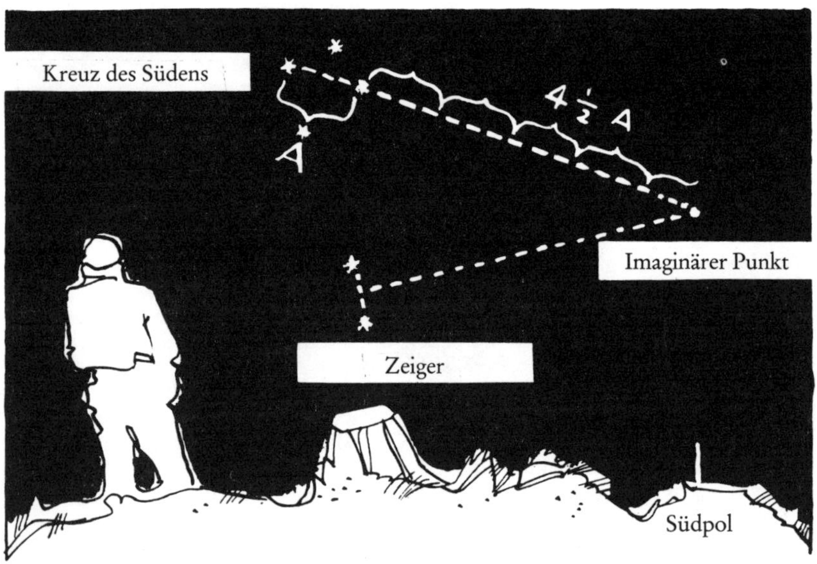

Südliche Hemisphäre

Abb. 3.4: Richtungsbestimmung bei Nacht

RICHTUNGSBESTIMMUNG BEI NACHT

Bei Nacht läßt sich mit Hilfe der Sterne Norden in der nördlichen Hemisphäre und Süden in der südlichen Hemisphäre bestimmen. Um den Polarstern zu finden, zuerst nach dem Großen Wagen Ausschau halten. Die beiden Sterne am Ende des Wagens werden als »Zeiger« oder Hinterachse bezeichnet. Der Polarstern befindet sich in einer geraden Linie mit der Hinterachse (in einer Entfernung, die etwa der fünffachen Länge der Hinterachse entspricht). Der Große Wagen dreht sich langsam um den Polarstern und erscheint nicht immer an der gleichen Stelle. Auch das Sternbild Kassiopeia kann verwendet werden. Diese Gruppe von fünf hellen Sternen sieht aus wie ein »M« (oder »W«, wenn es niedrig am Himmel steht). Der Polarstern befindet sich in etwa der gleichen Entfernung wie vom Großen Wagen auf gleicher Höhe wie der mittlere Stern. Auch Kassiopeia dreht sich langsam um den Polarstern und liegt dem Großen Wagen fast immer genau gegenüber. Durch diese Position wird Kassiopeia zu einer wertvollen Hilfe, wenn der Große Wagen niedrig am Himmel steht oder aufgrund von Vegetation oder hoher Geländemerkmale nicht sichtbar ist.
Südlich des Äquators dient das Kreuz des Südens zur Feststellung der allgemeinen Südrichtung und, auf dieser Grundlage, jeder anderen Richtung. Diese Gruppe von vier hellen Sternen sieht aus wie ein auf eine Seite geneigtes Kreuz. Die beiden Sterne, die die lange Achse des Kreuzes bilden, werden »Zeiger« genannt. Den Querbalken des Kreuzes viereinhalb Mal bis zu einem imaginären Punkt verlängern. Dieser Punkt ist die allgemeine Südrichtung. Von diesem Punkt aus direkt auf den Horizont hinunter blicken und eine geeignete Landmarke suchen.

KOPPELNAVIGATION

Bevor man in einer Überlebenssituation von seinem Standort fortgeht, daran denken, daß das Festhalten der Marschzeit genauso wichtig ist wie das Einhalten einer gegebenen Richtung. Ein Logbuch oder genaues Tagebuch ist nicht nur für eine erfolgreiche Koppelnavigation, sondern für das Überleben im allgemeinen wichtig.
Seit vielen Jahrhunderten verwenden Seeleute die Koppelnavigation, wenn kein Land in Sicht ist oder schlechtes Wetter herrscht, und diese Koppelnavigation läßt sich genauso gut an Land verwenden.
Bewegungen an Land müssen sorgfältig geplant werden. Startpunkt und Ziel sollten bekannt sein oder abgeschätzt und – wenn eine Karte vorhanden ist, zusammen mit allen bekannten Landmerkmalen entlang der Strecke sorgfältig eingetragen werden. Diese an der Strecke liegenden Merkmale dienen, wenn sie deutlich erkennbar sind, als unschätzbare Orientierungshilfe. Wenn keine Karte vorhanden ist, wird der Kurs auf einem leeren Papier abgesteckt. Man wählt einen Maßstab, bei dem die gesamte Strecke auf ein Blatt paßt. Norden wird deutlich gekennzeichnet. Der Kurs zwischen Startpunkt und Ziel wird dann im genauen Verhältnis abgesteckt.
Wenn das Gelände es gestattet, besteht der ideale Kurs aus einer geraden Linie vom Startpunkt zum Ziel. Das ist jedoch selten möglich oder durchführbar. Die Marschroute besteht normalerweise aus mehreren Kursen, wobei am Startpunkt für den ersten Kurs ein Azimut festgelegt wird. Die Entfernungsmessung beginnt mit dem Abmarsch und wird während des ersten Kurses solange fortgesetzt, bis eine Richtungsänderung erfolgt. Für den zweiten Kurs wird ein neuer Azimut festgelegt, und die Entfernung wird gemessen, bis ein zweiter Richtungswechsel gemacht wird, usw. Alle Daten werden festgehalten und alle Positionen abge-

steckt. Um an Land die Entfernung zu bestimmen, ist der Schritt die beste Maßeinheit. Ein Schritt entspricht einer natürlichen Schrittlänge von etwa 75 cm. Meist werden die Schritte in Hunderten gezählt, und die Hunderter können dann auf verschiedene Weise festgehalten werden: Notizen im Logbuch, Zählen mit den Fingern, kleine Gegenstände wie etwa Kieselsteine in einer leeren Tasche, Knoten in einem Bindfaden oder mit Hilfe eines mechanischen Handzählgeräts. Die so gemessenen Entfernungen sind nur Näherungswerte, die aber mit steigender Praxis sehr genau werden können. Wichtig ist, daß jeder, der sich in einer Überlebenssituation wiederfinden kann, seine durchschnittliche Schrittlänge vorher feststellt. Das geschieht, in dem man die Länge von zehn durchschnittlichen Schritten mißt und dann durch zehn teilt. Im Gelände muß dieser Durchschnitt dann aufgrund der folgenden Umstände oft berichtigt werden:

Hänge – die Schrittlänge wird hangabwärts größer und verkürzt sich hangaufwärts.

Wind – Wind von vorn verkürzt den Schritt, Rückenwind vergrößert ihn.

Bodenbeschaffenheit – Sand, Kies, Morast und ähnliche Oberflächenmaterialien verkürzen den Schritt.

Wetter – Schnee, Regen oder Eis führen zu einer Verkürzung des Schritts.

Kleidung – schwere Kleidung verkürzt den Schritt; die Art des Schuhwerks beeinflußt die Bodenhaftung und damit die Schrittlänge.

Ausdauer – Müdigkeit beeinflußt die Länge des Schritts.

Richtungsmarken

Eine Richtungsmarke ist ein klar abgegrenztes Objekt auf dem Land in Marschrichtung, auf das ein Navigator zusteuern kann. Es ist leichter, diesen Marken zu folgen, als dauernd nach Kompaß zu steuern.

Richtungsmarken bei Tage. Bei Tagesmärschen sind Richtungsmarken natürlich leichter zu finden. Gute Beispiele sind Objekte wie einzeln stehende Bäume oder Gebäude, Waldstücke und hervorstechende Formen am Horizont. Selbst eine Wolkenformation oder Windrichtung kann Verwendung finden, wenn sie in bestimmten Abständen mit Hilfe einer der Methoden zur Richtungsbestimmung überprüft wird.

Richtungsmarken bei Nacht. Nachts sind normalerweise die Sterne die einzige Art von Richtungsmarken. Aufgrund der Erddrehung ändert sich die Position der Sterne dauernd, und der Azimut muß mit dem Kompaß überprüft werden. Der Zeitabstand zwischen den einzelnen Überprüfungen hängt vom gewählten Stern ab. Ein Stern in der Nähe des Horizonts kann etwa eine halbe Stunde als Richtungsmarke dienen. Eine ideale Richtungsmarke ist der Polarstern, da er weniger als 1 Grad von geographisch-Nord abweicht, oberhalb des 70. Breitengrades steht er jedoch zu hoch am Himmel, um noch von Nutzen zu sein. Beim Marsch in Richtung Süden sollte der Azimut alle fünfzehn Minuten überprüft werden, um sicher zu sein, daß er noch stimmt. Beim Marsch in Richtung Osten oder Westen geht die Schwierigkeit, auf dem Azimut zu bleiben, eher darauf zurück, daß der Stern am Himmel zu hoch steigt oder sich hinter dem westlichen Horizont verliert, als daß er seinen Richtungswinkel ändert. In allen oben genannten Fällen muß ein anderer Leitstern gewählt werden, wenn der erste nutzlos wird. Südlich des Äquators sind die oben gegebenen Anweisungen zur Ausnutzung von Nord- und Südsternen umgekehrt.

4 Auf dem Marsch

Wenn man sich, wie im vorherigen Kapitel angesprochen, plötzlich als Verirrter, Versprengter oder Opfer eines Flugzeugabsturzes wiederfindet, bleibt man besser, wo man ist.
Wenn jedoch gewisse Umstände *(siehe Kapitel 6)* dafür sprechen, sich besser auf den Marsch zu begeben, oder wenn man gezwungen ist, sein Basislager zu verlassen, um nach Nahrung und Wasser zu suchen, sollte man einiges über einen Marsch durch die Wildnis wissen.
Die zu wählende Marschroute hängt von der Situation, den Bedürfnissen, den Wetterbedingungen und der Art des Geländes ab. Ob man eine Hügelkette, einen Fluß, ein Tal, dichten Wald oder eine Gebirgskette wählt, es ist immer darauf zu achten, daß es der sicherste und nicht unbedingt der leichteste Weg ist.

MARSCHGESCHWINDIGKEIT

Tagesmärsche sind so zu planen und durchzuführen, daß genügend Zeit und Energie bleiben, ein sicheres und zufriedenstellendes Lager aufzuschlagen. Rast und Schlaf sind auf dem Marsch äußerst wichtig.
Die Marschgeschwindigkeit wird von einer Reihe von Faktoren bestimmt. Dazu gehören klimatische Bedingungen, z.B. Temperatur, Sonne, Wind, Regen, Schnee usw., körperliche Kondition, das Gelände (Steigungen/Gefälle und Bodenbeschaffenheit), Zeit- und Entfernungserfordernisse (muß ein bestimmter Platz innerhalb einer bestimmten Zeit erreicht werden?), die mitgeführte Ausrüstung, (nur das absolut Notwendige mitnehmen), und Bedarf an Nahrung und Wasser. Während des Marsches jagen und Proviant suchen. Das sollte die Notwendigkeit reduzieren, spezielle Märsche zur Nahrungsbeschaffung zu unternehmen.

ORIENTIERUNG

Wenn man sich nicht gerade in dichtem Wald oder auf offener See befindet, kann man manchmal in der Ferne liegende Bäume zur Orientierung verwenden. Ein herausragender Gipfel kann bis zu einer Woche als Bezugspunkt dienen. Vorsicht jedoch vor der Illusion, einen Gipfel zu sehen und automatisch anzunehmen, daß man in einer bestimmten Richtung marschiert, während man sich in Wirklichkeit tangential zu seinem Kurs und von der Rettung wegbewegt. Einer geraden Linie, die man immer zurückverfolgen kann, folgen, indem man auf einer Linie zwischen zwei Landmarken – Bäume oder Felsen – marschiert und dann eine dritte Landmarke hinter der zweiten anpeilt. Die Landmarken im Vorbeigehen markieren – Bäume lassen sich anbrennen und Felsstücke in einer bestimmten Art und Weise auftürmen – und schon bei Annäherung an den vorletzten Bezugspunkt eine weitere Landmarke wählen, die in gerader Linie dahinterliegt.
Eine Route wählen, die parallel zu einer Kammlinie verläuft, aber direkt unterhalb. Häufig finden sich auf Hügelkämmen Wildpfade, die sich als Marschwege verwenden lassen. Dort findet man auch weniger Vegetation und häufige Beobachtungspunkte zur Lokalisierung von Landmarken.

Flüsse haben als Route oder als Orientierungshilfe in einem fremden Land besondere Vorteile, da sie die Möglichkeit bieten, einen ziemlich festen Kurs zu verfolgen, und im allgemeinen in bewohntes Gebiet führen; Flüsse sind eine potentielle Quelle für Nahrung und Wasser und man kann auf ihnen im Boot oder auf dem Floß fahren. Jedoch darauf einstellen, sie zu durchwaten oder zu umgehen oder sich durch die dichte Vegetation entlang der Ufer zu schlagen. Wenn man einem Fluß in einem gebirgigen Land folgt, nach Wasserfällen, Klippen und Nebenflüssen als Orientierungspunkten Ausschau halten. In flachem Gelände machen Flüsse meist viele Windungen, sind von Sümpfen umgeben und von dichtem Gebüsch eingegrenzt. Die Fahrt auf einem solchen Fluß bietet nur wenig Gelegenheiten, Landmarken zu lokalisieren. Der Marsch entlang einer Küstenlinie führt zu einer langen, gewundenen Route; eine Küstenlinie bietet aber ein gutes Bezugsgebiet, um Peilungen vorzunehmen und stellt außerdem eine mögliche Quelle für Nahrung dar.

GELÄNDEARTEN

Marsch durch dichte Vegetation

Mit ein wenig Übung ist eine wirkungsvolle Fortbewegung durch dichtes Unterholz und Dschungel möglich, indem man die Vegetation vorsichtig zur Seite drückt. Durch Tragen langärmeliger Kleidung vermeidet man Schnitte und Kratzer.
Kratzer, Beulen und den Verlust von Richtung und Selbstvertrauen vermeidet man durch Entwickeln eines »Dschungelauges«. Nicht auf das Muster von Bäumen und Büschen in unmittelbarer Nähe achten. Die Augen auf das jenseits des unmittelbar vor dir liegende Stück konzentrieren und nicht *auf* den Dschungel, sondern *hindurch* schauen. Gelegentlich anhalten, bücken und am Dschungelboden entlangschauen.
Wachsam bleiben, indem man sich in einem dichten Wald oder Dschungel langsam und stetig bewegt, aber in bestimmten Abständen anhält, um zu lauschen und Peilungen vorzunehmen. Mit einer Machete durch dichte Vegetation schlagen, sie aber nicht unnötig gebrauchen. Das Geräusch ist im Wald auf weite Entfernung zu hören, kann aber reduziert werden, indem man Schläge gegen kriechende Schlingpflanzen und Gebüsch von unten nach oben führt.
Die Vegetation kann mit einem Stock oder Stab auf die Seite gedrückt werden, um die Möglichkeit zu verringern, beißende Ameisen, Spinnen oder Schlangen aufzujagen. Beim Ersteigen von Hängen niemals nach Gebüsch oder anderen Pflanzen greifen; sie haben möglicherweise Stacheln, die die Haut reizen, oder scharfe Dornen.
Viele Dschungel- und Waldtiere haben feste Wechselpfade. Diese Pfade winden sich und verlaufen im Zickzack, führen aber häufig an Wasser oder zu Lichtungen. Durch häufige Peilungen überprüfen, ob die Pfade wirklich in der gewünschten Marschrichtung verlaufen.
In vielen Ländern verlaufen Strom- und Telefonleitungen meilenweit durch wenig bewohntes Gelände. Meist ist die Trasse ausreichend abgeholzt, um ein leichtes Marschieren zu ermöglichen. Beim Marsch entlang dieser Leitungen ist bei der Annäherung an Transformatoren und Relaisstationen Vorsicht am Platze, da sie möglicherweise von feindlich gesinnten Wachen geschützt werden.

Marsch in gebirgigem Gelände

Ein Marsch im Gebirge oder in anderem zerklüftetem Gebiet kann gefährlich und verwirrend sein, wenn man nicht ein paar Tricks kennt. Was aus der Entfernung wie eine Kammlinie aussieht, ist möglicherweise eine Reihe von Kämmen und Tälern. Im Hochgebirge überdeckt möglicherweise ein Schneefeld oder Gletscher, der durchgehend und leicht überquerbar ausschaut, eine Schlucht von mehreren hundert Metern Tiefe. In Dschungelbergen erreichen Bäume, die in Flußtälern wachsen, große Höhen, und ihre Gipfel befinden sich auf etwa der gleichen Höhe wie die von Bäumen, die an Talwänden und auf Hügeln wachsen, wo das Wasser knapp ist; dadurch entsteht eine Baumlinie, die aus der Entfernung gleichmäßig und durchlaufend aussieht. Ein Marsch im Gebirge fordert viel Energie und sollte vermieden werden, wenn geeignete Ausweichrouten zur Verfügung stehen.
In gebirgigem Gelände geeigneten Tälern oder Hügeln folgen. Um beim Marsch in den Bergen Zeit und Energie zu sparen, das Körpergewicht direkt über den Füßen halten, indem man die Schuhsohlen flach auf den Boden aufsetzt. Bei klei-

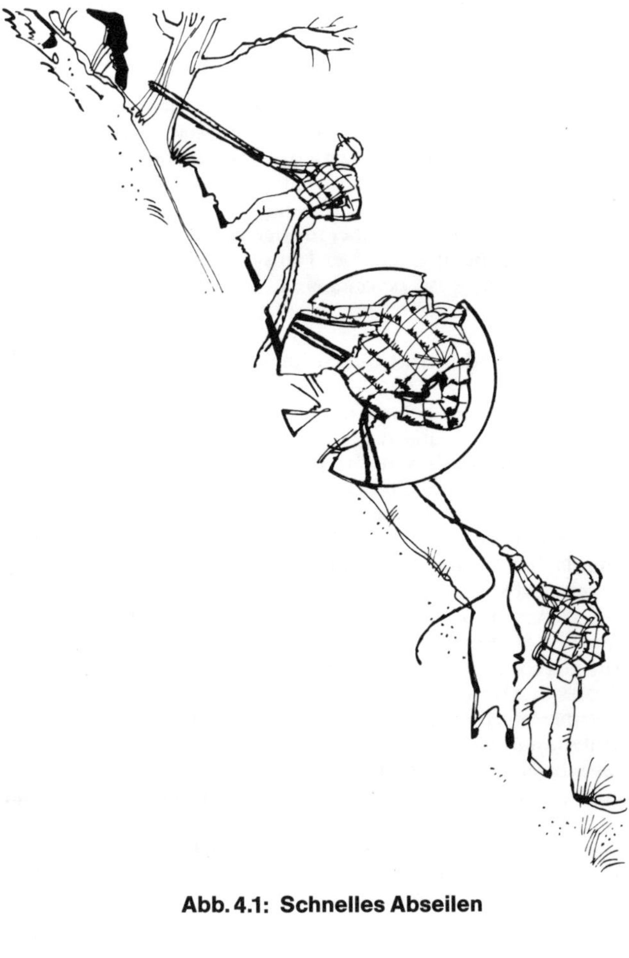

Abb. 4.1: Schnelles Abseilen

nen Schritten und langsamer, aber stetiger Bewegung ist das nicht schwierig. Möglicherweise führt der Weg über einen steilen Hang oder eine Klippe. Vor dem Start die Route sorgfältig aussuchen und darauf achten, daß sie von oben bis unten genügend Halt für Hände oder Füße aufweist. Jeden Halt ausprobieren, bevor das Gewicht darauf verlagert wird, und für eine gleichmäßige Gewichtsverteilung sorgen. Die folgenden Hinweise beachten:

1. Falls nicht erforderlich, nicht auf losem Feld klettern.
2. Stetig bewegen, die Beine zum Klettern und die Hände zum Balancieren benutzen. Immer an drei Punkten Berührung mit dem Fels zu haben versuchen; nur eine Hand oder einen Fuß zur Zeit bewegen.
3. Sicherstellen, daß jederzeit gefahrlos eine andere Richtung eingeschlagen werden kann.
4. Beim Absteigen solange wie möglich mit dem Rücken zum Hang klettern. Aus dieser Stellung kann man Strecke und Haltegriffe am besten wählen.
5. An steilen Hängen abseilen, wenn eine leichtere Route nicht möglich ist.

Ausrüstung für den Hangabstieg. Beim Marsch in gebirgigem Gelände oder über Schnee und Eis ein festes Seil und einen Eispickel beschaffen oder improvisieren. Ohne sie ist der Abstieg von einem steilen Hang schwierig, wenn nicht sogar unmöglich. Falls vorhanden, Fallschirmleinen und einen kräftigen Stock als Ersatz für einen Eispickel benutzen.

Schnelles Abseilen. Das Seil um einen Baum oder Felsen verankern, so daß die beiden Enden gleich lang sind. Das Doppelseil mit zum Ankerpunkt leicht seitwärts gehaltenem Körper quer über den Rücken und unter den Armen durchführen. Die zum Ankerpunkt zeigende Hand ist die Führungshand, und die andere Hand dient zum Bremsen. Zum Anhalten wird die Bremshand vor den Körper gebracht und das Seil damit blockiert. Gleichzeitig wird der Körper in Richtung auf den Ankerpunkt gedreht. Am Fuß des Abhangs kann man das Doppelseil durch Ziehen am einen Ende einholen. Nur bei mäßigem Gefälle oder sehr langen sanften Hängen auf diese Weise abseilen. Der Hauptvorteil dieser Methode liegt darin, daß sie schnell und leicht ist, besonders bei nassem Seil.

Marsch über Schneefelder und Gletscher

Die schnellste Art, ein steiles Schneefeld hinunterzukommen, besteht darin, auf den Füßen hinunterzugleiten und dabei einen Eispickel oder etwa 1,5 m langen kräftigen Stock als Stütze oder Bremse zu benutzen. Mit dem Eispickel oder Stock läßt sich auch nach tödlichen Spalten sondieren.

Auf Gletschern finden sich Spalten im allgemeinen rechtwinklig zur Richtung des Gletscherflusses. Meist lassen sie sich umgehen, da sie nur selten völlig um den Gletscher herumlaufen. Wenn Schnee liegt, ist größte Sorgfalt erforderlich, und jedes Gruppenmitglied sollte mit einem Seil gesichert werden. Gebiete mit vielen Spalten und Gletscher, wenn immer es möglich ist, vermeiden.

Das Erklettern oder Überqueren eines steilen schneebedeckten Hangs wird leichter, wenn man Stufen in den Schnee tritt und sich diagonal zum Hügel bewegt. Dabei aber Vorsicht vor Lawinen, besonders bei Tauwetter im Frühling oder nach neuem Schneefall. Bei Lawinengefahr aus den Tälern und vom Fuß eines Hanges fernhalten, und wenn ein Hang zu überqueren ist, überquere ihn soweit oben wie möglich. Klettere beim Ersteigen eines Hangs in direkter Linie aufwärts. Wenn du in eine Lawine gerätst, mache Schwimmbewegungen, um an der Oberfläche zu bleiben.

Überhängende Vorsprünge, die aus von der Windseite des Hügels angewehtem Schnee bestehen, bilden weitere Gefahren beim Marsch über Schneefelder im Gebirge. Diese Schneewächten tragen das Gewicht eines Menschen nicht. Von der windabgewandten Seite sind sie meist zu erkennen, aber von der Windseite her sieht man nur eine sanft gerundete, schneebedeckte Erhebung. Dem Hügel an der Windseite unterhalb der Schneewächtenlinie folgen.

ÜBERQUEREN VON GEWÄSSERN

Außer beim Marsch in der Wüste besteht immer die Möglichkeit, daß man einen Strom oder Fluß durchqueren muß. Die Größe eines solchen Wasserhindernisses kann von einem kleinen, knöcheltiefen Bach in einem Seitental bis zu einem wildschäumenden Fluß reichen, der durch getauten Schnee oder Eis gespeist wird. Wenn jemand weiß, wie solch ein Hindernis zu überqueren ist, kann er selbst rauhestes Wasser zu seinem Vorteil nutzen. Jedoch vorher die Wassertemperatur prüfen. Wenn sie extrem niedrig ist und eine seichte Furt nicht zur Verfügung steht, ist ein Durchwaten nicht ratsam. Das kalte Wasser führt leicht zu Schock, der dann zeitweilige Lähmungen hervorrufen kann. In diesem Falle eine improvisierte Brücke bauen, indem man einen Baum über den Strom fällt oder ein einfaches Floß baut. Vor dem Durchwaten an eine höher gelegene Stelle begeben und den Fluß auf folgendes überprüfen:

1. Ebene Stellen, an denen er sich in eine Reihe von Armen teilt.
2. Hindernisse auf der gegenüberliegenden Seite, die den Marsch behindern können. Eine Stelle am anderen Ufer suchen, von der aus der Weitermarsch leichter und sicherer ist.
3. Felsbänke, die den Fluß überqueren. Dort können Stromschnellen oder Schluchten sein.
4. Dichter Baumbestand. An diesen Stellen ist der Fluß am tiefsten.

Bei der Wahl einer Furt an folgende Punkte denken:

1. Wenn möglich, einen Kurs in einem Winkel von etwa 45 Grad gegen die Strömung wählen.
2. Nie versuchen, einen Strom direkt oberhalb oder in der Nähe einer Stromschnelle, eines Wasserfalls oder eines tiefen Lochs zu durchwaten.
3. Einen Fluß immer dort durchwaten, wo man in seichtes Gewässer oder auf eine Sandbank getrieben wird, wenn man den Halt verliert.
4. Felsige Stellen zu vermeiden suchen, da ein Fall zu ernsthaften Verletzungen führen kann; ein gelegentlicher Felsen, der die Strömung bricht und einen Halt bietet, kann jedoch durchaus nützlich sein.

Überquerungsarten

Waten. Bevor man ins Wasser geht, Strümpfe ausziehen, die Schuhe wieder anziehen. Kein Risiko eingehen, daß die Füße von scharfen Felsen oder ähnlichem verletzt werden. Einen kräftigen Knüppel als Stütze suchen. Diese Stütze auf der stromaufwärts gewandten Seite halten, damit er die Strömung etwas bricht. Mit dem Knüppel kann man auch nach Strudellöchern suchen.
Schwimmen. Brust-, Rücken- oder Seitenschwimmen sind weniger ermüdend als andere Techniken und ermöglichen es, beim Schwimmen kleine Bündel von Kleidung und Ausrüstung mitzuführen. Wenn möglich, Kleidung und Ausrüstung über den Fluß treiben lassen. Vor dem Schwimmen hinauswaten, bis das Wasser brusttief ist. Wenn das Wasser zu tief zum Waten ist, langsam hineingleiten lassen, damit unter Wasser befindliche Hindernisse nicht zu Verletzungen führen. In tiefem, schnellfließendem Wasser diagonal mit der Strömung über den Fluß schwimmen.

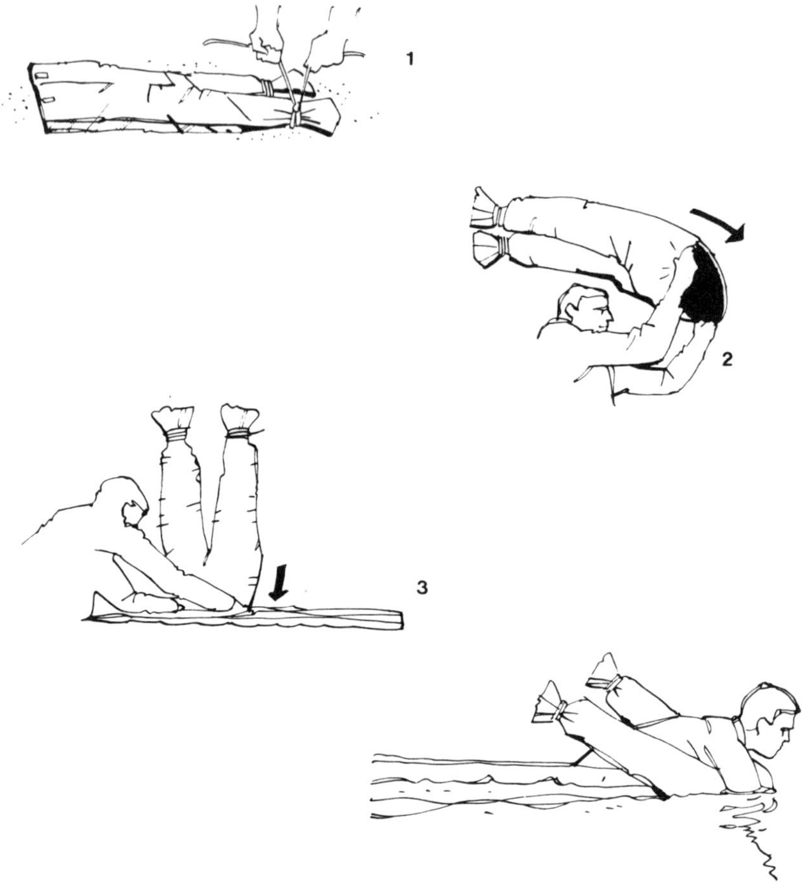

Abb. 4.2: Schwimmflügel aus einer Hose

Das Schwimmen in Stromschnellen oder in rasch fließendem Wasser ist nicht ein so großes Problem, wie man erwarten könnte. In seichten Stromschnellen auf den Rücken legen mit den Füßen stromabwärts; den Körper waagerecht halten und die Hände entlang der Hüften. Die Hände wie eine Robbe ihre Finnen bewegen. In tiefen Stromschnellen auf dem Bauch in Richtung auf das Ufer schwimmen, wenn möglich. Zusammenlaufende Strömungen vermeiden; durch das Zusammenfließen kann man unter Wasser gezogen und dort festgehalten werden.

Schwimmhilfen. Für Nichtschwimmer gibt es bestimmte Schwimmhilfen. Dazu gehören:

Kleidung – Mit beiden folgenden Methoden erhält man brauchbare Schwimmflügel:

1. Wenn man bereits im Wasser ist, Hose ausziehen; die Hosenbeine unten zubinden und den Hosenschlitz schließen. Den Hosenbund an einer Seite fassen und die Hose von hinten nach vorn über den Kopf schwingen, so daß die

Öffnung gerade auf die Wasseroberfläche geschlagen wird. In den Hosenbeinen fängt sich Luft.

2. Wenn man noch nicht im Wasser ist, Hose ausziehen; die Beine unten zubinden und den Hosenschlitz schließen. Die Hose vor den Körper halten und ins Wasser springen (nachdem man sich versichert hat, daß das Wasser tief genug ist). Wieder fängt sich Luft in den Hosenbeinen.

Leere Dosen, Kanister und Schachteln – Als Schwimmkörper zusammenbinden, aber nur beim Überqueren von langsam fließendem Wasser zu verwenden.

Baumstämme oder Planken – Vor Verwendung eines Baumstamms dessen Schwimmfähigkeit prüfen. Das ist besonders in den Tropen wichtig, da viele Tropenbäume, insbesondere Palmen, selbst wenn es sich um trockenes Holz handelt, sinken.

Flöße – Flöße sind eins der ältesten Fortbewegungsmittel auf dem Wasser und bilden oft die schnellste und sicherste Möglichkeit, ein Wasserhindernis zu überqueren – sobald das Floß einmal gebaut ist. Allerdings ist der Bau eines Floßes unter Überlebensbedingungen ermüdend und zeitaufwendig, selbst wenn man die richtige Ausrüstung und Hilfe hat. Wenn es absolut notwendig ist oder wenn man plant, den ganzen Fluß hinunter auf dem Floß zu fahren, an die Arbeit! Es könnte sich um die effektivste Arbeit handeln, die man tun kann. Fichten, die in polaren und subpolaren Regionen zu finden sind, ergeben die besten Flöße. Aber auch anderes trockenes Holz oder Bambus in den Tropen ist zu gebrauchen. Bevor man einen Stamm in das Floß einbaut, ihn ins Wasser rollen, um sicher zu sein, daß er schwimmt.

Ein Floß läßt sich ohne Nägel oder Seil bauen, wenn man eine Axt oder ein Messer hat. Die passende Größe für ein 3-Mann-Floß ist etwa 3,6 × 1,8 m.

Bau eines genuteten Floßes

1. Das Floß auf zwei zum Ufer geneigten Gleitbalken bauen. (Man kann zwar vielleicht einen Baumstamm zur Zeit tragen, wird aber niemals ein fertiggestelltes Floß bewegen können.) Die Gleitbalken mit einer Axt glätten, so daß die Floßstämme gleichmäßig aufliegen.
2. In jeden Baumstamm vier versetzt angeordnete Kerben schlagen, je eine auf der Ober- und Unterseite an beiden Enden. Die Kerben in Form eines Dreiecks ausführen, dessen Spitze nach außen zeigt.
3. Zum Zusammenfügen einen dreieckigen hölzernen Querbalken, der etwa 30 cm länger als die Breite des Floßes ist durch die Kerben schlagen. Alle Kerben auf einer Seite des Floßes verbinden und dann erst die auf der anderen Seite.
4. Die überstehenden Enden der beiden Querbalken auf jeder Seite des Floßes zusammenbinden, um zusätzliche Festigkeit zu erreichen. Wenn das Floß ins Wasser gelassen wird, schwellen die Querbalken an und binden die Baumstämme fest zusammen.
5. Wenn die Querbalken zu locker sitzen, mit dünnen Stücken trockenen Holzes festkeilen. Diese Keile schwellen im Wasser an und geben den Querbalken Halt.

Andere Floßarten. Selbst mit einer Axt erfordert die Arbeit, die zum Bau des oben beschriebenen Floßes erforderlich ist, viel Zeit und Geschicklichkeit. Eine einfache und schnellere Methode besteht in der Benutzung von »Druckbalken«, die an den Enden fest zusammengebunden werden:

1. Mit einer Persenning, Zeltbahnhälfte oder anderem wasserfestem Material kann man ein ausgezeichnetes Floß bauen mit Astwerk als Rahmen und Füllung.
2. In nördlichen Gebieten sind die Flüsse während des Winters aufgrund der

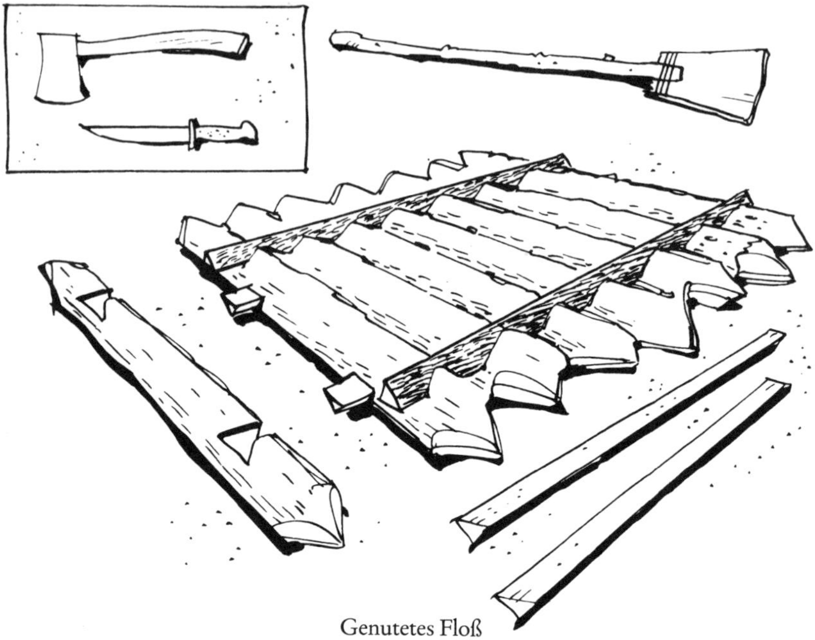

Genutetes Floß

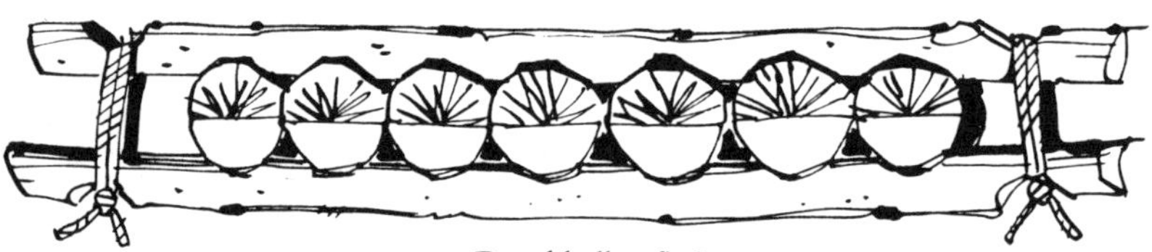

Druckbalkenfloß

Abb. 4.3: Arten von Baumstammflößen

schnellen Strömung in der Mitte möglicherweise offen. So einen Fluß auf einer Eisscholle überqueren, die mit einer Axt oder auch mit einem Knüppel (wenn das Eis gesprungen ist) aus dem Ufereis gebrochen werden kann. Die Größe des Floßes sollte etwa 1,8 × 2,7 m betragen, und das Eis sollte mindestens 30 cm dick sein. Mit einem Knüppel wird die Eisscholle über das offene Wasser gestakt.

Flußüberquerung

Die Überquerung eines tiefen und schnellfließenden Flusses auf einem Floß läßt sich bewerkstelligen, indem man die Pendelbewegung des Wassers in einer Flußkrümmung nutzt. Diese Methode ist vorteilhaft, wenn mehrere Männer den Fluß überqueren müssen. Die folgenden Bedingungen müssen jedoch erfüllt sein:

1. Das Floß muß in einem bestimmten Winkel zur Strömungsrichtung liegen.
2. Das Seil zum Ankerpunkt muß sieben bis acht Mal so lang sein wie die Breite des Flusses.

Abb. 4.4: Flußüberquerung unter Ausnutzung der Pendelbewegung

3. Die Seilbefestigung am Floß muß verstellbar sein, um den Anstellwinkel des Floßes gegen die Strömung verändern zu können, damit es zur Ausgangsseite zurückkehren kann.

Bestimmung der Flußbreite. Vor dem Überqueren eines Gewässers kann es hilfreich sein, die Entfernung zum gegenüberliegenden Ufer zu kennen. Sie läßt sich mit Hilfe von *Abbildung 4–5* und den folgenden einfachen Anweisungen leicht bestimmen:

1. Einen Felsen, Baum oder ein anderes Objekt am gegenüberliegenden Ufer suchen und ihm direkt gegenüber aufstellen.
2. Die halbe Breite des Flusses schätzen und diese Entfernung am Ufer abschreiten (d.h. senkrecht zur Blickrichtung in Punkt 1). Schritte zählen.
3. Diese Entfernung mit einem Stein oder Stock markieren und weiter am Ufer entlanggehen.

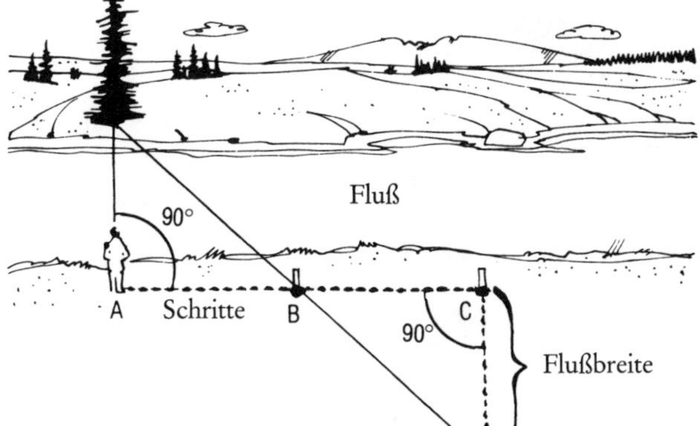

Abb. 4.5: Bestimmung der Flußbreite

4. Nach der gleichen Anzahl von Schritten wie in Punkt 2 anhalten. Diesen zweiten Punkt mit einem Stein oder Stock markieren.
5. Umdrehen und direkt vom Ufer wegmarschieren (d.h. senkrecht zu der vorherigen Richtung). Weitergehen, bis das Objekt am gegenüberliegenden Ufer und die erste Markierung bei Blick über die Schulter beide direkt in der Sichtlinie liegen. Anhalten.
6. Entfernung zwischen der zweiten Markierung und dem jetzigen Standort entspricht der Breite des Flusses.

Überqueren von Treibsand, Morast und Sümpfen

Diese Hindernisse finden sich sehr häufig in tropischen oder subtropischen Sumpfgebieten. Bereiche mit Sumpferde sind bar jeglicher sichtbarer Vegetation und tragen normalerweise nicht einmal das Gewicht eines Steins. Wenn solche Hindernisse nicht zu umgehen sind, sie mit Baumstämmen, Ästen oder Laub zu überbrücken versuchen. Wenn keines dieser Materialien vorhanden ist, mit ausgebreiteten Armen und Gesicht nach vorn hineinspringen. Mit waagerecht gehaltenem Körper Schwimmbewegungen machen oder hindurchwühlen. Die gleiche Methode gilt für Treibsand.

SIGNALISIEREN

Der internationale Signalkode

Es besteht immer die Chance, aus der Luft gerettet zu werden, aber ein Mann – oder eine Gruppe – ist aus der Luft nicht leicht auszumachen, insbesondere wenn die Sicht eingeschränkt ist. Sei daher immer darauf vorbereitet, deinen Standort und deinen Bedarf den Rettern mitzuteilen.
Buchstaben in den Schnee trampeln oder eine Nachricht mit Ästen auslegen. An einer Küste große Steine oder Seetang dafür verwenden. Material nehmen, dessen Farbe mit dem Boden kontrastiert. Verwende den folgenden internationalen Signalkode:

|	Benötige Arzt, ernsthafte Verletzungen	|>	Versuche Start
||	Benötige San-Material	⌊⌉	Flugzeug ernsthaft beschädigt
X	Komme nicht weiter	△	Hier wahrscheinlich sichere Landung
F	Benötige Nahrung und Wasser	L	Benötige Treibstoff und Öl
⩔	Benötige Waffen und Munition	LL	Alles klar
□	Benötige Karte und Kompaß	N	Nein
¦	Benötige Signallampe mit Batterie und Funkgerät	Y	Ja
K	Geben Sie Richtung für Weitermarsch an	JL	Nicht verstanden
↑	Gehe in diese Richtung	W	Benötige Ingenieur

Abb. 4.6: Boden-Luft-Signale

Andere Signalmethoden

1. Erzeugen von Rauch durch großes Feuer mit ausreichend feuchtem Holz.
2. Schwenken des Unterhemds oder der Hose oder Ausbreiten derselben gegen einen kontrastierenden Hintergrund.
3. Erzeugen eines Lichtstrahls mit Hilfe eines Spiegels oder eines anderen glänzenden Materials. Einen improvisierten Spiegel aus einer Dose oder Gürtelschnalle anfertigen. In die Mitte des Reflektors ein Loch schlagen. Sonnenlicht vom Spiegel auf eine nahegelegene Fläche reflektieren, langsam auf Augenhöhe bringen und durch das Visier schauen. Ein heller Lichtfleck ist im Ziel sichtbar. Den Horizont damit abschwenken, selbst wenn keine Schiffe oder Flugzeuge in Sicht sind. Spiegelblitze sind selbst an dunstigen Tagen meilenweit sichtbar.
4. Einprägen der Boden-Luft-Körpersignale (siehe Abbildung 4–6) für den Fall einer Luftrettung.
5. Zum Signalisieren in der Nacht eine Baumfackel verwenden. Ein dichtbelaubter Baum wird mit trockenem Holz in den unteren Ästen angesteckt. Darauf achten, daß das Feuer nicht außer Kontrolle gerät und zur Gefahr wird.

5 Erste Hilfe

In einer Überlebenssituation tauchen plötzlich und immer wieder Krankheiten, Seuchen und Verletzungen auf. In diesem Kapitel werden Erste-Hilfe-Maßnahmen angesprochen, die eine wirkungsvolle Hilfe bei den gewöhnlichen und außergewöhnlichen Krankheiten und Verletzungen darstellen, mit denen man es möglicherweise in fernen und abgelegenen Gegenden der Welt zu tun hat. Erste-Hilfe-Informationen zu wetterbedingten Verletzungen sind in den Kapiteln sechs bis zehn zu finden.

GRUNDLEGENDE HYGIENE

Zum Schutz gegen Seuchen und Krankheiten gehört es, sich viele einfache Praktiken anzugewöhnen, die unter das allgemeine Thema gute persönliche Hygiene fallen. Impfungen bilden einen Schutz gegen einige der ernsthafteren Krankheiten, denen man ausgesetzt sein kann – Pocken, Typhus, Tetanus, Fleckfieber, Diphtherie, Cholera, Pest und Gelbfieber. Sie schützen nicht gegen die gewöhnlicheren Krankheiten wie Diarrhoe, Ruhr, Erkältungen und Malaria. Die einzige Möglichkeit, diese Krankheiten zu vermeiden, besteht darin, körperlich fit zu bleiben und die Krankheitskeime aus dem Körper zu halten. Mit Anwendung der folgenden Regeln ist schon viel getan, um auf den Füßen zu bleiben.

Sauber bleiben

Körperliche Sauberkeit ist die erste Verteidigung gegen Krankheitskeime. Eine tägliche Dusche mit heißem Wasser und Seife ist ideal. Wenn das nicht möglich ist, die Hände möglichst sauber halten, Fingernägel reinigen und Gesicht, Achseln, Genitalbereich und Füße mindestens einmal täglich waschen. Kleidung, besonders Unterwäsche und Socken, so sauber und trocken wie möglich halten. Falls Waschen nicht möglich ist, Kleidung ausschütteln und täglich der Sonne und Luft aussetzen. Wenn vorhanden, regelmäßig eine Zahnbürste verwenden. Seife oder Tafelsalz und Soda bilden einen guten Ersatz für Zahnpasta; und ein kleiner grüner Zweig, der an einem Ende breiig gekaut wird, kann als Zahnbürste dienen. Reiben mit einem sauberen Finger ist eine andere Methode. Dabei wird auch das Zahnfleisch massiert. Nach dem Essen Mund ausspülen, wenn Trinkwasser vorhanden ist.

Schutz gegen Darmerkrankungen

Normaler Durchfall, Lebensmittelvergiftung und andere Darmerkrankungen sind die häufigsten und oft die ernstesten Erkrankungen, gegen die es sich zu schützen gilt. Sie werden durch Essen oder Trinken von verseuchter Nahrung, Wasser oder anderen Getränken verursacht. Als Schutz gegen diese Erkrankungen:

1. Körper, besonders Hände, sauberhalten. Die Finger nicht in den Mund stekken. Nahrungsmittel möglichst wenig mit den Händen anfassen.

2. Die Trinkbarkeit von Wasser durch Verwendung von Entkeimungstabletten oder durch eine Minute langes Kochen sicherstellen.
3. Alles Obst waschen und schälen.
4. Nahrung nach der Zubereitung nicht längere Zeit aufbewahren.
5. Eßgeräte sterilisieren, vorzugsweise durch Abkochen in Wasser.
6. Fliegen und anderes Ungeziefer von Nahrung und Getränken fernhalten. Das Lager sauberhalten.
7. Strikte Maßnahmen zur Beseitigung von menschlichem Abfall angewöhnen.

Erbrechen kann durch Sodbrennen, Verdauungsstörungen, Gastritis (Reizung des Mageninneren), Magengeschwüre, Lebensmittelvergiftung und gastrointestinale Allergien (Einnahme gewisser Nahrung oder Substanzen, die der Körper abweist) verursacht werden.
In einer Umgebung, in der es ums Überleben geht, sollten Lebensmittelvergiftung und Magen-Darm-Erkrankungen als wahrscheinliche Ursachen für Erbrechen angenommen werden.
Bei Verdacht auf Vergiftung große Mengen Wasser (warm, wenn möglich) trinken und weiteres Erbrechen hervorrufen.
Diarrhoe (Durchfall) ist das Hauptanzeichen für Erkrankungen des Darmtrakts. Wenn Wasserentzug auftritt, kann Durchfall sehr ernst werden, ja sogar tödlich. Wenn Durchfall mit Fieber, Eiter oder Blut einhergeht, handelt es sich möglicherweise um eine bakterielle oder parasitäre Infektion und nicht um eine Virusinfektion, was dann viel gefährlicher ist. Bakterielle und parasitäre Infektion kann durch gute persönliche Hygiene vermieden werden.
Bei Erbrechen und Durchfall ausruhen und keine feste Nahrung essen, bis die Symptome nachlassen. In kleinen Mengen und häufig Flüssigkeiten, besonders Trinkwasser, einnehmen. Sobald Magen oder Darm es erlauben, zu halbfester Nahrung übergehen. Der normale Salzverbrauch sollte beibehalten werden.
Nahrung und Wasser, die dem Körper unmittelbar vor dem Erbrechen und Durchfall zugeführt wurden, sollten als die vermutliche Ursache angesehen werden. Diese Dinge sollten in Zukunft gemieden werden.

Auf die Füße achten

Dreckige oder verschwitzte Socken sind eine Gefahr für die Füße. Wenn kein Reserve-Paar vorhanden ist, die getragenen auswaschen. Bei Vorhandensein eines zweiten Paares die gewaschenen Socken unter dem Hemd am Körper tragen. Sie sollten in kurzer Zeit trocken sein. Falls möglich, Wollsocken tragen; sie nehmen den Schweiß auf. Socken lassen sich einfrieren und dann ausschlagen, um so Schmutz, Schweiß, Salz und Feuchtigkeit zu entfernen.
Blasen sind gefährlich, da sie sich infizieren können. Solche Infektionen können die Marschfähigkeit einschränken und, wenn sie schlimmer werden, zur Bewegungslosigkeit führen. Wenn die Schuhe gut passen und nach dem Überqueren von nassem Gelände getrocknet werden, bei häufigem Wechsel der Strümpfe, Verwendung von Fußpuder (falls vorhanden) und bei Massieren oder sanftem Reiben der Füße sollte die Gefahr, daß sich Blasen bilden, nur gering sein.
Bei Entstehen einer Blase den betreffenden Bereich häufig mit Wasser waschen, um eine Infektion zu vermeiden. Kurz vor dem Durchbrechen der Blase kann man sie mit einer sterilisierten Nadel am Rand punktieren und die Flüssigkeit herauspressen. Falls keine Gefahr besteht, daß die Blase sich öffnet, nicht punktieren. Polstermaterial auf die Blase geben, um Druck und Scheuern zu verhindern. Polstermaterial läßt sich aus einem sterilisierten Stück der Kleidung herstellen.

SCHUTZ GEGEN HITZE

In heißen Gegenden durch allmähliche Gewöhnung an die Sonne eine Bräunung entwickeln. Sehr starke Anstrengungen in der heißen Sonne können zu einem Hitzschlag führen. Die kleineren durch die Hitze verursachten Krankheiten lassen sich vermeiden, indem man ausreichend trinkbare Flüssigkeiten und Salz einnimmt, um die durch das Schwitzen entstandenen Verluste auszugleichen. Übermäßiges Essen vermeiden, da auch das zu Hitzekrankheiten führen kann. Spezifische hitzebedingte Gefahren siehe Kapitel 7 »Überleben in den Tropen« und Kapitel 8 »Überleben in der Wüste«.

SCHUTZ GEGEN KÄLTEVERLETZUNGEN

Bei starker Kälte Körperwärme auf jede mögliche Art bewahren. Besonders sorgfältig auf Füße, Hände und ungeschützte Körperteile achten. Socken trocken halten und aus jedem nur erdenklichen Material Schutzkleidung improvisieren – aus Lumpen, Papier, Moos, Gras und Blättern. Spezifische kältebedingte Gefahren siehe Kapitel 9 »Überleben in der Kälte«.

KRANKHEIT UND SEUCHE

Im Kampf ums Überleben können Seuchen zum schlimmsten Feind werden. Obgleich es nicht erforderlich ist, eine Menge über Seuchen zu wissen, sollte man sich mit ihrem Vorkommen in bestimmten Gebieten, ihrer Übertragung und ihrer Verhütung vertraut machen.
Die meisten Seuchen werden verursacht oder übertragen durch parasitäre pflanzliche und tierische Organismen wie etwa Zecken und Milben, die in den Körper eindringen, sich vermehren und zu einer Reihe von Gesundheitsstörungen führen. Wenn man über den Träger einer bestimmten Seuche Bescheid weiß, ist man besser in der Lage, sich vor dieser Seuche zu schützen, indem man sich den Überträger vom Leib hält.

Kleinere Lebensformen

Lebewesen wie etwa Insekten können gefährlicher und ungemütlicher sein als selbst Nahrungs- und Wasserknappheit; die größte Gefahr liegt jedoch in ihrer Fähigkeit, schwächende und oft tödliche Seuchen durch ihre Bisse zu übertragen. Seuchenüberträger benötigen bestimmte Umweltbedingungen, wie etwa ausreichende Sonneneinstrahlung, ideale Temperaturen und geeignete Brutplätze, um leben und sich vermehren zu können. Wegen dieser Faktoren muß man sich je nach Ort oder Zeit nur gegen eine begrenzte Anzahl von Seuchenüberträgern schützen. Häufig benötigen bestimmte Seuchenorganismen, die auf den Menschen übertragen werden, für eine gewisse Zeit im Leben des Überträgers spezifische Wirte. Wenn die in einer Gegend fehlen, existieren auch die Seuchenorganismen dort nicht und können deshalb nicht übertragen werden, ganz gleich, wieviele mögliche Überträger vorhanden sind. Der Mensch dient als spezifischer Wirt im Falle der Malaria.
Moskitos und Malaria. Moskitostiche sind nicht nur unerfreulich, sie können tödlich sein. Moskitos sind auf der ganzen Welt zu finden. Im Spätfrühling und Frühsommer sind sie in manchen Gegenden der Arktis und in gemäßigten Zonen

zahlreicher als in den Tropen. Die tropischen Moskitos sind jedoch gefährlicher, weil sie Malaria, Gelbfieber, Denguefieber, Gehirnentzündung und Fadenwurmbefall übertragen.

Durch Befolgen der nachstehenden Regeln jede nur erdenkliche Vorsichtsmaßnahme gegen Moskitostiche treffen:

1. An hoch gelegenen Stellen und nicht in der Nähe von Sümpfen kampieren.
2. Unter Moskitonetz schlafen, falls vorhanden. Anderenfalls irgend ein anderes Material verwenden.
3. Vor dem Schlafengehen das Gesicht mit feuchter Erde einreiben.
4. Besonders nachts sämtliche Kleidung anbehalten.
5. Hosen in Strümpfe oder Schuhe stopfen.
6. Rauch kann als letztes Mittel gegen Moskitos dienen. Ein Rauchfeuer läßt sich herstellen, indem man trockene Rinde anzündet und sie mit feuchter Rinde, grünen Blättern und Schößlingen, Moos, Tierdung oder Blätterpilzen bedeckt. Blätterpilze brennen langsam, und man kann ein rauchendes Stück, mit dem brennenden Ende nach außen, um den Hals hängen.
7. Kerosin, Benzin oder Alkohol wirken als Gegenmittel gegen nahezu alle Formen von Schädlingen und Insekten.

Fliegen. Wie Moskitos unterscheiden sich Fliegen in Größe, Brutverhalten sowie der Unbequemlichkeit oder Gefahr, die sie verursachen. Schutzmittel gegen Moskitos wirken im allgemeinen auch gegen Fliegen.

Flöhe. Diese kleinen flügellosen Insekten können in manchen Gegenden äußerst gefährlich sein, da sie die Pest auf den Menschen übertragen können, wenn sie sich vorher auf befallenen Nagetieren aufgehalten haben. Bei Verwendung von Nagetieren als Nahrung in Gebieten, in denen Pest zu vermuten ist, das Tier sofort nach dem Erlegen aufhängen und nicht anfassen, bevor es kalt ist. Flöhe verlassen einen kalten Körper. Zum eigenen Schutz engsitzende Gamaschen oder Stiefel tragen. Flöhe ertrinken in Wasser. Durch sorgfältiges Waschen werden die meisten Flöhe entfernt. Bei Verdacht auf Flohbefall die Unterkunft sorgfältig auswaschen und schrubben. Flöhe verlassen feuchte Plätze.

Zecken. Diese flachen ovalen Schädlinge gibt es auf der ganzen Welt, besonders aber in den Tropen und Subtropen. Sie übertragen Zeckenrückfallfieber und Zekkenfleckfieber. Die beiden Zeckenarten sind die Harte oder Holzzecke und die Weiche Zecke. Zecken graben sich in die Haut ein, ihr Hinterteil bleibt dabei sichtbar. Eine Zecke nicht mit den Fingern herausziehen, wenn andere Möglichkeiten zur Verfügung stehen: Der Kopf bleibt dabei in der Haut zurück und führt zu einer Entzündung.

Um eine Zecke zu entfernen, das herausstehende Hinterteil der Zecke mit einem der folgenden Mittel behandeln: Öl, feuchter Tabak, Hitze von einem Streichholz, einer Zigarette oder heißer Asche, heißes Wasser. Die Haut dem Rauch eines Feuers aus grünem Holz aussetzen. Die Zecke kriecht dann aus der Haut zurück und kann vom Körper entfernt werden.

Milben, Milbenlarven und Läuse. Diese sehr kleinen Insekten sind in vielen Gegenden der Welt zu Hause, und ihre Fähigkeit, Reizungen hervorzurufen, steht in keinem Verhältnis zu ihrer Größe. Milbenlarven sind unreife Stufen bestimmter Milben, die sich in die Haut einbohren und zu Jucken und Schmerz führen. Menschen, die dafür besonders empfindlich sind, können krank werden. In manchen Gebieten übertragen diese Larven das Japanische Flußfieber. Die Krätzmilbe verursacht verschiedene Hautkrankheiten wie etwa Krätze oder Borkenkrätze. Kratzen führt dabei möglicherweise zu einer Sekundärinfektion. Milbenlarven können durch Baden in Salzwasser entfernt werden. Milbenlarven und Milben lassen sich weiterhin abwehren, indem man Kleidung trägt, die wiederholt einem Rauchfeuer ausgesetzt wurde, bis der Rauch die Kleidung ganz durchdrungen hat.

Eingeborenendörfer sind meist von Läusen befallen. Hütten und persönlichen

Kontakt mit den Eingeborenen vermeiden. Bei Läusebissen nicht kratzen, da dadurch Läusekot in die Wunde gelangt. Durch Infektion mit Lausexkrementen zieht sich der Mensch Krankheiten wie Fleckfieber und Rückfallfieber zu. Falls kein Läusepuder vorhanden ist, entfernt Kochen der Kleidung alle Läuse. Falls das nicht möglich ist, Körper und Kleidung, insbesondere die Nähte, ein paar Stunden lang direkter Sonnenstrahlung aussetzen. Nach Befall durch diese Insekten den Körper waschen, vorzugsweise mit Seife. Falls keine Seife vorhanden ist, können Ablagerungen oder Sand vom Flußgrund als akzeptabler Ersatz dienen. Die behaarten Teile des Körpers häufig nach Läusen absuchen.

Bienen, Wespen und Hornissen. Die Stiche eines aufgescheuchten Schwarms von Bienen, Wespen oder Hornissen können gefährlich, ja sogar tödlich sein. Bei Angriff durch einen Schwarm durch dichtes Gebüsch oder Unterholz laufen.

Eine Biene läßt ihren Stachel in der Wunde; er sollte entfernt werden, um einer Infektion vorzubeugen; Wespen und Hornissen können aber immer wieder stechen. Zur Schmerzlinderung Schlamm, feuchten Lehm, feuchten Tabak oder nasses Salz auftragen. Falls vorhanden, Ammoniak oder eine Paste aus Backpulver auftragen. Diese Mittel wirken auch bei Bissen oder Stichen durch Skorpione, Hundertfüßler und Raupen.

Spinnen. Mit Ausnahme der Schwarzen Witwe und der Einsiedlerspinne sind Spinnen im allgemeinen nicht besonders gefährlich. Selbst von der Tarantel ist nicht bekannt, daß ihre Bisse ernsthafte oder gar tödliche Wirkung gehabt hätten. Die Schwarze Witwe jedoch und ihre tropischen Verwandten sollten gemieden werden, da ihre Bisse starke Schmerzen, Schwellungen und sogar den Tod verursachen. Alle diese Spinnen sind dunkel und zeigen weiße, gelbe oder rote Flekken. Nach dem Biß einer dieser Spinnen können akute Bauchkrämpfe auftreten und einen oder zwei Tage sporadisch anhalten. Der Schmerz kann dabei fälschlicherweise für akute Verdauungsstörungen oder gar Blinddarmentzündung gehalten werden.

Skorpione. Der Stich dieses ungewöhnlich kleinen Tieres ist schmerzhaft, aber nur selten tödlich. Einige der größeren Arten sind jedoch gefährlicher und ihre Stiche können zum Tod führen. Skorpione sind in einsamen Gebieten zu finden und können eine echte Gefahr darstellen, da sie sich in Kleidung, Schuhen oder Bettzeug verstecken. Kleidung vor dem Anziehen ausschütteln. Bei Stichen kalte Kompressen oder Schlamm auflegen. In den Tropen Kokosnußfleisch verwenden. Ein Teil des Gifts läßt sich entfernen, indem man ein hohles Schilfrohr auf die Stichstelle setzt und es mehrere Minuten fest in die Haut drückt, so daß das Gift und etwas Blut ausläuft.

Hundertfüßler und Raupen. Hundertfüßler treten zahlreich in den Tropen auf, und die größeren Arten können schmerzhafte Bisse zufügen. Menschen werden jedoch selten gebissen, außer wenn das Tier nicht entkommen kann. Wie die Skorpione sind sie nicht gefährlich, es sei denn, sie haben in einem Kleidungsstück Zuflucht gesucht, das gerade angezogen werden soll. Hundertfüßer und Raupen verursachen manchmal starkes Jucken und Brennen, wenn man über sie streicht. Raupen können auch schmerzhafte Blasen verursachen. Außerdem wird der Tod von äußerst geschwächten Erwachsenen dem nahezu gleichzeitigen Kontakt mit mehreren sogenannten »Elektrischen Raupen«, die in Mittel- und Südamerika zu finden sind, zugeschrieben.

Blutegel. Diese blutsaugenden Tiere sind in weiten Gebieten von Borneo, den Philippinen, Australien, Südpazifik und verschiedenen Teilen Südamerikas zu finden. Sie sitzen auf Grashalmen, Blättern und Zweigen und heften sich an vorübergehende Personen. Die Bisse führen zu Schmerz und Blutverlust und anschließend möglicherweise zu Infektionen. Blutegel durch Berühren mit einer glühenden Zigarette, einem brennenden Streichholz, mit feuchtem Tabak oder mit Insektenabwehrmitteln entfernen.

Leberegel oder Plattwürmer. Diese Parasiten finden sich in träge fließendem Süßwasser in bestimmten Gebieten des tropischen Amerika, Afrika, Asien, Japan, Formosa, den Philippinen und anderen Pazifikinseln. In Salzwasser besteht eine Gefahr durch Leberegel nicht. Leberegel durchdringen die Haut derjenigen, die mit ihnen durch Trinken oder Baden in befallenem Wasser in Kontakt kommen. Sie ernähren sich von Blutzellen, und ihre Eier verlassen den Körper durch Blase oder Darm. Richtiges Tragen der Kleidung vermindert die Gefahr eines Befalls.
Hakenwurm. Der Hakenwurm ist in den Tropen und Subtropen heimisch, und seine Larven dringen durch nackte Füße oder andere Hautteile, die mit dem Boden in Berührung kommen, in den Körper ein. In der Wildnis, wo es keine menschliche Besiedlung gibt, besteht eine Gefahr durch Hakenwürmer nicht.

ERSTE HILFE BEI SCHLANGENBISSEN

Nahezu alle Schlangen beißen. Wenn die Schlange nicht giftig ist, sollte der Biß ausgewaschen, gesäubert und medizinisch als kleine Punktwunde behandelt werden.
Falls man kein Schlangenexperte ist, alle Schlangenbisse als giftig behandeln. Folgendermaßen vorgehen:

1. Ruhig bleiben, aber schnell handeln.
2. Den betroffenen Körperteil innerhalb praktischer Grenzen in einer Position unterhalb des Herzens ruhigstellen.
3. Fünf bis zehn Zentimeter näher zum Herzen als der Biß einen improvisierten Abbinder (Aderpresse) anbringen und den Abbinder bei Vordringen der Schwellung den Arm oder das Bein hinauf neu anlegen. Der Abbinder sollte fest genug sein, um den Blutfluß in den oberen Blutgefäßen zu stoppen, darf aber nicht so fest sein, daß der Puls (Blutfluß in den Arterien) unterbrochen wird.

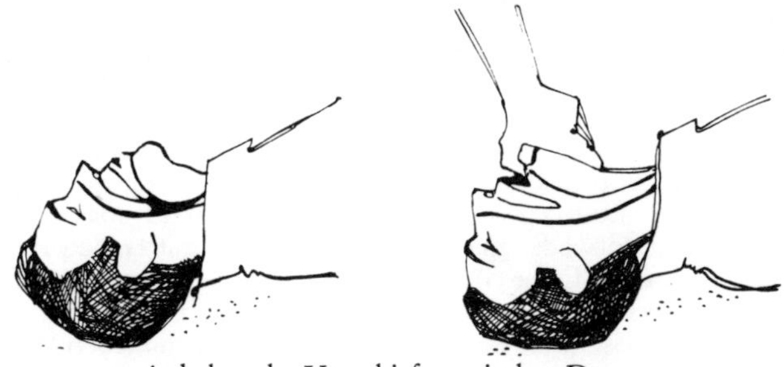

Anheben des Unterkiefers mit dem Daumen

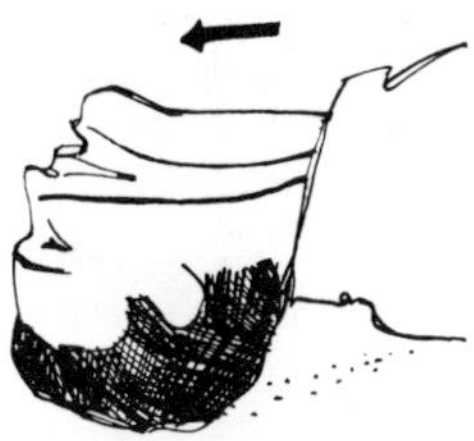

Überstrecken des Kopfes

Anheben des Unterkiefers mit beiden Händen

Abb. 5.1: Öffnen der Atemwege

4. Falls innerhalb einer Stunde möglich, jede Bißwunde einmal einschneiden (mit einem Messer, einer Rasierklinge oder irgendeinem anderen scharfkantigen Gegenstand). Die Schnitte dürfen nicht länger als etwa 1,5 cm und nicht tiefer als etwa 1 cm sein und sollten parallel zum gebissenen Körperteil verlaufen.
5. Die Wunde aussaugen. Wenn ein Erste-Hilfe-Satz für Schlangenbisse verfügbar ist, die darin enthaltene Saugpumpe verwenden. Sonst mit dem Mund saugen und Blut und andere Flüssigkeiten häufig ausspucken. Schlangengift im Mund ist nicht gefährlich, sofern dort keine Schnitte oder Entzündungen vorhanden sind. Selbst wenn das der Fall ist, ist das Risiko nicht groß. Vor dem Lösen der Aderpresse mindestens 15 Minuten saugen.
6. Wenn nach 15 Minuten kein trockener und gespannter Mund, Kopfschmerzen und Schmerzen auftreten oder wenn im Bereich der Bißwunde keine Schwellung erfolgt, war die Schlange nicht giftig.
7. Wenn obige Symptome auftreten, Behandlung wie in Punkt 5 fortsetzen.

LEBENSRETTENDE ERSTE-HILFE-MASSNAHMEN I: SAUERSTOFFMANGEL

Menschliches Leben ist ohne kontinuierliche Zufuhr von Sauerstoff nicht möglich. Sauerstoffmangel führt schnell zum Tod. Zur Ersten Hilfe gehört daher, daß man weiß, wie die Luftwege geöffnet und Atmung und Herzschlag wiederhergestellt werden.

Vergrößerung des Luftwegs

Überstrecken des Kopfes – Den Verletzten sofort auf den Rücken legen, so daß der Hals gestreckt ist und das Kinn nach oben zeigt. Falls eine gerollte Decke, ein Poncho oder ähnlicher Gegenstand vorhanden ist, kann er als Stütze unter die Schultern geschoben werden; aber keine Zeit mit der Suche nach solchen Dingen verschwenden. Sekunden zählen! Das Überstrecken des Kopfes wirkt in vielen Fällen.
Anheben des Unterkiefers – Falls das Überstrecken des Kopfes keinen Erfolg zeigt, den Unterkiefer nach vorn schieben. Dadurch kommt der Zungengrund weiter nach vorn, so daß der Luftweg zu den Lungen größer wird. Das Anheben des Unterkiefers geschieht entweder mit dem Daumen oder mit beiden Händen.
Anheben mit dem Daumen – Diese Methode wird normalerweise gewählt, falls die Art der Verletzung nicht dagegen spricht. Den Daumen in den Mund des Verletzten stecken, fest zufassen und den Unterkiefer vorwärts anheben. Nicht versuchen, die Zunge festzuhalten oder hinunterzudrücken.
Anheben mit zwei Händen – Wenn die Kiefer so fest geschlossen sind, daß der Daumen nicht in den Mund greifen kann, wird mit beiden Händen gearbeitet. Mit beiden Händen den Unterkiefer unterhalb der Ohrläppchen fassen. Den Unterkiefer mit Kraft nach vorn anheben; dann die Unterlippe mit den Daumen in Richtung auf das Kinn drücken.

Künstliche Beatmung

Wenn bei offenem Atemweg nicht sofort die Eigenatmung einsetzt, muß sofort beatmet werden. Ruhig bleiben. Schnell überlegen und handeln! Je früher die künstliche Beatmung beginnt, desto wahrscheinlicher wird ein Erfolg. Falls Zweifel bestehen, ob der Verletzte atmet oder nicht, keine wertvollen Sekunden verschwenden; sofort beatmen, da das einer atmenden Person keinen Schaden zufügen kann. Wenn der Verletzte atmet, ist das normalerweise an der Brustbewegung zu erkennen oder indem man Hand oder Ohr an Mund und Nase hält. Wenn der Verletzte keinen Herzschlag hat, ist außerdem sofortige Herzmassage erforderlich. Bei zwei Helfern kann einer beatmen, während der andere Herzmassage verabreicht. Wenn du der einzige Helfer bist, mußt du beide Maßnahmen, wie später beschrieben, abwechselnd durchführen.

Die künstliche Beatmung wird hauptsächlich auf zwei Arten durchgeführt: Mund-zu-Mund-Beatmung und Drücken der Brust und Anheben der Arme. Die Mund-zu-Mund-Beatmung ist die bevorzugte Methode; sie kann jedoch nicht angewendet werden, wenn das Gesicht des Verletzten zerstört ist.

Mund-zu-Mund-Beatmung. Bei dieser Methode wird Luft aus der eigenen Lunge in die des Verletzten geblasen. Das geschieht folgendermaßen:

1. Neben den Kopf des auf dem Rücken liegenden Verwundeten knien. Mit einer Hand im Nacken den Kopf so halten, daß das Gesicht nach oben zeigt und daß der Kopf so weit wie möglich überstreckt ist.
2. Mit Daumen und Zeigefinger der anderen Hand die Nase zusammenpressen und gleichzeitig Druck auf die Stirn ausüben, damit der Kopf überstreckt bleibt. (Die Nase kann auch abgedichtet werden, indem man die Wange fest dagegen preßt.)
3. Tief Atem holen und mit dem eigenen Mund den des Verletzten luftdicht umfassen. (Wenn es sich bei dem Verletzten um einen Säugling oder ein kleines Kind handelt, Nase und Mund gleichzeitig mit dem eigenen Mund abdecken.)
4. Kräftig in den Mund des Verletzten blasen, damit seine Brust sich hebt. (Bei Säuglingen und kleinen Kindern sollten kleine Luftstöße aus den oberen Atemwegen ausreichen.) Wenn die Brust sich hebt, bedeutet das, daß ausreichend Luft in die Lunge des Verletzten gerät. In diesem Fall die nächsten Schritte unternehmen.

Wenn der Brustkorb sich nicht hebt, sofort den Unterkiefer weiter öffnen und stärker blasen; darauf achten, daß am Mund oder aus der zusammengepreßten Nase des Verletzten keine Luft entweicht.

Wenn der Brustkorb sich immer noch nicht hebt, den Kopf des Verletzten zur Seite beugen und die Atemwege mit den Fingern säubern. Dazu seinen Mund öffnen und mit den Fingern Wangen, Zungengrund und Kehle abtasten. Mit einer wischenden Fingerbewegung über den Zungengrund Erbrochenes, Schleim oder Fremdkörper entfernen. Wenn die Atemwege dann noch nicht frei sind, den Verletzten auf die Seite rollen; dann mit dem Handballen heftig zwischen die Schulterblätter schlagen, um Fremdkörper aus den Atemwegen zu lösen. Anschließend sofort wieder beatmen.

5. Wenn der Brustkorb sich hebt, den Mund freigeben und darauf achten, ob Luft aus seinen Lungen entweicht (Ausatmung). Wenn diese Ausatmung mit Geräuschen verbunden ist, den Unterkiefer weiter anheben.
6. Nach jedem Entweichen von Luft aus der Lunge des Verletzten die Nase wieder zusammenpressen und einen weiteren tiefen Atemzug in seine Luftwege blasen. Bei jeder Atemspende sollte eine ausreichende Ventilation dadurch sichergestellt werden, daß man auf das Heben und Senken des Brustkorbs und auf die entweichende Luft achtet. Die ersten vier Luftstöße sollten kräftig und schnell vorgenommen werden (außer bei Säuglingen und kleinen Kindern), ohne daß die Lunge sich zwischen den einzelnen Stößen voll entleeren kann. Danach etwa alle fünf Sekunden Luft einblasen und entweichen lassen. Mund-zu-Mund-Beatmung fortsetzen, bis der Verletzte das Bewußtsein wiedererlangt oder, bei Fehlen sämtlicher Lebenszeichen, für mindestens 45 Minuten. Wenn der Verletzte zu atmen beginnt, den Rhythmus der künstlichen

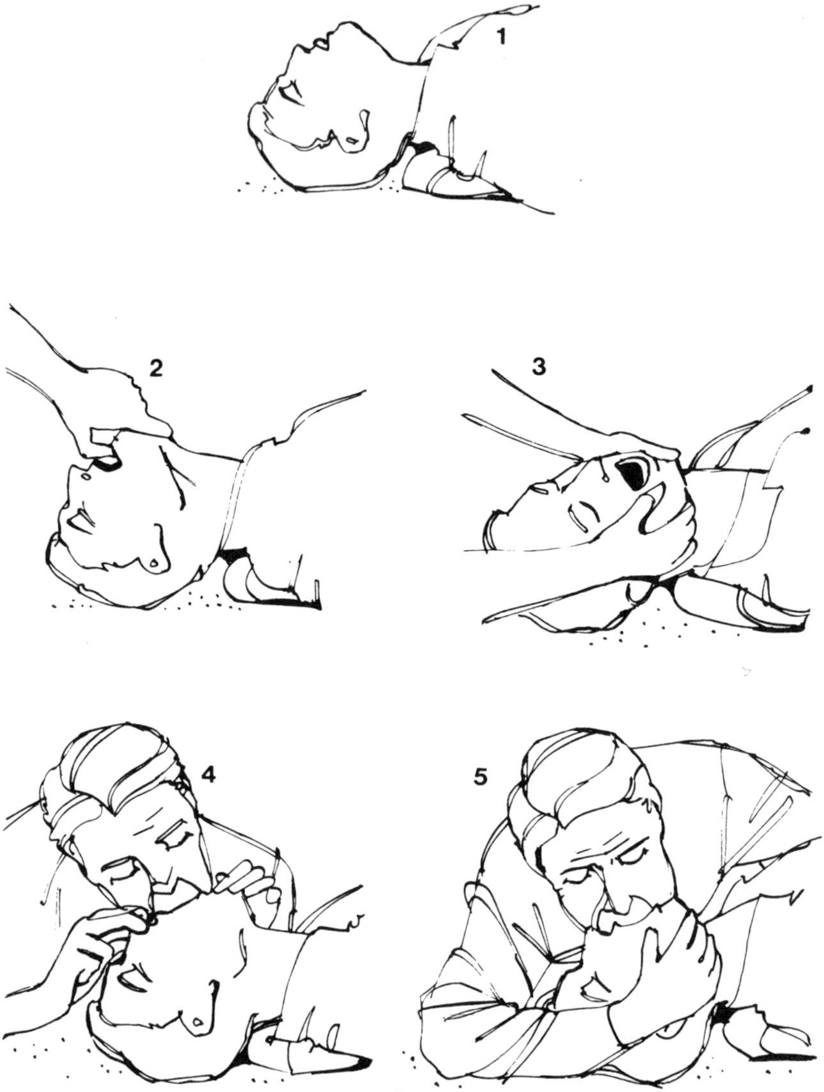

Abb. 5.2: Mund-zu-Mund-Beatmung

Beatmung der Eigenatmung angleichen. Ein gleichmäßiger Rhythmus ist wünschenswert, dabei ist eine Abstimmung auf Sekundenbruchteile jedoch nicht wichtig.

Nach einer bestimmten Zeit wölbt sich möglicherweise der Bauch des Verletzten. Das bedeutet, daß Luft in den Magen gelangt. Da ein aufgeblasener Magen es schwieriger macht, Luft in die Lungen zu blasen, mit der Hand in häufigen Abständen zwischen den Atemspenden sanften Druck auf den Bauch ausüben. Wenn man über einen längeren Zeitraum sehr tief und schnell atmet, kann man schwach und zittrig werden oder sogar das Bewußtsein verlieren, wenn man weitermacht. Wenn man jedoch nur vier volle schnelle Atemspenden gibt und dann die eigene Atmung auf etwa einen Luftstoß alle fünf Sekunden mit nur leicht erhöhtem Volumen einrichtet, kann man einen Verletzten lange Zeit künstlich beatmen, ohne daß einem selbst zeitweilig schlecht wird. (Wenn man von den flachen Luftstößen für einen Säugling oder ein kleines Kind erschöpft wird, den Rhythmus gelegentlich unterbrechen, um tief Atem zu holen.)

Mund-zu-Nase-Beatmung. Wenn der Verletzte einen schweren Kieferbruch oder Mundwunden hat oder wenn seine Kiefer durch Krämpfe fest geschlossen sind, findet die Mund-zu-Nase-Beatmung Anwendung. Diese Methode geht in gleicher Weise wie die Mund-zu-Mund-Beatmung vor sich, außer daß Luft in die Nase geblasen wird, während die Lippen mit einer Hand fest geschlossen gehalten werden. Dabei müssen die Lippen möglicherweise geöffnet werden, damit die Luft aus der Lunge entweichen kann.

Brust drücken, Arme anheben. Diese Methode findet Anwendung, wenn die Mund-zu-Mund-Beatmung nicht möglich ist, weil die betroffene Person schwere Gesichtsverletzungen hat.

1. *Vorbereitende Schritte.* Atemwege säubern. Verletzten mit dem Gesicht nach oben auf den Rücken legen. Eine gerollte Decke oder etwas ähnliches so unter seinen Schultern plazieren, daß der Kopf zurückfällt und das Kinn nach oben zeigt. Mit Blick auf die Füße neben seinen Kopf stellen. Auf einem Bein niederknien und den anderen Fuß auf der anderen Kopfseite gegen die Schulter stellen, um sie ruhig zu halten. Wenn du nach einer gewissen Zeit ermüdest, schnell auf das andere Knie wechseln.

2. *Vorgehen.* Die Hände des Verletzten greifen und sie über seine unteren Rippen halten, dann vorbeugen und stetigen, gleichmäßigen Druck fast direkt nach unten ausüben, bis ein fester Widerstand spürbar ist. Dieser Druck zwingt die Luft aus den Lungen.

3. Die Arme des Verletzten senkrecht nach oben anheben und so weit wie möglich nach rückwärts strecken. Dieser Vorgang des Anhebens und Streckens der Arme vergrößert das Brustvolumen und saugt Luft in die Lungen.

4. Die Hände wieder auf den Brustkorb legen und den Zyklus wiederholen: drücken, anheben, strecken, ablegen. Im gleichmäßigen Rhythmus zehn bis zwölf Durchgänge pro Minute. Die ersten drei Schritte sollten jeweils zeitlich von gleicher Länge sein, während der vierte Schritt so schnell wie möglich vonstatten gehen sollte.

5. Wenn der Verletzte zu atmen beginnt, die Bemühungen auf seine Eigenatmung abstimmen. Künstliche Beatmung fortsetzen, bis der Verletzte das Bewußtsein wiedererlangt, bis eine medizinisch ausgebildete Person zur Stelle ist oder zumindest 45 Minuten bei Fehlen sämtlicher Lebenszeichen.

6. *Ablösung.* Bei Ermüdung die Ablösung durch einen eventuellen zweiten Helfer ohne Unterbrechung des Rhythmus durchführen. Wiederbelebungsmaßnahmen fortsetzen und dabei auf die eine Seite des Verletzten wechseln, während die Ablösung sich an der anderen Seite bereit macht. Während des Streckens greift die Ablösung die Handgelenke des Verletzten und setzt die Wiederbelebung im gleichen Rhythmus fort, indem sie während des Ablegens den Griff von den Handgelenken zu den Händen des Verletzten wechselt.

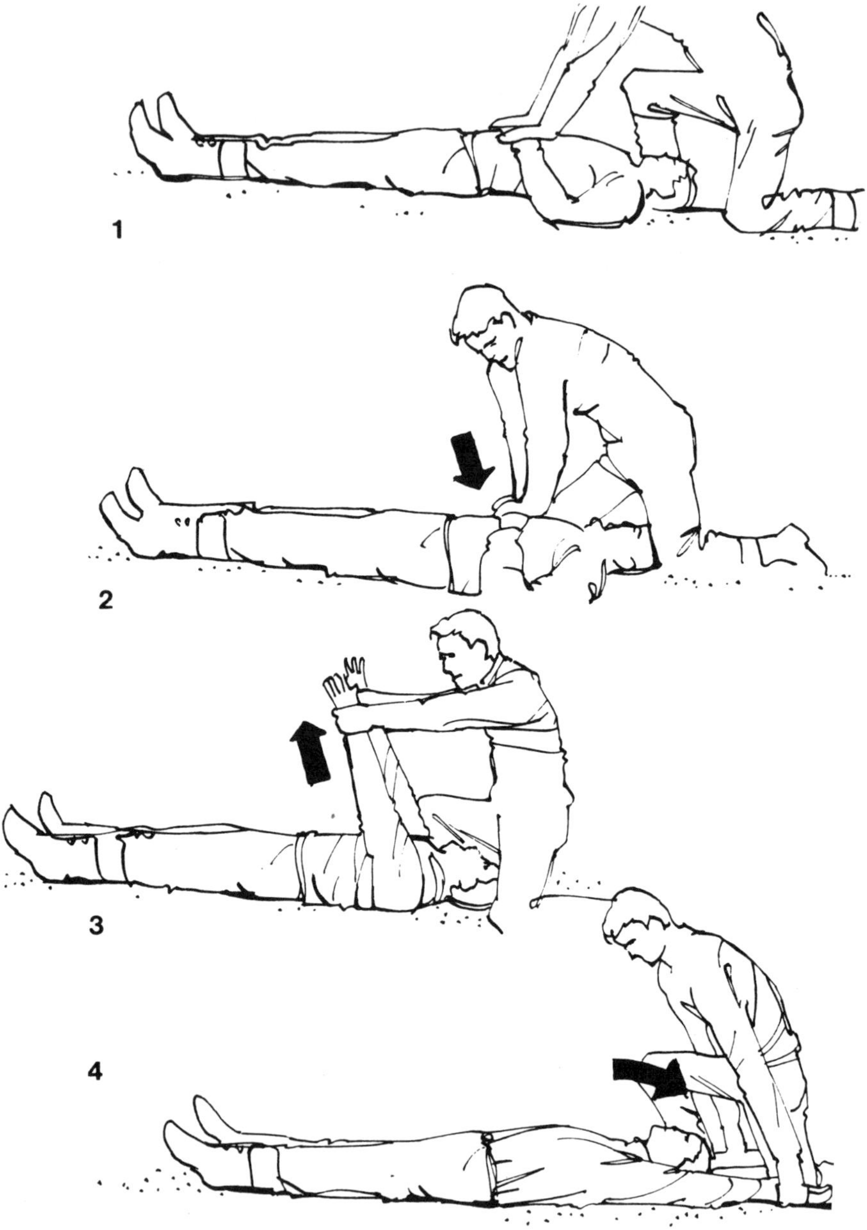

Abb. 5.3: Wiederbelebung · Druck auf die Brust – Anheben der Arme

Herzmassage

Wenn das Herz aussetzt, sind sofortige Herzmassage und künstliche Beatmung erforderlich. Sekunden zählen! Dem Aussetzen des Herzens folgt bald das Aussetzen der Atmung, falls nicht die Atmung schon vorher ausgesetzt hat. Ruhig bleiben. Überlegen und dann handeln! Wenn das Herz eines Menschen zu schlagen aufhört, hat er keinen Puls mehr, ist bewußtlos und schlaff, und die Pupillen seiner Augen sind weit offen. Um festzustellen, ob Puls vorhanden ist oder nicht, die Fingerspitzen am Hals an seine Luftröhre legen. Falls nicht sofort der Puls zu spüren ist, weiter keine Zeit verlieren; sofort Herzmassage und Beatmung beginnen! Auch wenn der Puls sehr schwach und unregelmäßig sein sollte, ist Herzmassage und künstliche Beatmung erforderlich, da diese Zeichen auf einen nicht ausreichenden Herzschlag hinweisen und dem Herzstillstand vorausgehen.

Bei dieser Herzmassage handelt es sich um das rhythmische Zusammenpressen des Herzens, ohne daß der Brustkorb chirurgisch geöffnet wird. Sie soll für eine künstliche Zirkulation des Blutes sorgen, damit das Gehirn und andere Organe weiter mit Blut versorgt werden, bis das Herz wieder normal zu schlagen beginnt. Sie unterscheidet sich von der Herzmassage im Operationssaal, bei der der Brustkorb geöffnet und das Herz direkt mit der Hand massiert wird.

Das Herz befindet sich zwischen Brustbein und Wirbelsäule. Durch Druck auf das Brustbein wird das Herz gegen die Wirbelsäule gedrückt und das Blut aus dem Herzen in die Arterien befördert. Bei Nachlassen des Drucks füllt das Herz sich wieder mit Blut.

Einleitende Schritte. Da die Herzmassage immer mit künstlicher Beatmung einhergehen muß, sollten vorzugsweise zwei Helfer vorhanden sein. Einer kniet sich an die Seite des Verletzten und führt die Herzmassage durch, während der andere auf der gegenüberliegenden Seite am Kopf des Verletzten kniet, den Kopf überstreckt und beatmet. Bei nur einem Helfer findet die weiter unten beschriebene Methode Anwendung.

Den Verletzten für die Mund-zu-Mund-Beatmung vorbereiten. Er muß für die Herzmassage immer flach liegen, da selbst bei richtig durchgeführter Herzmassage kein Blutfluß zum Gehirn zustande kommt, wenn sich der Körper in aufrechter Stellung befindet. Die Fläche, auf der der Verletzte liegt, muß fest sein. Fußboden oder nackte Erde sind ausreichend. Ein Bett oder eine Couch sind zu flexibel. Die Beine etwa 15 cm anheben, während der Rest des Körpers in horizontaler Lage bleibt. Dadurch kann das Blut leichter zum Herzen zurückfließen.

Direkt an einer Seite des Verletzten niederknien und eine Hand auf die untere Hälfte des Brustbeins legen. Darauf achten, daß die Hand nicht auf dem weichen Bauchgewebe unterhalb von Brustbein und Brustkorb liegt. Die Finger spreizen und heben, so daß der Druck auf das Brustbein und nicht auf die Rippen wirkt. Die andere Hand auf die erste legen. (Falls es sich bei dem Verletzten um ein Kind handelt, nur mit einer Hand arbeiten. Bei einem Säugling nur mit den Fingerspitzen einer Hand Druck auf das Brustbein ausüben.)

Grundverfahren. Mit den Händen in der richtigen Lage die Schultern direkt über das Brustbein des Verletzten bringen, die Arme gestreckt halten und nach unten drücken. So starken Druck ausüben, daß das Brustbein etwa drei bis fünf Zentimeter hinuntergedrückt wird. Bei zu starkem Druck können die Rippen brechen; das Brustbein daher nicht weiter als fünf Zentimeter hinunterdrücken. (Bei einem Kind das Brustbein nur leicht mit einer Hand drücken. Bei Säuglingen nur mit den Fingern arbeiten.) Anschließend den Druck sofort aufheben. Der Handballen des Helfers sollte dabei auf der Brust bleiben, es sollte aber keinerlei Druck mehr auf das Brustbein ausgeübt werden, so daß es zwischen den Kompressionen in die normale Lage zurückkehren kann.

Vorgehen bei zwei Helfern. Wenn zwei Helfer vorhanden sind, einer für die künstli-

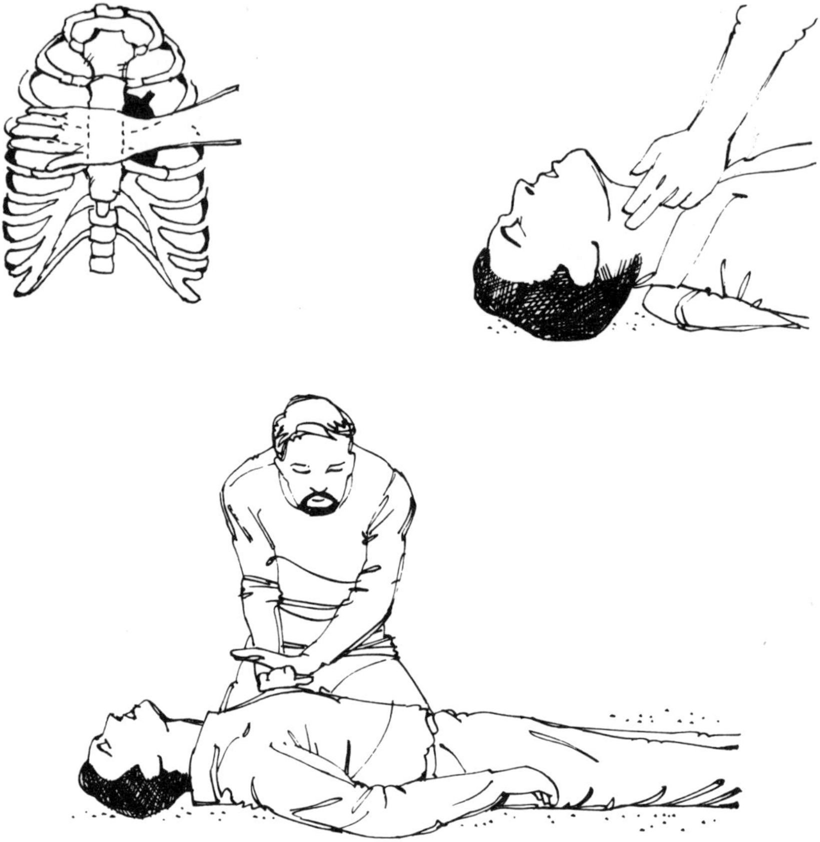

Abb. 5.4: Äußere Herzmassage

che Beatmung und einer für die Herzmassage, sollte der die Herzmassage ausführende Helfer das Herz einmal pro Sekunde (sechzigmal in der Minute) zusammendrücken. Dieser Rhythmus wird für die Beatmung nicht unterbrochen. Die Kompressionen gehen ohne Unterbrechung, regelmäßig und gleichmäßig vor sich. Die richtige Abstimmung für sechzig Kompressionen pro Minute in einem natürlichen Rhythmus ergibt sich, indem man laut folgendermaßen zählt: eins eintausend, eins zweitausend, eins dreitausend, eins viertausend, eins fünftausend. Jedes mal wenn der Helfer »eins« sagt, drückt er auf das Herz, und beim Sprechen der Tausenderzahl gibt er den Druck auf. Während der gesamten Herzmassage wird in diesem Rhythmus immer wieder bis fünftausend gezählt.
Der Helfer, der die künstliche Beatmung durchführt, bläst schnell nach jeder fünften Kompression (Verhältnis 5 : 1) Luft in die Lungen des Verletzten. Wenn der andere Helfer »fünftausend« sagt, ist das sein Zeichen, einen festen Luftstoß in die Atemwege des Verletzten zu blasen. Die Herzmassage wird bei der Beatmung nicht unterbrochen. Das ist wichtig, da jede Unterbrechung der Massage zu einem Nachlassen des Blutflusses und einem Sinken des Blutdrucks auf Null führt.

Herzmassage und künstliche Beatmung lassen sich am besten durchführen, wenn die Helfer sich links und rechts des Verletzten befinden. Bei Ermüdung können sie dann ohne größere Unterbrechung des 5 : 1 Rhythmus ihre Positionen wechseln. Dazu begibt sich der Helfer, der die künstliche Beatmung durchführt, unmittelbar nach einer Atemspende auf die andere Seite des Verletzten. Er hält seine Hände in der Luft neben denen des anderen Helfers, der mit der Herzmassage fortfährt. Sobald die Hände des Ablösenden die richtige Position erreicht haben, nimmt derjenige, der die Herzmassage durchführt, seine Hände weg (meist nachdem er bei zweitausend oder dreitausend angelangt ist), und der zweite Helfer fährt mit der Massage fort. Der erste Helfer begibt sich dann zum Kopf des Verletzten und gibt bei fünftausend die nächste Atemspende.
Vorgehen bei einem Helfer. Wenn nur ein Helfer vorhanden ist, muß er Herzmassage und künstliche Beatmung in einem Verhältnis von 15 : 2 durchführen. Bei diesem Verhältnis wird das Herz fünfzehnmal zusammengedrückt, worauf dann zwei sehr schnelle, aber mit voller Kraft gegebene Atemspenden folgen. Um die Zeit für die Atemspende wettzumachen, muß der Helfer jede Serie von fünfzehn Herzkompressionen in der schnelleren Geschwindigkeit von etwa achtzig Kompressionen pro Minute durchführen. Diese zeitliche Abstimmung wird erreicht, indem man zählt: 1 und 2 und 3 und 4 und 5 und 1 und 2 und 3 und 4 und 10 und 1 und 2 und 3 und 4 und 15. Nach der Zahl 15 bläst der Helfer in schneller Folge (innerhalb von fünf bis sechs Sekunden) zweimal kräftig in die Atemwege des Verletzten, ohne dessen volle Ausatmung abzuwarten. Bei Fortsetzen der Wiederbelebung wird wieder von vorn gezählt. Wiederbelebungsmaßnahmen dürfen nicht aufgegeben werden, nur weil es dem Helfer zu unbequem ist. Möglicherweise müssen diese lebensrettenden Maßnahmen noch lange Zeit fortgesetzt werden, nachdem sich Ermüdung und körperlicher Schmerz bemerkbar machen. Sie sollten fortgesetzt werden, bis der Verletzte das Bewußtsein wiedererlangt, bis der Helfer von einer medizinisch ausgebildeten Person abgelöst wird oder, bei Abwesenheit sämtlicher Lebenszeichen, mindestens 45 Minuten.

LEBENSRETTENDE ERSTE-HILFE-MASSNAHMEN II: BLUTUNGEN

Menschliches Leben ist nicht möglich ohne eine ausreichende Menge Blut, das das Gewebe mit Sauerstoff versorgt. Eine wichtige Erste-Hilfe-Maßnahme ist es daher, Blutungen zu stillen, um unnötigen Blutverlust zu vermeiden.
Die offene Wunde ist der häufigste Fall, in dem Erste Hilfe erforderlich ist. Akuter Blutverlust kann zu Schock führen, und Schock kann tödlich sein.
Der Druckverband ist die bevorzugte Methode zur Stillung starker Blutungen. Je nach Gegebenheit ist in Verbindung mit dem Druckverband noch ein Anheben des verwundeten Körperteils und das Abdrücken mit dem Finger erforderlich. Zur Blutstillung an Armen und Beinen kann eine Aderpresse verwendet werden. Sie sollte jedoch nur Anwendung finden, wenn die Blutung mit einem Druckverband nicht zum Stillstand zu bringen ist.

Anwendung von Druckverband, Anheben der Gliedmaßen und Fingerdruck

Ein steriler Druckverband auf einer blutenden Wunde unterstützt die Blutgerinnung, drückt die offenen Blutgefäße zusammen und schützt die Wunde vor weiterem Eindringen von Keimen.

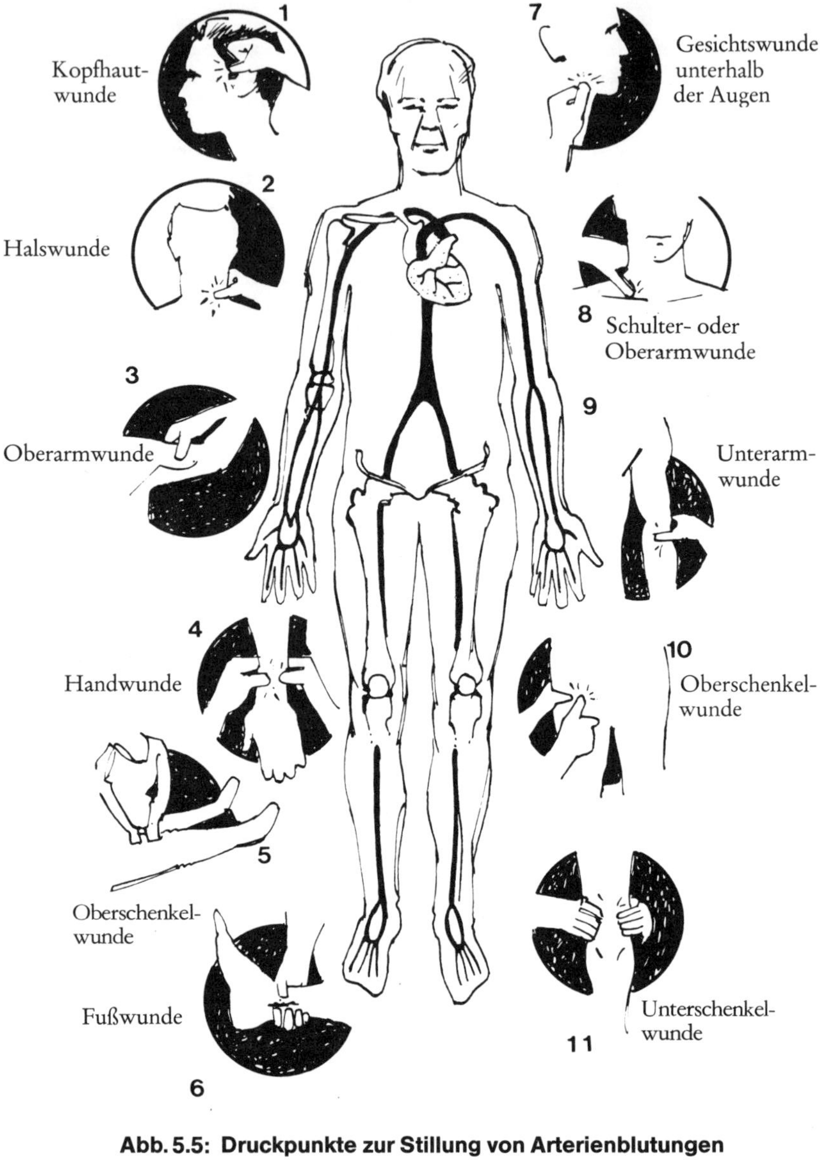

Abb. 5.5: Druckpunkte zur Stillung von Arterienblutungen

Untersuchung der Wunde. Vor Anlegen des Druckverbands den Verletzten auf weitere Wunden untersuchen. Ein Geschoß oder anderes Material kann beispielsweise an einer Stelle eindringen und an einer anderen Stelle austreten. Die Austrittswunde ist meist größer als die Wunde, die durch das Eindringen verursacht wird.
Entfernen der Kleidung. Kleidung aufschneiden und von der Wunde abheben, um weitere Verunreinigung zu vermeiden. Aufreißen der Kleidung führt möglicherweise zu weiteren Verletzungen. Die Wunde nicht berühren und möglichst sauber halten. Nicht versuchen, bereits verschmutzte Wunden irgendwie zu säubern.

Abdecken der Wunde und Druckausübung. Die Wunde mit einem Erste-Hilfe-Verband (falls vorhanden) abdecken und mit Hilfe der am Verband befindlichen Bandage Druck auf die Wunde ausüben. Falls zur Blutstillung weiterer Druck erforderlich ist, die Hand auf den Verband legen und fest drücken. Dieser Druck muß etwa fünf bis zehn Minuten ausgeübt werden, damit das Blut gerinnen kann. Das Gerinsel muß stark genug sein, um bei Wegnehmen der Hand nur mit Hilfe des Verbands und der Bandage zu halten. Weiterer Druck kann auch ausgeübt werden, indem man ein dickes Polster über der Wunde auf den ersten Verband legt und dieses Polster mit einer Krawatte oder einem Streifen aus anderem Material sichert. Einmal angebrachte Verbände oder Bandagen nicht entfernen. Weitere Verbände über die bereits vorhandenen legen. Durch Entfernen eines Verbands werden möglicherweise bereits vorhandene Blutgerinsel losgerissen.

Anheben der Gliedmaßen. Häufig läßt sich eine Blutung verringern, indem man den verletzten Körperteil oberhalb des Herzens lagert; der direkte Druck muß jedoch fortgesetzt werden. Ein Anheben darf nicht stattfinden, wenn in dem verletzten Körperteil ein Knochen gebrochen ist. Das Bewegen eines ungeschienten Bruches verursacht Schmerzen, kann den Schock vergrößern und zu weiteren Schäden an Nerven, Muskeln und Blutgefäßen führen.

Abdrücken. Wenn Blut aus der Wunde spritzt (Schlagaderblutung), kann die Blutung durch Abdrücken mit den Fingern aufgehalten werden, bis ein Druckverband ausgepackt und angelegt ist. Das Abdrücken geschieht an bestimmten Druckpunkten mit den Fingern, den Daumen oder den Händen. Ein Druckpunkt ist die Stelle, an der eine Hauptarterie, die den verwundeten Bereich mit Blut versorgt, nahe der Hautoberfläche oder über einem Knochen liegt. Durch Druck auf diesen Punkt wird der Blutfluß vom Herzen zur Wunde unterbrochen oder zumindest verlangsamt. Ein Druckpunkt ist richtig lokalisiert, wenn der Puls an diesem Punkt zu fühlen ist. Vor dem Abdrücken muß der Puls zu fühlen sein.

Anlegen einer Aderpresse. Eine Aderpresse ist ein Abbinder, der um einen Arm oder ein Bein gelegt wird, um starke Blutungen zu stillen.
Die Aderpresse sollte nur verwendet werden, wenn durch Druck auf die Wunde, Druck auf den entsprechenden Druckpunkt und Anheben des verwundeten Körperteils (falls das möglich ist) die Blutung nicht zu stillen ist. Ihre Anwendung wird nur selten nötig sein und sollte, falls möglich, vermieden werden. Aderpressen führen gelegentlich zu Beschädigungen von Blutgefäßen und Nerven. Wenn sie zu lange angelegt bleiben, kann das zum Verlust eines Armes oder Beines führen.
Blutungen aus einer größeren Arterie an Oberschenkel, Unterschenkel oder Oberarm oder Blutungen aus mehreren Arterien (wie es bei einer Amputation vorkommt) sind möglicherweise durch Druck nicht zu stillen. Wenn der Erste-Hilfe-Verband unter hartem Druck mit der Hand mit Blut durchtränkt wird, und die Wunde weiterblutet, sollte eine Aderpresse angelegt werden. Wenn eine Aderpresse einmal angelegt ist, muß sie an Ort und Stelle bleiben; das Opfer muß dann sobald wie möglich professionelle medizinische Hilfe erhalten. Eine Aderpresse nicht lösen, wenn sie die Blutung gestillt hat. Schock und Blutverlust können zum Tod führen.
Wenn keine richtige Aderpresse vorhanden ist, kann man sie aus starkem, weichem und geschmeidigem Material wie Gaze oder Musselin, Kleiderstoff oder Tüchern herstellen. Eine improvisierte Aderpresse wird zusammen mit einem starren stockähnlichen Gegenstand verwendet. Um Hautschäden möglichst gering zu halten, muß die improvisierte Aderpresse so groß sein, daß sie nach dem Zusammenziehen noch mindestens 2,5 cm breit ist.

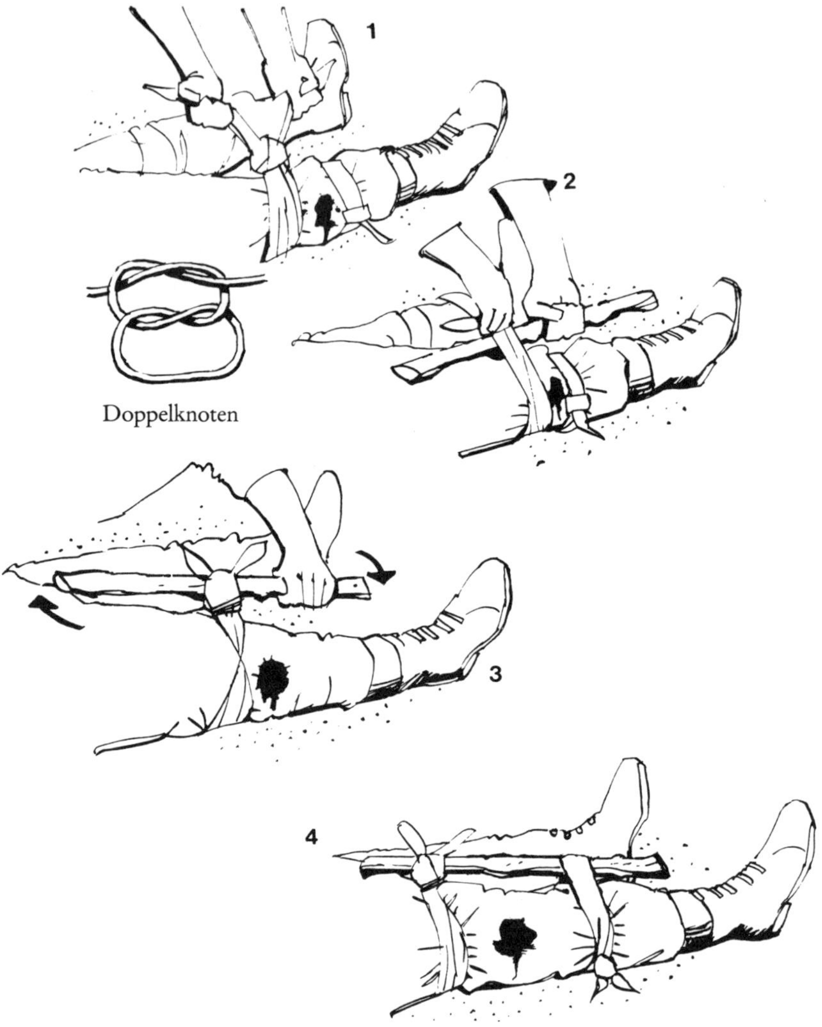

Abb. 5.6: Anlegen einer Aderpresse

Beim Anbringen ist folgendes zu beachten:

1. Die Aderpresse fünf bis zehn Zentimeter oberhalb der Verletzung zwischen Wunde und Körper (bzw. zwischen Wunde und Herz) anlegen. Niemals direkt über einer Wunde oder einem Bruch anbringen.
2. Falls möglich, die Aderpresse über dem glattgezogenen Ärmel oder Hosenbein anlegen, um ein Quetschen oder Verdrehen der Haut zu verhindern. Wenn die Haut beschädigt wird, muß der Chirurg möglicherweise einen größeren Teil des Glieds amputieren, damit er genug Haut zur Abdeckung der Amputationswunde hat. Wenn die Haut geschützt ist, reduziert das die Schmerzen.

3. Sobald die Aderpresse angebracht ist, den Stock durchschieben und drehen, um sie festzuziehen. Nur so weit festziehen, bis das auslaufende Blut gestillt wird. Wenn vor Anlegen der Aderpresse im Handgelenk oder Fuß des betroffenen Glieds ein Puls zu fühlen ist, kann das Ausbleiben dieses Pulses als Zeichen dafür gewertet werden, daß der Druck der Aderpresse ausreicht.
4. Zur Feststellung des Pulses zwei Finger (nicht den Daumen) über den Druckpunkt an Handgelenk oder Knöchel legen. Der Daumen darf nicht verwendet werden, da die in ihm verlaufenden Arterien ein genaues Gefühl für einen anderen Puls nicht zulassen. Wenn so ein Puls nicht als Hinweis dienen kann, muß der Rückgang des Blutflusses aus der Wunde als Maßstab dienen. In diesem Fall die Wunde zeitweilig freilegen, um den Blutfluß zu beobachten.
5. Wenn eine Aderpresse richtig angebracht ist, hören arterielle Blutungen sofort auf; es läuft aber noch Blut aus den Venen im unteren Teil des Glieds, bis die Blutgefäße vollkommen leer sind. Die Aderpresse nicht weiter anziehen, um dieses Blut zu stillen.
6. Nach Befestigen der Aderpresse die Wunde verbinden und bandagieren.

LEBENSRETTENDE ERSTE-HILFE-MASSNAHMEN III: SCHOCK

Schock ist ein Zustand, in dem lebenswichtige Gewebe und Organe nicht ausreichend mit Blut versorgt werden. Unbehandelter Schock kann zum Tode führen, selbst wenn die Verletzung oder der Umstand, der zum Schock führte, normalerweise nicht tödlich ist. Schock kann viele Ursachen haben, etwa Blutverlust, Flüssigkeitsverlust durch starke Verbrennungen, Ausdehnung der Blutgefäße, Schmerzen und Reaktion auf Wunden oder Blut. Zur Ersten Hilfe gehört das Wissen, wie Schock verhütet wird, da die Überlebenschancen eines Verletzten viel größer sind, wenn es nicht zum Schock kommt.
Jede Art von Verletzung kann zu Schock führen. Je ernster die Verletzung, desto wahrscheinlicher ist ein Schock.
Die ersten Anzeichen für Schock sind Ruhelosigkeit, Durst, bleiche Haut und rasender Herzschlag. Eine Person mit Schock kann aufgeregt sein, sie kann aber auch ruhig sein und sehr müde erscheinen. Sie kann schwitzen, selbst wenn die Haut sich kühl und klamm anfühlt. Wenn der Schock schlimmer wird, atmet die betreffende Person kurz und schnell, selbst wenn die Atemwege frei sind. Sie starrt möglicherweise mit leerem Blick umher. Die Haut kann ein fleckiges oder bläuliches Aussehen haben, besonders um die Lippen und den Mund herum.

Erste-Hilfe-Leistung

Das Ziel ist die Leistung von Erste-Hilfe-Maßnahmen, die die Entwicklung oder das Schlimmerwerden eines Schocks verhindern, wie etwa Anheben der Füße, Öffnen der Kleidung und Zudecken, um ein Frieren zu verhindern. Alle in den folgenden Abschnitten beschriebenen Maßnahmen helfen den Schock zu verhindern oder zu bekämpfen.
Für ausreichende Atmung und Herzschlag sorgen. Um für ausreichende Atmung und Herzschlag zu sorgen, ist es möglicherweise nur nötig, die oberen Atemwege frei zu machen, den Verletzten so hinzulegen, daß alle Flüssigkeiten aus seinen Atemwegen ablaufen können, und ihn zu beobachten, damit seine Atemwege frei bleiben. Möglicherweise sind künstliche Beatmung und äußere Herzmassage erforderlich.

Blutung stillen. Blutung durch Druckverband, Anheben des betroffenen Körperteils und Abdrücken stillen. Als letztes Mittel Aderpresse anlegen.
Beengende Kleidung öffnen. Kleidung an Hals und Taille und in anderen Bereichen, in denen sie möglicherweise den Verletzten beengt, öffnen. Stiefel oder Schuhe lockern, aber nicht ausziehen.
Den Verletzten beruhigen. Um den Verletzten kümmern. Durch ruhiges Selbstvertrauen und sanftes, aber festes Handeln zeigen, daß man weiß, was man tut, und erwartet, daß er sich besser fühlt, weil man ihm hilft. Aufmerksam sein; nur mit dem Verletzten sprechen, um Anweisungen oder Warnungen zu vermitteln oder um notwendige Informationen zu bekommen. Den Verletzten beruhigen, wenn er Fragen zum Ernst seiner Verletzung stellt. Immer daran denken, daß Schock sowohl eine psychologische als auch physiologische Reaktion ist.

Lagerung des Verletzten

Die Art der Lagerung eines Verletzten variiert je nach Art der Verwundung oder Verletzung und je nach dem, ob er bei Bewußtsein oder bewußtlos ist. Wenn er keine Verletzung hat, für die eine spezielle Lagerung vorgeschrieben ist, wird er in einer der folgenden Positionen sanft auf eine Decke oder ein anderes geeignetes Material gelegt:

1. Einen bei Bewußtsein befindlichen Verletzten auf einer geraden Fläche auf den Rücken legen und seine Beine etwa 15–20 cm anheben, um den Blutfluß zum Herzen zu verbessern. Dazu wird sein Rucksack oder ein anderes geeignetes Objekt unter seine Füße gelegt. Wenn er auf einer Trage liegt, den Fuß der Trage anheben. Aber immer daran denken, daß ein Verletzter mit Brüchen nicht bewegt werden darf, bis die Brüche richtig geschient sind.
2. Einen bewußtlosen Verletzten auf die Seite oder den Bauch legen und den Kopf auf die Seite drehen, damit er nicht an Erbrochenem, Blut oder einer anderen Flüssigkeit erstickt.
3. Kopfverletzte sollten so liegen, daß sich der Kopf höher als der Körper befindet.
4. Den Verletzten warm halten, aber nicht überhitzen. Falls möglich, eine Decke, einen Poncho, eine Zeltbahn oder ein anderes geeignetes Material unter ihn legen. Je nach Wetterverhältnissen braucht er eine Zudecke oder nicht. Falls das Wetter es zuläßt, nasse Kleidung bis auf Stiefel oder Schuhe vor dem Zudecken entfernen.

WUNDAUFLAGEN UND VERBÄNDE

Alle Wunden müssen als verunreinigt betrachtet werden, da infektiöse Keime überall auf der Haut, auf der Kleidung und in der Luft vorhanden sind. Außerdem gelangen durch jedes Geschoß oder Instrument, das eine Wunde verursacht, Keime hinein. Eine Infektion entsteht aus der Vermehrung und dem Wachstum der Keime, die in die Wunde oder einen Riß in der Haut eindringen. Die Tatsache, daß eine Wunde verunreinigt ist, macht es jedoch nicht weniger wichtig, sie vor weiterer Verunreinigung zu schützen. Je weniger Keime in die Wunde eindringen, desto geringer wird die Möglichkeit einer Infektion und desto größer sind die Chancen, sich von der Wunde zu erholen. Wunden sobald wie möglich verbinden und bandagieren, um sie vor weiterer Verunreinigung zu schützen und die Blutung zu stillen.

Wundauflagen

Wundauflagen sind sterile Polster oder Kompressen zur Abdeckung der Wunde. Sie bestehen meist aus Gaze oder in Gaze eingewickelter Baumwolle. Beim Militär wird am häufigsten der Wundschnellverband aus Wundauflage und anhängendem Verband verwendet. Andere möglicherweise zur Verfügung stehende Wundauflagen sind Gazekompressen in verschiedenen Größen und kleine Kompressen mit Pflasterstreifen.
Zum Anbringen einer Wundauflage Kleidung abschneiden und von der Wunde heben, um weitere Verunreinigung zu vermeiden. Wundauflage aus der Hülle nehmen und direkt auf die Wunde legen, ohne etwas anderes damit zu berühren. Eine behelfsmäßige Wundauflage läßt sich aus einem Stück Tuch oder Kleidung herstellen. Das Tuch unmittelbar vor Verwendung abkochen und zu einem Polster falten, das groß genug ist, um die Wunde abzudecken; dabei darauf achten, daß der Teil der Wundauflage, der in direkten Kontakt mit der Wunde kommt, nicht berührt wird.
Falls vorhanden, ein antiseptisches Mittel auf die Seite der Wundauflage aufbringen, die die Wunde abdeckt. Folgende antiseptische Mittel sind in der Natur zu finden: der Saft (oder Balsam) der Balsamtanne (Saftblasen auf der Rinde punktieren), das Gummi des Amberbaums, Rohterpentin von jeder Kiefer und die Harze der Zypresse und der Hemlock-Tanne. Bei der Zypresse und der Hemlock-Tanne wird eine Baumknospe gekocht und das antiseptische Harz setzt sich dann an der Wasseroberfläche ab. Eine Wundauflage niemals umdrehen und von der anderen Seite verwenden, da diese Seite mit Sicherheit verunreinigt ist.

Verbände

Ein Verband besteht aus Gaze oder Musselin. Er kommt über eine Wundauflage, um sie zu halten, ihre Kanten gegen Schmutz oder Krankheitserreger abzuschließen und um Druck auf die Wunde auszuüben, um Blutungen zu stillen. Er wird weiterhin verwendet als Stütze für einen verletzten Körperteil oder als Halt für eine Schiene. Ein Verband muß fest angelegt werden, wobei die Enden zu sichern sind, damit Verband und Wundauflage nicht rutschen. Er darf nicht so fest sitzen, daß die Blutzirkulation unterbrochen wird. Falls ein Knoten erforderlich ist, muß ein Doppelknoten gemacht werden, der nicht von selbst aufgeht.
Verbände mit geteilten Enden. Diese Verbände können um die in den Verbandpäckchen befindlichen Wundauflagen gelegt werden. An den Enden sind sie zehn bis fünfzehn Zentimeter eingeschnitten; sie können noch weiter eingeschnitten werden, wenn es zum Verbinden eines bestimmten Körperteils erforderlich ist. Auch durch Aufschneiden eines Gazestreifens (10 mal 90 cm) von beiden Enden lassen sich solche Verbände herstellen; dabei bleibt der mittlere Teil intakt, der dann auf die Wundauflage über der Wunde gelegt wird.
Dreiecktücher und Krawattenverbände. Dreieck- und Krawattenverbände werden aus dem dreieckigen Stück Musselin hergestellt, das in den meisten Erste-Hilfe-Päckchen für Universalzwecke zu finden ist. Wenn dieser Verband ohne Falten angelegt wird, nennt man ihn Dreieckverband. Zu einem Streifen gefaltet heißt er Krawattenverband. Jeder Verband enthält zwei Sicherheitsnadeln. Diese Verbände sind besonders in einem Notfall wertvoll, da sie leicht anzulegen sind. Sie lassen sich auch aus einem Hemd, Laken, Tuch oder anderem geschmeidigem Material in geeigneter Größe improvisieren. Für ein improvisiertes Dreiecktuch ein quadratisches Stück von etwa 1 × 1 Meter abschneiden und diagonal falten. Falls zwei Verbände erforderlich sind, das Stück noch einmal entlang der Falte durchschneiden.

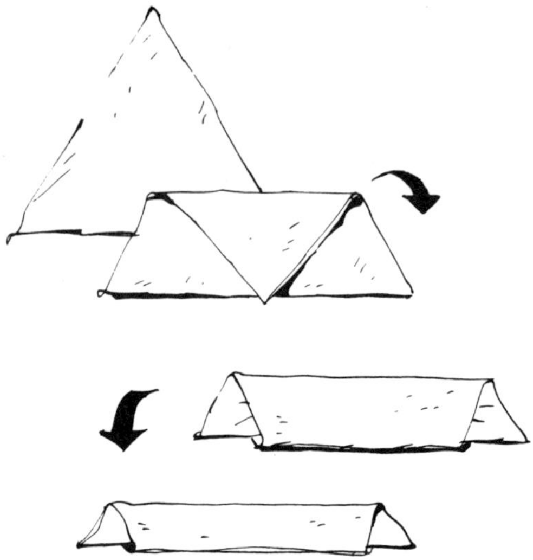

Abb. 5.7: Falten eines Dreiecktuchs zur Krawattenbandage

Anlegen von Verbänden

Augen. Selbst wenn nur ein Auge verletzt ist, müssen beide Augen verbunden werden. Da beide Augen sich zusammen bewegen, führt jede Bewegung des unverletzten Auges zur gleichen Bewegung und weiterem Schaden am verletzten Auge.

Kiefer. Vor dem Anlegen eines Kieferverbands Gebisse und Brücken aus dem Mund nehmen und in die Tasche des Verletzten stecken. Beim Anlegen des Verbandes dem Kiefer so viel Bewegungsfreiheit lassen, daß Luftholen und Entleeren des Mundes möglich sind. Damit der Mund nicht in völlig geschlossener Stellung verbunden wird, ein Polster von etwa 0,3 cm Stärke zwischen Ober- und Unterkiefer legen. Streifen des Polstermaterials freilassen und am Verband befestigen, damit das Polster nicht in den Mund rutscht und die Atemwege blockiert.

Hände und Füße. Vor dem Verbinden saugfähiges Material zwischen Finger und Zehen legen, um Scheuern und Hautreizungen zu verhindern.

SCHWERE WUNDEN

Bei bestimmten Wunden sind besondere Vorsichtsmaßnahmen und Verfahrensweisen erforderlich. Zu diesen Wunden gehören Kopfverletzungen, Gesichts- und Halswunden, Verletzungen der Brusthöhle und Bauchwunden.

Kopfverletzungen

Bei einer Kopfverletzung ist einer der folgenden Zustände oder eine Kombination aus mehreren Zuständen gegeben: eine Schnittwunde oder Prellung in der Kopfhaut, ein Schädelbruch mit Verletzung des Gehirns und/oder der Blutgefäße von Kopfhaut, Schädelknochen oder Gehirn. Normalerweise treten schwere

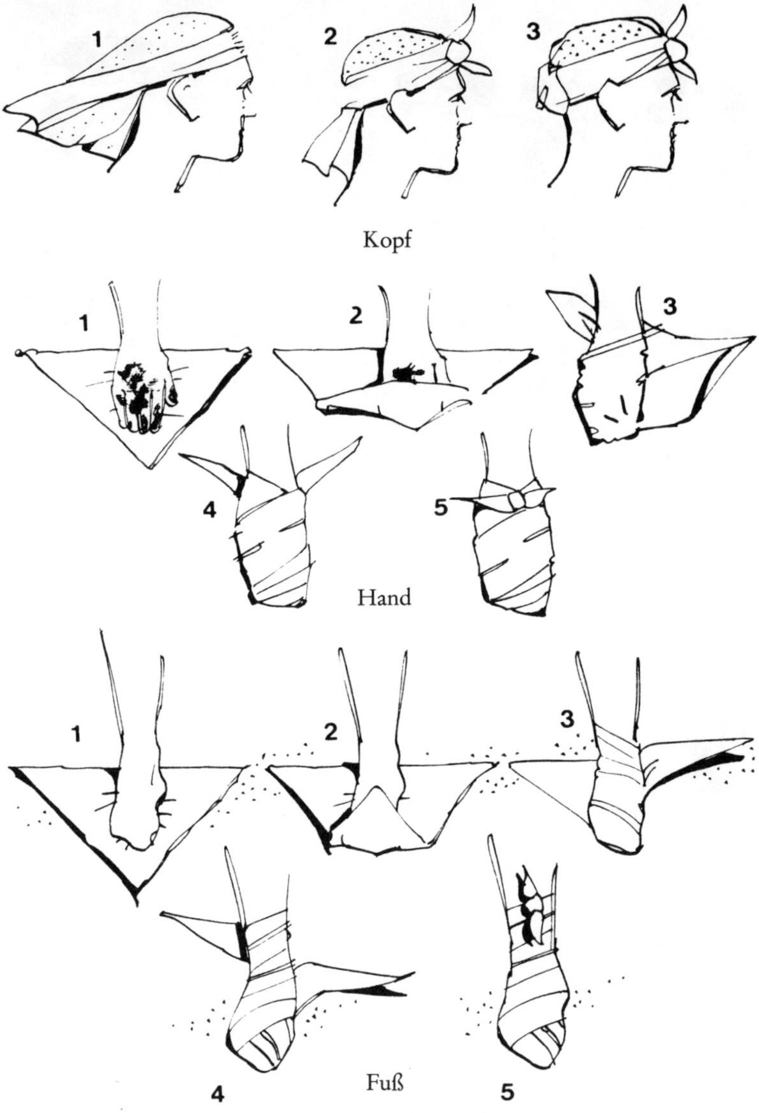

Abb. 5.8: Anlegen eines Dreiecktuchs

Schädelbrüche und Gehirnverletzungen zusammen auf; es ist jedoch möglich, eine schwere Gehirnverletzung ohne Schädelbruch zu erhalten.

Eine Kopfverletzung mit Kopfhautwunde ist schnell erkannt. Schwieriger wird es bei Kopfverletzungen, ohne daß eine Wunde in der Kopfhaut sichtbar ist. Unter folgenden Umständen ist daher eine Kopfverletzung anzunehmen und dementsprechend zu handeln:

1. Der Verletzte ist oder war bewußtlos.
2. Blut oder andere Flüssigkeiten fließen aus seiner Nase oder seinen Ohren.

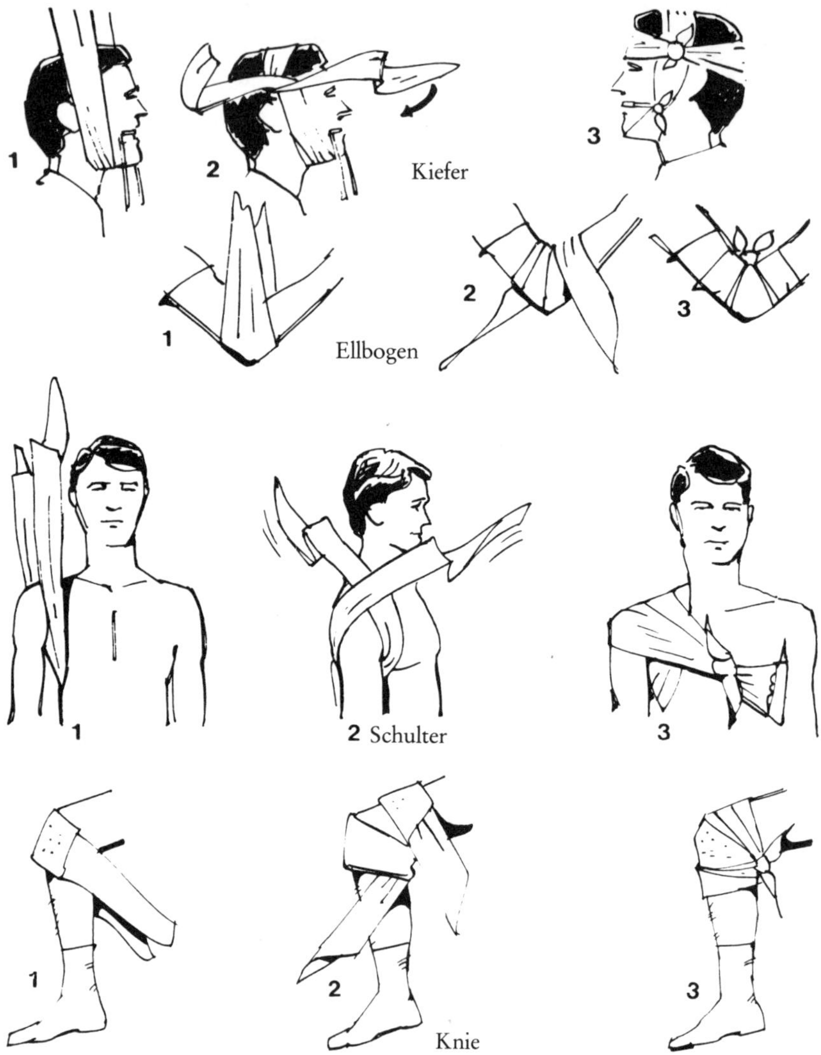

Abb. 5.9: Anlegen eine Krawattenbandage

3. Langsamer Puls
4. Kopfschmerzen.
5. Brechreiz oder Erbrechen.
6. Konvulsionen.
7. Sehr langsame Atmung.

Besondere Vorsichtsmaßnahmen bei Kopfverletzungen. Austretendes Gehirngewebe nicht berühren und eine sterile Wundauflage auflegen. Eventuelle Fremdkörper in der Wunde nicht entfernen oder anrühren. Der Verletzte sollte so liegen, daß sein Kopf höher als der Körper liegt.

Gesichts- und Halswunden

Wegen der vielen Blutgefäße in diesen Körperteilen bluten Wunden im Gesicht und am Hals sehr stark. Außerdem sind diese Blutungen nur schwer zu stillen. Alle Blutungen, die zum Verschluß der oberen Atemwege führen könnten, stillen. Dann die Atemwege säubern. Möglicherweise sind gebrochene Zähne oder Knochen und Fleischstücke bzw. Zahnersatz im Mund des Verletzten.
Wenn der Verletzte bei Bewußtsein ist und aufrecht sitzen möchte, seinen Kopf nach vorn beugen, damit der Mund ungehindert entleert werden kann; anderenfalls den Verletzten in die Schocklage für Bewußtlose bringen, selbst wenn er bei Bewußtsein ist.

Wunden in der Brusthöhle

Eine Brustwunde, bei der Luft in die Brusthöhle gesaugt wird, ist besonders gefährlich. Dabei fällt der Lungenflügel auf der verletzten Seite zusammen. Das Leben des Verletzten kann daher davon abhängen, wie schnell die Wunde luftdicht gemacht wird. Den Verletzten sorgfältig untersuchen, damit eine zweite oder Austrittswunde nicht übersehen wird. Folgendermaßen vorgehen:

1. Falls möglich, den Verletzten kraftvoll ausatmen und den Atem anhalten lassen, während die Wunde versiegelt wird.
2. Die Wunde durch Auflegen eines Stücks Plastik oder Folie (oder irgendeines dünnen, nicht porösen Materials) direkt auf die Wunde luftdicht versiegeln. Auf die Versiegelung die Erste-Hilfe-Wundauflage aufbringen und durch einen Helfer oder den Verletzten selbst mit der offenen Hand auf die Wundauflage Druck ausüben lassen, während der an der Wundauflage befindliche Verband um den Körper gelegt wird. (Beachte: Falls paraffingetränkte Gaze vorhanden ist, sollte sie direkt auf die Wunde aufgebracht werden.)
3. Einen Streifen Bandagiermaterial aus einem Kleidungsstück, einer Zeltbahn, Decke usw. oder einen gefalteten Poncho über den Verband und um den Körper des Verletzten legen, um weiteren Druck zu erzeugen und die Wunde somit luftdicht zu machen. Jede Windung dieser Bandage muß die vorhergehende überlappen, um für einen festen und gleichmäßigen Druck zu sorgen. Die Bandage mit Gürteln, Seil oder Bindfaden sichern.
4. Wenn der Verletzte es bequemer findet, aufrecht zu sitzen, sollte er das tun. Aufrechtes Sitzen macht das Atmen leichter, da der Druck auf den Bauch verringert wird und der Zwerchfellmuskel leichter arbeitet. Wenn er liegen möchte, sollte er sich auf die verletzte Seite legen, so daß der Lungenflügel auf der unverletzten Seite mehr Luft erhält. Außerdem dient die Fläche, auf der er liegt, gleichermaßen als Schiene für die verletzte Seite, die die Schmerzen verringert.

Bauchwunden

Die schwerste Bauchwunde entsteht, wenn ein Gegenstand die Bauchwand durchdringt und innere Organe oder große Blutgefäße verletzt. Austretende Organe wie etwa Därme nicht berühren oder in die Wunde zurückzustopfen versuchen; eine oder mehrere sterile Wundauflagen anbringen. Freiliegende Därme auf den Bauch legen, wenn es erforderlich ist, um die Wunde ausreichend abzudekken. Die Wundauflagen mit Verbänden sichern; die Verbände aber nicht fest anziehen, da innere Blutungen nicht durch Druck gestillt werden können und starker Druck zu weiteren Verletzungen führen kann. Der Verletzte darf keinerlei

Nahrung oder Getränke durch den Mund zu sich nehmen, da diese möglicherweise durch den verletzten Darm dringen und die Bauchhöhle verunreinigen. Durch Anfeuchten der Lippen läßt sich der Durst des Verletzten lindern.
Den Verletzten auf den Rücken legen und seinen Kopf auf die Seite beugen. Da er wahrscheinlich erbricht, gut beobachten, damit er nicht erstickt.

SCHWERE VERBRENNUNGEN

Verbrennungen sind Beschädigungen des Gewebes durch starke Hitze, starke Chemikalien oder Elektrizität. Sie werden nach Ursache, Grad und Ausmaß eingeteilt. Komplikationen ergeben sich durch Blockade der Atemwege, Kohlenmonoxydvergiftung, Beschädigung der Lungen, Schock und Infektionen. Die meisten Leute, die bei einem Brand sofort sterben, ersticken. Bei denjenigen, die ein paar Stunden später sterben, ist meist Schock die Todesursache. Diejenigen, die drei bis zehn Tage nach der Verbrennung sterben, erliegen meist einer Infektion. Komplikationen treten noch durch andere Faktoren auf, gegen die sich aber ohne medizinische Ausrüstung nicht viel machen läßt. Zuerst müssen die lebensbedrohenden Faktoren behandelt werden, die sich nach schweren Verbrennungen ergeben:

1. Die Verbrennung vor weiterer Verunreinigung schützen und damit die Gefahr einer Infektion verringern:
2. Kleidung auf der verbrannten Stelle abschneiden und ohne Berühren der Verbrennung abheben:
   - Niemals auf der verbrannten Stelle haftende Kleidung entfernen oder die Verbrennung irgendwie säubern.
   - Niemals Kleidung über den verbrannten Bereich legen.
   - Keine Blasen öffnen.
   - Keine Salbe oder andere Medikamente auf die Verbrennung aufbringen.
3. Den verbrannten Bereich mit einer sterilen Wundauflage abdecken und diese mit Verbänden sichern. Bei Massenverbrennungen kann ein sauberes Laken verwendet werden, wenn nicht genügend Wundauflagen vorhanden sind.
4. Schock bekämpfen. (Siehe Seite (306).)
5. Wenn der Verletzte bei Bewußtsein ist, nicht erbricht und keine Bauch- oder Halswunde hat, die in den meisten Erste-Hilfe-Ausrüstungen vorhandene Natriumchlorid-Natriumbicarbonat-Mischung verabreichen. Einen Umschlag (4,5 g) der Mischung in etwa einem Liter kühlen oder kalten Wassers auflösen. Kein warmes Wasser verwenden, da warmes Salzwasser oft zu Erbrechen führt.

Anmerkung: Wenn die Mischung aus Natriumchlorid und Natriumbicarbonat nicht zur Verfügung steht, 4 Salztabletten und 2 Natriumbicarbonattabletten oder 1/2 Teelöffel Salz und 1/4 Teelöffel Backpulver in etwa 1 Liter kalten oder kühlen Wassers auflösen. Falls nur Salz zur Verfügung steht, kann es auch ohne das Backpulver verwendet werden. Anderenfalls nur Wasser verwenden.

6. Dem Verletzten die Lösung langsam im Zeitraum von etwa einer Stunde einflößen. Sollte er Brechreiz empfinden, Einflößen unterbrechen, damit er nicht erbricht und noch mehr Flüssigkeit verliert; die Lösung aber für späteren Gebrauch bereithalten. Sie dient dem Wiederaufbau von Körperflüssigkeiten und -salzen.

Brüche (gebrochene Knochen) können zur völligen Unbeweglichkeit oder zum Tod eines Menschen führen. Andererseits lassen sie sich aber oft behandeln, so daß der Verletzte sich völlig erholt. Dabei hängt sehr viel von der Ersten Hilfe ab, die der Verletzte erhält, bevor er bewegt wird. Zur Ersten Hilfe gehört neben der Anwendung der vorher bereits erwähnten lebensrettenden Maßnahmen die Ruhigstellung des gebrochenen Körperteils. Ein grundlegendes Prinzip beim Schienen besagt, daß die Gelenke oberhalb und unterhalb eines Bruchs ruhiggestellt werden.

Arten von Brüchen

Ein geschlossener Bruch ist ein Bruch des Knochens ohne Beschädigung der darüberliegenden Haut. Bei einem geschlossenen Bruch kann das Gewebe unterhalb der Haut beschädigt sein. Selbst wenn es sich bei einer Verletzung um eine Verrenkung oder Verstauchung handelt, sollte sie aus der Sicht der Ersten Hilfe als geschlossener Bruch behandelt werden.
Ein offener Bruch ist ein Bruch des Knochens mit gleichzeitiger Verletzung der darüberliegenden Haut. Dabei tritt entweder der gebrochene Knochen durch die Haut aus oder es sind Fremdkörper durch das Fleisch bis zum Knochen vorgedrungen. Ein offener Bruch ist verunreinigt, und es besteht die Gefahr einer Infektion.

Anzeichen und Symptome eines Bruchs

Ein Bruch ist leicht erkennbar, wenn der Knochen durch die Haut ragt, der Körperteil sich in einer unnatürlichen Position befindet oder wenn der Brustkorb eingedrückt ist. Andere Anzeichen eines Bruchs sind Empfindlichkeit oder Schmerz, wenn leichter Druck auf den verletzten Körperteil ausgeübt wird, und Schwellungen sowie Blässe der Haut an der Stelle der Verletzung. Auch ein starker, stechender Schmerz bei Bewegen des betroffenen Teils ist ein Anzeichen für einen Bruch. Einen Verletzten jedoch niemals zum Bewegen eines Körperteils auffordern, um einen Bruch festzustellen, da durch die Bewegung das umliegende Gewebe weiter geschädigt und ein Schock begünstigt wird. Falls keine Gewißheit besteht, ob ein Knochen gebrochen ist, die Verletzung als Bruch behandeln.

Zweck der Ruhigstellung eines Bruchs

Ein Körperteil mit einem Bruch muß ruhiggestellt werden, damit die rasiermesserscharfen Kanten des Knochens sich nicht bewegen und Gewebe, Muskeln, Blutgefäße und Nerven verletzen. Außerdem verringert die Ruhigstellung die Schmerzen und hilft bei der Schockbekämpfung. Bei einem geschlossenen Bruch verhindert die Ruhigstellung, daß Knochenteile eine offene Wunde verursachen, und verhütet damit Verunreinigung und mögliche Infektion. Die Ruhigstellung wird durch Schienen erreicht.

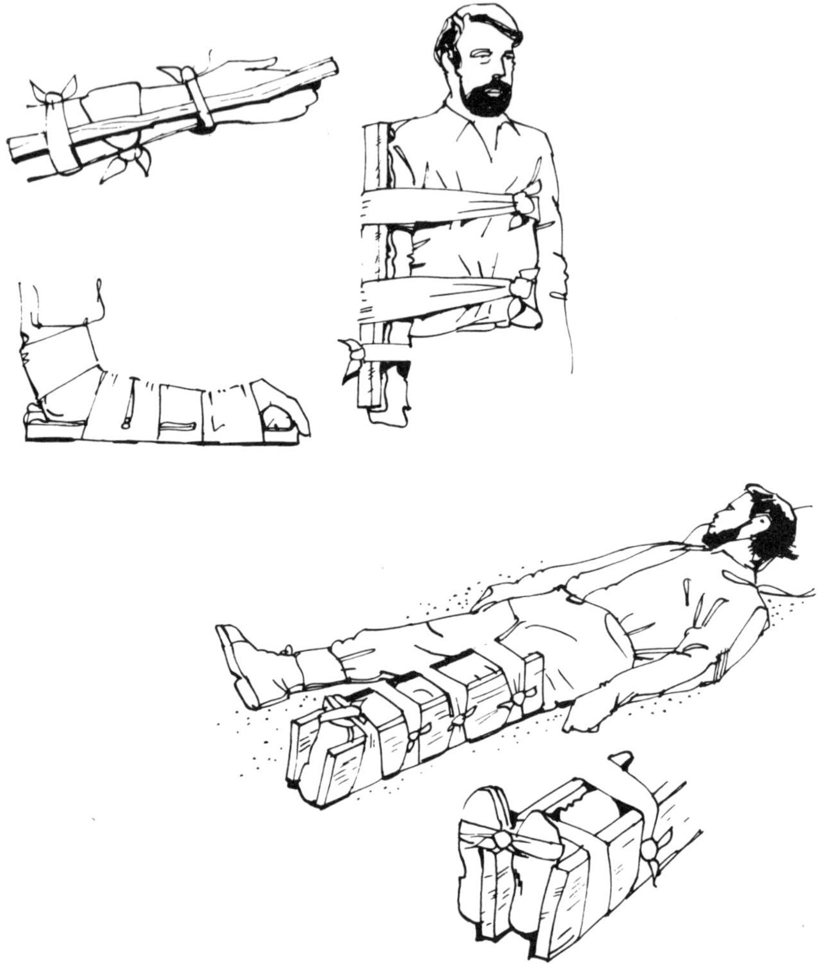

Abb. 5.10: Schienen

Regeln beim Schienen

Wenn es sich um einen offenen Bruch handelt, erst die Blutung stillen; dann wie bei jeder anderen Wunde Wundauflage und Verband anlegen. Folgendermaßen vorgehen:

1. Nach dem bewährten Prinzip des »Schienen, wo sie liegen« vorgehen. Das bedeutet, daß der gebrochene Teil geschient wird, ohne daß der Verletzte vorher bewegt und die Lage des gebrochenen Körperteils irgendwie verändert wird. Wenn ein Knochen eine unnatürliche Lage hat oder wenn ein Gelenk gebeugt ist, nicht zu strecken versuchen. Wenn ein Gelenk gestreckt ist, nicht beugen. Wenn die Umstände es erfordern, einen Verletzten mit einem Bruch der unteren Gliedmaßen vor Anlegen einer Schiene zu bewegen, das unverletzte Bein

als Schiene für das gebrochene benutzen; dann den Verletzten unter den Achseln fassen und ihn nur in einer geraden Linie ziehen. Den Verletzten nicht rollen oder seitlich bewegen.
2. Eine Schiene anlegen, so daß das Gelenk oberhalb und unterhalb des Bruchs ruhiggestellt ist.
3. Zwischen dem gebrochenen Teil und der Schiene Polster anbringen, um unnötigen Druck und weitere Verletzung von Gewebe, Blutgefäßen und Nerven zu verhindern. Das ist besonders wichtig in der Leiste, unter den Achseln und an Stellen, an denen die Schiene mit knochigen Stellen wie Ellbogen, Handgelenk, Knie und Knöchel in Kontakt kommt.
4. Die Schiene mit Verbänden an mehreren Stellen oberhalb und unterhalb des Bruchs festbinden, aber nicht so fest, daß der Blutfluß behindert wird. Direkt über dem Bruch sollte ein Verband angebracht werden. Verbände so festbinden, daß der Doppelknoten gegen die Schiene zu liegen kommt.
5. Einen im Ellbogen gebeugten Arm, einen gebrochenen Ellbogen, der gebeugt ist, einen verstauchten Arm und einen Arm mit einer schmerzhaften Wunde mit einer Schlinge stützen.

Schienen. Improvisierte Schienen lassen sich herstellen aus Brettern, Knüppeln, Stöcken, Ästen, zusammengerollten Zeitungen und Karton. Wenn kein Material zum Schienen vorhanden ist, läßt sich ein gebrochener Arm am Brustkorb und ein gebrochenes Bein bis zu einem gewissen Maße am nicht gebrochenen Bein ruhigstellen.

Polstermaterial. Jacken, Decken, Ponchos, Zeltbahnen oder blattreiche Vegetation lassen sich als improvisiertes Polstermaterial verwenden.

Bandagen. Improvisierte Bandagen ergeben sich aus Gürteln, Gewehrriemen, Handtüchern oder Streifen aus Kleidung und Decken. Kein dünnes Material wie Draht oder Faden zur Sicherung einer Schiene verwenden.

Schlingen. Improvisierte Schlingen lassen sich aus dem Unterteil eines Mantels oder Hemds, aus Gürteln und aus Kleidung oder Decken herausgerissenen Stücken herstellen. Das Dreiecktuch ist ideal für diesen Zweck.

Wirbelsäulenbrüche

Häufig kann man nicht mit Sicherheit sagen, ob ein Verletzter eine gebrochene Wirbelsäule hat oder nicht. Bei jeder Rückenverletzung, besonders wenn der Verletzte gefallen ist oder sein Rücken einen starken Schlag abbekommen hat oder stark gebogen worden ist, darauf gefaßt sein. Wenn ein Verletzter eine solche Verletzung erlitten hat und kein Gefühl in den Beinen hat oder die Beine nicht bewegen kann, besteht mit ziemlicher Sicherheit eine schwere Rückenverletzung, die als Bruch behandelt werden sollte. Daran denken, daß, wenn ein Bruch vorliegt, ein Durchbiegen der Wirbelsäule Quetschungen oder Beschädigungen des Rückenmarks durch scharfe Knochensplitter verursachen und zu dauernder Lähmung führen kann. Die Wirbelsäule muß in Hohlrückenlage gelagert werden, um den Druck vom Rückenmark zu nehmen.

Wenn der Verletzte nicht transportiert werden soll, folgendermaßen vorgehen:
1. Einen bei Bewußtsein befindlichen Verletzten dazu anhalten, sich nicht zu bewegen.
2. Ihn in der Stellung lassen, in der er gefunden wird. Keine anderen Körperteile bewegen.
3. Wenn er mit dem Gesicht nach oben liegt, eine Decke oder etwas ähnliches unter dem Rückenbogen durchschieben, um die Wirbelsäule in der Hohlrükkenstellung zu unterstützen. Wenn er mit dem Gesicht nach unten liegt, nichts unter den Körper schieben.

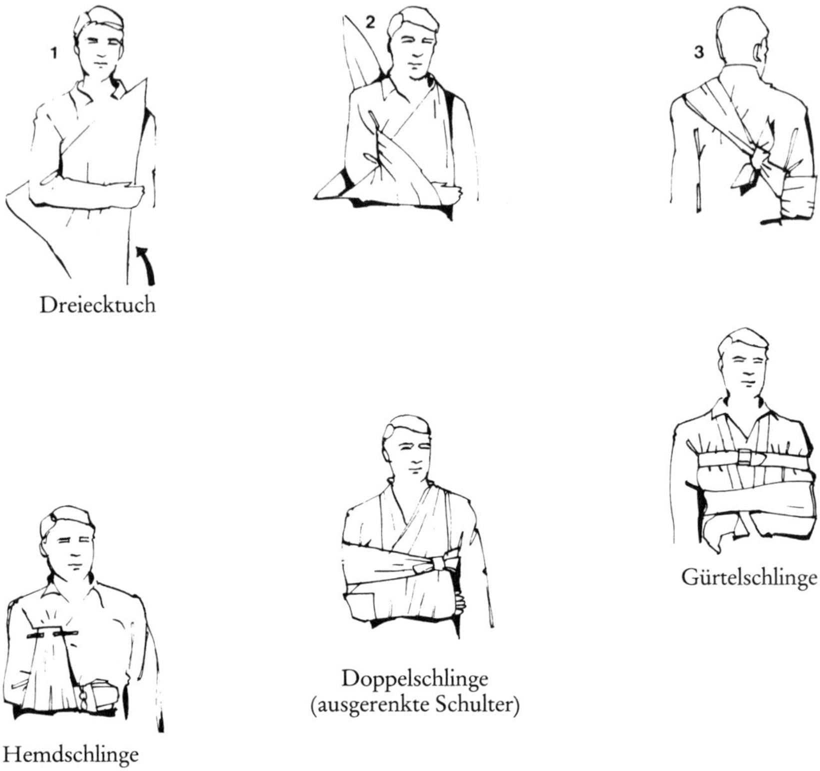

Abb. 5.11: Schlingen

Falls der Verletzte transportiert werden muß, folgendermaßen vorgehen:
Rückenlage. Wenn der Verletzte auf dem Rücken liegt, muß er auf einer Bahre oder einer anderen festen Unterlage wie etwa einem breiten Brett oder einer flachen Tür transportiert werden, die größer ist als der Verletzte. Seine Handgelenke über der Hüfte lose mit einer Krawatte oder einem Tuchstreifen zusammenbinden. Eine gefaltete Decke an der Stelle auf die Trage legen, an der sein Rückenbogen zu liegen kommt. Zu viert den Verletzten auf die Trage legen, ohne seine Wirbelsäule zu biegen:

1. Der zweite, dritte und vierte Mann knien sich an einer Seite des Verletzten auf das zu den Füßen des Verletzten zeigende Knie, während der erste Mann an der anderen Seite des Verletzten niederkniet.
2. Zusammen heben alle Mann den Verletzten etwa 20 cm an; dann schiebt der erste Mann die Trage unter den Verletzten, sorgt dafür, daß die Decke an der richtigen Stelle liegt, und nimmt seine ursprüngliche Position wieder ein.
3. Alle vier lassen den Verletzten langsam und vorsichtig auf die Trage nieder.

Bauchlage – Wenn der Verletzte auf dem Bauch liegt, muß er in dieser Position transportiert werden. Zu viert wird er auf eine normale oder aus Deckenrollen improvisierte Trage gehoben, wobei die Wirbelsäule in Hohllage bleiben muß. Bei Verwendung einer normalen Trage erst an die Stelle, an der seine Brust zu liegen kommt, eine gefaltete Decke legen.

Genickbrüche

Ein Genickbruch ist äußerst gefährlich. Wie bei einem Rückenbruch können Knochensplitter das Rückenmark quetschen oder verletzen. Wenn der Verletzte bis zum Eintreffen von medizinisch ausgebildetem Personal nicht transportiert werden soll, folgendermaßen vorgehen:

1. Einen bei Bewußtsein befindlichen Verletzten dazu anhalten, sich nicht zu bewegen. Bewegung kann zum Tode führen.
2. Den Verletzten in der Position lassen, in der er aufgefunden wird. Ein in unnatürlicher Stellung befindliches Genick in dieser Position ruhigstellen.
3. Wenn er auf dem Rücken liegt, seinen Kopf ruhighalten, die Schultern leicht anheben und eine Tuchrolle in etwa der Größe eines Badetuchs unter seinen Nacken schieben. Die Rolle sollte so groß sein, daß der Nacken nur leicht gebogen wird, der Hinterkopf aber auf dem Boden bleibt. Nacken oder Kopf nicht nach vorn beugen. Den Kopf nicht anheben oder drehen.
4. Den Kopf des Verletzten ruhigstellen. Das geschieht dadurch, daß schwere Gegenstände wie etwa Steine oder Stiefel gepolstert und auf beiden Seiten neben seinen Kopf gelegt werden. Stiefel müssen erst mit Steinen, Kies, Sand oder Erde gefüllt und oben fest zugebunden werden. Möglicherweise müssen die Stiefelschäfte oben noch ausgestopft werden, damit der Inhalt nicht herausfällt.

Zum Transport sind mindestens zwei Leute erforderlich, da Kopf und Körper gleichzeitig bewegt werden müssen. Die beiden Helfer müssen eng zusammenarbeiten, um jegliches Biegen des Nackens zu vermeiden. Der Transport geschieht folgendermaßen:

1. Ein breites Brett der Länge nach neben den Verletzten legen. Es sollte an Kopf und Füßen mindestens 10 cm überstehen.
2. Bei einem Verletzten in Rückenlage stabilisiert der erste Mann Kopf und Nakken zwischen den Händen, während der zweite das Brett mit einem Fuß und einem Knie gegen Wegrutschen sichert, den Verletzten an Schulter und Hüfte faßt, und sanft auf das Brett gleiten läßt.
3. Bei einem Verletzten in Bauchlage stabilisiert der erste Mann Kopf und Nakken zwischen den Händen, während der zweite den Verletzten sanft auf das Brett rollt.
4. Der erste Mann hält Kopf und Nacken des Verletzten weiterhin fest, während der zweite Helfer die Schultern leicht anhebt, Polstermaterial unter den Nakken schiebt und den Kopf ruhigstellt. Die Ruhigstellung des Kopfes geschieht mit Stiefeln, in Decken eingerollten Steinen oder anderem Material.
5. Improvisierte Stützen mit einer Krawatte oder einem Tuchstreifen sichern, der über die Stirn des Verletzten und unter dem Brett hindurchgezogen wird.
6. Das Brett zum Transport auf eine Trage oder Decke heben.

ERSTE HILFE BEI HÄUFIGER VORKOMMENDEN NOTFÄLLEN

Kleinere Wunden

Die meisten kleinen Wunden wie etwa Schnitte bluten meist nicht sehr stark. Ein leichtes Bluten ist nützlich, da dadurch die Wunde gereinigt wird. Die Hauptgefahr liegt in einer Infektion durch Verunreinigung. Bei einer kleineren Wunde folgende Erste-Hilfe-Maßnahmen ergreifen:

1. Die Wunde nicht berühren außer wie unten beschrieben.
2. Die umliegende Haut sorgfältig mit Seife und Wasser waschen. Die Wunde sanft reinigen. Falls vorhanden, Desinfektionslösung (Benzalkoniumtinktur o.ä.) auf die Wunde auftragen. (Keinesfalls stärkere Lösungen als 1 : 750 verwenden.)
3. Eine sterile Kompresse auf die Wunde legen, ohne daß damit etwas anderes berührt wird, und mit einem Verband sichern.
4. Falls möglich, Verbände häufig wechseln.

Wichtig: Kleidung oder anderen Stoff wie etwa Zeltleinwand vor der Verwendung als Kompresse oder Verband auskochen.

Leichtere Verbrennungen

Leichtere Verbrennungen werden durch trockene Hitze, heiße Flüssigkeiten, Chemikalien, elektrischen Strom oder Sonnenstrahlen verursacht. Bei leichteren Verbrennungen die verbrannte Stelle in einen kalten Fluß halten oder sie mit dem kältesten zur Verfügung stehenden Wasser übergießen, bis der Schmerz nachläßt (meist etwa 5 Minuten). Bei leichteren Verbrennungen gibt es zwei Arten, je nach dem, ob Blasen oder Verkohlungen auftreten oder nicht.
Da die Haut wahrscheinlich aufbricht, wenn sie mit Blasen bedeckt oder verkohlt ist, muß sie mit einer sterilen Kompresse abgedeckt werden, um sie vor Verunreinigung und möglicher Infektion zu schützen. Blasen nicht zu öffnen versuchen. Die Kompresse mit einem Verband sichern.
Wenn die Haut nach der Verbrennung keine Blasen zeigt, verkohlt ist oder aufbricht, handelt es sich um eine leichte Verbrennung, selbst wenn ein großer Teil des Körpers betroffen ist, wie etwa bei einem leichten Sonnenbrand. Es ist nicht erforderlich, so eine Verbrennung mit sterilen Kompressen abzudecken. Zur Schmerzlinderung die Luftzufuhr zum verbrannten Bereich durch Eintauchen in kaltes Wasser oder Auftragen von Brandsalbe, Vaseline oder einer Lösung von Backpulver (oder Mehl) und Wasser unterbinden. Falls keins dieser Materialien vorhanden ist, reichen auch feuchter Lehm oder Erde.

Fremdkörper im Auge

Wenn ein Fremdkörper ins Auge gelangt, das Auge nicht reiben. Wenn der Fremdkörper unter dem Oberlid sitzt, die Wimpern des Oberlids fassen und das Lid vom Augapfel abheben. Das Lid so halten, bis die Tränen fließen. Die Tränen waschen den Fremdkörper meist heraus.
Wenn der Fremdkörper durch die Tränen nicht herausgewaschen wird, Augapfel und Unterlid durch eine zweite Person inspizieren lassen. Den Gegenstand mit dem angefeuchteten Ende eines sauberen Taschentuchs entfernen.
Wenn der Fremdkörper sich nicht am Unterlid befindet, das Oberlid untersuchen. Wimpern mit Daumen und Zeigefinger fassen und ein Streichholz oder einen kleinen Zweig über das Lid legen. Das Lid nach oben über den Zweig ziehen. Innenseite des Lids untersuchen, während der Verletzte nach unten schaut. Den Fremdkörper sanft mit der angefeuchteten Ecke eines sauberen Taschentuchs entfernen.
Wenn es sich bei dem Fremdkörper um Glas oder Metall handelt oder wenn er mit den obigen Methoden nicht entfernt werden kann, beide Augen des Verletzten verbinden und ihn zu einer medizinischen Behandlungsstelle schaffen.

Anmerkung: Wenn nur ein Auge verbunden wird, benutzt der Verletzte das nicht betroffene Auge. Da die Augenbewegungen synchronisiert sind, führt eine Bewegung des nicht verletzten Auges auch zur Bewegung des verletzten, wodurch weitere Verletzungen möglich sind.
Wenn ätzendes oder irritierendes Material wie Batteriesäure, Ammoniak usw. ins Auge gerät, sofort mit viel Wasser auswaschen. Zum Auswaschen des rechten Auges den Kopf nach rechts beugen; das linke Auge mit nach links gebeugtem Kopf auswaschen. Dadurch kann kein ätzendes oder irritierendes Material in das andere Auge gewaschen werden.

Fremdkörper in Hals, Nase oder Ohren

Niemals sondieren, um einen Fremdkörper aus dem Ohr zu entfernen. Ein Insekt im Ohr läßt sich einfach herausholen, indem man es mit einem an das Ohr gehaltenen Blitzlicht anlockt. Wenn das nicht funktioniert, kann es ertränkt oder ruhiggemacht werden, indem man Wasser ins Ohr gießt. Fremdkörper im Ohr lassen sich manchmal mit Wasser herausspülen. Wenn es sich bei dem Gegenstand jedoch um etwas handelt, das bei Nässe anschwillt, wie etwa ein Samenkorn oder Holzstück, kein Wasser ins Ohr gießen.
Durch Sondieren in der Nase wird ein Fremdkörper meist nur noch fester hineingestoßen. Weiterhin können auch die Nasenwege beschädigt werden. Den Gegenstand durch sanftes Schnauben zu entfernen versuchen. Falls das fehlschlägt, medizinische Hilfe suchen.
Durch Husten lassen sich Fremdkörper häufig aus dem Hals lösen. Falls das fehlschlägt und der Gegenstand nicht zu fassen ist, mit den Fingern zu entfernen versuchen; vorsichtig vorgehen, damit er nicht weiter in den Hals hinabgedrückt wird. Wenn der Gegenstand nicht entfernt werden kann, besteht die große Gefahr, daß die Atemwege blockiert werden, so daß möglichst schnell medizinische Hilfe gesucht werden sollte. Eine weitere Methode, der Heimlich-Griff, wird am Ende dieses Kapitels beschrieben.

Ertrinken

Beim Ertrinken dringt Wasser oder eine andere Flüssigkeit in die Atemwege ein, was zu Krämpfen der Stimmbänder und zur Blockade der Atemwege führt. Viele Verletzte, die leblos erscheinen, erholen sich möglicherweise, wenn sofort und wirkungsvoll künstliche Beatmung durchgeführt wird. Schnelligkeit ist wesentlich. Jede Verzögerung vermindert die Überlebenschancen des Verletzten. Häufig ist eine Mund-zu-Mund-Beatmung möglich, bevor der Ertrunkene ans Ufer gebracht wird. Sobald sein Kopf über dem Wasser ist und sein Mund in Reichweite, mit der Beatmung beginnen. Die Beatmung nicht unterbrechen, wenn andere Helfer den Ertrunkenen ans Ufer bringen können. Sobald der Ertrunkene am Ufer ist, keine wertvollen Sekunden damit verschwenden, das Wasser aus seinen Lungen zu entfernen versuchen, sondern mit der künstlichen Beatmung fortfahren.

Elektrischer Schlag

Ein elektrischer Schlag geht häufig auf Kontakt mit einem unter Spannung stehenden Kabel und gelegentlich auf Blitzschlag zurück. Wenn jemand mit elektrischem Strom in Berührung gekommen ist, folgendermaßen vorgehen:

1. Strom abstellen, wenn Schalter oder Stromquelle in der Nähe sind, aber keine Zeit mit der Suche danach verschwenden. Stattdessen den Verletzten mit einem trockenen Holzpfahl, trockener Kleidung, einem trockenen Seil oder einem anderen Gegenstand, der den Strom nicht leitet, vom Kabel entfernen. Wenn kein Holzpfahl vorhanden ist, den Verletzten einfach mit einer Schlinge aus trockenem Seil oder Tuch vom Kabel wegziegen. Kabel oder Verletzten nicht mit den bloßen Händen berühren, um nicht auch einen Schlag zu bekommen.
2. Sofort nach Lösen des Betroffenen vom Kabel künstliche Beatmung beginnen, da elektrischer Schlag oft zu Atemstillstand führt. Puls des Verletzten überprüfen, da elektrischer Schlag auch Herzstillstand verursachen kann. Falls nicht sofort Puls festzustellen ist, äußere Herzmassage und künstliche Beatmung anwenden.

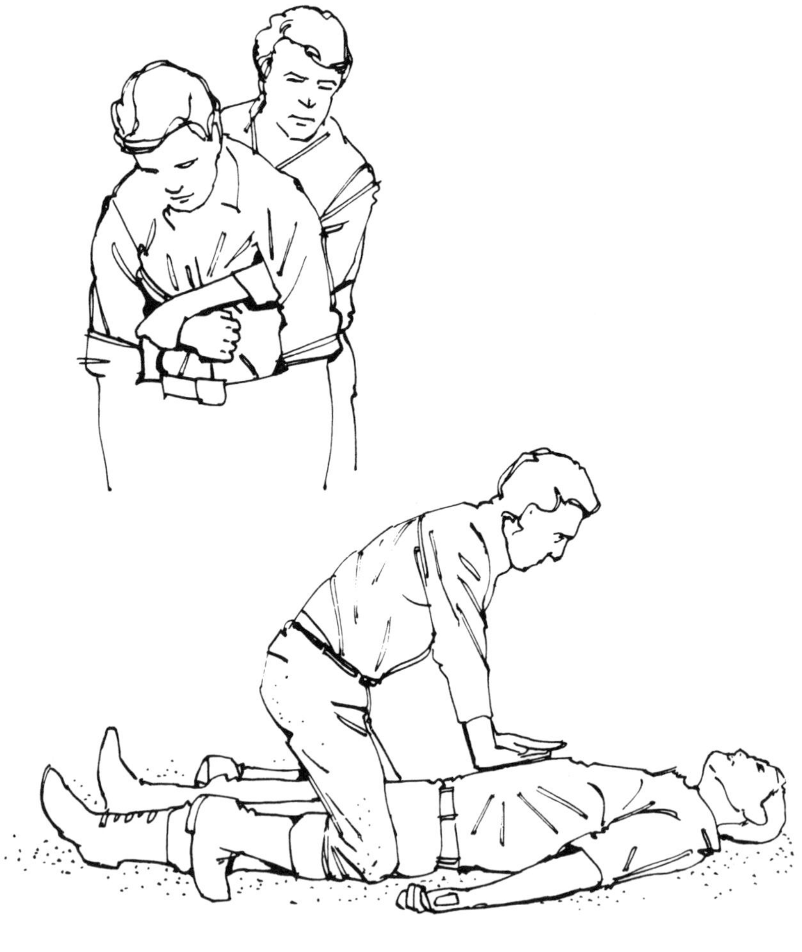

Abb. 5.12: Der Heimlich-Griff

Der Heimlich-Griff

Eine Person, deren Luftröhre durch Nahrung verstopft ist, kann nicht atmen und sprechen, läuft blau an und kollabiert. Der Betroffene hat nur noch vier Minuten zu leben, wenn er nicht durch den Heimlich-Griff gerettet wird:
Wenn der Verletzte steht oder sitzt:

1. Von hinten die Arme um die Taille schlingen.
2. Eine Hand über seinem Bauch zwischen Nabel und Rippenbogen zur Faust ballen; das Gelenk dieser Hand mit der anderen Hand fassen.
3. Die Faust kräftig nach oben in den Bauch des Verletzten drücken, damit er kräftig ausatmet und die Nahrung aus den Atemwegen gestoßen wird.
4. Falls nötig, mehrmals wiederholen.

Wenn der Verletzte auf dem Rücken liegt:

1. Rittlings in Hüfthöhe über den Erstickenden knien.
2. Mit übereinandergelegten Händen den Handballen der unteren Hand zwischen Nabel und Rippenbogen legen.
3. Den Handballen kräftig nach oben in den Bauch des Verletzten drücken.
4. Falls nötig, mehrmals wiederholen.

Falls der Erstickende auf dem Bauch liegt, umdrehen und wie oben vorgehen.

TRANSPORT DES VERWUNDETEN

Der Transport eines Verwundeten auf einer Trage ist sicherer und bequemer als der Transport auf den Händen. Außerdem ist er leichter. Das Gelände läßt jedoch möglicherweise den manuellen Transport als einzige Möglichkeit zu. In dieser Situation sollte der Verwundete auf eine Trage gelegt werden, sobald eine besorgt oder improvisiert werden kann.

Bewegen des Verwundeten

Das Leben eines Verwundeten mag zwar zunächst durch die Anwendung geeigneter Erste-Hilfe-Maßnahmen gerettet worden sein, er kann aber noch immer durch rauhe und sorglose Behandlung beim Transport sterben. Daher muß vor dem Bewegen eines Verletzten Art und Ausmaß der Verletzung überprüft und sichergestellt werden, daß die Verbände ausreichend verstärkt und gebrochene Knochen ausreichend ruhiggestellt und gestützt sind, damit sie nicht zu Verletzungen an Muskeln, Blutgefäßen und Haut führen. Auf der Grundlage von Ausmaß und Art der Verletzung ist dann die bestmögliche Transportmethode zu wählen. Wenn der Verletzte bei Bewußtsein ist, sollte ihm die Transportmethode mitgeteilt werden. Dadurch verringert man seine Angst vor der Bewegung und gewinnt seine Mitarbeit.

Tragegriffe

Tragegriffe werden mit einem oder zwei Helfern durchgeführt. Zwei-Mann-Griffe werden benutzt, wann immer es möglich ist. Sie sind bequemer für den Verletzten, verringern die Wahrscheinlichkeit, daß Verletzungen verschlimmert werden, und sind auch weniger ermüdend für die Helfer, die den Verletzten somit weiter tragen können.
Einige Tragegriffe verbieten sich möglicherweise durch die Natur der Verletzung.

Abb. 5.13: Feuerwehrgriff

Es können beispielsweise bestimmte Griffe nicht angewendet werden, wenn der Verletzte einen Arm-, Genick-, Rücken-, Hüft-, Oberschenkel- oder Beinbruch hat. Die Position, in die der Verletzte zum Anheben gebracht werden muß, hängt von dem jeweiligen Tragegriff ab.

Feuerwehrgriff. Der Feuerwehrgriff bietet eine der leichtesten Möglichkeiten für einen Mann, einen anderen zu tragen. Nachdem ein Bewußtloser oder Bewegungsunfähiger in die richtige Stellung gebracht worden ist, wird er in den ersten vier Schritten des Tragegriffs vom Boden gehoben.

1. Den Verletzten auf den Bauch rollen und seine Beine spreizen; dann die Hände unter seine Brust bringen und verschränken. Den Verletzten durch Rückwärtsbewegung auf die Knie anheben.
2. Weiter rückwärts gehen und die Beine des Verletzten dabei strecken.
3. Einen Schritt nach vorn machen und den Verletzten dabei in eine stehende Position bringen, bei der er aber leicht nach hinten geneigt sein muß, damit seine Knie nicht einknicken.
4. Den Verletzten mit dem linken Arm halten, den rechten Arm frei machen, schnell sein rechtes Handgelenk fassen und den Arm hochheben. Sofort den Kopf unter seine Achsel bringen und den Arm loslassen. Schnell mit dem Gesicht zum Verletzten drehen und die Arme um seine Taille schlingen. Die rechte Fußspitze zwischen seine Füße bringen und diese etwa 15–20 cm auseinanderspreizen.

Abb. 5.13: Feuerwehrgriff

5. Mit der linken Hand das rechte Handgelenk des Verletzten fassen und seinen Arm über den Kopf heben.
6. In Hüfte und Knien einknicken; dann den Arm des Verletzten über die linke Schulter ziehen, so daß sein Körper quer über den Schultern liegt. Gleichzeitig den rechten Arm zwischen seine Beine bringen.
7. Das rechte Handgelenk des Verletzten mit der rechten Hand fassen und die linke Hand auf das linke Knie stützen.
8. Mit dem Verletzten in bequemer Lage erheben. Die linke Hand ist jetzt frei.

Stützgriff. Beim Stützgriff muß der Verletzte in der Lage sein, zu gehen oder zumindest auf einem Bein zu hüpfen, wobei der Helfer als Krücke dient. Mit diesem Griff läßt sich ein Verletzter so weit transportieren, wie er gehen oder hüpfen kann.

Armtrage. Das Tragen eines Verletzten in beiden Armen vor dem Körper bietet sich für kurze Strecken an und um den Verletzten auf eine Trage zu legen.

Sattelgriff. Nur ein bei Bewußtsein befindlicher Verletzter kann so transportiert werden, da er in der Lage sein muß, sich am Nacken des Tragenden festzuhalten.

Rucksackgriff. Beim Rucksackgriff ruht das Gewicht des Verletzten hoch auf dem Rücken des Tragenden, wodurch es für diesen leichter wird, den Verletzten über eine längere Strecke zu transportieren. Damit der Getragene keine Verletzungen an den Armen erleidet, muß der Tragende dessen Arme mit den Handflächen nach unten halten.

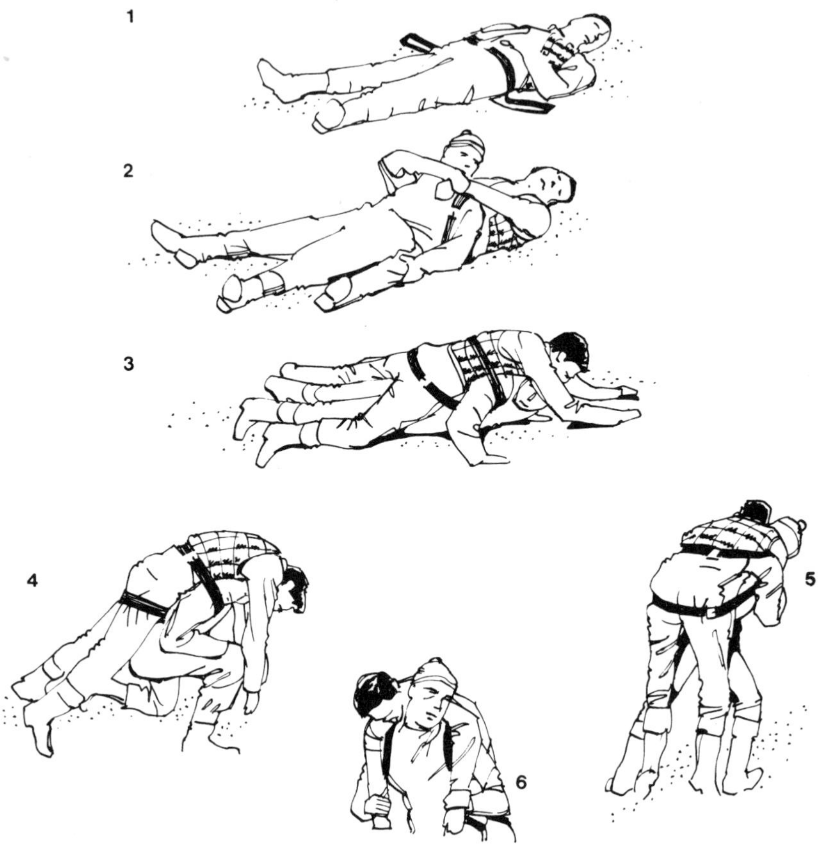

Abb. 5.14: Gürteltrage

1. Den Verletzten wie beim Feuerwehrgriff vom Boden heben.
2. Den Verletzten mit einem Arm halten, sein am nächsten befindliches Handgelenk fassen und seinen Arm über Kopf und Schultern legen. Mit dem Rücken vor ihn treten, sein anderes Handgelenk fassen und auch diesen Arm über die Schulter legen.
3. Nach vorn beugen und den Verletzten möglichst hoch auf den Rücken nehmen, so daß sein gesamtes Gewicht auf dem Rücken ruht.

Gürteltrage. Die Gürteltrage ist der beste Ein-Mann-Tragegriff für lange Strecken. Der Verletzte wird dabei durch einen Gürtel sicher auf den Schultern des Tragenden gehalten. Die Hände des Tragenden und des Verletzten sind frei, um eine Waffe oder Ausrüstung zu halten, Flußufer zu erklettern oder andere Hindernisse zu überwinden. Mit freien Händen und sicher gehaltenem Verletzten ist der Tragende weiterhin in der Lage, durch Unterholz und unter niedrig hängenden Ästen hindurchzukriechen.

1. Zwei Pistolengürtel zu einer Schlinge verbinden. (Falls keine Pistolengürtel vorhanden, können andere Gegenstände wie ein Gewehrriemen, zwei Kra-

wattenbandagen, zwei Tragbahrengurte oder andere Gegenstände, die die Haut des Verletzten nicht einschneiden, verwendet werden.) Den Riemen so unter den Hüften des Verletzten auslegen, daß an beiden Seiten eine Schlinge entsteht.

2. Zwischen die ausgestreckten Beine des Verletzten legen. Die Arme durch die Schlingen schieben und Hand und Hosenbein des Verletzten auf dessen verwundeter Seite fassen.
3. Zur nichtverletzten Seite auf den Bauch rollen und den Verletzten damit auf den Rücken bringen. Den Riemen nach Bedarf anziehen.
4. In kniende Stellung erheben. Der Gürtel hält den Verletzten an Ort und Stelle.
5. Eine Hand als Stütze auf das Knie legen und aufstehen. Der Verletzte hängt jetzt auf den Schultern.
6. Den Verletzten ohne Zuhilfenahme der Hände tragen.

Zwei-Mann-Tragegriffe

Ein Mann, der einen Verletzten im Feuerwehrgriff oder in der Gürteltrage transportiert, kann diesen Verletzten bequemer, weiter und schneller tragen, als zwei oder mehr Männer, die einen Verletzten zusammen transportieren. Dafür können zwei oder mehr Männer einen Verletzten über eine kurze oder etwas längere Strecke schneller transportieren als ein Mann allein. Für beide Männer ist es am einfachsten, den Verletzten auf die Füße zu bringen und seine Arme um den Nacken zu halten. Dann können sie ihn – entweder um die Hüfte gefaßt oder, wenn er größer als die Tragenden ist, an den Oberschenkeln getragen – zur Trage oder zum Fahrzeug transportieren. Bei einer anderen Methode wird der Verletzte in den Armen oder zwischen zwei Männern getragen; dabei hält einer die Beine, der andere stützt den Körper. In schwierigem Gelände wird das Gehen mit einem Verletzten zwischen zwei Helfern jedoch sehr unbequem. Schneller und sicherer kommt ein Träger mit dem Feuerwehrgriff oder der Gürteltrage voran.

Abb. 5.15: Zwei-Mann-Tragegriff

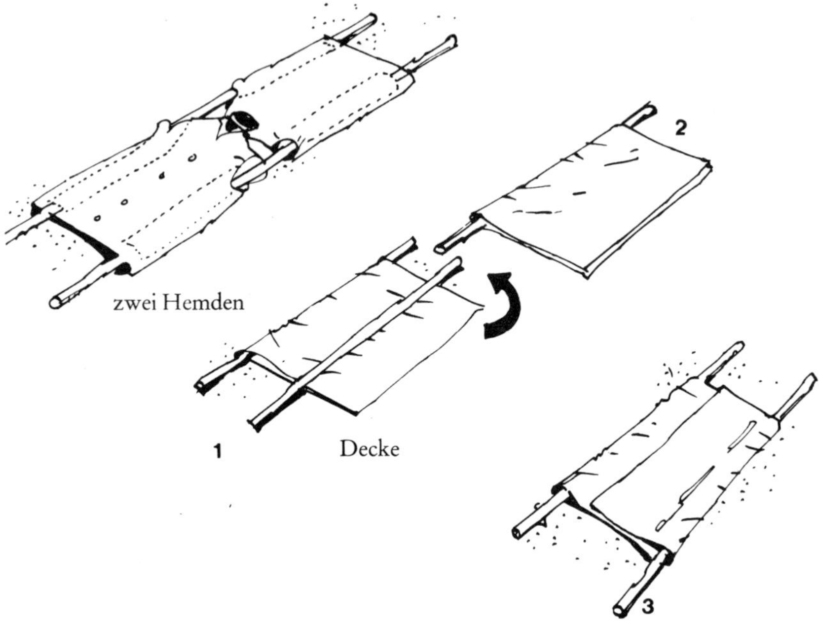

Abb. 5.16: Improvisierte Tragbahren

Improvisierte Tragen

Aus vielen verschiedenen Gegenständen lassen sich improvisierte Tragen herstellen. Die meisten flachen Gegenstände in geeigneter Größe lassen sich als Tragen verwenden. Zu diesen Gegenständen gehören Bretter, Türen, Fensterläden, Bänke, Leitern, Feldbetten und zusammengebundene Pfähle. Falls möglich, sollten diese Gegenstände gepolstert werden.

Zufriedenstellende Tragen lassen sich weiter herstellen, indem man stabile Stäbe in Decken, Zeltbahnhälften, Persenningen, Jacken, Hemden, Säcken, Beuteln, Kissenbezügen und Matratzenbezügen befestigt. Stabile Pfähle lassen sich aus starken Ästen, Gewehren, Zeltpfählen, Ski und anderen Dingen improvisieren. Wenn keine Pfähle zur Verfügung stehen, kann beispielsweise eine Decke von beiden Seiten zur Mitte aufgerollt werden; dann bieten die Rollen einen festen Griff, wenn der Verletzte getragen wird.

6 Grundlegende Überlebensfähigkeiten

Dieses Kapitel soll dem Leser die Techniken zum Erwerb der grundlegenden Dinge zum Überleben – Nahrung, Wasser und Kleidung – und Informationen, die in einer Überlebensumgebung von unmittelbarer Bedeutung sind, vermitteln. Die angesprochenen Techniken sind für jeden Teil der Welt geeignet, sie lassen sich aber am besten in den gemäßigten Zonen beispielsweise der Vereinigten Staaten und Europa anwenden, wo extreme Gelände- und Wetterbedingungen nicht die vorherrschenden Überlebensfaktoren sind. Informationen zu den grundlegenden Dingen des Überlebens unter besonderen Wetter- und Geländebedingungen finden sich in den nachfolgenden Kapiteln.

UNMITTELBARE AKTIONEN

Folgendermaßen vorgehen:

1. Von jedem unmittelbaren Gefahrenherd, wie etwa einem Flugzeugwrack oder auslaufendem Treibstoff, entfernen.
2. Nach Verletzungen sehen und Erste-Hilfe leisten.
3. Einen provisorischen Schutz errichten. Wenn man vor den Elementen geschützt ist, kann man besser überlegen. Bei extremer Kälte sofort ein Feuer anzünden.
4. Ausruhen und entspannen, bis Schock und Müdigkeit nachlassen. Ausgedehnte Planungen zurückstellen, die Lage jedoch mit Hilfe der Anweisungen und Informationen in Kapitel Eins abschätzen.

Sobald man ein wenig entspannt ist, mit der Umgebung vertraut machen und eine Bestandsaufnahme vornehmen. Möglicherweise diktiert die Situation selbst – wie etwa durch unmittelbaren Bedarf an Nahrung oder Wasser oder durch schwere oder komplizierte Verletzungen – die nächsten Schritte. Sobald diese unmittelbar notwendigen Dinge erledigt sind, ist folgendes wichtig:

1. *Vorbereitungen zum Signalisieren treffen.* Den Horizont regelmäßig mit einem Signalspiegel oder einem anderen reflektierenden Gegenstand abschwenken. Bei Nacht mit einer Taschenlampe signalisieren oder ein Signalfeuer anzünden. Fallschirme, Rettungswesten oder irgend ein anderes stark leuchtendes Material ausbreiten. Bodensignale in geometrischen Mustern (so sind sie auffälliger) arrangieren. Nahezu alle Schiffe und Flugzeuge sind mit Notfallsätzen ausgerüstet. Falls vorhanden, fluoreszierenden Farbstoff zum Signalisieren auf Wasser oder Schnee verwenden. Am höchsten Punkt des Standorts eine Signalflagge aufziehen.
2. *Rettungsvorbereitungen treffen.* Alle Hindernisse, die Rettungsoperationen verhindern oder verzögern würden, beseitigen. Falls die Rettung unmittelbar bevorsteht, alle Sachen zusammenpacken, die man mitnehmen will. Verletzte für den Transport vorbereiten. Körpersignale für Boden-Luft-Kommunikation einprägen.
3. *Die eigene Position so gut wie möglich bestimmen.* Siehe Kapitel 2 und 3 (»Richtungsbestimmung mit Karte oder Kompaß«, »Richtungsbestimmung ohne Karte oder Kompaß«).

4. *Entscheidungen über Abmarsch oder Abwarten treffen.* Meist ist es am besten, an Ort und Stelle auf Rettung zu warten, besonders wenn es sich um einen Flugzeugabsturz handelt. Es gibt jedoch verschiedene Überlegungen, die einen Marsch erforderlich oder vorteilhafter machen:
   - Man kennt seine Position und weiß, in welcher Richtung und wie weit man gehen muß, um Hilfe zu bekommen.
   - Man hat ausreichend Vorräte für den Marsch.
   - Nachdem man einige Tage gewartet hat, ist man überzeugt, daß die Möglichkeit einer Rettung nicht sehr naheliegend ist.
   - Ein Mitglied der Gruppe ist schwer verletzt, und die Zeit ist ein kritischer Faktor.
5. *Lager aufschlagen.* Den Standort für das Lager sorgfältig wählen, möglichst in der Nähe einer Wasserstelle. Das Lager nicht am Fuße von steilen Hügeln oder in Gebieten aufschlagen, wo die Gefahr von Lawinen, Steinschlag, Überschwemmungen oder starken Winden besteht.

UNTERSCHLUPF

Die Hauptfunktion eines Unterschlupfs besteht darin, den Einzelnen vor den Gefahren und Risiken in einer bestimmten Überlebensumgebung zu schützen. Ein gut gebauter Unterschlupf kann weiterhin Bequemlichkeit und psychologisches Wohlergehen vermitteln. Je länger die Überlebenssituation dauert, desto wichtiger werden diese Überlegungen.
Ein selbstgebauter Unterschlupf kann aus einem schnell und einfach errichteten schrägen Dach bestehen oder auch aus einem voll isolierten Blockhaus. Wie gut der Unterschlupf wird, hängt von mehreren Faktoren ab.
Die Entscheidung über die Art des Unterschlupfs muß auf den vorhandenen Werkzeugen basieren und darauf, ob der Unterschlupf vorübergehend oder für längere Zeit genutzt werden soll. Ohne zumindest ein Messer und ein Beil oder eine Axt müssen alle Anstrengungen sich notwendigerweise darauf beschränken, einen einfachen Unterschlupf zu bauen, selbst wenn ein langer Aufenthalt erwartet wird. Weitere wichtige Überlegungen sind die Zeit, die für Holzarbeiten zur Verfügung steht, und die eigenen Fähigkeiten in der Holzbearbeitung.
Für eine Erörterung der Holzbearbeitungstechniken in allen Einzelheiten ist hier nicht genügend Raum. Außerdem erfordert eine fachmännische Holzbearbeitung eine Menge Geschicklichkeit. Es besteht nur eine geringe Möglichkeit, so etwas durch Lesen eines Buchs zu lernen.
Ein recht guter Unterschlupf läßt sich jedoch auch mit wenig oder ohne Werkzeug und mit einer nur beschränkten Kenntnis der Holzbearbeitungstechniken bauen. Der Schlüssel zum Bau eines wirkungsvollen und bewohnbaren Unterschlupfs liegt in der Improvisation. Mit Improvisation in Verbindung mit Kreativität und einer gewissen durch die Praxis erworbenen grundlegenden Geschicklichkeit läßt sich ein fester und komfortabler Unterschlupf errichten.

Die Wahl des Standorts

Einen trockenen Lagerplatz auf einem Hügel oder einer Bodenerhöhung, an einer offenen, von Sümpfen weit genug entfernten Stelle (aber nicht zu weit entfernt vom nächsten Frischwasser) suchen. Dort sind die Moskitos weniger lästig, der Boden ist trockener und frische Brisen wahrscheinlicher. In bergigem Dschungel sind die Nächte kalt. Aus dem Wind halten. Trockene Flußbetten vermeiden. Sie können in ein paar Stunden überflutet sein, manchmal durch Regen, der so weit entfernt gefallen ist, daß man es nicht einmal gesehen hat.

Arten von Unterschlüpfen

Die Art des zu bauenden Unterschlupfs hängt von der verfügbaren Zeit ab und davon, ob er als dauernde oder vorübergehende Behausung dienen soll. Ein paar einfache Arten sind:

Das Fallschirmzelt – Ein Fallschirm (oder irgend ein anderes Material) wird über ein zwischen zwei Bäumen gespanntes Seil oder eine Kletterpflanze gebreitet.

Das Laubdach – Ein A-förmiger Rahmen wird mit einer dicken Schicht von Palmen- oder anderen schweren Blättern, Rindenstücken oder Grasboden bedeckt. Die Auflage wie Dachziegel von unten nach oben aufbauen. Diese Art von Unterschlupf ist als ideal anzusehen, da sie vollkommen wasserdicht gemacht werden kann.

Das Schrägdach – Ein solcher Standardholzunterschlupf sollte so plaziert sein, daß eine Feuerstelle gebaut werden kann, die so groß ist, daß die Wärme sich gleichmäßig im Unterschlupf verteilt. Die richtige Plazierung von Schrägdach und Feuer in bezug auf die vorherrschende Windrichtung ist eine weitere Überlegung. Verbessern läßt sich dieser Unterschlupf durch Verwendung eines Feuers mit Reflektor, der aus grünen Baumstämmen gebaut und auf der der Öffnung des Schrägdachs gegenüberliegenden Seite des Feuers plaziert wird. Auch große Steine hinter dem Feuer reflektieren die Hitze.

Das Fallschirmtipi – Ein leicht zu bauendes Zelt aus einem Fallschirm, das besonders als Schutz gegen feuchtes Wetter und Insekten geeignet ist. Man kan darin kochen, essen, schlafen, ruhen und signalisieren, ohne nach draußen gehen zu müssen. Für den Bau werden einige etwa vier Meter lange Pfähle benötigt.

Weidenhütte – Kleine Weiden werden zu einem Rahmen zusammengebunden, der dann mit Stoff abgedeckt wird. Für diese Art des Unterschlupfs gibt es keine bestimmte Bauweise, er sollte aber groß genug für einen Mann und seine Ausrüstung sein. Die offene Seite der Weidenhütte rechtwinklig zur vorherrschenden Windrichtung plazieren. Die Kanten der Abdeckung mit Erde oder Schnee beschweren, damit der Wind nicht darunterfaßt.

Baumwipfelunterschlupf – Aus den Ästen eines umgestürzten Baumes. Ein Unterschlupf im Wipfel eines umgestürzten Baumes reflektiert die Hitze eines Feuers nicht und ist bei Regen undicht. Es kann aber als vorübergehende Behausung dienen.

Baumstammunterschlupf – Zwei Pfähle werden auf einen großen Baumstamm gelegt, und der Rahmen wird mit Laubwerk abgedeckt. Dieser Unterschlupf ist nicht als Dauerlager geeignet.

Höhlen – sollten gemieden werden, wenn ein anderer Unterschlupf gebaut werden kann. Höhlen beeinträchtigen die Flucht im Falle von Gefahr, steigern das Risiko einer Kohlenmonoxidvergiftung durch Feuer und können durch Steinfall oder schlechtes Wetter zusammenbrechen oder abgeschlossen werden.

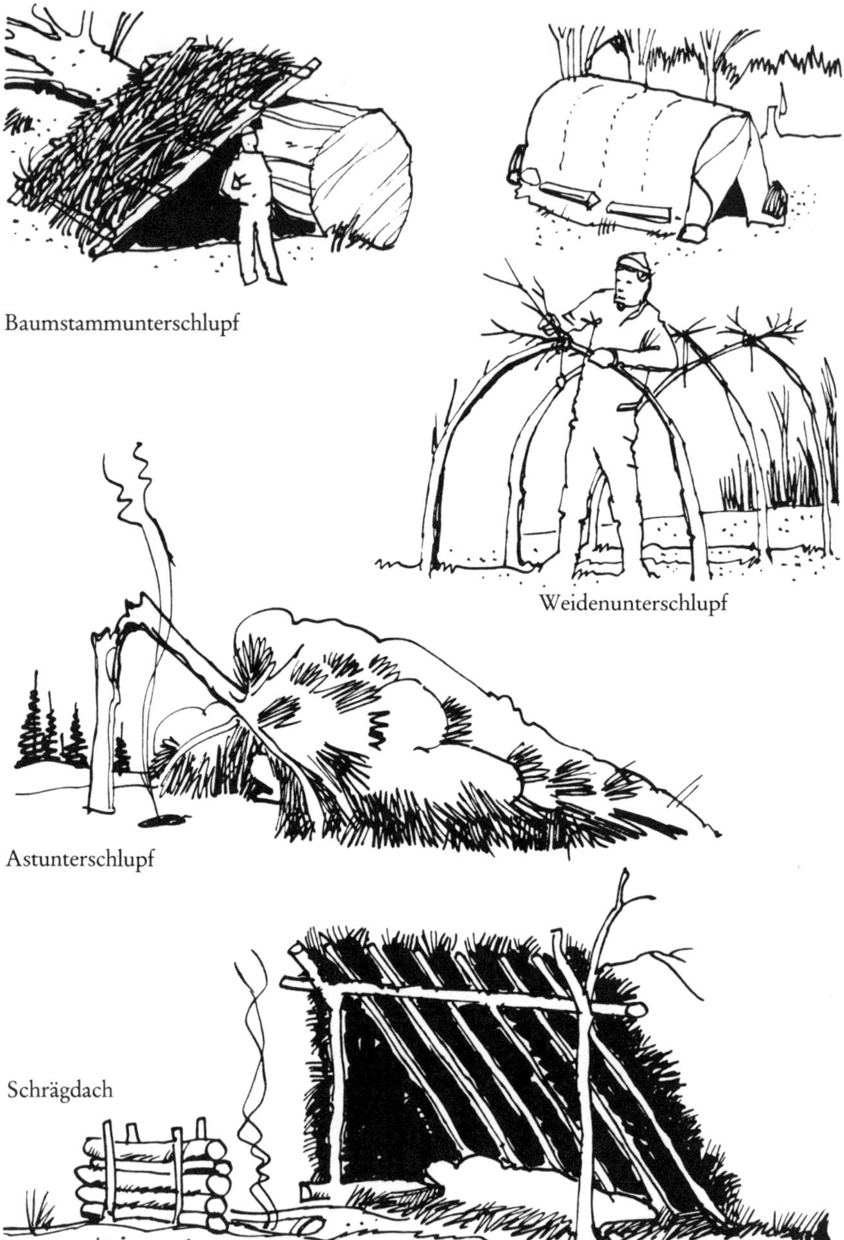

Abb. 6.1: Unterschlupfarten

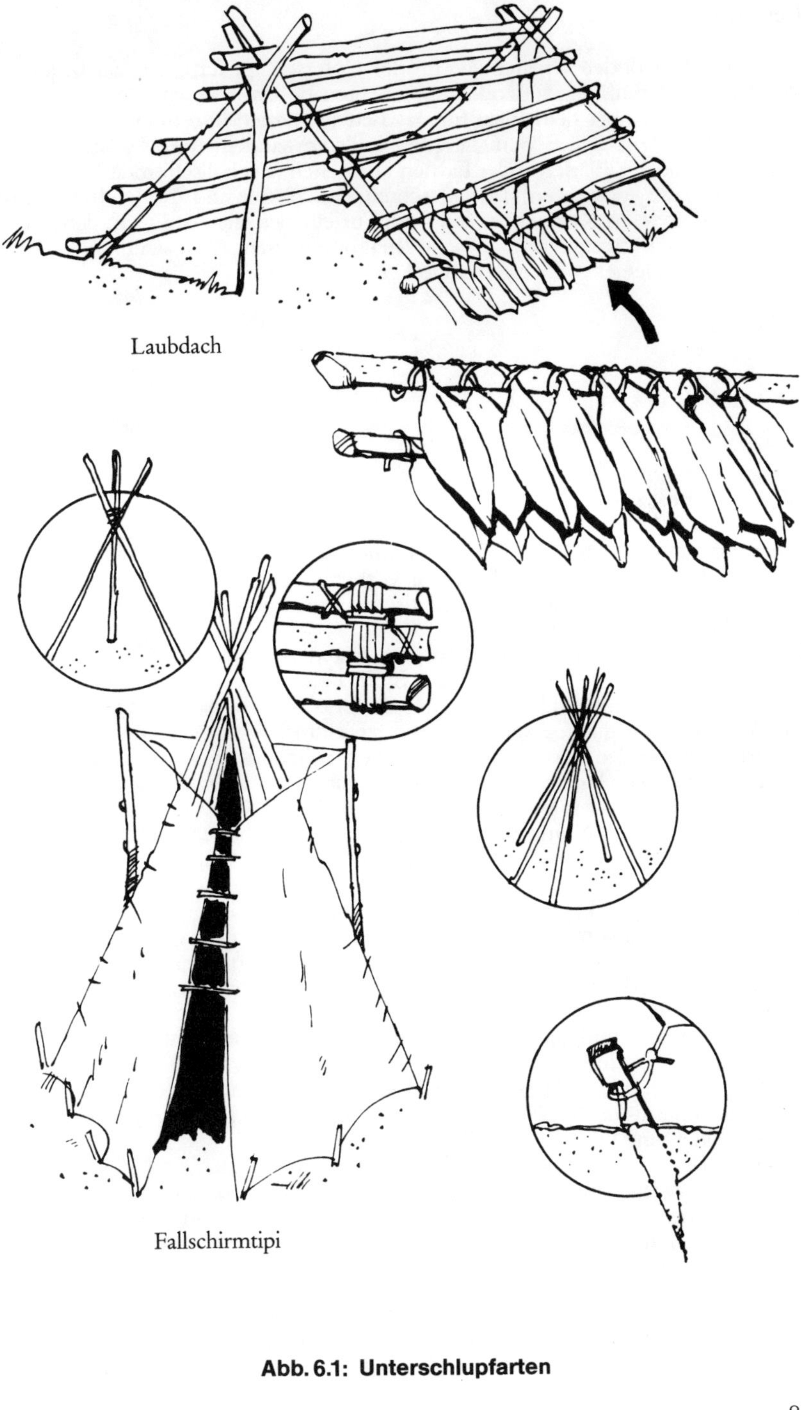

Abb. 6.1: Unterschlupfarten

Betten

Nicht auf dem Boden schlafen. Wenn der Unterschlupf fertig ist, ein bequemes Bett bauen. Es muß gegen den kalten, feuchten Boden isolieren. Den Boden erst durch ein Feuer über dem Platz für das Bett erwärmen und trocknen, dann die heiße Holzkohle in den Boden stampfen. Falls vorhanden, einen Fallschirm über eine Unterlage aus Blättern oder Farnen ausbreiten (ein Fallschirm läßt sich auch als Hängematte verwenden). Darauf achten, daß Blätter und Zweige frei von Insekten und anderen Kleinlebewesen sind. Für ein Bett die Äste so in den Boden stecken, daß die Zweige in die gleiche Richtung weisen. Astabstand etwa 20 cm. Die Äste mit kleineren Zweigen abdecken.

WETTER

Wettervorhersage

Selbst mit dem ausgefeiltesten Gerät ist eine Wettervorhersage oft äußerst ungenau. Die Fähigkeit, Wetteränderungen vorherzusagen, kann sich jedoch besonders in Gegenden mit extremen klimatischen Bedingungen als wesentliche Hilfe beim Überleben herausstellen.

Wind. Die Windrichtung ist das am einfachsten zu erkennende Wetterzeichen. Mit Hilfe einer Flagge aus einem Stück Stoff, indem man einfach den angefeuchteten Finger in den Wind hält oder ein paar Grashalme in die Luft wirft, läßt sich die Windrichtung gut feststellen. Sobald sie einmal feststeht, kann man daraus Rückschlüsse für den eigenen Standort ziehen. Schnell wechselnde Winde deuten auf eine unruhige Atmosphäre und damit auf einen wahrscheinlichen Wetterumschwung hin. In den Vereinigten Staaten weht der Wind im allgemeinen von Westen nach Osten. Nordöstliche Winde kündigen kühlere, trockenere Luft an, während Winde aus dem Südosten wärmere, feuchtere Luft und wahrscheinlich Regen mit sich bringen.

Windkältefaktor. Die kombinierte Wirkung von kalter Luft und Wind auf dem Körper, der sogenannte Windkältefaktor, beschleunigt den Verlust an Körperwärme sehr stark. Bei Wind von etwa drei Stundenkilometern erfrieren nackte Körperteile beispielsweise bei minus 40° C; bei Wind von etwa dreißig Stundenkilometern erfriert freiliegende Haut schon bei minus 11° C. In kaltem Klima besteht die Haupt- und gleichzeitig Mindestfunktion eines Unterschlupfs darin, Schutz vor dem Wind zu bieten.

Wolken. Wolken gibt es in einer Unzahl von Formen und Mustern, und eine allgemeine Kenntnis der Wolken und der atmosphärischen Bedingungen, die sie anzeigen, bildet eine Hilfe bei der Wettervorhersage.

Kumuli, die weißen welligen Wolken, die am vertrautesten sind, sind im allgemeinen ein Zeichen für gutes Wetter. Wenn Kumuluswolken sich jedoch senkrecht aufbauen und massive »Köpfe« bilden, sollten sie als Sturmwolken angesehen werden. Dunkle, amboßförmige Kumuluswolken, die sich auf dich zu bewegen, zeigen ein heraufziehendes Gewitter an.

Die leichten, fedrigen Zirruswolken sind im allgemeinen Vorläufer von gutem Wetter. Wenn jedoch in kaltem Klima Zirruswolken sich merklich vermehren und von zunehmendem Wind aus nördlicher Richtung begleitet werden, ist das ein Zeichen für einen aufziehenden Blizzard.

Schicht- und graue Regenwolken bilden eine niedrighängende feste Decke und bedeuten im allgemeinen Sprühregen oder Regen.
Kumulus-, Zirrus-, Schicht- und graue Regenwolken können sich zu einer Vielzahl von Formationen verbinden und je nach ihrer Höhe eine ganze Reihe von Wetterbedingungen ankündigen. Die Zirrokomulus- oder »Schäfchen«-Wolken, die wie frisch geschorene Schafwolle aussehen, lassen darauf schließen, daß innerhalb der nächsten 12 bis 15 Stunden Niederschlag zu erwarten ist.

Andere Wetterzeichen

1. Wenn der Rauch von einem Feuer in einer dünnen senkrechten Säule emporsteigt, ist das ein Zeichen für gutes Wetter. Rauch, der sich am Boden ausbreitet, bedeutet stürmisches Wetter.
2. Die Farbe des Himmels am Morgen und am Abend kann bei der Wettervorhersage behilflich sein. Abendrot bedeutet gutes Wetter, Morgenrot weist auf schlechtes Wetter hin.
3. Wenn morgens Tau auf dem Gras liegt, bedeutet das im allgemeinen gutes Wetter. Trockenes Gras weist auf Regen hin.
4. Vögel und Insekten fliegen in schwerer, feuchter Luft niedriger als normal. Es ist Niederschlag zu erwarten. Insekten werden vor einem Sturm, Bienen vor gutem Wetter lebhafter.
5. Eine Tiefdruckfront, die oft durch langsame oder kaum merkliche Winde und schwere, feuchte Luft angezeigt wird, verspricht schlechtes Wetter, das im allgemeinen mehrere Tage andauern wird. Tiefen Luftdruck kann man auch »riechen« und »hören«. Die träge, feuchte Luft setzt Gerüche in der Natur frei, die bei Hochdruck nicht so stark wahrgenommen werden. Auch tragen Geräusche weiter, und die Töne sind schärfer.

Gefahren

Spezifische Gefahren in den Tropen, der Wüste, der Arktis und auf See siehe die entsprechenden Kapitel.

Seuchen, Insekten und Gefahren durch kleinere Lebewesen

Siehe Kapitel 5 »Erste Hilfe«.

Giftschlangen

Die allgemeine Furcht vor Schlangen beruht auf mangelnder Vertrautheit und falschen Informationen. Selbst die harmlosen Arten werden meist mit Vorsicht betrachtet. Es besteht jedoch keinerlei Notwendigkeit, sich vor Schlangen zu fürchten – sobald man sie und ihre Gewohnheiten kennt und weiß, wie die gefährlichen Arten zu erkennen sind, welche einfachen Vorkehrungen zur Verhinderung von Schlangenbissen zu treffen sind und welche Erste-Hilfe-Maßnahmen bei den sehr seltenen Notfällen eines Schlangenbisses Anwendung finden müssen. Die meisten Schlangen sind nicht giftig. In Nordamerika finden sich vier Arten von Giftschlangen: Die Wassermokassin, die Klapperschlange, die Mokassinschlange und die Korallenschlange. Erste Hilfe bei Schlangenbissen siehe Kapitel 5 »Erste Hilfe«. Identifizierung von Giftschlangen der Welt siehe Anhang I.

Gefahren durch Säugetiere

Bei den meisten Geschichten über Gefahren durch größere Tiere handelt es sich um Märchen, und nur sehr wenige Leute, die sich jemals in einer Überlebenssituation befanden, sind tatsächlich durch Tiere verwundet oder getötet worden. Allerdings weichen nur sehr wenige Tiere einem Kampf aus, wenn sie sich in eine Ecke gedrängt fühlen. Viele Tiere sind gefährlich, wenn sie verwundet sind oder ihre Jungen beschützen. Alte Einzelgänger wie Elefanten, Keiler oder Büffel, die von der Herde getrennt leben, sind oft streitsüchtig und kampffreudig. Löwen, Tiger und Leoparden, die zu alt sind, um erfolgreich andere Tiere zu jagen, werden möglicherweise zu Menschenfressern. Solche Tiere sind jedoch selten.

In den arktischen und subarktischen Gebieten können die Bären bösartig und gefährlich sein. Bei der Jagd nur schießen, wenn sie mit Sicherheit getötet werden können. Der Eisbär kommt selten an Land, wird aber durch den Geruch von Nahrungsverstecken oder Tierkadavern angelockt. Er ist ein nicht müde werdender, geschickter Jäger und sollte mit großer Vorsicht behandelt werden. Bären werden im allgemeinen als die gefährlichsten und am wenigsten zu berechnenden Mitglieder des Tierreichs betrachtet.

Wilde Büffel wegen ihrer bösartigen Launen meiden. Wildschweine nur mit Vorsicht angehen. Elefanten, Tiger und andere Großtiere meiden den Menschen, wenn sie die Möglichkeit haben, sie werden aber möglicherweise wild, wenn sie gereizt werden.

Bisse von allen Hundearten (Hunde, Schakale, Füchse) sowie von anderen Fleischfressern können Tollwut verursachen. Blutsaugende Fledermäuse (»Blattnasen«) sind nicht gefährlich, es sei denn, sie haben die Tollwut oder die Bisse entzünden sich.

Bei Zusammentreffen mit einem gefährlichen Tier folgendermaßen vorgehen:

1. Nicht in Panik geraten. Keine plötzlichen Bewegungen machen. Langsam von der Gefahrenquelle entfernen.
2. Dem Tier nicht das Gefühl vermitteln, in die Ecke gedrängt oder bedroht zu sein.

Um ein Zusammentreffen mit einem gefährlichen Tier zu vermeiden:

1. Das Lager sauber halten.
2. Sämtliche Nahrung außer Sicht und, falls möglich, verschlossen aufbewahren.
3. Nahrung nicht im Unterschlupf essen oder aufbewahren.
4. Tätigkeiten während der Nacht einschränken. Die meisten Raubtiere jagen nachts.
5. Niemals ein Lager oder einen Bau stören und niemals zwischen ein Muttertier und seine Jungen geraten.

Gefahren durch Pflanzen

Die von giftigen Pflanzen ausgehenden Gefahren sind in anderen Regionen der Welt nicht größer als in Teilen der Vereinigten Staaten. Giftpflanzen stellen in der Regel kein ernsthaftes Risiko dar, unter bestimmten Bedingungen können sie jedoch gefährlich werden. Giftpflanzen werden im allgemeinen nach zwei Arten unterschieden: Pflanzen, deren Gift durch Berührung wirkt, und Pflanzen, die beim Verzehr giftig sind.

Pflanzen mit Berührungsgift. Die meisten Pflanzen mit Berührungsgift gehören entweder zur Familie der Sumach- oder zur Familie der Wolfsmilchgewächse. Die drei wichtigsten Giftpflanzen in den Vereinigten Staaten sind Giftsumach, Gifteiche und Lacksumach *(siehe Abbildung 6–2)*. Der Giftsumach ist ein niedriges Bo-

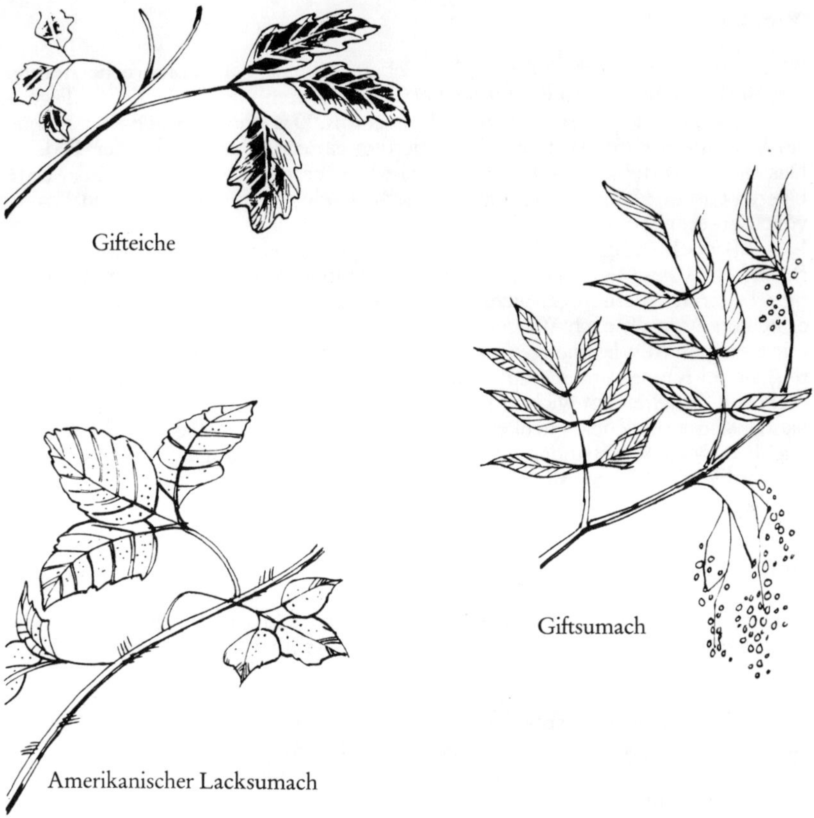

Abb. 6.2: Giftpflanzen in Nordamerika

dengewächs oder eine Kletterpflanze mit glänzenden, in Dreiergruppen angeordneten Blättern. Bei der Gifteiche handelt es sich um eine buschähnliche Pflanze mit ovalen Blättern, die ebenfalls in Dreiergruppen wachsen. Der Lacksumach hat glatte und schmale, parallele Blätter, die an einem hölzernen Stiel wachsen. Giftsumach, Gifteiche und Lacksumach tragen alle Büschel mit weißen Beeren. Das Wissen um das Vorkommen und die Wirkungen dieser Pflanzen ist auch in anderen Gegenden der Welt nützlich, wo ähnliche Pflanzen wachsen. Eine gute Behandlung bei Kontakt mit diesen Giftpflanzen besteht darin, nasse Holzasche auf den betroffenen Körperteil aufzubringen.

Die Symptome einer äußerlichen Pflanzenvergiftung sind überall auf der Welt gleich – Rötung, Jucken, Schwellungen und Blasen. Die beste Behandlung nach einem Kontakt mit diesen Pflanzen besteht in einer sorgfältigen Waschung mit starker Seife, falls vorhanden.

Pflanzen mit Eßgift. Im Vergleich zur Zahl der ungiftigen und eßbaren Pflanzen ist die Reihe der Giftpflanzen nicht groß. Eine gute Regel lautet, die eßbaren Pflanzen auswendig zu lernen und nur die zu essen, die man erkennt (siehe den Abschnitt »Eßbare Pflanzen« in diesem Kapitel).

Wasser trinken ist wichtig für das Überleben. Ohne jegliche körperliche Aktivität hält ein Mensch es bis zu zehn Tage bei Temperaturen von 10° C, sieben Tage bei 32° C und zwei Tage bei 50° C ohne Wasser aus. Das sind die Grenzen, an denen ein Verfall des Körpers durch Dehydrierung einsetzt. Darauf folgt der Tod.
Das einzige Mittel gegen Dehydrierung ist Wasser, und ein großer Teil der ersten Überlebenstätigkeiten sollten darauf gerichtet sein, einen ausreichenden Wasservorrat zu erhalten.
Es muß noch gesagt werden, daß Durst keinen zuverlässigen Hinweis auf den Bedarf an Wasser darstellt. Häufig, besonders in kälterem Klima, ist sich ein heftig arbeitender Mensch gar nicht bewußt, daß er schon teilweise dehydriert ist, da er keinen Wunsch nach Wasser verspürt.
Die täglichen Mindestmengen an Wasser ergeben sich aus einer Reihe von Faktoren, wobei Klima- und Temperaturbedingungen und das Maß der täglichen körperlichen Tätigkeit am wichtigsten sind. In einer Überlebenssituation stellen Vorhandensein und Zugänglichkeit von Wasser wesentliche Faktoren dar. Wenn reichlich Wasser vorhanden ist, in regelmäßigen und häufigen Abständen kleine bis mittlere (1/2 Liter) Mengen trinken.

Gefahren durch nicht trinkbares Wasser

Wie stark der Durst auch sein mag, kein nicht trinkbares Wasser trinken. Eine der schlimmsten Gefahren für das Überleben liegt im Wasser. Sämtliches Wasser entweder durch mindestens einminütiges Abkochen oder mit Hilfe von Wasserentkeimungstabletten behandeln.
Das Trinken von nicht trinkbarem Wasser kann zu folgenden Krankheiten und zur Aufnahme von folgenden Lebewesen in den Körper führen:
Dysenterie – verursacht schweren und lang anhaltenden Durchfall mit blutigem Stuhl, Fieber und Schwäche. Bei Verdacht auf Dysenterie häufig essen und Kokosmilch, abgekochtes Wasser oder den Saft von gekochter Rinde trinken. Kokosmilch ist ein Abführmittel und sollte nur in kleinen Mengen konsumiert werden. Falls vorhanden, gekochten Reis essen.
Cholera und Typhus – Selbst wenn man geimpft ist, kann man sich diese Krankheiten durch sorglosen Umgang mit dem Trinkwasser zuziehen.
Leberegel – kommen in stehendem, verschmutztem Wasser, besonders in tropischen Gegenden, vor. Wenn sie verschluckt werden, bohren sie sich in den Blutstrom, leben als Parasit und verursachen schmerzhafte, oft tödliche Krankheiten. Leberegel (Wurmparasiten) können auch die unverletzte Haut eines Menschen durchbrechen, der in verschmutztem Wasser watet oder badet.
Blutegel – Kleine Blutegel kommen besonders häufig in afrikanischen Flüssen vor. Wenn sie geschluckt werden, haken sie sich innen in der Kehle oder in der Nase fest. Dort saugen sie Blut, verursachen eine Wunde und wandern weiter. Jede neue Wunde blutet weiter und öffnet somit Tür und Tor für eine Infektion. Zur Entfernung dieser Parasiten aus der Nase hochkonzentriertes Salzwasser schnupfen oder sie mit einer improvisierten Pinzette herauspicken.

Schlammiges, stehendes und verschmutztes Wasser.

Wenn alle anderen Quellen erschöpft sind und immer noch kein Wasser zur Verfügung steht, kann man auch Wasser aus einem Schlammloch trinken, selbst

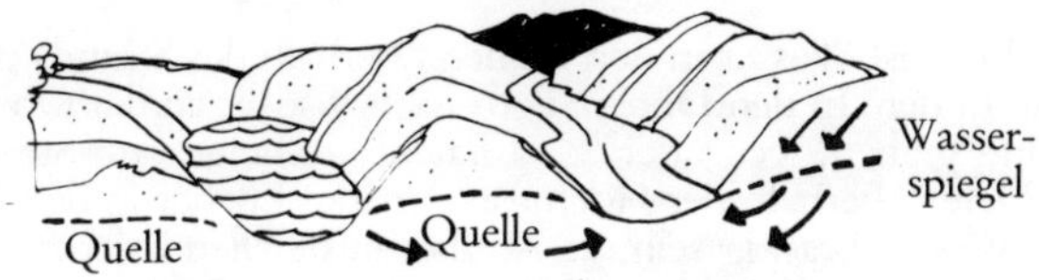

Abb. 6.3: Der Grundwasserspiegel

wenn es unerfreulich riechen sollte. Achtung: Dieses Wasser mindestens eine Minute abkochen.

Klären von verschlammtem Wasser:

- Zwölf Stunden stehen lassen; oder
- durch etwa ein Meter mit Sand gefülltes Bambusrohr sickern lassen. Ein Ende des Rohrs mit Gras ausstopfen, damit der Sand nicht herausläuft; oder
- das Wasser in mit Sand gefülltes Tuch gießen. Verschmutztes Wasser abkochen und Holzkohle vom Feuer zugeben, um den Geruch zu beseitigen. Das Wasser vor dem Trinken etwa 45 Minuten stehen lassen.

Wassersuche

Bei Nichtvorhandensein von Oberflächenwasser muß das Grundwasser angezapft werden – Regen oder geschmolzener Schnee, der in den Boden eingesickert ist. Der Zugang zu diesem Grundwasserspiegel und dem darunterliegenden Vorrat an im allgemeinen sauberem Wasser hängt von der Form der Landschaft und der Art des Bodens ab.

Felsiger Boden. Nach Quellen und Sickerbecken Ausschau halten. In Kalkstein finden sich mehr und größere Quellen als in jeder anderen Gesteinsart. Da Kalkstein sich leicht auflöst, kann das Grundwasser leicht Höhlen ausspülen. In diesen Höhlen nach Quellen suchen.

Da Lavagestein porös ist, bildet es eine gute Quelle für durchsickerndes Grundwasser. Quellen finden sich oft an den Wänden von Tälern, die den Lavastrom kreuzen.

Nach Sickerstellen Ausschau halten, wenn eine trockene Schlucht eine Lage von porösem Sandstein durchschneidet.

In Gebieten mit viel Granitfelsen die Hügel nach grünem Gras absuchen. Unterhalb des grünsten Bereichs ein Loch graben und warten, bis das Wasser hineinsickert.

Lose Erde. Normalerweise gibt es in loser Erde mehr und leichter zu findendes Wasser als im Felsen. In Talsohlen oder an den Hängen, die an das Tal angrenzen, nach Grundwasser suchen, da an diesen Stellen der Grundwasserspiegel höchstwahrscheinlich an der Oberfläche liegt. Quellen und Sickerstellen lassen sich auch nach Rückgang des Wassers oberhalb der Hochwassermarke von Flüssen und Strömen finden.

Vor dem Graben nach Anzeichen für Wasser Ausschau halten. In einer Talsohle am Fuße eines steilen Hangs oder an einer grünen Stelle graben, an der in der feuchten Jahreszeit eine Quelle war. In niedrigen Wäldern, am Meeresufer und in Flußebenen liegt der Grundwasserspiegel nahe an der Oberfläche. Dort erhält man mit wenig Grabarbeit normalerweise recht viel Wasser. An der Oberfläche abfließendes Wasser ist oberhalb des Grundwasserspiegels zu finden. Dazu gehören Flüsse, stehende Gewässer und Wasser in Sümpfen. Dieses Wasser ist als verseucht und gefährlich zu betrachten, selbst wenn es weit entfernt von menschlicher Zivilisation liegt.

Am Meeresufer. Dort ist Wasser in den Dünen oberhalb des Strands oder auch am Strand selbst zu finden. In den Dünentälern nach Wasser an der Oberfläche Ausschau halten und graben, wenn der Sand feucht erscheint. Am Strand bei Ebbe etwa hundert Meter oberhalb der Hochwassermarke Löcher in den Sand graben. Dort mag das Wasser brackig sein, es ist aber ausreichend sicher. Durch einen Sandfilter gießen, um den brackigen Geschmack zu verringern.
Kein Meerwasser trinken. Seine Salzkonzentration ist so hoch, daß Körperflüssigkeit zur Verringerung herangezogen werden muß. Möglicherweise wird die Nierenfunktion beeinträchtigt.
Auf Bergen. In trockenen Flußbetten graben, da sich unter dem Kies oft Wasser findet. In Schneefeldern Schnee in einen Behälter füllen und diesen in die Sonne stellen. Werkzeug aus flachen Steinen oder Stöcken improvisieren, wenn kein Grabgerät vorhanden ist.

Abb. 6.4: Trommelkaktus

Wasser aus Pflanzen. Wenn die Suche nach Grund- oder Oberflächenwasser erfolglos bleibt oder wenn keine Zeit ist, das in Frage stehende Wasser zu reinigen, ist eine wasserspendende Pflanze häufig die beste Quelle. Klarer, süßer Saft von vielen Pflanzen ist leicht zu gewinnen. Dieser Saft ist rein und besteht hauptsächlich aus Wasser. Die folgenden Quellen in einem Notfall prüfen:

1. Viele Pflanzen mit fleischigen Blättern oder Stengeln speichern trinkbares Wasser. Solche Pflanzen immer ausprobieren.
2. Der Trommelkaktus der südwestlichen Vereinigten Staaten ist eine mögliche Wasserquelle. Nur als letztes Mittel verwenden und wenn ausreichend körperliche Energie vorhanden ist, die harte, dornenbesetzte äußere Rinde zu durchschneiden. Die Spitze des Kaktus abschneiden und das Fruchtfleisch in der Pflanze zerstoßen. Die Flüssigkeit in einem Behälter auffangen. Große Stücke als Wasserquelle für den Notfall mitnehmen. Ein etwa ein Meter hoher Trommelkaktus ergibt etwa einen Liter milchigen Saft. Hier handelt es sich um eine Ausnahme von der Regel, daß milchigen oder farbigen Saft spendende Pflanzen nicht gegessen werden sollten.

Andere Quellen. Rohrkolben, Fetthölzer, Weiden, Holunderbüsche und Alkaligras wachsen nur dort, wo das Grundwasser nahe an der Oberfläche liegt. Nach diesen Anzeichen Ausschau halten und graben. An Stellen, die sichtlich feucht sind, wo Tiere gegraben haben oder wo Fliegen umherschwirren, war vor kurzem noch Oberflächenwasser. In klaren Nächten Tau mit einem Taschentuch aufsaugen. Wenn viel Tau auf dem Gras liegt, sollte man etwa einen halben Liter pro Stunde sammeln können.

Wüsten, Tropen und Meere. Zur Wassersuche in diesen Gebieten siehe die entsprechenden Kapitel.

Die Wasserdestillieranlage

Eine Methode, Wasser zu erhalten, besteht im Bau einer »Wasserdestillieranlage«. Sie funktioniert folgendermaßen: Die Sonne erhitzt die Luft und die Erde unter einer Plastikfolie, bis die Luft gesättigt ist. Der Dampf kondensiert in winzigen Tropfen an der kühleren Unterseite der Folie und läuft langsam an der Folie hinunter in einen Behälter.

Diese Anlagen ergeben zwischen 16.00 Uhr und 8.00 Uhr zwar nur halb so viel Wasser wie während des Tages, etwas Wasser entsteht aber auch nachts. Nach Sonnenuntergang kühlt die Plastikfolie schnell ab, während die Temperatur der Erde relativ hoch bleibt, so daß weiterhin Wasserdampf an der Unterseite der Folie kondensiert.

Zum Bau einer Wasserdestillieranlage *siehe Abbildung 6–5*. Das Grundmaterial für den Bau umfaßt:

1. Ein Stück klare Plastikfolie von etwa 1,8 × 1,8 m (schwere, klare Folie, die etwas aufgerauht ist, ist vorzuziehen, da die Wassertropfen daran am besten haften. Die Oberfläche dünnerer Folie läßt sich mit feinem Sand aufrauhen).
2. Glatte Steine von etwa Faustgröße.
3. Ein Eimer, Topf oder kegelförmiger Behälter aus Folie, Plastik oder Segeltuch zum Auffangen des Wassers.
4. Flexibler Plastikschlauch, etwa 1,5 m lang (es geht auch ohne den Schlauch, dann muß allerdings zum Trinken der Eimer aus dem Loch geholt und somit der Sonnenzyklus unterbrochen werden).

Nicht sofort Wasser erwarten. Das mindeste, das in 24 Stunden zusammenkommt, ist etwa ein halber Liter; es sollte jedoch ein Liter und mehr möglich sein. Die Destillieranlage wird möglicherweise auch zu einer Nahrungsquelle. Der Wassereimer unter der Plastikfolie zieht Schlangen und kleine Tiere an, die hineinkriechen und dann nicht mehr zurückklettern können.

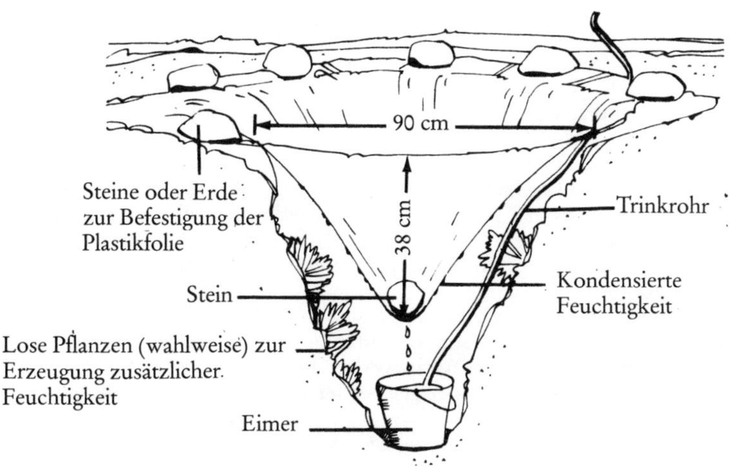

Abb. 6.5: Wasserdestillieranlage

Feuer ist erforderlich als Wärmespender, um trocken zu bleiben, zu signalisieren, zu kochen und Wasser durch Abkochen zu reinigen. Die Überlebenszeit wird verlängert oder verkürzt je nachdem, ob man in der Lage ist, ein Feuer zu machen, wann und wo es erforderlich ist.
Wenn Streichhölzer zur Verfügung stehen, läßt sich bei jedem Wetter ein Feuer anzünden. Bei Aufenthalt in abgelegenen Gegenden immer einen Vorrat an Streichhölzern in einem wasserdichten Behälter am Körper mitführen. Streichhölzer lassen sich durch Überziehen mit Nagellack oder flüssigem Paraffin wasserfest machen.

Brennstoff, Zunder und Standort

Kleine Feuer sind leichter anzulegen und zu kontrollieren als größere. Eine Reihe von kleinen Feuern, die bei kaltem Wetter in einem Kreis um den Lagerplatz angelegt werden, erzeugen mehr Wärme als ein großes Feuer.
Das Feuer sorgfältig anlegen, damit nicht der Wald in Brand gerät. Wenn das Feuer auf nassem Boden oder Schnee angelegt werden muß, erst eine Plattform aus Baumstämmen oder Steinen errichten. Das Feuer mit einem Windschutz oder Reflektor vor dem Wind schützen. Dadurch wird die Wärme in die gewünschte Richtung gelenkt.
Stehende tote Bäume und trockene, tote Äste als Brennstoff verwenden. Bei nassem Wetter findet sich im Inneren von umgestürzten Baumstämmen trockenes Holz. In baumlosen Gegenden auf Gras, getrockneten Tierdung, Tierfette oder auch Kohle, Ölschiefer oder Torf zurückgreifen, die sich an der Erdoberfläche befinden. Aus einem Flugzeugwrack läßt sich eine Mischung aus Treibstoff und Öl als Brennstoff verwenden. Vorsicht beim Anzünden und Nachgießen. Nahezu jede Pflanze läßt sich als Feuerholz verwenden; das Holz von Pflanzen mit Berührungsgift, wie etwa Giftsumach oder Gifteiche, jedoch nicht verbrennen. Ihre Giftstoffe werden freigesetzt, wenn die Pflanze verbrennt. Schnellbrennendes Anzündmaterial benutzen, wie etwa kleine, trockene Holzspäne, Kiefernzapfen, Rinde, Zweige, Palmblätter, Kiefernnadeln, trockenes Gras, Bodenflechten, Farne, Pflanzen- und Vogeldaunen und die trockenen, schwammigen Fäden des Riesenbovist (die nebenbei auch eßbar sind). Trockenes Holz vor dem Anzünden zu Spänen zerkleinern. Eins der besten und am häufigsten zu findenden Anzündmaterialien ist Zunderholz, die völlig verrotteten Teile von toten Baumstämmen oder Bäumen. Trockenes Zunderholz läßt sich selbst bei nassem Wetter finden, indem man die durchweichten äußeren Teile mit einem Messer, Stock oder gar den Händen entfernt. Das Harz in Kiefernzapfen oder trockenen Stümpfen brennt gut, selbst wenn es naß ist. Auch die lose Rinde einer lebenden Birke enthält ein harziges Öl, das schnell brennt. Dieses Anzündmaterial sternförmig oder in Blockhüttenart arrangieren, damit genügend Sauerstoff zugeführt wird und das Feuer schnell anbrennt.
Das Feuerholz gut aufhäufen. Grüne Baumstämme oder das dicke Ende eines vermoderten Baumstammes verwenden, damit das Feuer langsam brennt. Die Glut vor dem Wind schützen. Mit Asche bedecken und eine dicke Schicht Erde darüberlegen. Es macht weniger Arbeit, ein Feuer in Gang zu halten, als ein neues anzulegen.
Auf polarem Eis oder in Gegenden, in denen es keinen anderen Brennstoff gibt, kann Speck oder anderes Tierfett als Brennstoff dienen. In der Wüste ist möglicherweise Tierdung der einzige zur Verfügung stehende Brennstoff.

Feuer ohne Streichhölzer

Vor dem Versuch, ein Feuer ohne Streichhölzer anzuzünden, etwas extrem trockenen Zunder vorbereiten. Diesen Zunder vor Wind und Feuchtigkeit schützen. Zunderholz, Fussel aus Stoff, Seil oder Bindfaden, tote Palmwedel, fein zerkleinerte trockene Rinde, trockenes pulverisiertes Holz, die innere Auskleidung von Vogelnestern, wolliges Pflanzenmaterial und von Insekten produzierter Holzstaub (oft unter der Rinde von toten Bäumen zu finden) geben ausgezeichneten Zunder ab. Zunder für die weitere Verwendung in einem wasserdichten Behälter aufbewahren.

Sonne und Glas. Ein Kameraobjektiv, eine konvexe Linse aus einem Fernglas oder eine Linse aus einem Fernrohr oder einer Taschenlampe lassen sich verwenden, um die Sonnenstrahlen auf den Zunder zu konzentrieren.

Feuerstein und Stahl. Das ist die beste Methode, knochentrockenen Zunder in Brand zu setzen, wenn keine Streichhölzer vorhanden sind. Den Feuerstein an einer wasserfesten Streichholzschachtel befestigen. Als Ersatz kann ein anderer harter Stein dienen. Den Feuerstein möglichst nah an den Zunder halten und mit einer Messerklinge oder einem anderen kleinen Stahlstück daraufschlagen. Von oben nach unten schlagen, damit die Funken genau in die Mitte des Zunders fallen. Wenn der Zunder zu schwelen beginnt, vorsichtig hineinblasen, damit eine Flamme entsteht. Nach und nach Brennstoff zugeben oder den brennenden Zunder unter den Brennstoff legen. Wenn mit dem ersten Stein kein Funken zustandekommt, einen anderen nehmen.

Holzreibung. Da es schwierig ist, mit Hilfe von Reibung ein Feuer anzuzünden, diese Methode nur als letzte Möglichkeit anwenden.
Bogen und Bohrer. Einen starken Bogen mit einer lockeren Sehne aus Schuhsenkel, Saite oder Bindfaden anfertigen. Die Sehne einmal um einen trockenen, weichen Holzpflock winden und den Pflock mit dem Bogen in einem kleinen Klotz am einen Ende und einem Stück knochentrockenem Hartholz am anderen drehen. Dadurch ergibt sich ein schwarzes Pulver auf dem Hartholz, das sich vielleicht entzündet. Sobald Rauch aufzusteigen beginnt, sollten genug Funken für ein Feuer vorhanden sein. Klotz und Bogen zur Seite legen und Zunder zugeben.

Feuerfaden. Benötigt wird ein Streifen trockenes Schilfrohr, etwa 60 cm lang, und ein trockener Stock oder kleiner Ast. Das eine Ende dieses Stocks hochheben, spalten und mit einem kleinen Keil aus Stein oder Holz offenhalten. Etwas Zunder in den Spalt geben und den Faden hinter dem Zunder einführen. Den Stock mit dem Fuß festhalten und den Faden hin und her bewegen, bis der Zunder zu schwelen beginnt.

Feuersäge. Die Feuersäge besteht aus zwei Holzstücken, die in einer Sägebewegung heftig gegeneinander gerieben werden. Diese Anzündmethode wird häufig im Dschungel verwendet. Mit gespaltenem Bambus oder anderem weichem Holz eine trockene Hülle wie etwa die der Kokosblume reiben. Ein guter Zunder ist das flaumige, braune Material, das sich außen an der Apiangpalme findet, oder der trockene Stoff an der Unterseite von Kokospalmblättern.

Munition und Pulver. Anzündmaterial und Holz an einer geschützten Stelle aufhäufen. Am Grund des Haufens Pulver aus mehreren Patronen ausstreuen. Zwei Steine nehmen und ein wenig Pulver auf einen der beiden Steine geben. Dann die beiden Steine unmittelbar oberhalb des Pulvers am Grunde des Brennholzhaufens gegeneinander reiben. Dadurch entzündet sich das Pulver auf dem Stein und somit die größere Menge von Pulver und Anzündholz.

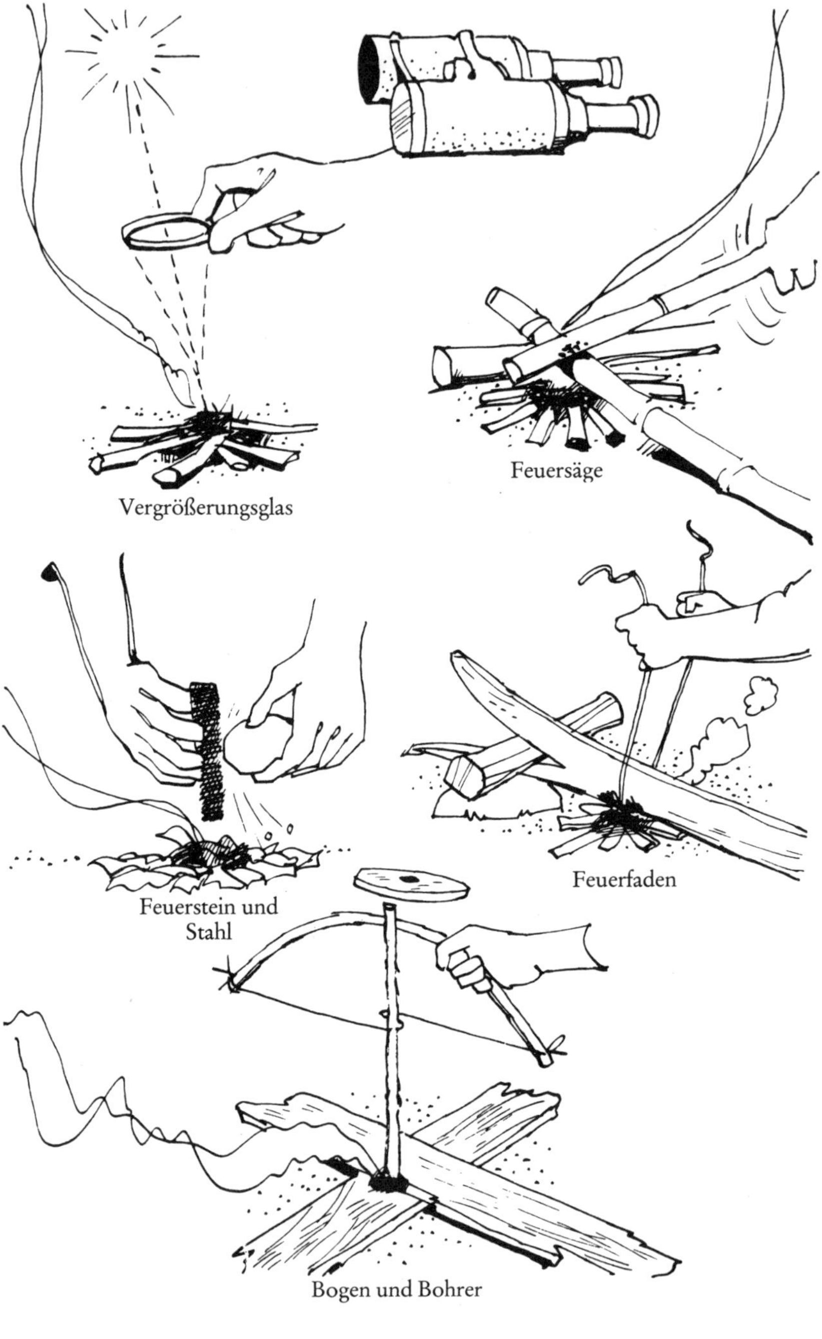

Abb. 6.6: Feuermachen ohne Streichhölzer

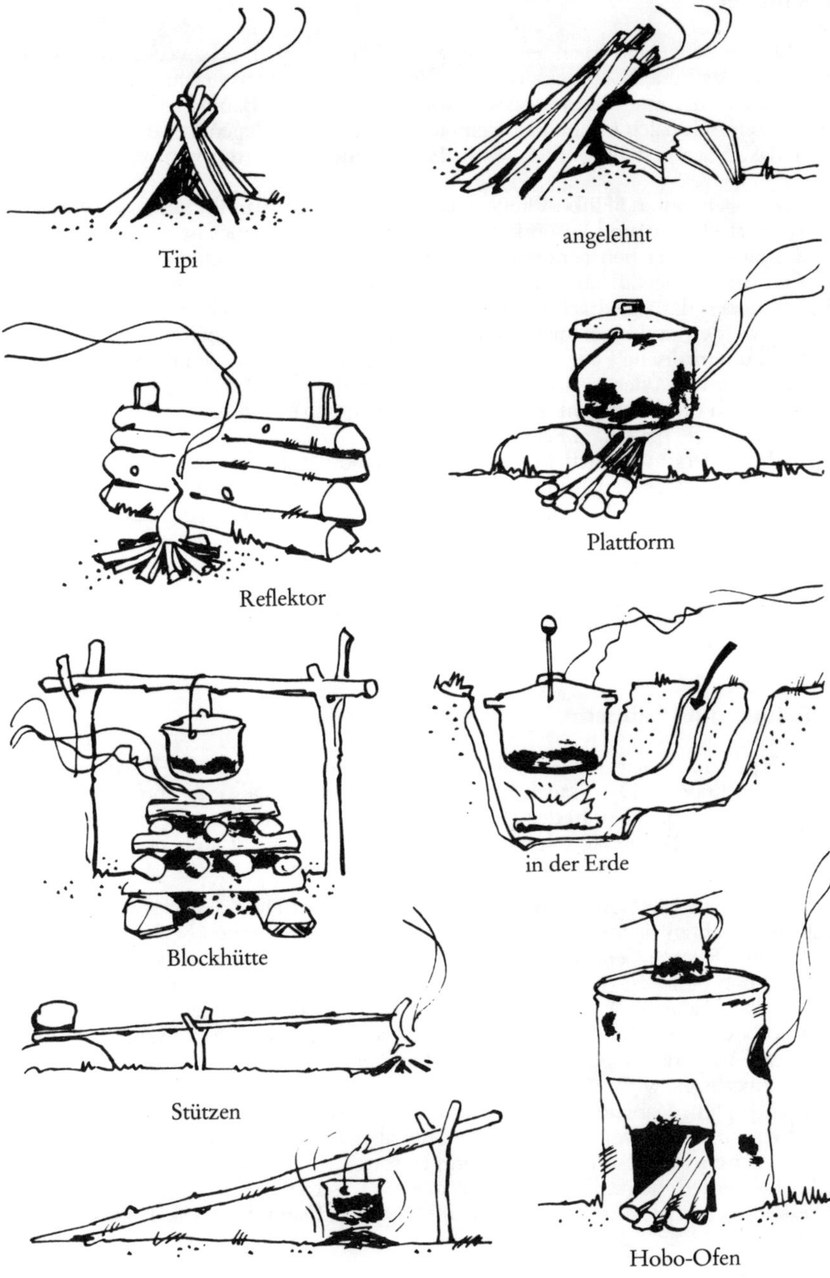

Abb. 6.7: Kochfeuer

Kochfeuer

Ein kleines Feuer und irgendeine Art von Ofen sind für Kochzwecke am besten geeignet. Das Feuerholz kreuz und quer legen und zu einer gleichmäßigen Holzkohleschicht herunterbrennen lassen. Mit Hilfe von zwei Baumstämmen, Steinen oder einem schmalen Graben eine einfache Feuerstelle anlegen, bei der ein Gefäß über das Feuer gestellt werden kann. Es gibt mehrere Arten von »Überlebensöfen«:

1. Ein sogenannter »Hobo-Ofen«, der aus einer großen Blechbüchse besteht, Brennstoff spart und besonders gut für die Arktis geeignet ist.
2. An einem einfachen geraden Stock, der auf einem gegabelten Ast ruht, läßt sich ein Kochgefäß über einem Feuer aufhängen.
3. Ein Feuer, das zum Backen benutzt werden soll, sollte in einem Schacht angelegt werden und zu einer Schicht Holzkohle herunterbrennen.
4. Eine unterirdische Feuerstelle, wie sie von den Indianern benutzt wurde, verfügt über eine oder mehrere Luftzufuhren an der dem Wind zugewandten Seite. Durch die Luftzufuhr ergibt sich für das unter einem Kochgefäß brennende Feuer wie bei einem Kamin ein eingebauter Zug. Diese Art von Kochfeuer ist besonders vorteilhaft in Überlebenssituationen, in denen es auf Sicherheit ankommt, da es Rauch und Flammen, wie sie beim Kochen nun einmal vorkommen, wesentlich reduziert. Weiterhin reduziert es die Windwirkungen.

KOCHEN

Abhäuten und Säubern

Fisch. Sofort nach dem Fang die Kiemen herausschneiden und den Fisch enthäuten oder schuppen. Den Bauch aufschlitzen und alle Eingeweide entfernen. Den Kopf nicht abschneiden. In den »Schultern« und »Wangen« befindet sich wertvolles Fleisch. Kleine Fische unter 10 cm Länge brauchen nicht ausgenommen werden, sie sollten aber geschuppt oder enthäutet werden.

Geflügel. Das meiste Geflügel sollte gerupft und mit der Haut gekocht werden, damit die Feuchtigkeit und weitere wertvolle Nährstoffe erhalten bleiben.
Nach dem Rupfen den Kopf abschneiden und einen Schnitt in den After machen, durch den sich die Eingeweide entfernen lassen. Das Innere des Körpers mit frischem, klarem Wasser auswaschen. Magen, Leber und Herz für einen Eintopf aufbewahren. Der Magen wird gesäubert, indem man ihn aufschneidet und Körner, Sand und Magenhaut entfernt. Geflügel läßt sich leichter rupfen, wenn es erst überbrüht wird. Wassergeflügel bildet eine Ausnahme; es läßt sich leichter trocken rupfen. Manches Geflügel kann nach dem Kochen gehäutet werden, um den Geschmack zu verbessern; dabei geht aber möglicherweise wertvolle Nahrung verloren. Aasfresser wie Geier und Bussarde sollten mindestens 20 Minuten gekocht werden, damit ihre Parasiten abgetötet werden.
Alle Federn (außer von Aasfressern) aufbewahren. Damit lassen sich Schuhe und Kleidung isolieren oder Bettzeug herstellen.

Tiere. Flöhe und Parasiten verlassen einen abgekühlten Körper. Vor dem Säubern und Zubereiten des Tiers darauf warten. Das Säubern sollte, wenn möglich, in der Nähe von fließendem Wasser vorgenommen werden, wo das erlegte Tier gewaschen werden kann. Zur Zubereitung von kleinen und mittleren Tieren:

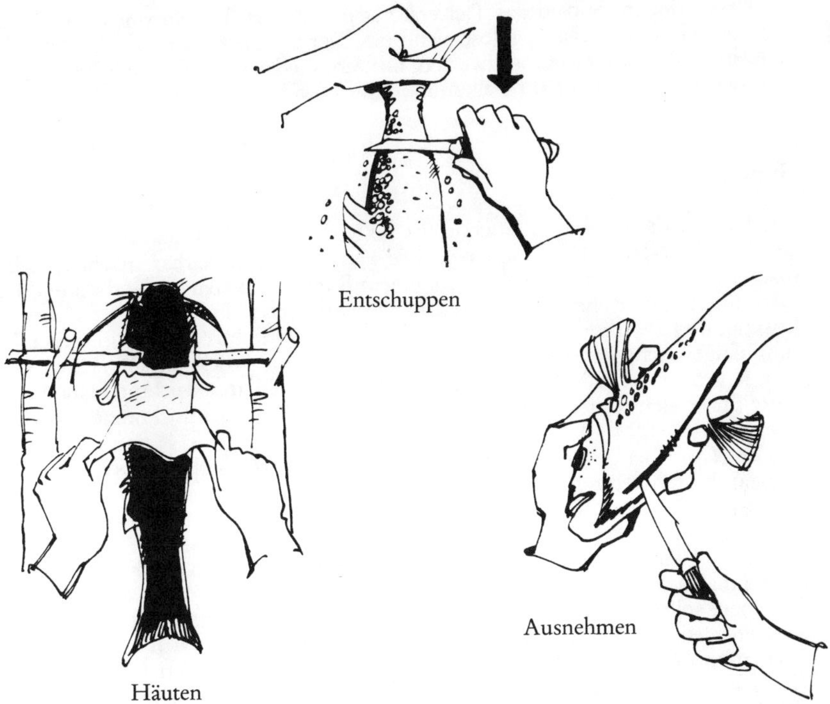

Abb. 6.8: Bratfertigmachen von Fisch

1. Das Tier mit dem Kopf nach unten an einen passenden Ast hängen. Die Kehle aufschneiden und das Blut in einen Behälter laufen lassen. Das Blut sorgfältig kochen. Es bildet eine wertvolle Nahrungs- und Salzquelle.
2. Einen ringförmigen Schnitt um vordere und hintere Fußgelenke und einen Y-förmigen Schnitt über Hinterbeine und Rumpf bis zur Kehle ziehen. Dabei nur die Haut einschneiden.
3. Von der Brust aus einen Schnitt über die Vorderbeine ziehen.
4. Einen sauberen kreisförmigen Schnitt um die Geschlechtsorgane ziehen.
5. Vom Hinterteil aus die Haut nach unten abziehen. Die Haut der meisten gerade getöteten Tiere läßt sich wie ein gut passender Handschuh abstreifen. Bei einigen Arten ist es jedoch schwieriger.
6. Den Rumpf aufschneiden und die Eingeweide von der Luftröhre aus nach oben entfernen; dabei die gesamte Masse mit einem festen kreisförmigen Schnitt zur Beseitigung der Geschlechtsorgane ausräumen.
7. Nieren, Leber und Herz aufbewahren. Das Fett um die Gedärme und auf der Haut verwenden. Alle Teile eines Säugetiers sind eßbar, einschließlich der fleischigen Teile des Schädels wie etwa Hirn, Augen, Zunge und andere Fleischteile. Herz, Nieren, Leber und Gedärme auf Flecken oder Würmer überprüfen. Falls das Tier irgendwie verseucht ist, besteht Gefahr bei der Handhabung des Fleisches und bei den Kochvorbereitungen. Eventuell vorhandene Handschuhe bei der Zubereitung anziehen. Dadurch wird die Ansteckungsge-

fahr verringert. Sobald das Tier erst gut gekocht ist, besteht nur noch ein geringes Krankheitsrisiko, selbst wenn das Tier verseucht war.

8. Keinen Teil des Tieres wegwerfen. Drüsen, Gedärme und Geschlechtsorgane lassen sich als Köder für Fallen und Angeln verwenden.

Gerben

Die Haut aufbewahren. Getrocknet ist sie leicht und bildet eine gute Isolierung als Zudecke oder Bekleidungsstück. Die Haut läßt sich haltbar machen, indem man alles Fleisch entfernt und sie auf einem Rahmen ausspannt. Gerbsäure erhält man durch Einweichen der inneren Rinde von Eichen in Wasser. Je stärker die Lösung, desto wirkungsvoller ist sie. Die Haut sollte abwechselnd in dieser Lösung eingeweicht und an einer schattigen Stelle zum Trocknen aufgehängt werden. Je größer die Zahl der Anwendungen, desto haltbarer wird die Haut. Gerbsäure findet sich weiterhin in Kastanien, Mimosen und Hemlocktannen sowie in Tee.

Größere Tiere. Bei der Zubereitung wie oben vorgehen, wobei jedoch zum Aufhängen der schwereren Tiere an einem Baum größere Sorgfalt (und stärkere Seile) erforderlich sind. Falls ein Aufhängen nicht möglich ist, wie oben vorgehen, das Tier aber auf dem Boden säubern.

Nagetiere. Wald- oder Wüstenratten und Mäuse ergeben wohlschmeckende Fleischmahlzeiten, besonders wenn sie in einem Eintopf gekocht werden. Diese Nagetiere sollten gehäutet, ausgenommen und gekocht werden. Ratten und Mäuse sollten etwa zehn Minuten gekocht werden. Beide lassen sich zusammen mit Löwenzahnblättern zubereiten. Die Leber immer mitverwenden.

Kaninchen. Kaninchen sind schmackhaft, reichern die Nahrung aber nur mit wenigen Fetten an. Sie sind leicht zu fangen und zu töten. Zum Enthäuten einen Einschnitt hinter dem Kopf machen oder ein Stück aus dem Fell herausbeißen, damit die Finger Halt haben. Die Haut zurückziehen. Zur Säuberung einen Einschnitt entlang des Rumpfes machen, hineinfassen und in einer schwingenden Bewegung nach unten schlagen. Die meisten Eingeweide fliegen dadurch hinaus. Der Rest kann ausgekratzt und weggewaschen werden (Herz und Leber, falls nicht befallen, aufbewahren).

Andere eßbare Tiere. Alle Säugetiere sind eßbar. Hunde, Katzen, Igel, Stachelschweine und Dachse sollten vor dem Kochen enthäutet und ausgenommen werden. Zusammen mit eßbaren Blättern als Eintopf zubereiten.

Reptilien. Schlangen und Eidechsen sind eßbar. Kopf und Haut vor dem Essen entfernen. Eidechsen sind nahezu überall, besonders aber in tropischen und subtropischen Gebieten zu finden. Das Fleisch schmoren oder braten.

Wie man kocht

Durch Kochen werden die meisten Nahrungsmittel schmackhafter und leichter verdaulich. Außerdem werden dabei Bakterien, einige Gifte sowie schädliche Pflanzen- und Tierprodukte vernichtet.

Kochen. Wenn Fleisch zäh ist, läßt es sich durch Kochen am besten für späteres Braten, Rösten oder Backen vorbereiten. Kochen ist wahrscheinlich die beste Art der Zubereitung, da dadurch die natürlichen Säfte der Nahrung aufbewahrt werden. Die Suppe, die beim Kochen entsteht, ist ungeheuer nahrhaft und enthält neben anderen Dingen wichtige Salze und Fette. Kochen ist schwierig in großen Höhen und unmöglich in Höhen oberhalb 3600 m.

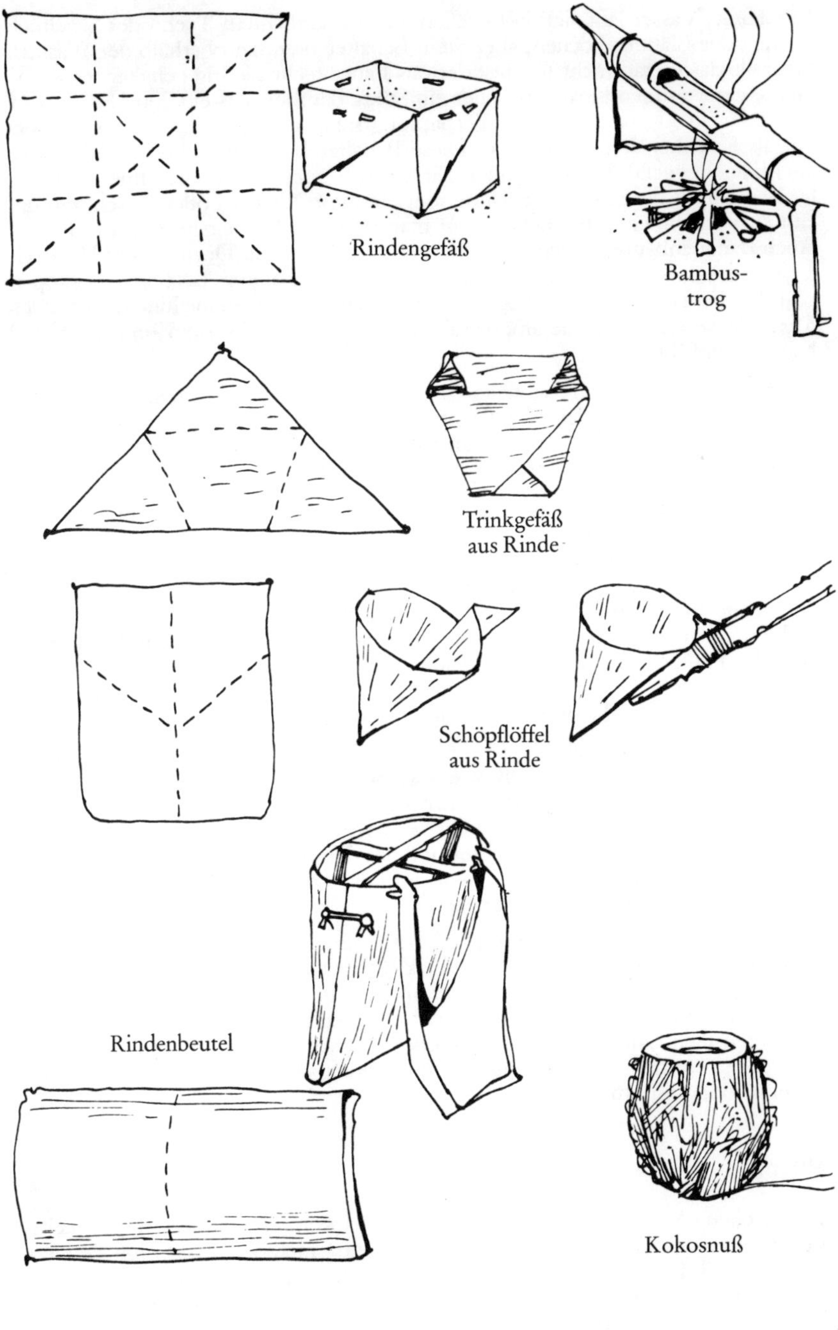

Abb. 6.9: Gefäße und Utensilien aus der Natur

Kochgefäße. Wasser läßt sich in Gefäßen aus wasserdichtem Tuch oder Segeltuch, Rinde oder Blättern kochen, aber diese Behälter brennen oberhalb der Wasserlinie, falls das Gefäß nicht feucht oder das Feuer nicht niedrig gehalten wird. Die Hälfte einer grünen Kokosnuß oder ein Stück Bambus, das ein gutes Stück oberhalb oder direkt unterhalb einer Verbindungsstelle abgeschnitten wird, lassen sich gut als Kochbehälter verwenden. Diese Behälter brennen nicht, bis das Wasser kocht. Rindengefäße lassen sich aus Birkenrinde oder der dünnen Innenrinde vieler Baumarten herstellen. Die Rinde sollte frei von Löchern oder Rissen sein und läßt sich geschmeidig machen, indem man sie sanft über einem Feuer bräunt. Auch Bananenblätter bilden gute Behälter. Die Seiten mit Dornen oder Holzsplittern zusammenstecken. Wasser läßt sich in ausgehöhlten Löchern, Tontöpfen oder hohlen Baumstämmen kochen, indem man erhitzte Steine hineinwirft. Diese Methode verwendeten die amerikanischen Indianer, bevor die Europäer Metallbehälter einführten.

Braten oder Schmoren. Eine schnelle Art, Nahrung aus wilden Pflanzen und zartes Fleisch zuzubereiten. Fleisch auf einen Stock stecken und über die Glut halten. Aus grünen Zweigen läßt sich leicht eine improvisierte Halterung bauen. Braten macht das Fleisch außen hart und erhält den Saft.

Backen. Unter Backen versteht man die Zubereitung in einem Ofen bei gleichmäßiger, nicht zu starker Hitze. Der Ofen kann aus einem Erdloch unter dem Feuer, einem geschlossenen Gefäß oder aus einem Umschlag aus Blättern oder Lehm bestehen. Zum Backen das Erdloch erst mit glühenden Kohlen füllen. Das geschlossene Gefäß mit Wasser und Nahrung in das Erdloch stellen. Eine Lage Kohlen darüber geben und mit einer dünnen Erdschicht bedecken. Wenn möglich, das Erdloch mit Steinen auskleiden, damit es die Wärme besser hält. Beim Backen in einem Erdloch ist die Nahrung vor Fliegen und anderen Insekten geschützt, und bei Nacht sind keine Flammen sichtbar.

Dünsten. Dünsten ist auch ohne Behälter möglich und geeignet für Nahrung, die nur wenig gekocht werden muß, wie etwa Schalentiere. Die Nahrung in ein Erdloch geben, in dem sich mit Blättern bedeckte erhitzte Steine befinden. Weitere Blätter über die Nahrung legen. Einen dicken Stock durch die Blätter bis hinunter zur Nahrung stecken. Auf die Blätter und um den Stock herum eine Schicht Erde packen. Den Stock entfernen und Wasser in das Loch gießen. Das ist eine langsame, aber wirkungsvolle Art zu kochen.

Rösten. Für manche Nahrungsmittel, insbesondere Körner und Nüsse, ist das Rösten eine gute Art der Zubereitung. Das Röstgut in einen Metallbehälter geben und langsam erhitzen, bis es gut gebräunt ist. Falls kein geeigneter Behälter vorhanden ist, läßt sich auch ein erhitzter flacher Stein verwenden.
Kochutensilien. Alles, was Nahrung oder Wasser aufnimmt, kann als Behälter verwendet werden – Kokosnüsse, Schildkrötenpanzer oder Muscheln, Blätter, Bambus oder ein Stück Rinde.

Pflanzen

Einweichen, Ankochen, Kochen oder »Durchsickern lassen« sind Möglichkeiten, den Geschmack zu verbessern. Die Zubereitungsmethode hängt von den Umständen und der Art der Nahrung ab. Eicheln lassen sich geschmacklich verbessern, indem man sie »durchsickern läßt« (das geschieht, indem man sie zerkleinert, in irgendeine Art von Sieb gibt und kochendes Wasser darüber gießt).
Küchenkräuter – Blätter, Stengel und Knospen kochen, bis sie zart sind. Wenn sie bitter sind, das Wasser mehrmals wechseln.

Wurzeln und Knollen – Diese Pflanzenteile können gekocht werden, lassen sich aber leichter backen oder rösten. Einige Wurzeln und Knollen müssen gekocht werden, um schädliche Substanzen wie etwa Oxalsäurekristalle zu entfernen.

Nüsse. Die meisten Nüsse können roh gegessen werden, einige jedoch, wie etwa Eicheln, schmecken gemahlen besser als geröstet. Kastanien schmecken geröstet, gedünstet oder gebacken.

Körner und Samen. Körner und Samen schmecken besser, wenn sie geröstet sind. Sie lassen sich jedoch auch roh essen. Körner und Samen können zu Mehl gemahlen werden.

Saft. Jeder Saft, der Zucker enthält, läßt sich zu Sirup eindicken. Einfach das Wasser verkochen lassen.

Früchte. Harte Früchte mit dicker Schale backen oder rösten und saftige Früchte kochen. Viele Früchte schmecken auch roh sehr gut.

Tiere

Tiere, die größer als eine Hauskatze sind, vor dem Rösten oder Schmoren kochen. Das Fleisch beim Schmoren möglichst schnell zubereiten, weil es über einem kleinen Feuer zäh wird. Größere Tiere in kleine Stücke zerschneiden. Außergewöhnlich zähes Fleisch zusammen mit Gemüse zu einem Eintopf verarbeiten. Zum Backen oder Schmoren von Fleisch möglichst Fett verwenden. Beim Bakken das Fett oben auf das Fleisch legen, damit es schmilzt und darüberläuft.

Kleine Wildtiere. Kleine Vögel und Säugetiere können unzerlegt zubereitet werden. Vorher jedoch die Innereien entfernen. Einen großen Vogel in Lehm wickeln und backen. Wenn der getrocknete Lehm später entfernt wird, nimmt er die Federn gleich mit. Gesäuberte kleine Wildtiere werden am besten gekocht, da man dabei am wenigsten Abfall hat. Geflügel mit Kokosnüssen, Beeren, Körnern, Wurzeln (Zwiebeln) und Gemüse füllen. Diese Beilagen aufbewahren und essen.

Fisch. Fische lassen sich auf einem improvisierten Grill aus grünen Zweigen rösten, in Blättern oder Lehm backen oder mit Hilfe eines Stocks direkt über dem Feuer zubereiten. Alle Süßwasserfische und andere Nahrungsmittel aus Süßwasser sollten sorgfältig gekocht werden, da sie Krankheitskeime enthalten können.

Reptilien und Amphibien. Frösche, kleine Schlangen und Eidechsen lassen sich auf einem Stock rösten. Große Schlangen und Aale werden besser, wenn sie erst gekocht werden. Schildkröten kochen, bis der Panzer sich löst. Das Fleisch auslösen und mit Knollen und Gemüsen zu einer Suppe verarbeiten. An einem Stock geröstete Salamander sind eßbar. Frösche vor der Zubereitung häuten und Schlangen ausnehmen. Schlangenhaut ist nicht giftig, ohne sie schmeckt das Fleisch aber besser.

Krustentiere. Viele Krabben, Panzerkrebse, Garneelen und andere Krustentiere müssen gekocht werden, um Krankheitskeime abzutöten. Da Krustentiere schnell schlecht werden, sollten sie unmittelbar nach dem Fang zubereitet werden. Am besten schmecken sie, wenn sie noch lebend gekocht werden.

Weichtiere. Schalentiere können gedünstet, gekocht oder in der Schale gebacken werden. Zusammen mit Gemüse oder Knollen ergeben sie einen ausgezeichneten Eintopf.

Insekten. Grashüpfer, Heuschrecken, große Maden, Termiten, Ameisen und andere Insekten sind leicht zu fangen und nahrhaft. Am besten schmecken sie geröstet oder im Fett gebraten.

Eier. Vogel- und Schildkröteneier gehören zu den sichersten Nahrungsmitteln, da sie in allen Stadien der Embryoentwicklung eßbar sind. Hartgekochte Eier halten sich tagelang als Reservenahrung.

Gewürze

Durch Kochen von Meerwasser erhält man Salz. Die Asche von verbrannten Nipapalmenästen, Hickory und einigen anderen Pflanzen enthält Salz, das sich in Wasser auflösen läßt. Wenn das Wasser verdampft ist, hat das Salz eine schwarze Farbe. Die Zitronensäure in Limonellen und Limonen läßt sich zum Marinieren von Seetang, Fisch und anderem Fleisch verwenden. Zwei Teile Fruchtsaft mit einem Teil Salzwasser mischen. Fisch oder Fleisch darin einen halben Tag oder länger einweichen.

Brotbacken

Brot läßt sich aus Mehl und Wasser herstellen. Nach Möglichkeit Salzwasser statt Salz verwenden. Den Teig gut durchkneten, in ein sandiges Loch legen, mit Sand bedecken und glühende Kohlen darüberlegen. Durch Versuche kann man die Temperaturen von Teig und Feuer so bestimmen, daß kein Sand an dem fertigen Brot haftet. Eine weitere Art, Brot zu backen, besteht darin, einen grünen entrindeten Zweig in den Teig zu stechen und über das Feuer zu halten. Der Zweig sollte vorher etwas gekaut werden, um festzustellen, ob der Saft so sauer oder bitter ist, daß er den Geschmack des Brots beeinflußt. Brot läßt sich auch backen, indem man den Teig dünn auf einem heißen Stein auslegt. Ein wenig Sauerteig (normaler Teig, den man sauer werden läßt) verbessert den Geschmack des Brots.

Lebensmittelkonservierung

Einfrieren. In kaltem Klima überschüssige Lebensmittel durch Einfrieren konservieren.
Trocknen. Pflanzen und Fleisch können mit Hilfe von Wind, Sonne, Luft oder Feuer bzw. einer Kombination dieser vier getrocknet werden. Das Ziel besteht jedesmal darin, der Nahrung das Wasser zu entziehen.
Räuchern. Durch Schneiden von Fleisch mit der Faser in etwa 6 mm breite Streifen und durch Trocknen im Wind oder im Rauch erhält man »Charque«. Die Fleischstreifen auf einen hölzernen Rost legen und trocknen, bis das Fleisch spröde ist. Als Feuerholz Weiden, Erlen, Pappeln, Birken und Zwergbirken verwenden, da harzige Hölzer wie Kiefer und Tanne dem Fleisch einen schlechten Geschmack verleihen. Ein Fallschirmtipi ergibt eine gute Räucherkammer, wenn die oberen Klappen geschlossen sind. Das Fleisch hochhängen und ein langsam schwelendes Feuer darunter machen. Schneller geht das Räuchern folgendermaßen: Ein etwa ein Meter tiefes und 1/2 Meter breites Loch graben. Auf dem Grunde des Lochs ein kleines Feuer anlegen (wenn das Feuer brennt, grünes Holz verwenden). Etwa 75 cm über dem Boden einen improvisierten Holzrost anbringen. Das Loch mit Ästen, Zweigen, Blättern oder irgendeinem anderen Material abdecken. Nach einer Nacht starken Räucherns sollte das Fleisch fünf bis sieben Tage haltbar bleiben. Wenn das Fleisch zwei Nächte lang geräuchert werden kann, bleibt es für zwei bis vier Wochen oder sogar länger eßbar. Richtig geräuchertes Fleisch sieht wie ein dunkler, spröder und gewellter Stock aus, schmeckt aber sehr gut und ist nahrhaft.
Konservieren von Fisch-, Geflügel- und Pflanzennahrung. Fische und Geflügel werden ähnlich wie anderes Fleisch konserviert. Zum Räuchern von Fisch den Kopf abschneiden und den Fisch vom Rücken bis zum Bauch aufschneiden. Dann flach ausbreiten und in dieser Lage aufspießen. Dünne Weidenzweige ohne Rinde eig-

Abb. 6.10: Proviantaufbewahrung

nen sich gut als Spieße. Fisch läßt sich auch in der Sonne trocknen. Den Fisch dazu an Zweigen aufhängen oder ihn auf heißen Steinen oder den Seiten eines Floßes auslegen. Wenn das Fleisch trocknet, mit Meerwasser besprenkeln, um die Außenseite zu salzen. Nahrung aus dem Wasser nur gut getrocknet und gesalzen aufbewahren.
Wegerich, Bananen, Brotfrüchte, Blätter, Beeren und andere Wildfrüchte können durch Luft, Sonne, Wind, Feuer, mit oder ohne Rauch getrocknet werden. Die Früchte in dünne Scheiben schneiden und in die Sonne oder neben ein Feuer legen.

Lebensmittellagerung

Zur Lagerung von Fisch und Fleisch sollte eine »Cache«* oder irgendeine Stelle, an der Nahrung und Vorräte geschützt oder versteckt werden können, verwendet werden. Für ein einfaches Proviantlager ein Seil zwischen zwei Bäumen spannen. Ein zweites Seil über das erste werfen, ein Ende des Seils am Proviant und das andere Ende so an einem Baum befestigen, daß der Proviant hoch genug über dem Boden hängt.

JAGEN

Waffen

Die einfachste Jagdwaffe ist ein Speer, falls aber irgendein elastisches Material zur Verfügung steht, aus einem leichten, aber festen gegabelten Zweig eine Schleuder fertigen. Große Kiesel als Munition verwenden. Diese Waffen sind bemerkenswert genau und bieten eine wirkungsvolle Möglichkeit, kleine Wildtiere und Vögel zu erlegen.
Falls Zeit und Material es erlauben, Bogen und Pfeile herstellen. Für die Jagd auf die meisten Tiere ist die Waffe wirkungsvoller und vielseitiger als ein Speer.

Suche nach Jagdwild

Das Geheimnis einer erfolgreichen Jagd besteht darin, das Wild zu sehen, bevor man selbst gesehen wird. Am frühen Morgen oder in der Abenddämmerung auf Jagd gehen und auf Zeichen wie Fährten, niedergetrampeltes Unterholz und Ausscheidungen achten, die das Vorhandensein von Wild andeuten. Bei Annäherung an eine Schlucht, einen See oder eine Lichtung langsamer werden und erst auf weitere, dann auf nähere Entfernung beobachten. Generell die militärischen Grundsätze für Bewegung und Tarnung beachten.
Selbst für den erfahrensten Waldläufer ist die Jagd auf Tiere und Vögel nicht gerade leicht; als Anfänger daher »aus dem Stand« jagen. Eine Stelle suchen, an der Tiere vorbeikommen – einen Pfad, ein Wasserloch oder einen Äsungsplatz. In der Nähe gegen den Wind verstecken, damit die Tiere den Menschengeruch nicht wahrnehmen. Auf Tiere warten, die in Waffenreichweite kommen. Absolut bewegungslos bleiben.

---

* Als Cache wird in Nordamerika ein auf hohen Pfählen stehender und dadurch vor Tieren geschützter Vorratsraum bezeichnet!

Ein Tier gegen den Wind beschleichen; dabei langsam und geräuschlos bewegen, wenn das Tier äst oder in die andere Richtung blickt. Stocksteif stehen, wenn es in deine Richtung schaut.
Tiere werden nur durch ihre guten Augen, Ohren und Nasen vor Gefahren gewarnt. Vögel sehen und hören außergewöhnlich gut, haben aber keinen Geruchssinn. Während der Nistzeit sind sie leichter zu erlegen. Daher lassen sie sich leichter im Frühling und Frühsommer fangen. Sie nisten in Bäumen, Ästen, Klippen oder Marschgebieten, und durch Ausschauhalten nach regelmäßig hin- und herfliegenden Vögeln läßt sich ihr Nest lokalisieren.

Schießen

Wenn man eine Waffe hat und eine Möglichkeit sieht, sie zu verwenden, scharf pfeifen, damit das Wild anhält und damit eine Chance für einen Schuß aus dem Stand gibt. Bei großen Tieren auf Brust, Hals oder Kopf zielen. Falls ein Tier verwundet wird und wegläuft, langsam und vorsichtig der Blutspur folgen. Bei einer ernsten Wunde legt sich das Tier bald hin, wenn man ihm nicht zu schnell folgt, es wird normalerweise schwach und kann sich nicht mehr erheben. Vorsichtig nähern und erledigen. Ein großes Tier wie etwa ein Reh nach dem Erlegen sofort ausnehmen und ausbluten lassen. Darauf achten, daß Blase oder Magen beim Herausnehmen der inneren Organe nicht beschädigt werden.

Fallenstellen

Wenn Fallenstellen erfolgreich sein soll, muß man sich vorher im klaren sein über die Art des Tieres, seine mögliche Reaktion und die Art des Köders.
Nagetiere und Kaninchen sind leicht mit der Falle zu fangen. Diese kleinen Säugetiere haben regelmäßige Gewohnheiten und beschränken ihre Aktivitäten auf einen begrenzten Bereich. Einen Bau oder eine regelmäßig benutzte Fährte ausfindig machen und dann eine der unten beschriebenen Fallen beködern und aufstellen.

Tips zum Fallenstellen

1. Zum Fang von Säugetieren, die in hohlen Bäumen leben, einen kurzen gegabelten Stock in das Loch einführen und drehen, so daß sich vielleicht lockere Haut um die Gabel wickelt. Beim Herausziehen des Tieres den Stock stramm halten.
2. Tiere in ihren Höhlen ausräuchern. Wenn ein Tier herauskommt, mit einer Schlinge fangen oder niederschlagen.
3. Einen Angelhaken mit einer Elritze beködern und in der Nähe von Wasser auslegen, um Möwen, Krähen und andere Aasfresser zu fangen.
4. Schlingen oder Fallen über Nacht auf Wechseln mit frischen Spuren oder Losung aufstellen. Schlingen an Stellen auslegen, an denen kürzlich Tiere geschlachtet wurden. Als Köder Innereien verwenden. Nach dem Aufstellen einer Falle auf einem Wechsel Barrieren an beiden Seiten der Falle errichten. Diese Barrieren sollten aus toten Ästen, Stöcken und trockenen Blättern gebaut werden, die zu einem Trichter angeordnet werden, der das Tier in die Falle lenkt. Nach dem Bau der Barrieren Tierblut oder -urin verspritzen. Dadurch wird der menschliche Geruch neutralisiert. Regen erfüllt den gleichen Zweck besser.

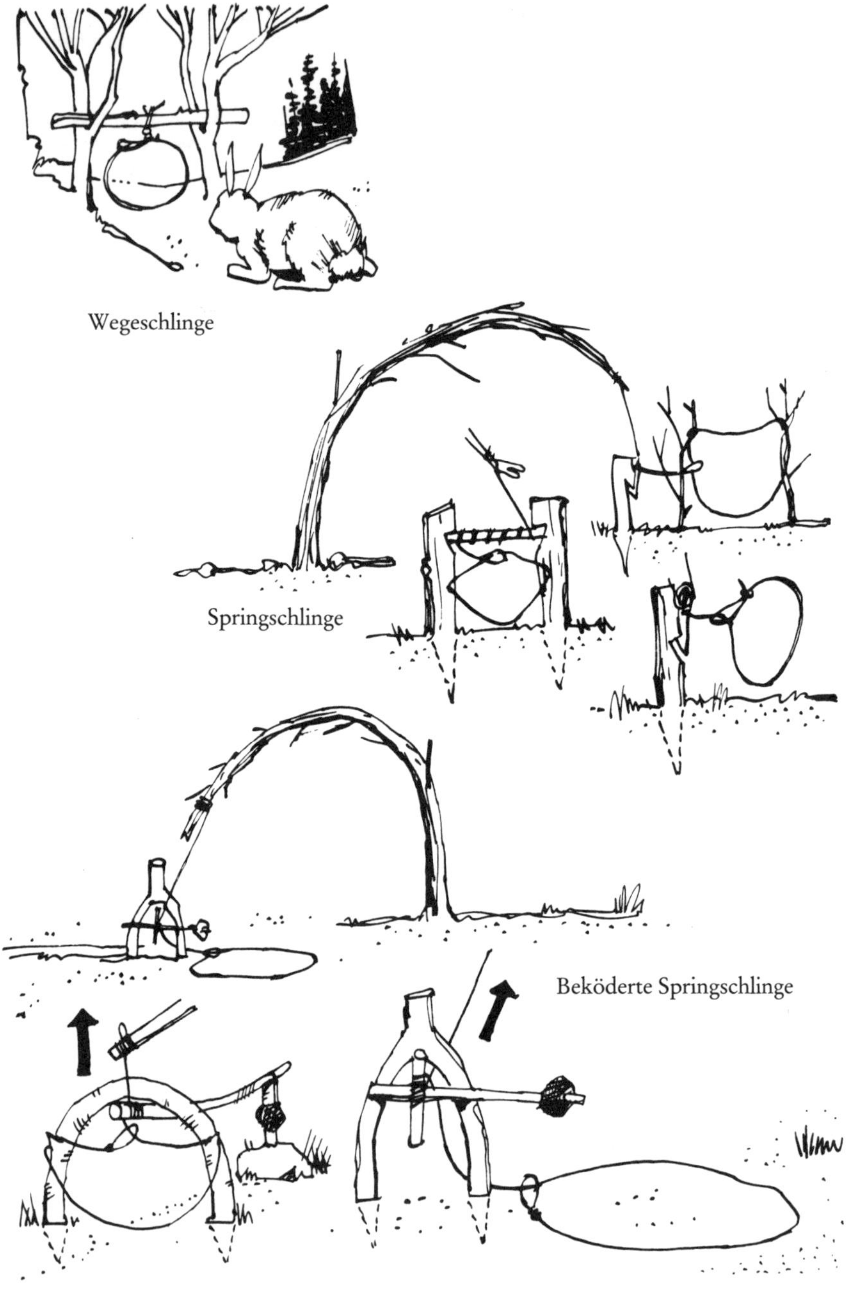

Abb. 6.11: Fallen und Schlingen

Einfacher Totschläger mit Auslöser in Form einer 4

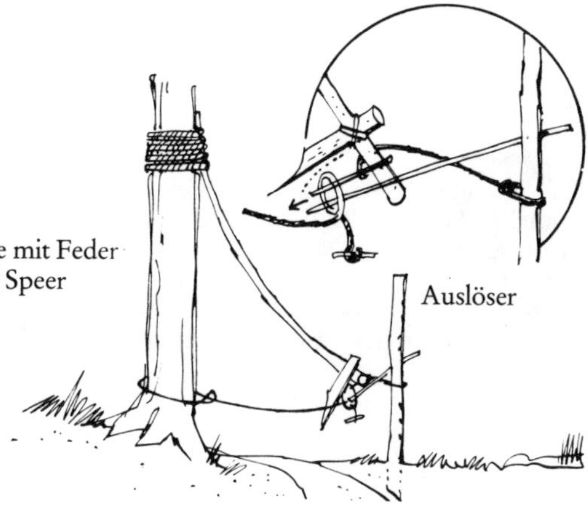

Abb. 6.11: Fallen und Schlingen

Die einfache Schlinge
Die einfachste Schlinge wird senkrecht zu einem Bau oder einer Fährte angelegt und an einem starken Ast oder schweren Stein befestigt. Wenn das Tier in die Schlinge tritt, zieht der Gleitknoten sie um seinen Hals und seine Brust zusammen, und der plötzliche Satz, den das Tier macht, zieht sie noch fester. Nach Möglichkeit leichten flexiblen Draht verwenden: er ist weniger leicht zu sehen (schwärzen, wenn er nicht bereits gefärbt oder rostig ist), zieht sich besser zusammen und läßt sich nicht so gut durchbeißen. Diese Schlinge kann an einem Baumstamm oder »Anker« befestigt werden, der das Tier abbremst, so daß es gefangen werden kann.

Weitere Schlingenarten
Schnappschlinge – Diese Schlinge ist besonders nützlich auf Wechseln. Die Schlaufe an einem Baumstamm, Baum oder einer Astgabel befestigen und wie in der Zeichnung in der Nähe eines Busches oder Astes aufstellen.
Beköderte Schnappschlinge – Am Ende eines niedergebogenen Schößlings eine

Gleitschlinge anbringen. Die Schlaufe so weit öffnen, daß sie über den Kopf eines Tieres paßt, der Körper aber nicht durchschlüpfen kann. Den Auslöser so sichern, daß er den Schößling hält. Locker genug einstellen, damit ein leichter Ruck an der Schlaufe zur Auslösung führt.
Schnapp- und Speerfalle – Dschungeltiere mit einer Schnapp- und Speerfalle aus Bambus fangen. Wenn das Tier die am Auslösemechanismus befestigte Schnur berührt, wird der Auslöser freigegeben und der Speer durch die Kraft der Bambusfeder in Bewegung gesetzt.
Schlagfalle – Einen schweren Stein oder Baumstamm steil an einen Auslöser in Form der Zahl 4 anlehnen. Köder am Auslöser befestigen. Wenn das Wild den Köder anrührt, fällt das Gewicht herunter *(siehe Abbildung 6–11)*.

Fischen

Eine Angabe der besten Zeit zum Fischen ist schwierig, da die verschiedenen Fischarten zu unterschiedlichen Zeiten tagsüber und nachts Nahrung aufnehmen. Im allgemeinen beißen Fische gut vor dem Morgengrauen und in der Abenddämmerung, unmittelbar vor einem Sturm und nachts bei vollem oder abnehmendem Mond. Springende Elritzen und gekräuseltes Wasser sind gute Zeichen für beißende Fische.

Wo man fischt
Die jeweilige Stelle hängt von der Art des Wassers und der Tageszeit ab. Bei schnellfließenden Strömen in der Tageshitze die tiefen Stellen unterhalb der Stromschnellen versuchen. Gegen Abend oder am frühen Morgen in der Nähe von unter Wasser liegenden Baumstämmen, unterhöhlten Ufern und überhängenden Büschen Köder auswerfen. Auf Seen in der Sommerhitze in größerer Tiefe fischen. Am Abend oder frühen Morgen im Sommer an den seichten Stellen angeln.

Köder
Eine allgemeine Regel besagt, daß Fische auf die Köder anbeißen, die aus den lokalen Gewässern stammen. Am Rande des Wassers nach Wasserinsekten und Elritzen und am Ufer nach Würmern und anderen Insekten Ausschau halten. Wenn du einen Fisch fängst, seinen Magen inspizieren, um zu sehen, was er für Nahrung enthält; diese Nahrung nachzumachen versuchen. Inneres und Augen des Fisches als Köder verwenden, wenn andere Materialien sich als unwirksam herausstellen. Bei der Verwendung von Würmern Hakenspitze und Widerhaken abdecken. Elritzen möglichst lebendig als Köder verwenden und dabei den Haken durch Rücken (oberhalb der Rückengräte), Schwanz oder Lippen ziehen. Bei totem Köder den Haken nicht so vollständig verbergen, daß er nicht mehr herauskommen und den Fisch festhalten kann.
Künstliche Köder werden aus glänzendfarbigem Tuch, Federn oder hellem Metall angefertigt und so geformt, daß sie wie verletzte Elritzen aussehen.

Anfertigen von Haken
Haken lassen sich aus Abzeichen, Nadeln, Knochen oder Hartholz improvisieren. Durch Drehen von Bast- oder Tuchfasern läßt sich eine feste Schnur herstellen. Bei Verwendung von Baumfasern oder Kletterpflanzen die Enden zweier Fasern zusammenknoten und an einem festen Gegenstand befestigen. In jede Hand eine Faser nehmen, in Uhrzeigerrichtung drehen und dabei entgegen dem Uhrzeiger eine über die andere legen. Nach Bedarf weitere Fasern zufügen, um die Leine zu verlängern. Wenn vorhanden, Fallschirmleinen für schwere Fische verwenden.

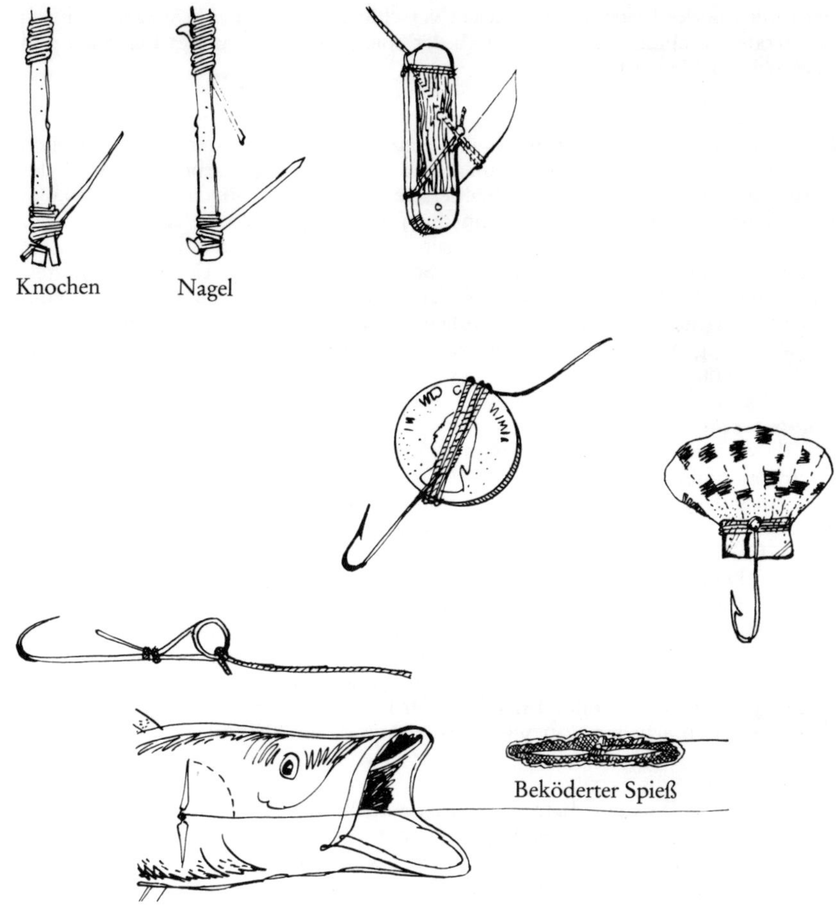

Abb. 6.12: Improvisierte Angelhaken

Nägel lassen sich zu Haken biegen. Es gibt Zeiten, in denen sich mit der tollsten Ausrüstung und den besten Ködern keine Fische fangen lassen. Nicht aufgeben; zu einer späteren Tageszeit oder mit einer anderen Methode weitermachen.

Angelleinen

Angelleinen bieten eine praktische Möglichkeit, Fische zu fangen, wenn man eine längere Zeit in der Nähe eines Sees oder Flusses bleibt. An einer Leine mit einem entsprechenden Senkgewicht am Ende mehrere Haken befestigen. Die Haken beködern und die Leine an einem niedrighängenden Ast befestigen, der sich biegt, aber nicht bricht, wenn ein Fisch anbeißt. Die Leine für die gesamte Aufenthaltszeit in diesem Gebiet im Wasser lassen und von Zeit zu Zeit nachsehen, um Fische abzunehmen und die Haken wieder zu beködern.

Als ausgezeichneter Haken für eine Angelleine hat sich der Kehlen- oder Spießhaken erwiesen. Das ist schlicht ein Holz- oder Knochenspan, an dem die Leine in der Mitte befestigt ist. Den Spieß so in ein Stück Köder einführen, daß er in einer Linie mit der Leine liegt und leicht verschluckt werden kann. Wenn der Fisch den Köder geschluckt hat, richtet sich der Spieß durch Zug an der Leine auf und setzt sich im Magen fest.

Angeln mit Heintzblinker
Für diese Methode benötigt man ein biegsames Schilfrohr oder einen ähnlichen Stock von etwa 2,5–3 m Länge, einen Haken, ein Stück glänzendes Metall in der Form eines herkömmlichen Fischköders, einen 5–8 cm langen Streifen weißes Fleisch, Speckschwarte oder Fischinnereien und ein Stück Leine von etwa 25 cm Länge. Den Haken unmittelbar unterhalb des Köders am Ende der kurzen Leine befestigen und die Leine am Ende des Schilfrohrs anbinden. Den Köder unmittelbar unter der Wasseroberfläche in der Nähe von Wasserpflanzenansammlungen hin und her bewegen. Gelegentlich mit der Spitze des Schilfrohrs auf das Wasser schlagen, um große Fische anzulocken. Diese Methode funktioniert besser bei Nacht.

Fischen mit der Hand
Mit dieser Methode läßt sich wirkungsvoll in kleinen Flüssen mit unterhöhlten Ufern oder an seichten Stellen, die von zurückgehendem Hochwasser übrig geblieben sind, arbeiten (sie wird nicht empfohlen an Stellen, an denen mit giftigen Wasserschlangen oder elektrische Schläge austeilenden Fischen gerechnet werden muß). Die Hände ins Wasser legen und auf Wassertemperatur abkühlen lassen. Mit den Händen möglichst knapp über dem Grund langsam unter das Ufer fassen. Die Finger leicht bewegen, bis ein Fisch zu fühlen ist. Dann mit der Hand langsam bis zu den Kiemen vortasten. Den Fisch fest hinter den Kiemen fassen. Dabei Vorsicht vor den Rücken- und Bruststacheln von Katzenfischen.
In schnellfließenden Flüssen, insbesondere in den Lachsgebieten der nördlichen Vereinigten Staaten, können Fische mit der Hand aus dem Wasser geworfen werden. Die Bären arbeiten dort wirkungsvoll mit dieser Methode.

Schlammfischen
In den kleinen Wasserlöchern, die durch zurückgehendes Wasser entstehen, finden sich oft kleine Fische. Den Schlamm am Grund dieser Löcher mit den Füßen oder mit Hilfe eines Stocks aufwühlen. Die Fische kommen dann oft an die Oberfläche, um klareres Wasser zu suchen. Mit den Händen aus dem Wasser werfen oder mit dem Stock betäuben.

Speeren
Diese Methode ist schwierig, es sei denn, der Fluß ist seicht und es gibt große und viele Fische, wie etwa während der Laichzeit oder wenn sie sich in Wasserlöchern sammeln. Ein Bajonett oder eine Messerklinge am Ende eines Stocks befestigen, ein Stück Bambus anspitzen, zwei lange Dornen an einem Stock befestigen, eine Speerspitze aus Knochen fertigen oder einen Stock spalten, die Enden mit einem Keil offen halten und schärfen. Auf einen Felsen oder Baumstamm stellen und ruhig warten, bis ein Fisch vorbeischwimmt.

Fischen mit Kescher
An den Rändern und Nebenflüssen von Seen und Flüssen finden sich oft größere Populationen von Fischen, die für Haken oder Speer zu klein, aber groß genug für die Arbeit mit dem Kescher sind. Einen gegabelten Schößling suchen und einen kreisförmigen Rahmen anfertigen. Ein Unterhemd oder das stoffähnliche Material, das am Fuße von Kokospalmen zu finden ist, an diesem Rahmen befestigen und dabei darauf achten, daß am unteren Ende kein Loch ist. Mit diesem improvisierten Kescher stromaufwärts um Steine oder in Wasserlöchern fischen.

Fischfallen

Der Bau von Fischfallen ist eine zeitaufwendige Methode zum Fang von Süß- und Salzwasserfischen, und zwar insbesondere von solchen Fischen, die in Schulen leben. In Seen oder großen Flüssen nähern sich Fische morgens und abends dem Ufer und den Untiefen. Meeresfische, die in großen Schulen schwimmen, nähern sich dem Ufer regelmäßig mit auflaufendem Wasser und bewegen sich dabei parallel zum Ufer oder halten sich um Hindernisse im Wasser herum auf.
Eine Fischfalle ist eine Art Sackgasse, bei der sich zwei Stein- oder Stockwände wie ein Trichter vom Eingang aus nach außen erstrecken. Die Zeit und Arbeit, die man in den Bau einer Falle steckt, hängt von dem Bedarf an Nahrung und der Länge der Zeit ab, die man an einer Stelle zu bleiben beabsichtigt.
An der See die Stelle für eine Falle bei Flut aussuchen und die Falle bei Ebbe bauen. Bei felsigem Ufer natürliche Wasserlöcher im Fels nutzen. Auf Koralleninseln natürliche Löcher in oder auf dem Riff bei Rückgang der Flut blockieren. Bei sandigem Ufer in den von kleinen Sandbänken umschlossenen Wasserlöchern arbeiten. Die Falle als niedrige Stein- oder Stockwand auslegen, die in einem bestimmten Winkel zum Ufer verläuft und sich in tieferes Wasser erstreckt. Die Fische in diesen Winkel mit flachem Wasser hineintreiben, wo dann einige stranden werden.

Schießen

Wenn eine Waffe und ausreichend Munition zur Verfügung steht, Fische zu schießen versuchen. Wegen des Parallaxenfehlers bei weniger als ein Meter tiefem Wasser knapp unter den Fisch zielen. Eine in eine Schule von Fischen geworfene Handgranate ergibt Proviant für mehrere Tage.

ESSBARE PFLANZEN

Es gibt wenigstens 300 000 verschiedene Arten von wilden Pflanzen auf der Welt. Eine große Zahl davon ist unter bestimmten Bedingungen eßbar. Nur sehr wenige sind schon in kleinen Mengen tödlich (siehe Hinweise zur Eßbarkeit). Eine vollständige Beschreibung aller wilden eßbaren Pflanzen würde über den Umfang dieses Handbuchs hinausgehen; daher beschränken sich die Informationen und Illustrationen auf eine Sammlung der Pflanzen, die am häufigsten vorkommen und am leichtesten zu erkennen sind. In diesem Abschnitt sind Pflanzen zu finden, die überall in den gemäßigten Zonen der Welt vorkommen. Informationen und Illustrationen zu den Pflanzen, die sowohl in extremeren als auch gemäßigten Klimazonen vorkommen, sind in den Kapiteln zu den spezifischen Klimazonen zu finden.

Hinweise zur Eßbarkeit

Wenn Zweifel besteht, welche Pflanzen giftig sind und welche nicht, Nagetiere, Affen, Bären und andere pflanzenfressende Tiere beobachten. Normalerweise ist die Nahrung, die diese Tiere zu sich nehmen, auch für Menschen sicher. Vögel geben keine verläßlichen Hinweise, da sie oft Beeren fressen, die für Menschen giftig sind. Folgende Regeln dienen als generelle Hinweise:

1. Ein kleines Stück jeder unbekannten Pflanze probieren oder kauen. Wenn sie bitter oder unangenehm schmeckt, nicht essen.
2. Im Zweifelsfall alle Pflanzennahrung kochen. Viele Pflanzengifte werden durch Kochen neutralisiert.

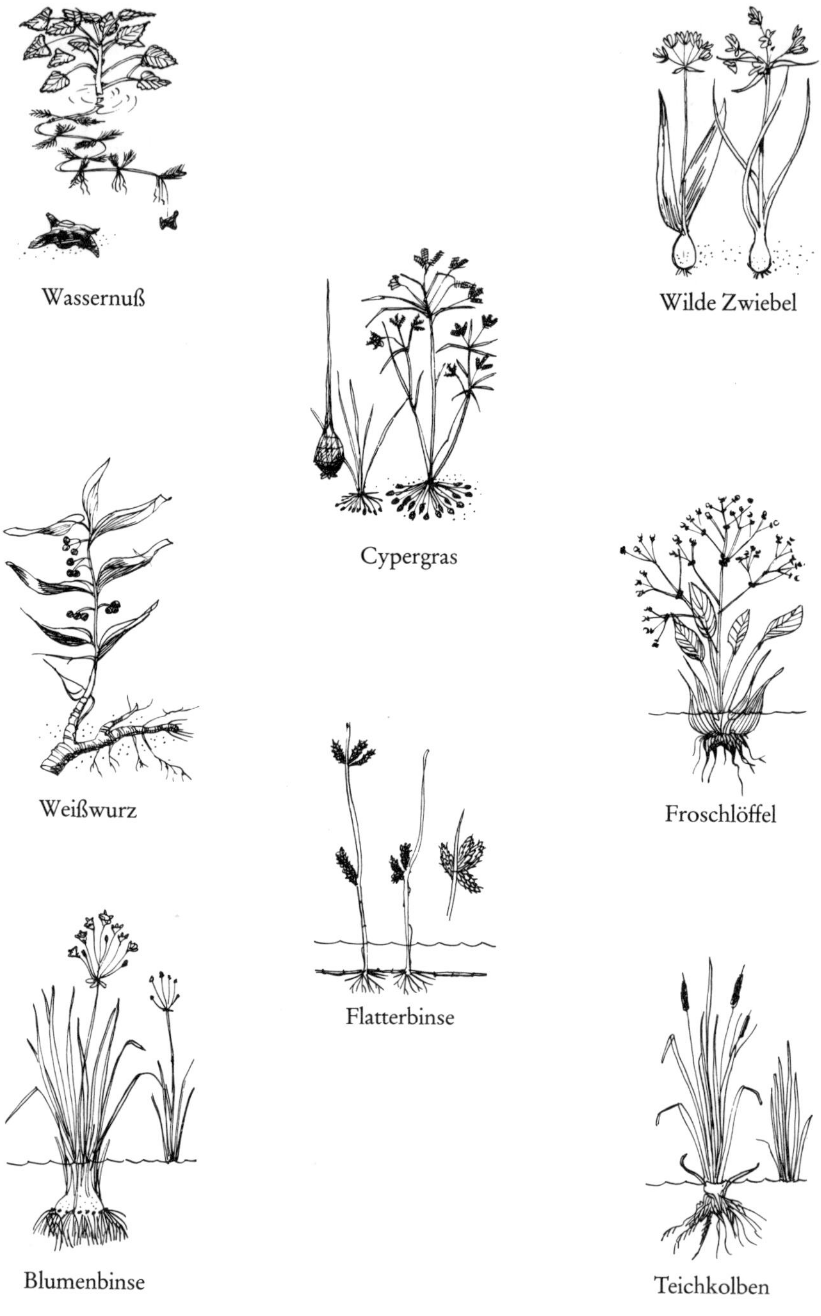

Abb. 6.13: Eßbare Wurzeln und andere Teile der Erde: Knollen und Zwiebeln

3. Pflanzen mit milchigem Saft nicht essen und den milchigen Saft nicht an die Haut gelangen lassen. Diese Regel gilt nicht für wilde Feigen, Brotfrüchte, Papayas und Trommelkaktus.
4. Durch Beiseitelegen aller Gräser, Getreidearten und Körner mit schwarzen Stellen anstelle der normalen Samenkörner Mutterkornvergiftung vermeiden.
5. Die meisten Beeren sind zwar eßbar, es gibt aber auch viele giftige. An bekannte Beeren halten.
6. Keine Champignons oder andere Pilze essen. Nur wenige Arten sind giftig, aber Pilze gibt es in solch einer Vielzahl von Formen, Farben und Größen, daß nur ein Experte vollkommen sicher sein kann, welche eßbar sind.

Wenn Verdacht besteht, daß eine giftige Pflanze gegessen wurde, Erbrechen herbeiführen.

Eßbare Pflanzenteile

Pflanzen, ob es sich um Wasser- oder Landpflanzen handelt, ob sie in gemäßigtem, Wüsten-, arktischem oder tropischem Klima wachsen, liefern die folgenden eßbaren Teile:

1. Wurzeln und andere Teile unter der Erde: Knollen, Wurzelstöcke und Zwiebeln.
2. Triebe und Stengel.
3. Blätter.
4. Nüsse.
5. Samen und Körner.
6. Früchte.
7. Rinde.

Wurzeln und andere Teile unter der Erde: Knollen.
Alle Knollen finden sich unter der Erde und müssen ausgegraben werden. Durch Kochen oder Rösten zubereiten. Hier einige Beispiele für Knollen:
Weißwurz – Weißwurzknollen wachsen an kleinen Pflanzen und sind in Nordamerika, Europa, Nord-Asien und Jamaika zu finden. Gekocht oder geröstet schmecken sie wie Pastinak.
Wassernuß – Die Wassernuß stammt ursprünglich aus Asien, hat sich aber in tropische und gemäßigte Gegenden der Welt einschließlich Nordamerika, Afrika und Australien verbreitet. Sie findet sich als freischwimmende Pflanze auf Flüssen, Seen und Teichen. Die Pflanze bedeckt, wo immer sie wächst, große Bereiche und hat zwei Arten von Blättern – lange, wurzelähnliche und fedrige Blätter unter dem Wasser und schwimmende Blätter, die auf der Wasseroberfläche eine Rosette bilden. Die Nüsse, die sie im Wasser trägt, sind 2–5 cm groß, mit starken Stacheln, die ihnen das Aussehen eines gehörnten Stiers verleihen. Der Samen in der hornigen Schale kann geröstet oder gekocht werden.
Cypergras – Cypergras ist in vielen Teilen der Welt weit verbreitet. An feuchten, sandigen Stellen am Ufer von Flüssen, Teichen und Gräben Ausschau halten. Es wächst in tropischem und gemäßigtem Klima. Cypergras unterscheidet sich von anderem Gras dadurch, daß es einen dreieckigen Stengel und dicke unterirdische Knollen hat, die etwa 1–2,5 cm Durchmesser erreichen. Diese Knollen schmekken süß und nußartig. Kochen, schälen und zu Mehl mahlen. Dieses Mehl kann auch als Kaffee-Ersatz dienen.
Wurzeln und andere Teile unter der Erde: Wurzeln und Wurzelstöcke.
Diese Pflanzenteile sind reich an Stärke. Eßbare Wurzeln sind oft mehrere Fuß lang und nicht knollenförmig. Wurzelstöcke sind unterirdische Stengel, die

manchmal mehrere Zentimeter dick und relativ kurz und spitz sind. Hier einige Beispiele für eßbare Wurzeln und Wurzelstöcke:
Flatterbinse – Diese vertraute große Pflanze findet sich in Nordamerika, Afrika, Australien, Ost-Indien und Malaysia. Sie wächst meist in feuchten Sumpfgebieten. Die Wurzeln und das weiße untere Ende des Stengels können gekocht oder roh gegessen werden.
Froschlöffel – Diese weißblütige Pflanze findet sich am häufigsten um Süßwasserseen, Teiche und Flüsse, wo sie oft teilweise in ein paar Zentimetern Wasser steht. Sie kommt normalerweise in großen Mengen in den Marschgebieten der gesamten nördlichen gemäßigten Zone vor, und hat langstielige, glatte, herzförmige Blätter mit 3–9 parallelen Rippen. Die dicken, zwiebelartigen Wurzelstöcke im Boden verlieren ihren scharfen Geschmack nach dem Trocknen. Wie Kartoffeln kochen.
Blumenbinse – Die Blumenbinse wächst entlang Flußufern, an den Rändern von Seen und Teichen und auf marschigen Wiesen in einem großen Teil Europas und des gemäßigten Asiens. Sie wächst in Rußland und in einem großen Teil des gemäßigten Sibirien. Die reife Pflanze, die meist in ein paar Zentimetern Wasser wächst, erreicht eine Höhe von einem Meter oder mehr und hat lose Büschel mit rosafarbenen und grünen Blüten. Der dicke, fleischige Wurzelstock sollte geschält und wie Kartoffeln gekocht werden.
Teichkolben – Der Teichkolben findet sich an Seen, Teichen und Flüssen in der ganzen Welt, außer in der Tundra und den Waldgebieten des hohen Nordens. Er erreicht eine Höhe von 1,5 bis 4,5 Meter und hat aufrecht stehende, bandförmige, blaßgrüne Blätter von etwa 0,5 bis 2,5 cm Breite. Sein eßbarer Wurzelstock wird bis zu 2,5 cm dick. Zur Zubereitung dieser Wurzelstöcke die äußere Hülle abschälen und das weiße Innere zerreiben. Gekocht oder roh essen. Der gelbe Pollen der Blüten kann mit Wasser gemixt und zu Brot gebacken werden. Weiterhin sind die jungen Triebe ganz ausgezeichnet, wenn sie wie Spargel gekocht werden.

Wurzeln und andere Teile unter der Erde: Zwiebeln.
Alle Zwiebeln haben einen hohen Stärkegehalt und sind mit Ausnahme der wilden Eßzwiebel schmackhafter, wenn sie gekocht werden.
Wilde Eßzwiebel – Das ist die am weitesten verbreitete eßbare Zwiebel und eine enge Verwandte der Gartenzwiebel. Sie findet sich überall in den nördlichen gemäßigten Zonen von Nordamerika, Europa und Asien. Die Pflanze wächst aus einer 7–25 cm tief in der Erde liegenden Zwiebel. Die Breite der Blätter reicht von schmal bis zu mehreren Zentimetern. Die Pflanze hat eine Blüte, die weiß, blau oder rot angehaucht sein kann. Welche Pflanze auch gefunden wird, sie läßt sich durch ihren charakteristischen Zwiebelgeruch erkennen. Alle Zwiebeln sind eßbar.
Die wilde Kartoffel ist eine Knolle, die in der ganzen Welt, besonders aber in den Tropen zu finden ist. Zur Beschreibung dieser Pflanze siehe Kapitel 7 (»Überleben in den Tropen«).

Schößlinge und Stengel. Eßbare Schößlinge sehen ähnlich wie Spargel aus. Einige lassen sich zwar ungekocht essen, die meisten werden aber besser, wenn man sie 10 Minuten ankocht, das Wasser abgießt und weiterkocht, bis sie ausreichend zart sind.
Eßbare Farne – Farne kommen in den feuchten Gebieten aller Klimazonen vor, besonders aber in waldigen Gegenden, an Wasserläufen, entlang Flüssen und an Waldrändern. Sie können fälschlicherweise für Blütenpflanzen gehalten werden, aber mit etwas Sorgfalt sollte man sie von allen anderen grünen Pflanzen unterscheiden können. Die Unterseite der Blätter ist normalerweise mit vielen braunen

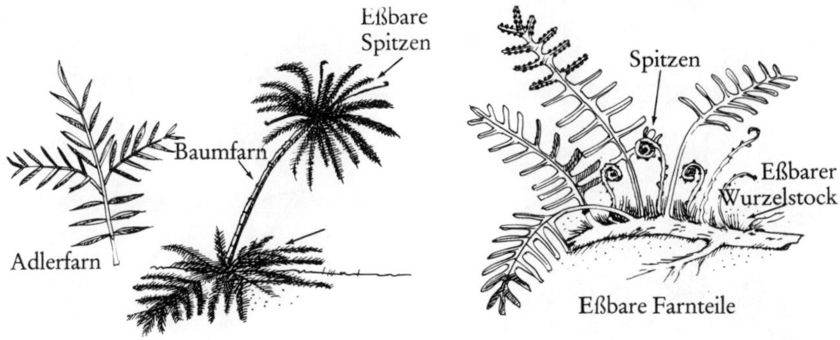

Abb. 6.14: Eßbare Schößlinge und Stengel

Punkten bedeckt, auf denen sich gelber, brauner oder schwarzer Staub befindet. Diese Punkte sind mit Sporen gefüllt, und bieten eine leichte Möglichkeit, Farne von Pflanzen mit Blüten zu unterscheiden.
Bei allen Farnen junge Stengel (Spitzen) von nicht mehr als 15 bis 20 cm Höhe verwenden. In einer Höhe, in der sie noch zart sind, abbrechen; dann den Stengel durch die Hand ziehen, um die Blätter zu entfernen. Waschen und in Salzwasser kochen oder dünsten, bis sie zart sind.
Adlerfarn – Der Adlerfarn ist eine der am weitesten verbreiteten Farnarten. Er wächst in der ganzen Welt, außer in der Arktis, in offenen, trockenen Wäldern, auf kürzlich niedergebrannten Lichtungen und auf Weiden. Es handelt sich um einen groben Farn mit einzelnen oder verstreut stehenden jungen Stengeln, die am unteren Ende oft bis zu gut 1 cm dick, nahezu zylindrisch und mit rostigem Filz bedeckt sind; der Wedel zeigt deutlich drei Spitzen mit einem violetten Fleck in jeder Gabelung. In diesem Fleck verbirgt sich ein süßer Saft. Alte Wedel sind deutlich dreizinkig, und der Wurzelstock ist etwa 5 mm dick, rankenförmig, verzweigt und holzig.
Weitere in Nordamerika zu findende eßbare Schößlinge und Stengel sind Agave (s. Kapitel 8, Überleben in der Wüste) und Bambus (Kapitel 7, »Überleben in den Tropen«).

Blätter. Pflanzen mit eßbaren Blättern sind wahrscheinlich die zahlreichsten aller eßbaren Pflanzen. Sie können roh oder gekocht gegessen werden; zu starkes Kochen zerstört jedoch viele der wertvollen Vitamine. Hier einige Pflanzen mit eßbaren Blättern:
Rundsporiger Schildfarn – Diese Pflanze kommt im Gebirge und im Wald, besonders häufig in Alaska und Sibirien, vor. Sie wächst aus kräftigen unterirdischen Stielen, die mit alten Blattstielen bedeckt sind, die an ein Bündel kleiner Bananen erinnern. Diese Blattstiele rösten und die glänzende braune Hülle entfernen. Den inneren Teil des Farns essen. Im Frühling junge Wedel oder Spitzen kochen oder dünsten und wie Spargel essen.
Wildampfer und Sauerampfer – Diese Pflanzen sind zwar im Nahen Osten heimisch, sie sind aber oft in Ländern mit gemäßigtem und tropischem Klima und in Gegenden mit viel und wenig Niederschlag zu finden. Auf Feldern, entlang der Straße und an Müllplätzen Ausschau halten. Der Wildampfer ist eine kräftige Pflanze, die die meisten ihrer Blätter am unteren Teil des 15–30 cm hohen Stengels hat. Er trägt sehr kleine, grüne bis violette federartige Blütenbüschel. Sauerampfer ist kleiner als Wildampfer, sieht aber ähnlich aus. Viele seiner unteren Blätter sind

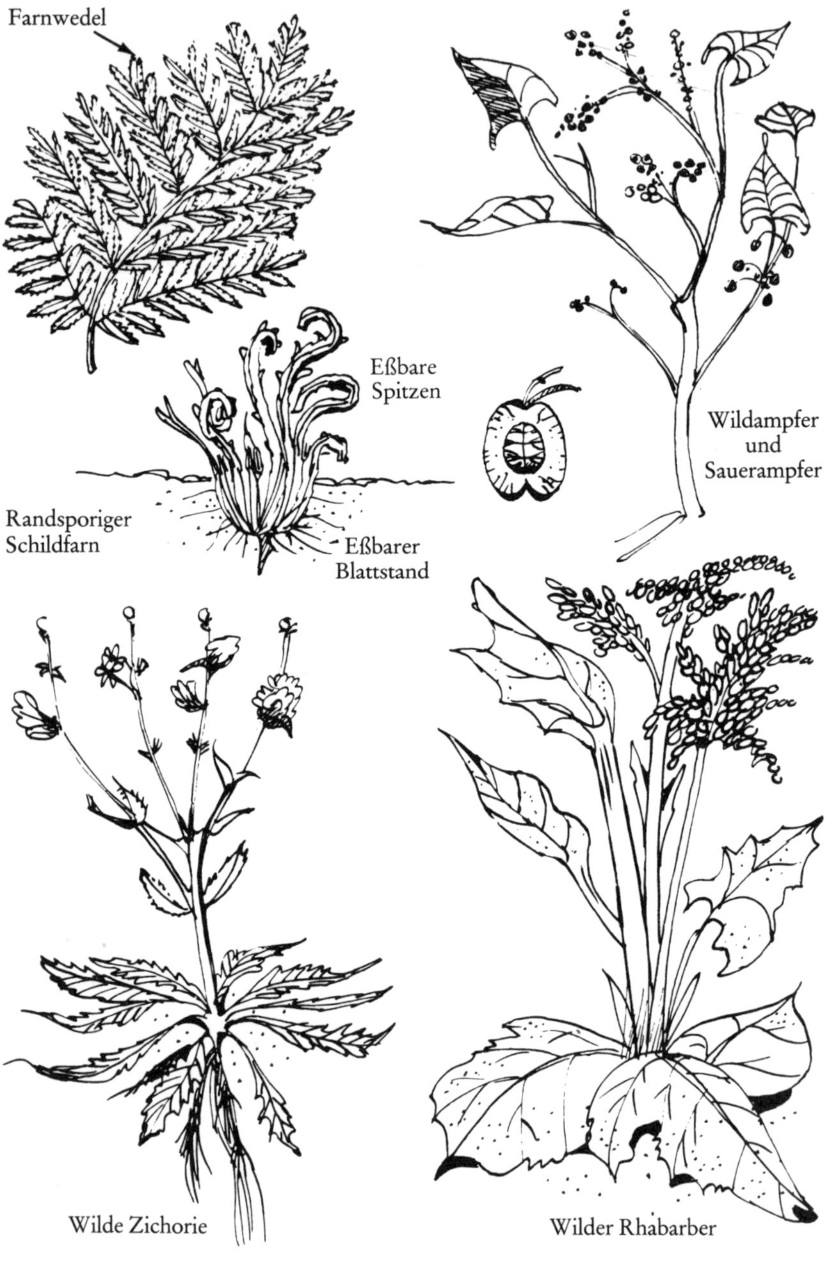

Abb. 6.15: Eßbare Blätter

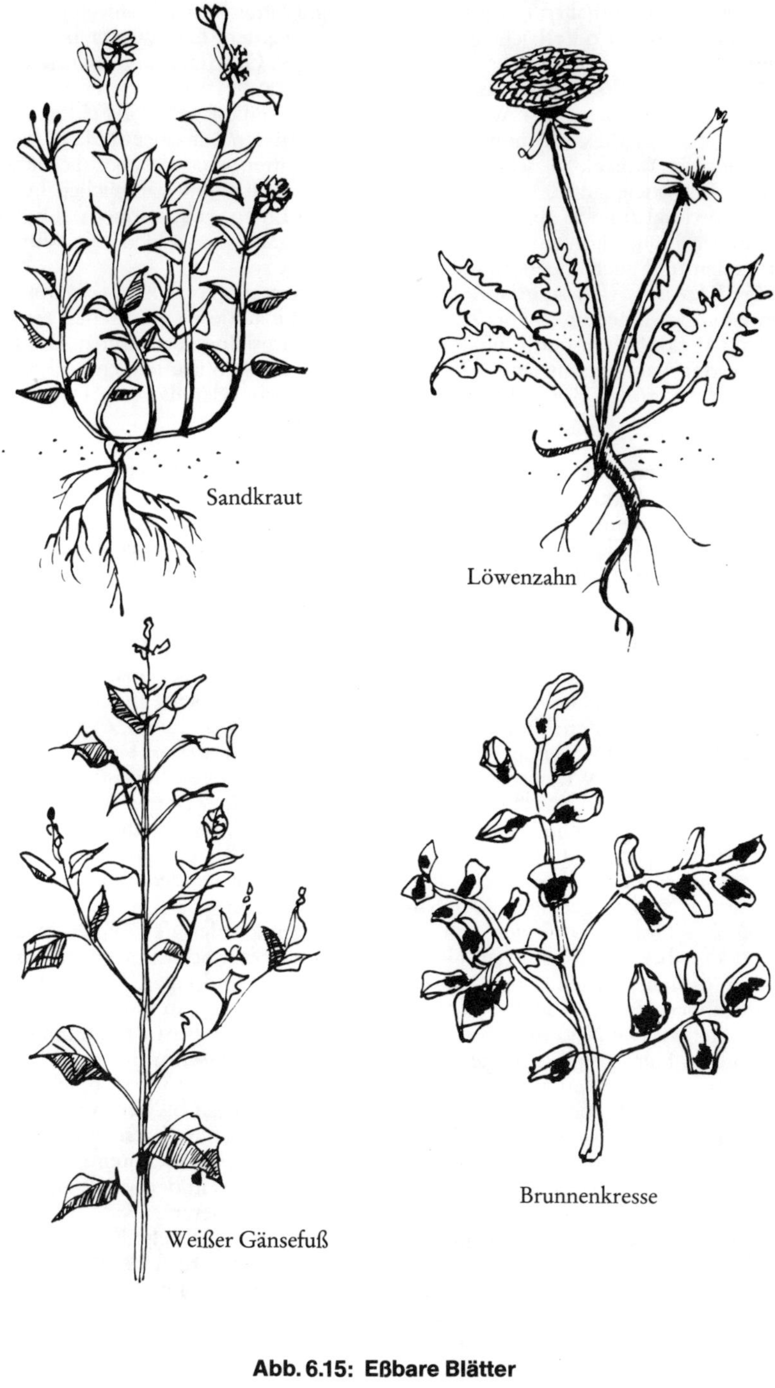

Abb. 6.15: Eßbare Blätter

pfeilförmig und enthalten einen sauren Saft. Die Blätter beider Pflanzen sind zart und können frisch oder leicht gekocht gegessen werden. Das Wasser beim Kochen ein- oder zweimal wechseln, um den strengen Geschmack zu reduzieren.
Wilde Zichorie – Ursprünglich heimisch in Europa und Asien, findet sich die Zichorie jetzt überall auf der Welt als Unkraut an Straßen und auf Feldern. Ihre Blätter sitzen in Büscheln unmittelbar über dem Boden auf einer starken, karottenähnlichen Wurzel. Sie sehen wie Löwenzahnblätter aus, sind aber dicker und grober. Die Stiele sind 60–120 cm lang und im Sommer mit zahlreichen blauen Blüten bedeckt (die bis auf die Farbe ebenfalls an Löwenzahn erinnern). Die zarten jungen Blätter können ohne Kochen als Salat gegessen werden. Die Wurzeln zermahlen und als Kaffeersatz nutzen.
Wilder Rhabarber – Diese Pflanze wächst von Südosteuropa bis Kleinasien und in den gebirgigen Regionen von Zentralasien bis China. Sie ist an offenen Stellen, entlang Waldrändern und Flußufern und auf Gebirgshängen zu finden. Die großen Blätter wachsen aus langen kräftigen Stielen. Diese Stiele blühen und wachsen über die großen Blätter hinaus; sie können gekocht oder als Gemüse gegessen werden.

Weitere Pflanzen mit eßbaren Blättern sind Löwenzahn, Brunnenkresse, weißer Gänsefuß und Sandkraut.
Andere, in Nordamerika zu findende eßbare Blätter sind Wasserkohl, Meerrettich und Lotoslilie (Kapitel 7, »Überleben in den Tropen«), Polarweide (Kapitel 9, »Überleben in der Kälte«) und Feigenkaktus (Kapitel 8, »Überleben in der Wüste«).

Nüsse. Nüsse sind eine der nahrhaftesten Pflanzennahrungen und enthalten wertvolles Protein. Pflanzen mit eßbaren Nüssen wachsen in allen Klimazonen und Kontinenten der Welt außer der Arktis. Zu den Nüssen der gemäßigten Zonen gehören Walnuß, Haselnuß, Mandeln, Hickorynuß, Eicheln, Bucheckern und Kiefernzapfen. In den Tropen finden sich Kokosnuß, Paranuß, Acajou- und Makkadamianuß. Hier einige eßbare Nüsse:
Englische Walnuß – Wildwachsend findet sich diese Nuß von Südosteuropa über Asien bis nach China. Im Himalaja kommt sie sehr häufig vor und wächst auf einem Baum, der manchmal bis zu 18 Meter hoch wird. Die Blätter des Baumes sind geteilt, ein charakteristisches Merkmal aller Walnußarten. Die Walnuß selbst ist von einer dicken Außenschale umgeben, die entfernt werden muß, um an das Innere der Nuß zu gelangen. Der Nußkern reift im Herbst.
Haselnuß – Haselnüsse finden sich in vielen Gegenden der Vereinigten Staaten, besonders aber in der östlichen Hälfte des Landes. Sie wachsen auch in Europa und im östlichen Asien vom Himalaja bis nach China und Japan. Die 1,8 bis 3,6 Meter hohen Haselnußbüsche stehen in dichten Dickichten an Flußufern und offenen Stellen. Die Nuß ist von einer rauhen Hülle mit langem Ansatz umgeben; sie reift im Herbst und kann getrocknet oder frisch gegessen werden.
Kastanie – Wilde Kastanien sind als Überlebensproviant äußerst nützlich. Sie wachsen in Mittel- und Südeuropa sowie von Zentralasien bis China und Japan. Die europäische Kastanie ist die häufigste Art; sie wächst an Wiesenrändern und ist ein Waldbaum, der gut 18 Meter hoch wird. Die reife oder unreife Nuß kann durch Rösten in Glutasche oder durch Kochen des Kerns in der Schale zubereitet werden. Die Nuß nach dem Kochen wie Kartoffeln pürieren.
Eicheln (Englische Eicheln) – Es gibt viele Eichenarten, die Englische Eiche ist jedoch typisch für die in den nördlichen gemäßigten Zonen zu findenden. Sie wird oft bis zu 18 Meter hoch, und die Blätter sind stark gelappt. Die Eicheln wachsen in einer Kapsel und sind wegen des bitteren Tannins im Kern roh nicht eßbar. Eicheln zwei Stunden kochen, das Wasser ausgießen und die Nuß in kaltem Wasser einweichen. Das Wasser gelegentlich wechseln und nach 3 oder 4 Tagen die

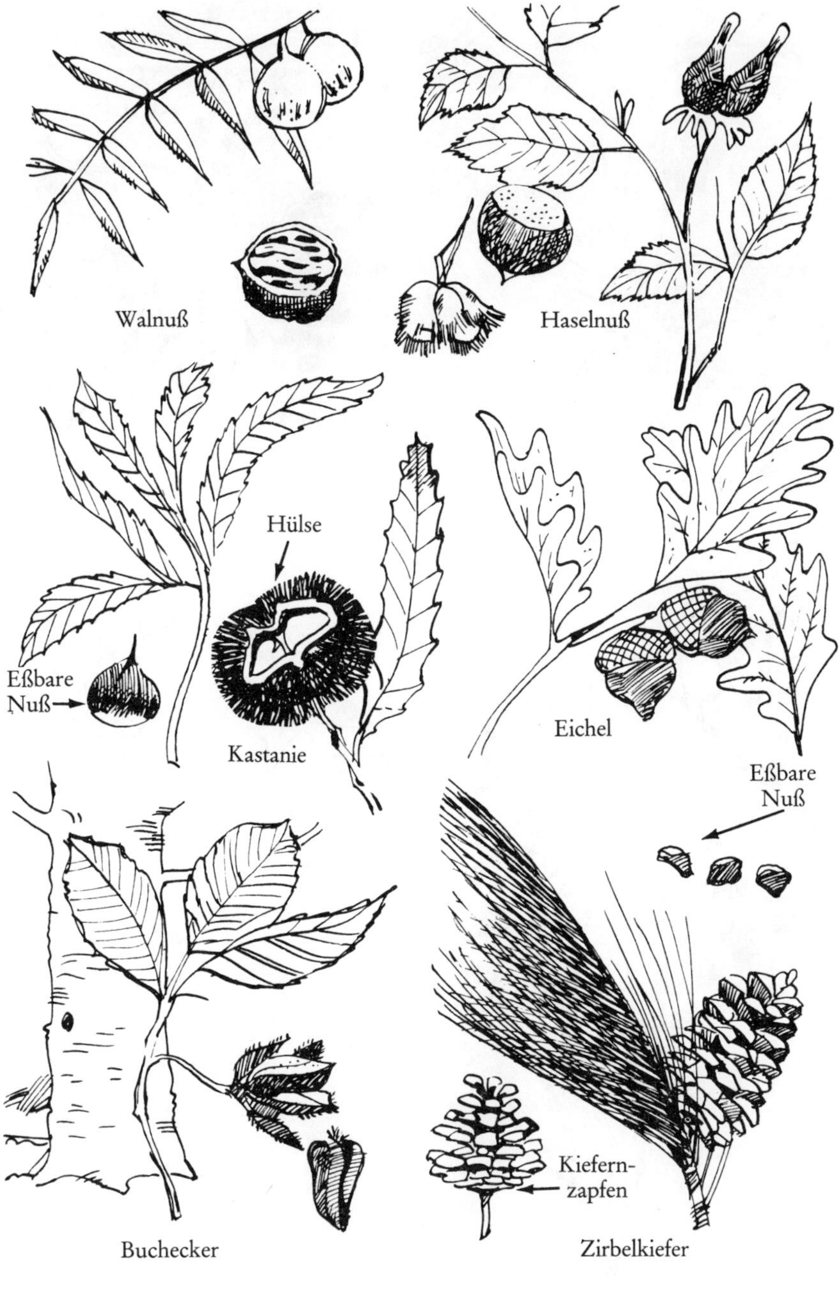

Abb. 6.16: Eßbare Nüsse

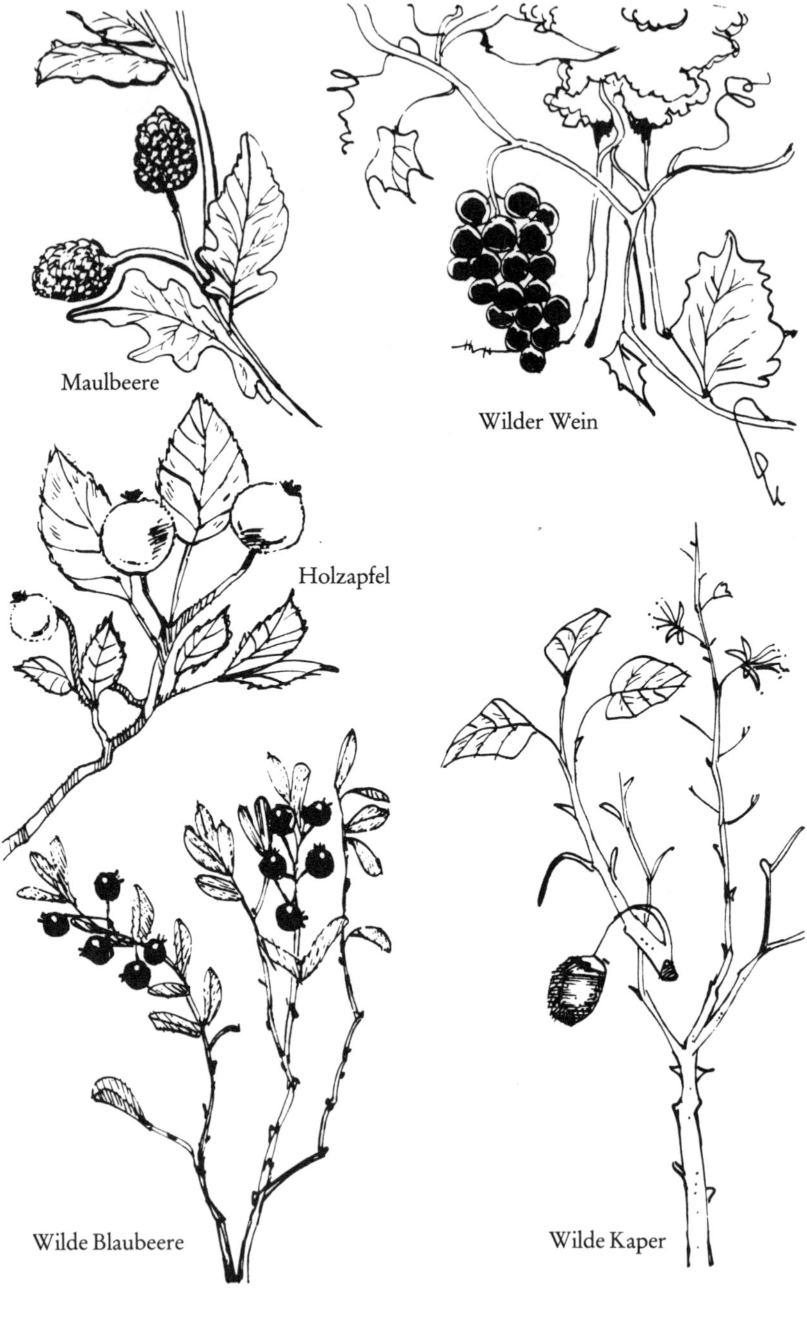

Abb. 6.17: Eßbare Früchte und Beeren

Eicheln zu einer Paste zermahlen. Die Paste mit Wasser zu einem Brei mischen und kochen. Aus dieser Paste läßt sich durch Trocknen auch Mehl herstellen.
*Buchecker*n – Buchen wachsen wild in feuchten Gebieten der westlichen Vereinigten Staaten, Europa, Asien und Nordafrika. Sie kommen im gesamten Südosteuropa und quer durch die gemäßigte Zone Asiens vor, wachsen aber nicht in tropischen oder subarktischen Gebieten. Die Buche ist ein großer Baum – manchmal bis zu 24 Meter hoch – mit glatter, hellgrauer Rinde und dunkelgrünem Laub. Die reifen Bucheckern fallen aus ihren hülsenartigen Samenkapseln, und die Ecker kann mit den Fingernägeln geöffnet werden. Den Kern rösten und zu Pulver zerkleinern; gekocht ergibt sie einen recht guten Kaffee-Ersatz.
Zirbelkiefer – Die Zirbelkiefer ist in Europa und Nordsibirien weit verbreitet. Die Nadeln wachsen in Büscheln, und der eßbare Samen befindet sich in hölzernen Kegeln, die einzeln oder in Büscheln an den Zweigspitzen hängen. Die Nüsse wachsen am unteren Ende der Kegelschuppen und fallen heraus, wenn sie reif sind. Roh oder geröstet essen.
Eine andere Nuß, die Kokosnuß, wächst wild in den Tropen, ist aber auch in den tropischen Regionen Nordamerikas zu finden. Beschreibung und Illustration siehe Kapitel 7 »Überleben in den Tropen«.

Samen und Körner. Die Samen vieler Pflanzen wie etwa Buchweizen, Ambrosiapflanze, Fuchsschwanz, Gänsefuß und die Bohnen und Erbsen aus bohnenähnlichen Pflanzen enthalten proteinreiche Öle. Auch die Körner aller Getreidearten und vieler anderer Gräser sind reich an pflanzlichem Protein. Sie können zwischen Steinen gemahlen, mit Wasser gemischt und zu Porridge verarbeitet oder geröstet werden. Mais läßt sich beispielsweise auch in geröstetem Zustand für längere Zeit aufbewahren.
Weitere in Nordamerika zu findende Pflanzen mit eßbarem Samen und Körnern sind Lotoslilie, Bambus und Reis. Beschreibung und Illustration siehe Kapitel 7 (»Überleben in den Tropen«).

Früchte. In der Natur finden sich viele Arten von eßbaren Früchten, die sich in Obst- oder Gemüsefrüchte einteilen lassen. Zum Obst zählt man die bekannte Blaubeere und schwarze Krähenbeere des Nordens und die Kirsche, Himbeere, Pflaume und den Apfel der gemäßigten Zone. Zu den Gemüsefrüchten gehören Tomate, Gurke, Pfeffer, Aubergine und eßbarer Eibisch.
Hier einige Beispiele für wilde Früchte und Beeren der Vereinigten Staaten (die aber auch in anderen Gegenden vorkommen):

Heidelbeeren, Blaubeeren und Schwarzbeeren – Im Spätsommer finden sich in der Tundra Europas, Asiens und Amerikas große Landstriche mit wilden Heidelbeeren. Auch weiter südlich in der nördlichen Hemisphäre kommen diese Beeren und ihre engen Verwandten, die Blaubeere und die Schwarzbeere, vor. In der Tundra des Nordens wachsen sie auf niedrigen Büschen. Ihre Verwandten im Süden finden sich auf bis zu 1,8 Meter hohen Büschen. Sie sind im Reifezustand rot, blau oder schwarz.

Maulbeeren – Maulbeerbäume finden sich in Nord- und Südamerika, Europa, Asien und Afrika. Sie wachsen wild in waldigen Gegenden, an Straßenrändern und in aufgegebenen Feldern und werden oft 6–18 Meter hoch. Die Frucht sieht wie eine Brombeere aus und ist 2,5 bis 5 cm lang. Die einzelne Beere ist etwa fingerdick und variiert in der Farbe von rot bis schwarz.

Wilder Wein – Diese Parasitenpflanze wächst überall in den östlichen und südwestlichen Vereinigten Staaten, Mexiko, den Mittelmeerländern, Asien, Ostindien, Australien und Afrika. Ihre Blätter sind stark gelappt und ähneln denen der kultivierten Weinrebe. Die Früchte hängen in Trauben und sind reich an natürlichem, energiespendendem Zucker. Außerdem läßt sich Wasser aus der Pflanze gewinnen.

Holzapfel – Diese Frucht ist heimisch in den Vereinigten Staaten, dem gemäßigten Asien und Europa. In offenen Waldgebieten, an Waldrändern oder auf Feldern Ausschau halten. Der Apfel sieht wie sein gezüchteter Verwandter aus und läßt sich überall leicht erkennen. Diese Frucht kann in dünne Scheiben geschnitten und als Proviantreserve getrocknet werden.
f22Wilde Kapern – Diese Pflanze wächst als Busch oder kleiner Baum von etwa 6 Meter Höhe in Nordafrika, Arabien, Indien und Indonesien. Er ist blattlos, hat dornige Äste, Blüten und an den Zweigspitzen wachsende Früchte. Früchte und Blütenknospen sind eßbar.
Eine weitere Frucht, die wilde Feige, ist manchmal in den Wüsten Nordamerikas zu finden. Beschreibung siehe Kapitel 8 »Überleben in der Wüste«.

Rinde. Die innere Rinde eines Baumes – die Schicht über dem Holz – kann gekocht oder roh gegessen werden. Durch Pulverisieren läßt sich aus der inneren Rinde von Pappeln, Espen, Birken, Weiden und Kiefern Mehl herstellen. Die äußere Rinde wegen des großen Gehalts an Tannin meiden.
Kieferrinde ist reich an Vitamin C. Die Außenrinde abkratzen und die Innenrinde vom Baumstamm abstreifen. Frisch, getrocknet oder gekocht essen oder zu Mehl mahlen.

BEKLEIDUNG

Die Hauptfunktion von Kleidung besteht unter Überlebensbedingungen darin, die normale Körpertemperatur zu bewahren und den Körper gegen Wetter, Verletzungen, Insekten und andere kleine Lebensformen zu schützen. Wenn man sich plötzlich irgendwo außerhalb der Zivilisation wiederfindet, hat man, was Kleidung anbetrifft, meist nur wenige Möglichkeiten und muß wahrscheinlich mit dem auskommen, was man gerade trägt.
Besonders wichtig ist die Kleidung in Gegenden mit kaltem Wetter, in den Tropen und in der Wüste. Informationen über Kleidung finden sich in den jeweiligen Kapiteln über diese Gegenden. Es gibt jedoch mehrere allgemeine Regeln bezüglich der Pflege und Benutzung von Kleidung:

1. Kleidung sauber halten. Regelmäßig waschen. In der Kleidung schlafen; falls jedoch mehr als eine Schicht Bekleidung vorhanden ist, die nicht getragene nachts auslüften lassen.
2. In kaltem Klima bei schwerer Arbeit nicht zu viel anziehen. Der Körper heizt sich bei körperlicher Tätigkeit schnell auf. Der abkühlende Schweiß kann zu Erkältungen und Fieber führen.
3. Beim Marsch durch Unterholz die Hosenbeine in die Socken stopfen oder die Kleidung an Knöcheln und Handgelenken zubinden. Alle Knöpfe schließen.
4. Socken und Schuhe trocken halten. Über einem Feuer wärmen und nachts auslüften. Ungenügende Pflege von Fußbekleidung führt zu Blasen, Scheuern und Immersionsfuß, der zu völliger Bewegungslosigkeit führen kann.

7 Überleben in den Tropen

GELÄNDE

Es gibt keinen Standarddschungel. Ein »Primär«-Dschungel läßt sich leicht anhand der riesigen Bäume erkennen. Die Wipfel dieser Bäume bilden ein dichtes Dach, das mehr als dreißig Meter über dem Boden liegt. Unter diesem Dach gibt es nur wenig Licht oder Unterholz. Diese Art von Dschungel ist relativ leicht zu durchqueren.

Der Primär-Dschungel ist in vielen Gegenden der Welt für die Kultivierung gelichtet worden. Wenn dieses Land brach liegengelassen wird, erobert der Dschungel es zurück; dann wird es zu einem Meer von dichtem Unterholz und Kriechpflanzen. Es bildet sich der »Sekundär«-Dschungel, der viel schwieriger zu durchqueren ist.

Mehr als die Hälfte des Landes in den Tropen ist in der einen oder anderen Weise kultiviert, hauptsächlich in Verbindung mit Gummi-, Tee- und Kokosnußplantagen. In einer Gegend mit Plantagen nach den Plantagenarbeitern Ausschau halten – sie können möglicherweise helfen.

Trockenes Buschland ist offener als der feuchte Dschungel, wegen des Fehlens von topographischen Merkmalen, Menschen und Wegen aber schwieriger zu durchqueren. Es läßt sich aber mit einem Kompaß, gutem Menschenverstand und Zuversicht bewältigen.

UNMITTELBARE ÜBERLEGUNGEN

Die Aussichten, gerettet oder bemerkt zu werden, sind unter einem dichten Dschungeldach weitaus geringer als in anderen Teilen der Welt. Es wird der Wunsch aufkommen, loszumarschieren. Die wichtigsten Dinge, die das Opfer eines Flugzeugabsturzes von der Absturzstelle mitnehmen muß, sind eine Machete oder ein anderer scharfer Metallgegenstand, um sich durch den Dschungel zu schlagen, ein Kompaß, eine Erste-Hilfe-Ausrüstung und ein Fallschirm oder anderes dünnes Material zur Verwendung als Moskitonetz und Unterschlupf.

MARSCH

Am besten marschiert es sich ohne Panik. Für einen Einzelnen im Dschungel, der ganz von den Gegebenheiten abhängig ist, besteht der erste Schritt darin, sich zu entspannen und das Problem gedanklich anzugehen. Er sollte:

1. Seine Position möglichst genau bestimmen, um eine allgemeine Marschrichtung in die Sicherheit festzulegen. Wenn ein Kompaß nicht zur Verfügung steht, mit Hilfe von Sonne und Uhr die Richtung bestimmen.
2. Eine Bestandsaufnahme von Wasservorräten und Proviant machen.
3. In einer Richtung marschieren, aber nicht notwendigerweise in einer geraden Linie. Hindernisse vermeiden und nicht wild darauflosgehen. In feindlichem Gebiet die Vorteile der natürlichen Deckung und Tarnung nutzen.

4. Es gibt eine bestimmte Technik für den Marsch durch Dschungel,. blindes Drauflostappen führt nur zu blauen Flecken und Kratzern. Die Schultern drehen, Hüften vorschieben, den Körper vorbeugen und je nach Bedarf kürzere oder längere, langsamere oder schnellere Schritte machen.

SCHUTZ

Alles was in Kapitel 6 »Grundlegende Überlebensfähigkeiten« über Unterschlupfmöglichkeiten gesagt wurde, trifft auch auf die meisten Situationen in den Tropen zu. Das Laubdach eignet sich besonders gut; eine gute Lage Palmenblätter oder die breiten Blätter junger Bananenbäume vorbereiten. Ein heißes Feuer auf einem flachen Stein oder auf einer Plattform aus kleinen Steinen anlegen. Wenn die Steine heiß genug sind, ein Blatt darauflegen und dunkel und glänzend werden lassen. In diesem Stadium ist das Blatt wasserdichter und haltbarer und kann als Ziegel verwendet werden. Nach Fertigstellung des Unterschlupfs einen kleinen Graben hügelabwärts ziehen; dadurch bleibt der Boden trocken.
Nicht auf dem Boden schlafen; ein Bett aus Bambus oder kleinen Ästen, die mit Palmblättern bedeckt werden, bauen. Eine Fallschirmhängematte dient dem gleichen Zweck. Eine einfache »Bettdecke« läßt sich aus Zweigen oder Farnen herstellen; die Rinde eines toten Baums ist besser als gar nichts.

UMWELTGEFAHREN

In den Tropen finden sich ideale Bedingungen für das Wachstum von Vegetation und Tieren. Wenn man weiß, wonach man Ausschau halten muß, bieten die Tropen ein Übermaß an Nahrungsquellen. Die gleichen Umweltbedingungen erhöhen aber auch die biologischen Gefahren. In den Tropen tendieren Lebewesen dazu, größer zu werden und aggressiver zu handeln als in anderen Teilen der Welt.

Giftige Pflanzen

Bestimmte Tropenpflanzen sind giftig und sollten gemieden werden. Dazu gehören:
Weiße Mangrove – Diese weißblättrige Pflanze mit weißen Beeren findet sich in Mangrovensümpfen, Flußmündungen und in der Nähe der Küste. Der Saft führt bei Berührung zu Blasenbildung. Bei Kontakt mit den Augen ist Blindheit die Folge.
Afrikanische Juckbohne – Diese dreiblättrige Pflanze mit violetten schlaff hängenden Blüten und faserigen Samenschoten findet sich in Dickichten und im Buschland, niemals jedoch in richtigen Wäldern. Die Haare an den Blüten und Samenschoten verursachen Reizungen. Kontakt mit den Augen führt zu Blindheit.
Nesselbaum – Diese Pflanze ist weit verbreitet, besonders in oder an Teichen. Sie hat rauhe oder gezahnte Blätter, die bei Berührung ein brennendes Gefühl hervorrufen.
Stechapfel – Diese Pflanze kommt auch in den gemäßigten Zonen an Straßen oder auf bebauten Feldern (besonders zusammen mit Sojabohnen) vor. Sie hat eine violett-weiße, trompetenähnliche Blüte, ausgefranste Blattränder und eine dornige Samenschote. Alle Teile dieser Pflanze sind giftig, insbesondere die Samen.

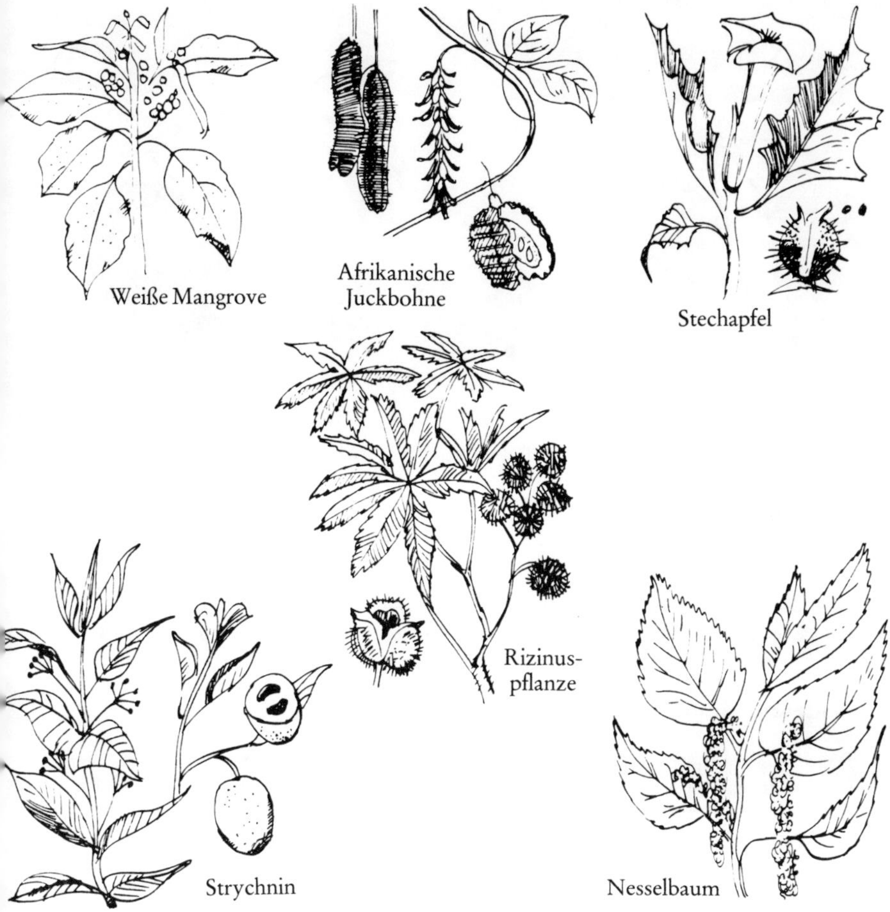

Abb. 7.1: Giftpflanzen in den Tropen

Pangi – Diese rebenartige Pflanze mit herzförmigen Blättern findet sich hauptsächlich im malaiischen Dschungel. Ihre Samen enthalten Blausäure und sind gefährlich, wenn sie roh gegessen werden, jedoch eßbar, wenn sie geröstet sind.
Brechnuß – Die Samen der Brechnußpflanze, einem Busch mit ahornähnlichen Blättern, wirken als starkes Abführmittel.
Rizinuspflanze – Diese buschähnliche Pflanze, deren sternförmige Blätter etwa wie der Wipfel einer Miniaturpalme aussehen, ist in Dickichten und an offenen Stellen heimisch. Ihre Samen reifen in klettenähnlichen Büscheln und sind toxisch und ein starkes Abführmittel.
Strychnin – Dieser hartriegelähnliche Busch wächst wild überall in den Tropen. Die lecker aussehende weiße oder gelbe Frucht (etwa von der Größe und Form einer kleinen Orange) kommt in reichlichem Maße in Südostasien vor. Sie hat einen ausnehmend bitteren Geschmack, und die Samen enthalten eins der gefährlichsten Gifte, die der Mensch kennt.

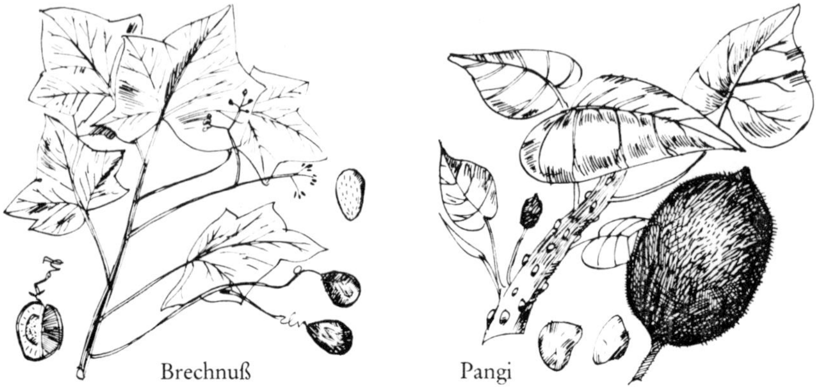

Abb. 7.1: Giftpflanzen in den Tropen

Giftschlangen

Zur Identifizierung tropischer Schlangen siehe Anhang I »Giftschlangen der Welt«. Zur Behandlung giftiger Schlangenbisse siehe Kapitel 5 »Erste Hilfe«.

Andere gefährliche Tropentiere

Piranhas. Piranhas sind kleine Fische, die in Südamerika im Amazonas und seinen Nebenflüssen leben. Der schwarze Piranha, der größte seiner Art, wird bis zu 45 cm lang. Piranhas werden selbst von der winzigsten Menge Blut im Wasser angelockt. Diese fleischfressenden Kreaturen sind äußerst gefährlich. Aus Sicherheitsgründen davon ausgehen, daß alle Flüsse im tropischen Südamerika piranha-verseucht sind, obgleich diese Fische klare Stauwasserstrudel den schnellfließenden, lehmigen Flüssen vorziehen. Wenn das Überqueren eines piranha-verseuchten Flusses absolut unerläßlich ist, einen blutigen Tierkadaver in den Fluß werfen und dann in sicherer Entfernung stromaufwärts den Fluß überqueren.

Zitteraale. Diese zylindrischen, schlauchähnlichen Lebewesen leben in den meisten tropischen Gewässern, kommen allerdings häufiger in südamerikanischen Flüssen vor und sind in Ufernähe und seichten Wasserlöchern zu finden. Zitteraale sind träge und nicht aggressiv, aber die muskulösen Körper großer Tiere können einen elektrischen Schlag austeilen, der stark genug ist, um ein Pferd umzuwerfen. Zitteraale werden bis zu 2,4 Meter lang und 45 cm dick.

Krokodile und Alligatoren. Diese amphibischen Reptilien gibt es in vielen abgelegenen Gegenden der Erde. Alligatoren sind nur in den südlichen Vereinigten Staaten und am Jangtse in China zu finden; Krokodile leben in Küstensümpfen, Prielen und den Gezeiten unterworfenen Flüssen des Südpazifik und in einigen Gegenden Afrikas und Madagaskars. Das amerikanische Krokodil, das in den Küstenregionen Mexikos, Westindiens, Mittelamerikas, Kolumbiens und Venezuelas zu finden ist, meidet den Menschen normalerweise. Das Krokodil wird als hinterhältiger und bösartiger als der Alligator angesehen, ist aber im allgemeinen nicht gefährlich, wenn es in Ruhe gelassen wird.

Man sollte nicht erwarten, im Dschungel bei Kräften zu bleiben, wenn man nicht auf die Gesundheit achtet. Selbst unter idealen Bedingungen ist das schwierig, die Chancen werden aber erhöht, wenn man einige Regeln beachtet, die der gesunde Menschenverstand diktiert.

1. Nicht hasten. Den Dschungel nicht mit Geschwindigkeit zu schlagen versuchen – das ist unmöglich.
2. Kein hochgelegenes Gelände erklettern, es sei denn, um Peilungen vorzunehmen. Ein langer Umweg über flaches Gelände ist vorzuziehen.
3. Durch häufiges Wechseln und Waschen der Strümpfe für die Füße sorgen. Weiterhin durch Einreiben mit Schmiere oder Tierfett das Schutzleder vor dem Brüchigwerden und Verrotten bewahren.
4. Bei Fieber nicht marschieren. Warten, bis das Fieber nachläßt. Viel Wasser trinken.
5. Zecken, Egel, Moskitos, Insekten und anderes Ungeziefer stellen eine echte Gefahr für Gesundheit und Sicherheit dar: mit Insektenmittel bekämpfen oder Gegenden meiden, in denen sie in großen Mengen vorkommen.
6. Infektionen vermeiden. In der Hitze und Feuchtigkeit der Tropen entzünden Wunden sich schnell. Wunden oder entzündete Stellen mit einer sauberen Bandage abdecken. Falls keine normale Erste-Hilfe-Ausrüstung zur Verfügung steht, alle improvisierten Verbände sterilisieren.
7. Durch Ersetzen des durch Schwitzen verlorenen Wassers Hitzeerschöpfung, Hitzekrämpfe oder Hitzschlag vermeiden. Dem Körper viel trinkbares Wasser zuführen. Wenn sich die Hitze bemerkbar macht, im Schatten rasten.

Zu den in tropischen Gegenden häufig vorkommenden Krankheiten gehören:
Malaria, Denguefieber, Gelbfieber und Gehirnentzündung – All diese Krankheiten werden durch die Bisse von krankheitskeimtragenden Moskitos verursacht. Die Symptome sind Schüttelfrost und hohes Fieber. Bei Verdacht auf eine dieser Krankheiten rasten und Flüssigkeiten trinken.
Dysenterie – Die Ursache liegt in verseuchter Nahrung oder im Trinken von Wasser.
Pappatacifieber – Bei diesem Fieber zeigen sich ähnliche Symptome wie bei Malaria. Viel Wasser oder andere Flüssigkeiten trinken; rasten, bis das Fieber nachläßt.
Fleckfieber – In tropischen Gegenden gibt es mehrere Arten von Fleckfieber, unter denen sich das durch Flöhe und das durch Läuse übertragene findet. Die allgemeinen Symptome sind starke Kopfschmerzen, Schwäche, Fieber und Schmerzen überall am Körper. Der Kranke hat meist eine düstere Hautfarbe und kann einen rosiggesprenkelten oder fleckigen Ausschlag entwickeln. Bei einigen unbehandelten Fleckfieberformen liegt die Sterblichkeitsrate bei bis zu 40%. Strikte persönliche Hygiene, Vermeidung von Kontakt mit laus- oder flohbefallenen Nagetieren und Vermeidung milbenbefallener Grasgebiete sind äußerst wichtig. Das von Läusen übertragene Fleckfieber verläuft bei geimpften Erwachsenen leicht und manchmal sogar unerkannt. Impfungen beizeiten auffrischen lassen.
Erschöpfung – Die Kombination von Hitze und Feuchtigkeit in den Tropen entzieht dem Körper die Energie schneller als in anderen Teilen der Welt. Körperliche Aktivitäten gut einteilen und viel rasten.
Durch Ersetzen des durch Schwitzen verlorenen Wassers und Salzes Hitzeerschöpfung, Hitzekrämpfe oder Hitzschlag vermeiden. Viel trinken; wenn Salz zur Verfügung steht, zwei Salztabletten in etwa einem Liter Wasser auflösen. Wenn sich die Wirkungen der Hitze bemerkbar machen, im Schatten ausruhen und alle 15 Minuten einen halben Liter dieses Salzwassers trinken. Diese Behandlung fortsetzen, bis Besserung eintritt.

Immersionsfuß – Durch Immersionsfuß wurden in Vietnam mehr Soldaten aus dem Verkehr gezogen als durch Schießfallen und Landminen zusammen. Außer in der Art, wie er verursacht wird, entspricht der Immersionsfuß dem Schützengrabenfuß. Er entsteht, wenn die Füße für einen längeren Zeitraum, meist über zwölf Stunden, in Wasser getaucht werden oder dauernd naß sind.
Es gibt zwei Arten von Immersionsfuß. Die erste beschränkt sich auf die Fußsohlen und wird »Warmwasserimmersionsfuß« genannt. Er tritt dort auf, wo viele Bäche, Flüsse, Kanäle und Sümpfe mit trockenem Boden dazwischen zu überqueren sind. Nach etwa drei Tagen wird die dicke Außenhaut an den Fußsohlen weiß und runzlig. Einige der Falten auf den Fußsohlen werden beim Gehen sehr empfindlich. Während der nächsten zwei oder drei Tage wird der Schmerz stärker, und die Füße schwellen leicht an. Wenn die Stiefel ausgezogen werden, kann man sie unter Umständen wegen der Schmerzen und Schwellungen nicht wieder anziehen. Am größten ist der Schmerz an den Fersen und Fußballen. Der Betroffene hat das Gefühl, im Stiefel auf Seilstücken zu laufen. Die einzige Behandlung besteht in einer Ruhepause mit ausgezogenen Stiefeln und Strümpfen. Dafür sorgen, daß die Haut trocknet und trocken bleibt. In etwa einem Tag verschwinden Runzeln, Weißheit und die durch die Nässe hervorgerufene Weichheit. Der Schmerz hört auf, obgleich die Fußsohlen beim Gehen noch ein paar Tage empfindlich bleiben. In drei bis sechs Tagen beginnt sich die dicke Haut auf den Fußsohlen zu schälen.
Die zweite Art wird »Reisfuß« genannt. Dabei sind auch Fußoberteile und Beine betroffen. Sie kommt häufig dort vor, wo man durch lehmige Reisfelder, Sümpfe, Bäche, Flüsse und Kanäle waten muß und die Füße und Beine nahezu dauernd im Wasser sind. Diese Fußkrankheit tritt besonders häufig auf, wenn die Temperaturen von Wasser oder Lehm bei etwa 30° Celsius oder höher liegen.
Betroffen sind die Fußoberseite, die Knöchel und die Beine bis hinauf zum Stiefelschaft. Innerhalb zwei bis drei Tagen rötet sich die Haut, entwickelt sich eine Zellulitis, und die betroffenen Teile schwellen stark an. Die Schwellung führt zu starken Schmerzen und Empfindlichkeit, und die Haut ist gespannt und hart. Dadurch wird sie leicht geprellt und zerkratzt. Das Scheuern der Stiefel gegen die weiche, feuchte Haut kann zu großflächigen und tiefen Hautabschürfungen führen. Bei 50% der von »Reisfuß« Betroffenen entwickeln sich empfindliche, geschwollene Lymphknoten in der Leiste. Auch leichtes bis mäßiges Fieber (38–40° C) ist möglich.
Zur Behandlung in eine trockene Gegend begeben, Stiefel und Strümpfe ausziehen und mit angehobenen Füßen rasten. Innerhalb sechs Stunden wird das Ödem weich und narbig. Nach Druck mit dem Finger bleiben Beulen zurück. Schmerzen, Schwellungen und Fieber verschwinden nach ein paar Rasttagen.
Um die Krankheit im Anfangsstadium aufzuhalten, die nasse Haut an Füßen und Beinen zehn Stunden lang austrocknen lassen.

WASSER

Im Dschungel Wasser zu finden, ist normalerweise nicht schwierig. Hier ein paar Tips:

1. Das Wasser aus klaren schnellfließenden Flüssen mit Kieselsteinen ist eine ideale Quelle zum Trinken und Baden. Wasser vor dem Trinken jedoch auf jeden Fall abkochen oder chemisch behandeln.
2. Aus lehmigen Flüssen oder Seen läßt sich nahezu klares Wasser gewinnen, indem man an Land etwa 30 cm bis 1,8 m vom Ufer entfernt ein Loch gräbt. Das Wasser hineinsickern lassen und warten, bis der Schmutz sich setzt.

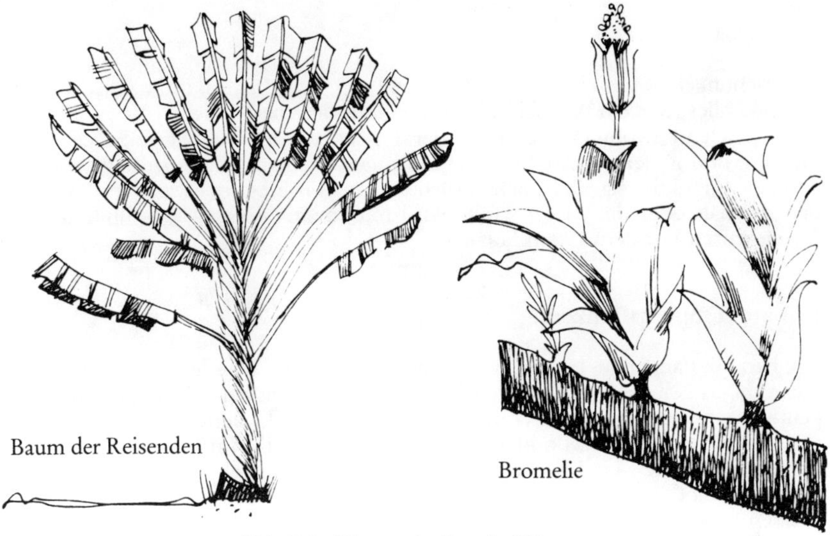

Abb. 7.2: Wasserhaltende Pflanzen

3. Aus rankenden und anderen Pflanzen läßt sich Wasser gewinnen. Nicht alle Kletterpflanzen ergeben gutschmeckendes Wasser, ein Versuch lohnt sich aber immer. Kletterpflanzen auf die folgende Art anzapfen. Sie funktioniert bei allen Arten:
   - So hoch wie möglich eine tiefe Kerbe in die Pflanze schlagen.
   - Die Kletterpflanze nahe am Boden abschneiden und das Wasser in den Mund oder einen Behälter tropfen lassen.
   - Wenn das Wasser zu tropfen aufhört, ein weiteres Stück an der Spitze abschneiden. Auf diese Art weitermachen, bis keine Flüssigkeit mehr vorhanden ist.

   Kokosnüsse liefern, besonders wenn sie noch grün sind, eine Milch, die gut schmeckt und nahrhaft ist – in kleinen Mengen. Dieser Saft ist ein starkes Abführmittel. Ein zuckriger Saft läßt sich durch Abschneiden der Blütenähren gewinnen. Kokosnüsse gibt es das ganze Jahr hindurch. Auch aus der Bori-, Nipa-, Zucker- und anderen Palmen läßt sich ein trinkbarer zuckriger Saft gewinnen.

Wasserhaltende Pflanzen

In den hohlen Stellen zwischen den einzelnen Gliedern des Bambusstammes findet sich oft Wasser. Den Stamm alter, gelblicher Gewächse schütteln. Wenn ein gurgelndes Geräusch zu hören ist, die Verbindungsstellen unten einschneiden und das Wasser in einem Behälter auffangen.
In den amerikanischen Tropen findet sich in den überlappenden, dichtwachsenden Blättern der ananasähnlichen Bromelie häufig eine beträchtliche Menge Regenwasser. Dieses Wasser durch ein Tuch seihen, um es vom größten Teil des Schmutzes und von Wasserinsekten zu reinigen.
Weitere Pflanzen, aus denen sich Wasser holen läßt, sind der Baum der Reisenden in Madagaskar, der Regenschirmbaum im westlichen tropischen Afrika und der Affenbrotbaum in Nordaustralien und Afrika.

Im Dschungel gibt es ein Übermaß an Nahrung, manches davon mag jedoch giftig sein. Alles, was ein Affe frißt, ist generell für den menschlichen Verzehr geeignet. In vielen bewohnten Gegenden der Tropen werden kultivierte Früchte und Gemüse und andere Nahrungsmittel mit menschlichem Abfall gedüngt und bilden eine Krankheitsquelle. Solche Früchte niemals roh essen, es sei denn, sie werden geschält oder die äußere Hülle wird mit einem Messer abgeschnitten. Alle Gemüsearten vor dem Essen kochen.

Eßbare Tropenpflanzen

Die baumbestandenen Tropen bieten dem gestrandeten Überlebenden eine große Auswahl an Nahrung, die meisten Leute sind jedoch mit der Mehrzahl der Tropenpflanzen nicht vertraut. Vom amerikanischen Markt kennen wir die Kokosnuß, die Banane, Ananas und Zitrusfrüchte, aber es gibt im wahrsten Sinne des Wortes Hunderte von Pflanzen, die bei uns nahezu unbekannt sind. In diesem Handbuch finden sich Illustrationen zu mehreren Arten von weitverbreiteten tropischen Früchten und Gemüsen zusammen mit ergänzenden Informationen, wie und wo andere Arten von wilden eßbaren Tropenpflanzen zu finden sind.
Auch Giftpflanzen gibt es in den Tropen, jedoch im Vergleich zu den nichtgiftigen Arten in nicht größerer Zahl als in den Vereinigten Staaten. Bei der Wahl nach den Hinweisen zur Eßbarkeit in Kapitel 6 »Grundlegende Überlebensfähigkeiten« vorgehen.
Das Pflanzenleben oberhalb der Baumgrenze in den Hochgebirgen der Tropen ist in vieler Hinsicht dem des hohen Nordens und der Arktis ähnlich. Für den Fall, daß man in solchen Gegenden aus dem Land leben muß, nach den Hinweisen in Kapitel 9 »Überleben in der Kälte« richten.
Tropische Nährpflanzen kommen in großer Menge auf offenen Waldlichtungen, an der Küste, an Flußufern und in Sümpfen vor. Die feuchten, dichten Regenwälder sind schlechte Stellen, um nach Nahrung zu suchen.
Die besten Stellen für Nährpflanzen sind aufgegebene Anpflanzungen. Dort gibt es noch lange, nachdem die Felder aufgegeben wurden, kultivierte Pflanzenformen. Diese Stellen sind entlang der Küste und an Flußufern oder auch im Landesinneren zu finden. Nahezu alle in so einer Anpflanzung gefundenen Pflanzen sind eßbar.
Als erstes nach Früchten, Nüssen oder Samen Ausschau halten. Sie lassen sich direkt als Proviant verwenden. Die zarten Enden oder stärkehaltigen Mittelteile einiger Palmen, junge Bambusschößlinge, Wurzeln oder Gräser und die Schößlinge und Blütenknospen der wilden Banane sind alle gute Nahrungsquellen. In den feuchten Tropen findet sich normalerweise eine Unzahl von Farnen, die gutes Gemüse ergeben. Selbst wenn keine Nahrung vorhanden ist, kann man noch die zarten Zweige vieler Pflanzen kauen; die meisten Arten haben einen gewissen Nährwert.

Knollen. Zu den tropischen Knollen gehören Taro (Wasserbrotwurzel), Wilde Kartoffel, und eine Reihe von Jamswurzeln.
Taro – wächst in feuchten, bewaldeten Gegenden nahezu aller tropischen Länder. Diese große, glatthäutige Bodenpflanze hat lange, breite (herzförmige), spitze, lindgrüne Blätter, die einzeln aus dem Hauptstamm wachsen. Die gelb-orange, tulpenförmige Blüte hat einen Durchmesser von etwa 10 cm. Die eßbare Knolle wächst knapp unter der Erde. Sie muß gekocht werden, um irritierende Kristalle zu zerstören. Nach dem Kochen wie eine Kartoffel essen.

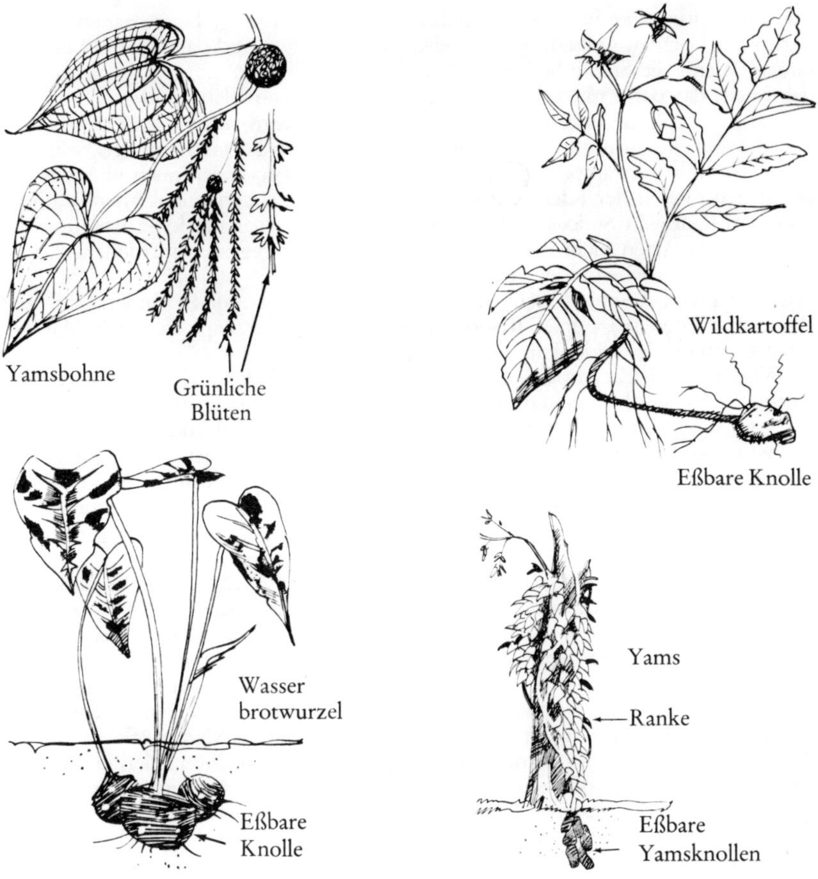

Abb. 7.3:Eßbare Knollen und Yamswurzeln

Wilde Kartoffel – Wie alle Knollen wächst die Wilde Kartoffel unter der Erde und muß ausgegraben, dann durch Kochen oder Rösten zubereitet werden. Die Pflanze ist klein und in der ganzen Welt zu finden, besonders aber in den Tropen. Diese Art von Kartoffel ist giftig, wenn sie ungekocht gegessen wird.
Jamswurzeln – Sowohl die Ranken über als auch die Knollen unter der Erde sind eßbar. Es gibt in den tropischen und subtropischen Teilen der Welt mindestens 700 Arten von Jamswurzeln. Nicht mit der Süßkartoffel oder dem sogenannten Jams verwechseln, das auf den amerikanischen Märkten verkauft wird; das sind keine echten Jamswurzeln, sondern Verwandte der Winde.
Jamswurzeln finden sich in aufgegebenen Gärten der Eingeborenen, auf Lichtungen in Dschungelgebieten und in nicht zu dicht bewaldeten Gegenden. Alle Arten kochen. Ein paar Spezies sind giftig, wenn sie frisch gegessen werden. Alle Arten können ohne Befürchtungen gegessen werden, wenn sie in dünne Scheiben geschnitten, mit Holzasche bedeckt und dann im Fluß oder in Salzwasser drei bis vier Tage eingeweicht werden. Dadurch werden die giftigen Teile einiger wilder Arten beseitigt.

Die Zubereitungsmethode der Eingeborenen für nichtgiftige Jamswurzeln besteht darin, ein Loch zu graben, große Steine hineinzulegen und darüber ein Feuer zu bauen. Wenn die Steine heiß sind, kommen die Wurzeln auf grünen Blättern in das Loch, das dann mit Palmen- oder anderen großen Blättern abgedeckt wird. Es kann auch Erde über den Blättern aufgehäuft werden. In etwa einer halben Stunde sind die Jamswurzeln gut durch. Jamswurzeln können auch gekocht und wie Kartoffeln zerstampft werden. Die Jamspflanze produziert auch über der Erde an den Stielen der Kletterpflanze Knollen. Diese sogenannten »Jamsbohnen« kommen häufig in Südostasien vor. Wenn aber eine genaue Identifizierung der nichtgiftigen Arten nicht möglich ist, sollten sie nur gegessen werden, wenn sie wie oben beschrieben eingeweicht wurden.

Andere Gemüse. Weitere leicht zu erkennende und überall zu findende eßbare Pflanzen in den tropischen Regionen sind Keulenlilie, Tapioka (auch Maniokpflanze genannt), Wilde Tulpe und Wilder Kürbis.

Die Keulenlilie – Ist in tropischem Klima, besonders auf den südpazifischen Inseln, zu finden. Sie wird in weiten Gebieten des tropischen Asien angebaut. Sie ist sowohl im wilden als auch kultivierten Zustand zwischen 1,8 und 4,5 Meter hoch. Sie hat große, grobe, glänzende, ledrige Blätter, die ungeordnet an den Enden der dicken Stiele wachsen. Die Blätter sind grün und manchmal rötlich. An der Pflanze wachsen große, federähnliche Blütenbüschel, die normalerweise herunterhängen. Ihre Beeren sind in reifem Zustand rot. Der fleischige Wurzelstock ist eßbar und voller Stärke und sollte am besten gebacken werden.

Die Tapioka- oder Maniokpflanze – Ist in jedem tropischen Klima, besonders in feuchten Gegenden, zu finden. Sie wird 1–2,7 Meter hoch und hat gegliederte Stiele und fingerähnliche Blätter. Es gibt zwei Arten von Maniok mit eßbaren Wurzelstöcken – bitter und süß. Die bittere Art überwiegt in vielen Gebieten und ist giftig, wenn sie nicht gekocht wird. Die Wurzel zu Brei zermahlen und mindestens eine halbe Stunde kochen. Den nassen Brei zu Kuchen formen und backen. Eine andere Art der Zubereitung für die bittere Maniokpflanze besteht darin, große Wurzelstöcke eine Stunde lang zu kochen, sie zu schälen und zu zermahlen. Den Brei pressen und zusammen mit Wasser kneten, um den milchigen Saft zu entfernen. Dünsten und dann in ein Plastikgefäß geben. Die Paste zu kleinen Bällchen verarbeiten und zu dünnen Fladen ausrollen. Diese Fladen in der Sonne trocknen und anschließend gebacken oder geröstet essen. Süße Maniokwurzeln können roh gegessen, als Gemüse geröstet oder zu Mehl verarbeitet werden. Mit diesem Mehl kann man Klöße oder die oben beschriebenen Fladen machen.

Die Wilde Tulpe – Ist in Kleinasien und Mittelasien zu finden. Die Zwiebel der Pflanze kann gekocht und als Kartoffelersatz gegessen werden. Die Pflanze trägt kurzzeitig im Frühling Blüten, die der gewöhnlichen Gartentulpe ähneln, außer daß sie kleiner sind. Bei Fehlen von roten, gelben oder orangefarbenen Blüten läßt sie sich anhand der Samenschote bestimmen.

Der Wilde Kürbis oder Luffa – Gehört zur Familie der Kürbisse und wächst ähnlich wie Wassermelone, Beutelmelone und Gurke. Er wird in den Tropen viel angebaut und ist im wilden Zustand in alten Gärten oder auf Lichtungen zu finden. Die Ranke hat 7 bis 20 cm breite Blätter, und die Frucht ist zylindrisch, glatt und samenreich. Die halbreife Frucht kochen und essen; die zarten Schößlinge, Blüten und jungen Blätter zubereiten und essen. Die Samen können geröstet und wie Erdnüsse gegessen werden.

Wasserkohl – Wächst in den gesamten Tropen der Alten Welt in Afrika und Asien und in den Tropen der Neuen Welt von Florida bis Südamerika. Er ist nur an sehr nassen Stellen als schwimmende Wasserpflanze zu finden. In stehenden Seen, Teichen und Stauwassern nach den kleinen Pflänzchen, die an den Blatträndern wachsen, Ausschau halten. Sie sind rosettenförmig und bedecken oft große

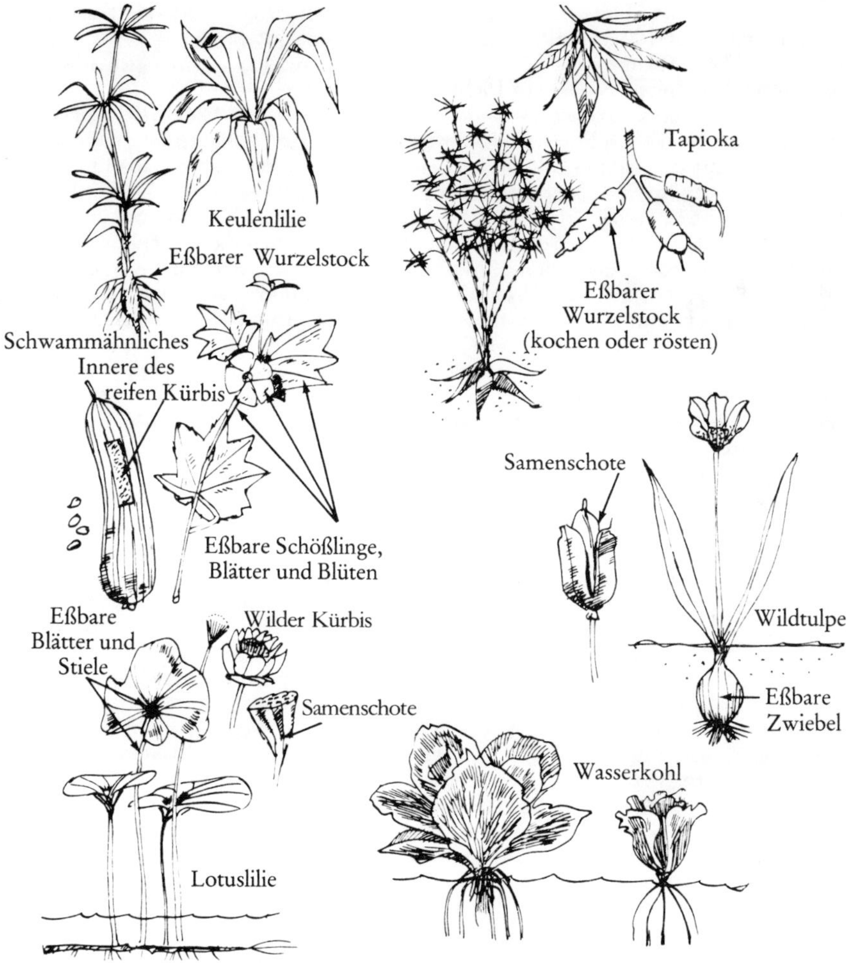

Abb. 7.4: Weitere eßbare Tropenpflanzen

Bereiche in den Regionen, in denen sie zu finden sind. Die Blätter der Pflanze sehen wie Kohl aus und sind sehr zart. Vor dem Essen kochen.

Die Lotoslilie – Wächst in Süßwasser, Seen, Teichen und langsam fließenden Flüssen vom Nilbecken quer durch Asien bis China und Japan sowie südlich nach Indien. Außerdem ist sie auf den Philippinen, in Indonesien, Nordaustralien und den östlichen Vereinigten Staaten zu finden. Die Blätter der Lotoslilie sind schildförmig und 30 bis 90 cm breit. Sie stehen 1,5 bis 1,8 Meter über der Wasseroberfläche und entwickeln rosafarbene, weiße oder gelbe Blüten mit 10 bis 15 cm Durchmesser. Die jungen Stiele und Blätter kochen, dabei aber die rauhe äußere Schicht vor dem Kochen oder Essen entfernen. Auch die Samen sind im Reifezustand eßbar. Den bitteren Keim der Samen herausnehmen, dann kochen oder rösten. Eßbar sind auch die Wurzelstöcke, die bis zu 15 Meter lang werden und knollenförmige Verdickungen aufweisen. Kochen und wie Kartoffeln essen.

Bäume, Schößlinge und Stöcke. Dazu gehören der vielfach zu verwendende Bambus, der Affenbrot- und Meerrettichbaum und viele Palmenarten.
Bambus – Diese Pflanze wächst in den feuchten Gegenden warmer gemäßigter und tropischer Zonen. Sie ist auf Lichtungen, um aufgegebene Gärten, im Wald und an Flüssen und Strömen zu finden. Bambus ähnelt den Mais- und Zuckerrohrpflanzen. Die reifen Stiele sind sehr hart und holzig, wohingegen die jungen Schößlinge zart und saftig sind. Diese jungen Schößlinge wie Spargel abschneiden und die weichen Spitzen nach dem Kochen essen. Frisch geschnittene Schößlinge schmecken bitter, deshalb das Wasser zweimal wechseln. Die harte Schutzhülle um die Wurzeln vor dem Essen entfernen. Eßbar sind auch die Samenkörner des blühenden Bambus. Pulverisieren, Wasser zugeben und zu Fladen verarbeiten oder wie Reis kochen. Andere Verwendungen für Bambus: Die reifen hölzernen Stämme können zum Bau von Unterschlüpfen, Flößen und Kochutensilien verwendet werden.
Affenbrotbaum – Dieser Baum ist im offenen Buschland überall im tropischen Afrika zu finden. Er läßt sich anhand seines enormen Umfangs und dicken Stamms und seiner relativ geringen Größe erkennen. Ein alter, 20 Meter hoher Baum kann durchaus einen Durchmesser von 9 Metern haben. Er entwickelt große weiße Blüten von etwa 8 cm Breite, die lose vom Baum herabhängen. Außerdem trägt der Baum eine mehlige, fleischige Frucht mit vielen Samen. Diese sind eßbar, und die Blätter lassen sich als Suppengemüse verwenden.
Meerrettichbaum – Diese Tropenpflanze ist in Indien heimisch, aber auch in anderen tropischen Ländern Südasiens, Afrikas und Amerikas verbreitet. In aufgegebenen Feldern und Gärten und an Waldrändern nach einem ziemlich niedrigen, 4–13 Meter hohen Baum Ausschau halten. Die Blätter sehen wie Farne aus und können je nach Härte alt oder jung, frisch oder gekocht gegessen werden. An den Zweigenden befinden sich Blüten und lange, hängende Früchte, die wie riesige Bohnen aussehen. Die langen jungen Samenschoten kleinschneiden und wie grüne Bohnen kochen. Junge Samenschoten können gekaut werden, wenn sie frisch sind. Die Wurzeln dieser Pflanze sind scharf im Geschmack und lassen sich wie echter Meerrettich zu Gewürz verarbeiten.
Palmen – In der gesamten tropischen Welt gibt es mindestens 1500 verschiedene Palmenarten. Sie wachsen in nahezu jedem erdenklichen Lebensraum – Küste, Sümpfe, Wüste, Grasland und Dschungel. Palmen finden sich in Größen von nur wenigen bis zu 30 Metern. Manche sind Kletterpflanzen, wie etwa die Schilfpalme. Palmen gibt es in vielen verschiedenen Formen, im allgemeinen sind sie aber leicht zu erkennen. Bei den Blättern gibt es zwei Hauptarten: federartig wie bei der Dattelpalme oder handförmig geteilt wie bei der Fächer- oder Kohlpalme. Die Palmknospe oder der Vegetationspunkt der meisten Palmen ist gekocht oder roh eßbar. Er befindet sich an der Spitze des Baumstammes, oft ziemlich tief versteckt und umgeben von der Blattkrone oder vom schützenden Unterteil des Blattstiels. Einige, jedoch nicht alle Palmknospen sind bitter. Der Saft vieler Palmen ist trinkbar und nahrhaft.
Die Nüsse von Palmen hängen im allgemeinen in Büscheln unterhalb der Blattkrone. Die Nüsse aller Palmen der Neuen Welt sind eßbar, obgleich manche holzig sind und daher nicht gut schmecken. Sie sind alle ungiftig. Die Nüsse von Palmen der Alten Welt – Fischschwanz- und Zuckerpalmen – enthalten mikroskopisch kleine stechende Kristalle, die beim Essen sofort starken Schmerz hervorrufen. Die Früchte der meisten Palmen der Alten Welt sind jedoch eßbar, wenn sie nicht zu holzig sind.
Große Mengen eßbarer Stärke befinden sich in den Stämmen der Sago-, Zucker-, Fischschwanz- und Riesenburipalme. Diese Palmen kommen hauptsächlich in Südostasien und auf den angrenzenden indonesischen Inseln vor. Eine weitere Pflanze, die wie eine Kreuzung zwischen Baumfarn und Palme aussehende und

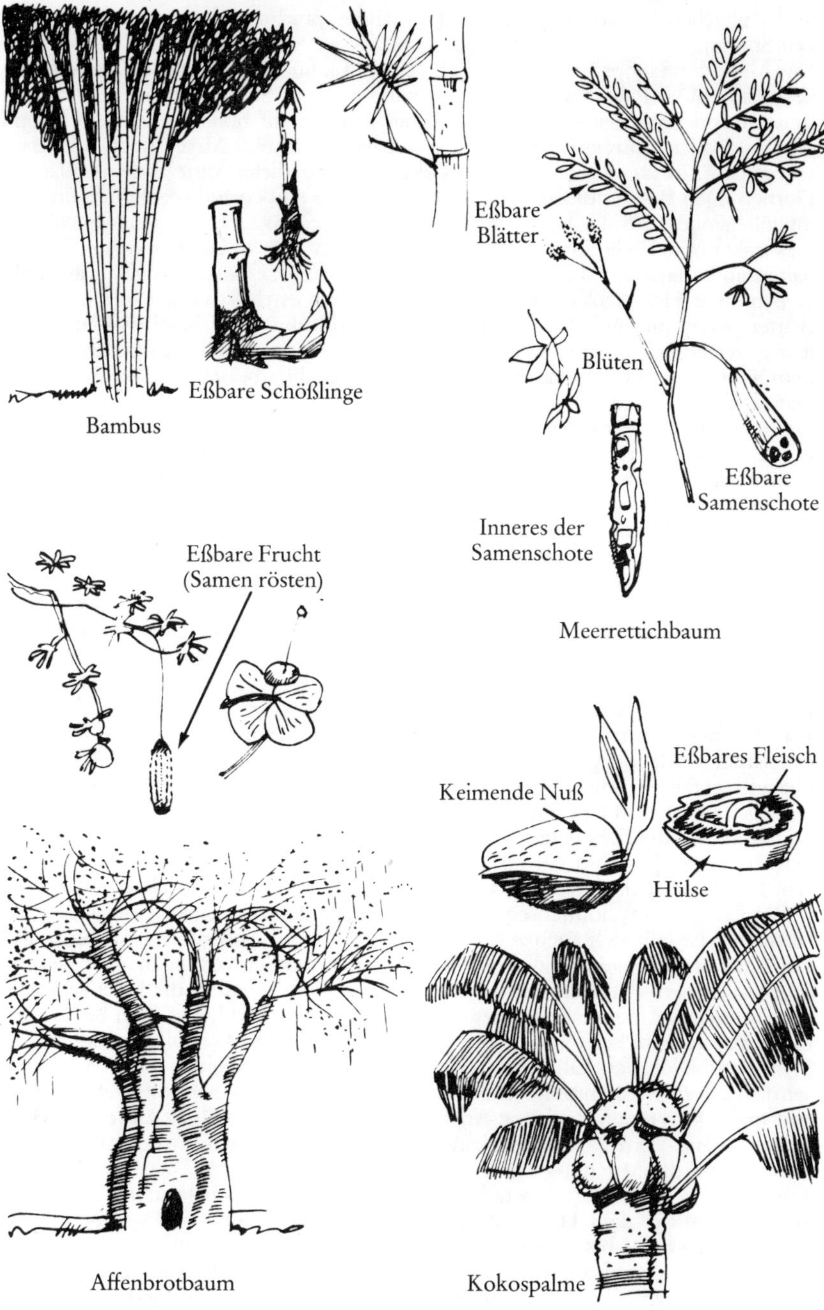

Abb. 7.5: Nahrung aus tropischen Bäumen und Stengeln

in der gleichen Gegend beheimatete Farnpalme, produziert Stärke aus ihrem dikken Stamm.
Das Mark der Sagopalme wird im Südwestpazifik und in Südostasien als Nahrung verwendet. Die Palme wächst wild in nahezu jedem Sumpf und in den meisten Flüssen und Seen. Sie wird oft von Eingeborenen auf höher gelegenem Grund gepflanzt oder kultiviert. Sagopalmen werden bis zu 7,5 Meter hoch und etwa 60 cm dick. Ihre federähnlichen Wedel haben eine dicke Mittelrippe mit langen Dornen. Den Baum vor der Blüte fällen; dann die Außenrinde entfernen und das innenliegende Mark freilegen. In einem Trog aus dem Unterteil eines Sagostammes zerstampfen oder kneten. Das stärkehaltige Wasser in einen anderen Sagobehälter laufen lassen, wo es sich als feines Mehl absetzt. Überschüssiges Wasser abgießen. Wie Haferschleim in Wasser kochen, bis es dick wird. Löffelweise auf Blätter geben und abkühlen lassen. Diese gelatineähnlichen Kuchen können sofort gegessen oder mehrere Tage aufbewahrt werden. Durch Ausbacken auf einem Stein oder auf Ton lassen sich auch Pfannkuchen herstellen. Weiterhin können Scheiben des Marks gebacken werden.
Die Kokospalme wird in vielen Gegenden angebaut und wächst wild fast überall in den feuchten Tropen, besonders an der Ostküste Afrikas; des tropischen Amerika, Asien und der südpazifischen Inseln. Sie wächst überwiegend an der Küste, kommt jedoch auch weiter im Landesinneren vor. An Wüstenküsten, und zwar besonders an kontinentalen Westküsten, ist sie nicht sehr häufig. Die Knospe oder das Herz der Kokospalme ist, gekocht oder roh, ein ausgezeichnetes Gemüse. Diese Delikatesse wird »Millionärssalat« genannt.
Die Schale der jungen Nuß kann insgesamt oder teilweise süß sein; falls das der Fall ist, wie Zuckerrohr kauen. Die Kokosmilch trinken. Eine junge Nuß gibt besonders im Geleestadium, wenn das Fleisch weich ist, bis zu einem Liter kalte Flüssigkeit. In einer reifen Nuß gluckert es, wenn sie geschüttelt wird. Jedoch nicht aus sehr jungen oder sehr alten Nüssen trinken.
Das Nußfleisch zermahlen oder kleinhacken, wenn es fester wird; dadurch wird es leichter verdaulich.
Heruntergefallene Nüsse keimen, wo sie liegen. In diesen Nüssen finden sich keine Milch und kein Fleisch mehr, sondern die Höhle ist gefüllt mit einer schwammigen Masse, die Brot genannt wird. Roh oder in einer Muschel über dem Feuer geröstet essen. Es schmeckt gut und ist sehr nahrhaft. Die Keime wie Sellerie essen. Die Kokospalme bietet noch viele weitere Nutzungsmöglichkeiten. Kokosnußöl ist ein gutes Sonnenschutzmittel und hält Parasitenlarven und andere Insekten ab. Es läßt sich auch zum Kochen verwenden. Außerdem ist Kokosnußöl ein gutes Mittel gegen Salzwasserentzündungen und Schwellungen. Vor dem Fischen auf einem Riff Beine und Füße mit Öl einreiben, damit die Haut selbst bei vielstündigem Aufenthalt in Salzwasser in gutem Zustand bleibt. Um Kokosnußöl zu bekommen, setzt man einfach das Fleisch der Kokosnuß der Sonne aus. Schneller bildet sich Öl, wenn das Fleisch vorher zermahlen oder zerstampft wird. Auch durch Erhitzen des Kokosnußfleisches über einem kleinen Feuer erhält man Öl. Wenn irgend eine Art Kochbehälter oder ein Stück aus einem Bambusbaum zur Verfügung steht, kann man Kokosnußfleisch auch in Wasser kochen. Wenn die Mischung abkühlt, steigt das Öl nach oben.
Früchte, Nüsse und Beeren. Überall in den Tropen finden sich Früchte, Nüsse und Beeren in großer Zahl. Himbeeren, Brombeeren und Maulbeeren wachsen in den Tropen manchmal bis in große Höhen. Sie sehen den von zu Hause bekannten Formen ausreichend ähnlich, um leicht erkannt zu werden. Einige sind möglicherweise zu samenhaltig, um noch gut zu schmecken, sie sind jedoch nicht gefährlich.
Zu den wilden tropischen Nüssen gehören die Kokosnuß (siehe unter Palmen), die Acajounuß und die tropische Mandel.

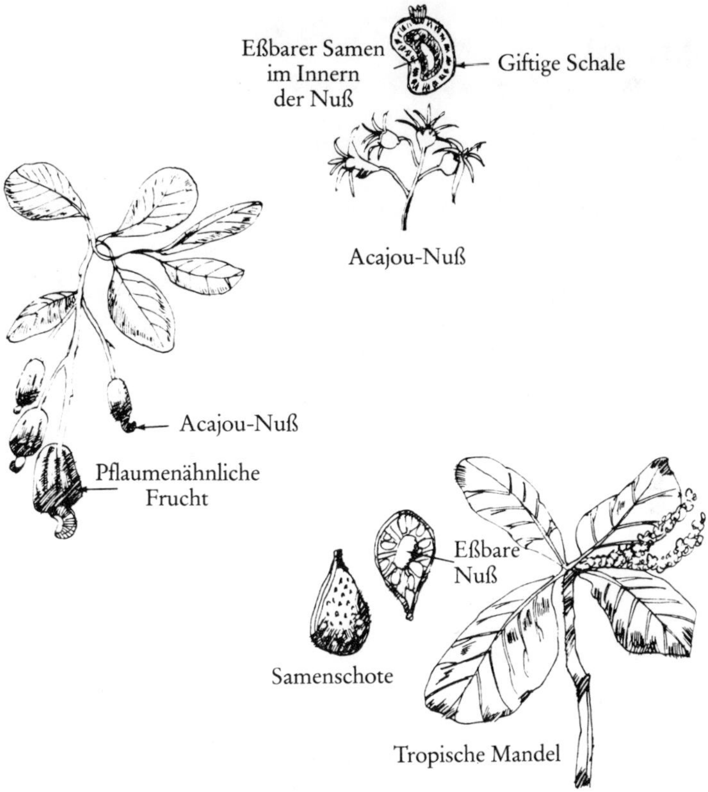

Abb. 7.6: Eßbare Nüsse

Acajounuß – Diese Nuß wächst in allen tropischen Klimazonen auf einem breitausladenden immergrünen Baum, der bis zu 12 Meter hoch wird. Die Blätter sind normalerweise etwa 20 cm lang und 10 cm breit; die Blumen sind gelblich-rosa. Die Frucht ist im Reifezustand dick, birnenförmig, fleischig und rot oder gelb mit einer an der Spitze wachsenden nierenförmigen Nuß. Diese Nuß umschließt ein Samenkorn und ist geröstet eßbar. Die grüne Schale um die Nuß enthält ein irritierendes Gift, das wie der Giftsumach auf Augen und Zunge Blasen hervorruft. Dieses Gift wird beim Rösten zerstört. Beim Rösten oder Kochen der Acajounuß ist jedoch Vorsicht geboten, weil der Dampf oder Rauch zu vorübergehender oder dauernder Blindheit führen kann.

Tropische Mandel – Der Indische oder Tropische Mandelbaum ist in allen tropischen Ländern verbreitet und in aufgegebenen Feldern, Gärten, an Straßenrändern und sandigen Meeresküsten zu finden. Die eßbaren Samen oder Kerne, die an den Zweigspitzen wachsen, sind von einer schwammartigen, 2,5 bis 7,5 cm langen Schale umgeben. Diese Kerne haben einen mandelähnlichen Geschmack und eine mandelähnliche Konsistenz.

Früchte bilden die vielleicht reichlichste Nahrungsquelle in den Tropen. Zu den im Übermaß zu findenden Früchten gehören Bananen und Pisangfeigen, Papayas, Bengalische Quitte, wilde Feigen, Brotfrucht und Malabarapfel.

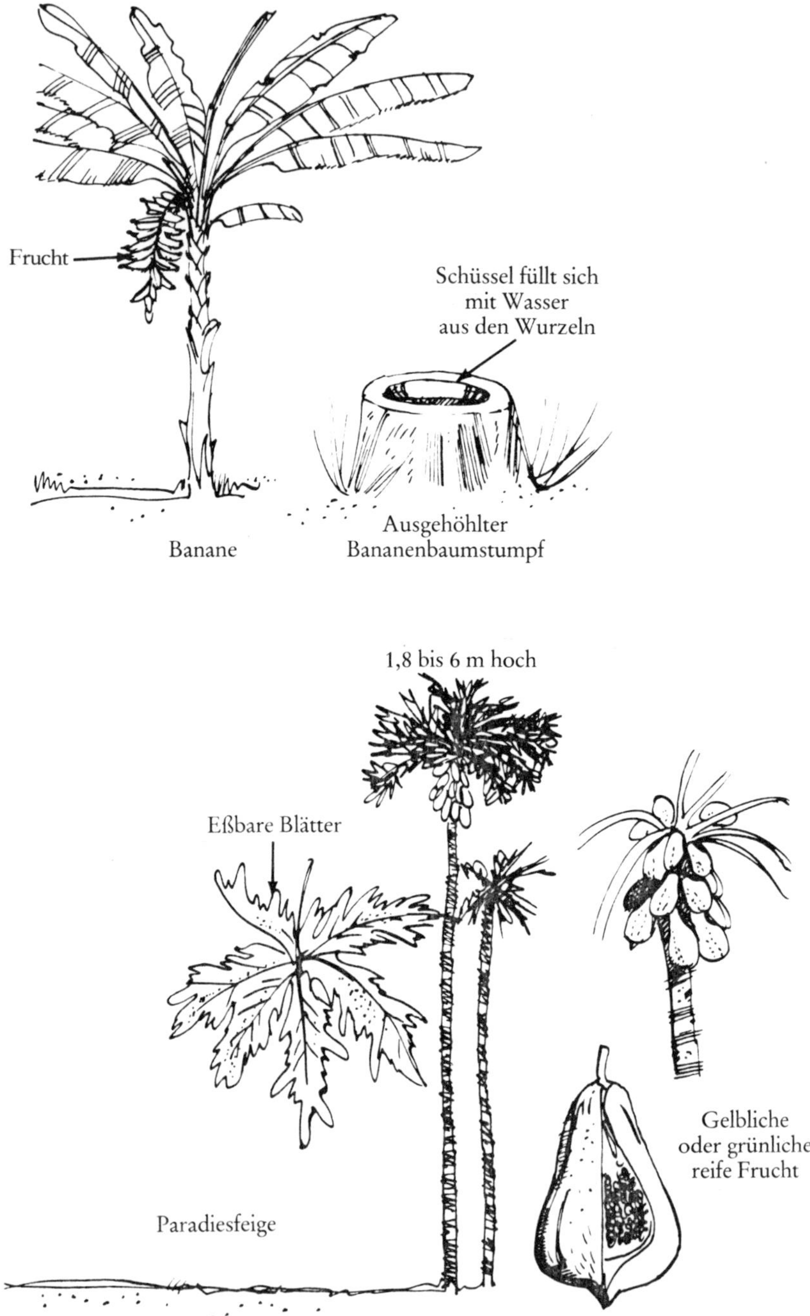

Abb. 7.7: Tropenfrüchte

Bananen und Pisangfeigen – kommen überall in den Tropen und Subtropen vor; reife Bananen, wie man sie im Laden findet, kommen nur selten auf den Pflanzen vor, weil Vögel, Fledermäuse, Insekten und andere Lebewesen schneller sind. Pisangfeigen sind im allgemeinen dunkelgrün, braun, gelb oder orangefarben und sehen wie unreife Bananen aus. Grüne Bananen sind eßbar, wenn sie gekocht, gebraten oder geröstet werden. Pisangfeigen werden selbst im Reifezustand nicht weich und müssen geröstet oder gekocht werden. Auch die Blütenknospen und zarten Zweigspitzen am oberen Ende des Stamms beider Pflanzenarten sind eßbar. Reife Bananen können aufbewahrt werden, wenn man sie in Stücke schneidet und die Stücke in der Sonne trocknet. Die zarten Schößlinge, die weichen inneren Teile der dicken Wurzel und das zarte Herz des Stammunterteils können roh oder gekocht gegessen werden. Keine wilde Banane ist giftig. Bananenblätter sind robust. Als Teller, Ersatz für Einwickelpapier und Dachdeckmaterial verwenden.
Papaya – Dieser Baum wächst in allen tropischen Ländern, insbesondere in feuchten Gegenden. Er ist um Lichtungen und frühere Ansiedlungen herum und auch an offenen, sonnigen Stellen in unbewohnten Dschungelgebieten zu finden. Der Papayabaum wird 1,8 bis 6 Meter hoch und hat einen weichen hohlen Stamm, der unter dem Körpergewicht eines Menschen bricht. Dieser Stamm ist rauh, und die Blätter drängen sich an der Spitze. Die gelbe oder grünliche Frucht wächst zwischen und unter den Blättern direkt aus dem Stamm und ist kürbisförmig. Sie ist reich an Vitamin C und kann roh oder gekocht gegessen werden. Fleisch wird zart, wenn man den milchigen Saft der unreifen Frucht einmassiert. Wenn dieser Saft an die Augen gelangt, verursacht er starken Schmerz und zeitweilige oder selbst dauernde Blindheit. Die jungen Papayablätter, Blüten und Stiele sind ebenfalls eßbar. Sorgfältig kochen und das Wasser mindestens zweimal wechseln.
Bengalische Quitte – Diese Frucht wächst auf kleinen, zitrusähnlichen Bäumen und ist mit Orangen, Zitronen und Pampelmusen verwandt. Sie wächst wild in den an den Himalaya angrenzenden Gebieten Indiens, in Zentral- und Südindien und in Burma. Der Baum ist 2,4 bis 4,5 Meter hoch mit einem dichten und dornigen Wuchs, die Frucht hat etwa 5 bis 10 cm Durchmesser, ist grau oder gelblich und voll von Samen. Die Frucht essen, wenn sie gerade reif wird, oder den Saft mit Wasser zu einem sauren, aber erfrischenden Getränk mixen. Wie alle anderen Zitrusfrüchte ist sie reich an Vitamin C.
Wilde Feigen – die meisten der 800 Arten von wilden Feigen wachsen in tropischen und subtropischen Gegenden mit viel Regen; ein paar Wüstenarten existieren jedoch auch in Amerika. Die Bäume sind immergrün und haben große, ledrige Blätter. In aufgegebenen Gärten, an Straßen und Wegen und auf Feldern nach einem Baum mit langen Luftwurzeln, die aus Stamm und Zweigen wachsen, Ausschau halten. Die Frucht wächst direkt an den Zweigen und ähnelt einer Birne. Viele Arten sind hart und holzig und mit irritierenden Haaren bedeckt; diese sind als Überlebensproviant wertlos. Die eßbare Art ist im Reifezustand weich, nahezu haarlos und grün, rot oder schwarz.
Brotfrucht – Der Brotfruchtbaum ist überall in den Tropen heimisch. Er wird bis zu 12 Meter hoch und hat ledrige Blätter von 30 bis 90 cm Länge. Die Frucht ist im Reifezustand köstlich und kann roh, gekocht oder gegrillt gegessen werden. Um sie roh zu essen, erst die Haut entfernen; dann Fruchtfleischstücke herauspikken, um sie von den Samen zu trennen, und die harte äußere Schale wegwerfen. Um sie gekocht zu essen, in kleine Stücke schneiden und zehn Minuten kochen. Zum Grillen die Frucht auskratzen und den Stiel entfernen.
Malabarapfel – Dieser Baum ist in der indisch-malaiischen Region heimisch, wird aber auch in den meisten anderen tropischen Ländern angepflanzt. Eine halbwilde Abart des 3–9 Meter hohen Baumes kommt auch in Dickichten, an Mülldeponien und in Sekundärwäldern vor. Er hat spitz zulaufende Blätter von etwa

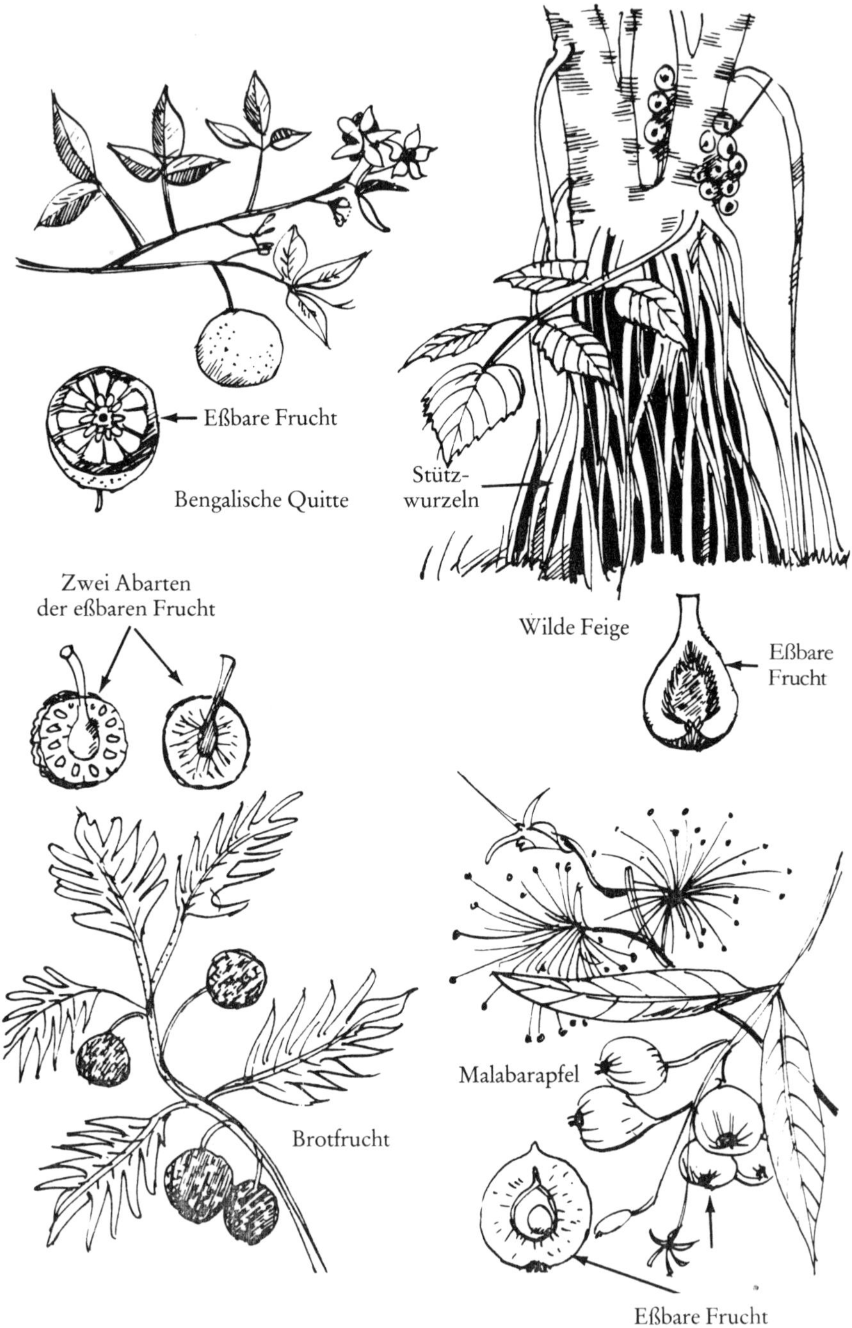

Abb. 7.7: Tropenfrüchte

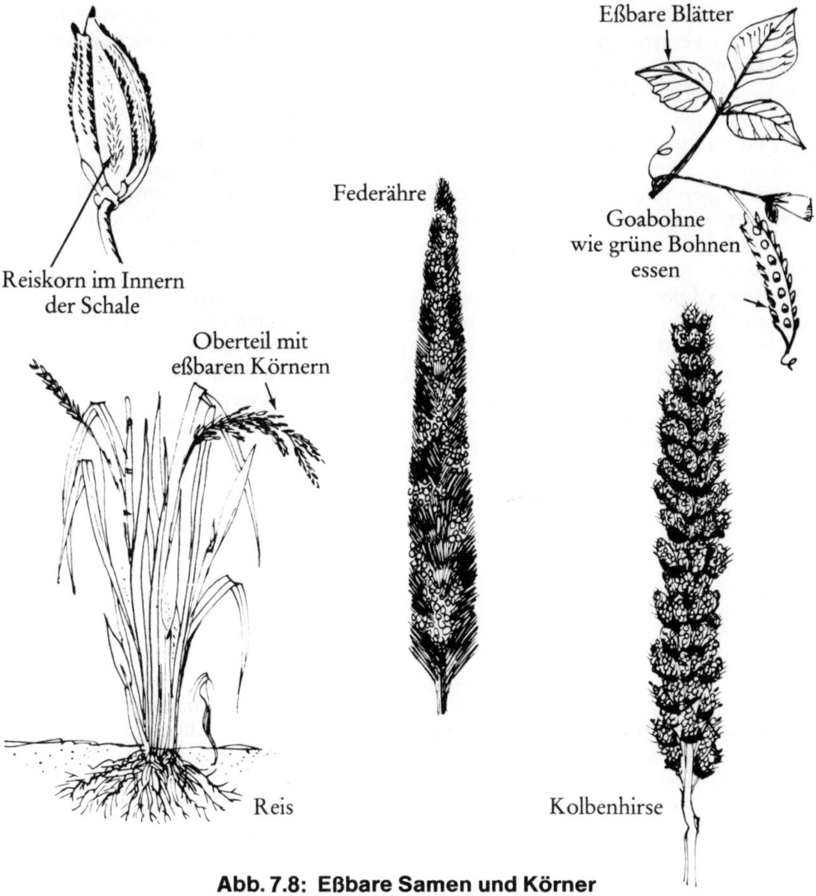

Abb. 7.8: Eßbare Samen und Körner

20 cm Länge und grünlich-weiße Blüten mit etwa 7 cm Durchmesser. Die Frucht hat einen Durchmesser von etwa 5 cm, ist grünlich oder gelb und hat einen rosenähnlichen Duft. Sie schmeckt ausgezeichnet frisch oder mit Honig oder Palmensaft gekocht.

Samen und Körner. Reis wächst überall auf der Welt wild und ist in den Tropen in feuchten, tiefliegenden Gebieten zu finden. Hirse, eine Verwandte von Reis, kommt in weiten Bereichen der Alten Welt (Europa, Asien, Afrika und Naher Osten), in Indien und in den wärmeren Gebieten Südamerikas vor.
Die folgenden vier Arten von Samen und Körnern sind überall in den Tropen zu finden:
Reis – Reis wächst normalerweise als Kulturpflanze in feuchten Gegenden. Er ist in tropischen, warmen und gemäßigten Klimazonen überall auf der Welt zu finden; wilden Reis gibt es in Asien, Afrika und Teilen der Vereinigten Staaten. Das grobe Gras mit seinen rauhen, harten Halmen, die etwa ein bis fünf Zentimeter breit sind, wird etwa 90 cm bis 1,2 Meter hoch. Die Reiskörner wachsen in einer haarigen, strohfarbenen Hülle, aus der sie im Reifezustand herausfallen. Diese

Reiskörner rösten und zu einem feinen Mehl zermahlen. Das Mehl mit Palmenöl zu Fladen verarbeiten. Diese Fladen in große grüne Blätter einwickeln und als Reserveproviant mitnehmen. Reis kann auch gekocht werden.
Goabohne – Diese Pflanze wächst im tropischen Afrika, Asien, Ostindien, auf den Pilippinen und Formosa. Die Bohne ist eßbar und in den Tropen auf Lichtungen und um aufgegebene Gärten herum zu finden. Es handelt sich um eine Kletterpflanze, die Bäume und Büsche bedeckt, mit etwa 20 cm langen Bohnen und 15 cm langen Blättern und leuchtend blauen Blüten. Die reifen Schoten sind viereckig und gezackt. Die jungen Schoten wie grüne Bohnen essen; die reifen Samen über Holzkohle rösten. Die Wurzeln roh und die jungen Blätter roh oder gedünstet essen.
Federähre – Diese Hirseart ist in Indien und Teilen Südostasiens, Arabiens, Ägyptens und in den wärmeren Gegenden Afrikas und Südamerikas in aufgegebenen Feldern zu finden. Das Hirsekorn wird pulverisiert und kann als Porridge zubereitet, zu Fladen verarbeitet oder zum Andicken einer Soße oder Suppe verwendet werden. Die Federähre hat einen sehr hohen Nährwert.
Kolbenhirse – Die Kolbenhirse ist in Korea und Nordchina zu finden, wird aber auch überall dort in Asien und Afrika angebaut, wo der Reisanbau nicht möglich ist. Die Kolbenhirse ist eine Art eines unserer herkömmlichen Hausgräser. Das kleine gelbliche Korn findet sich massenhaft in der Ähre. Pulverisiert und als Porridge gegessen oder zu Fladen verarbeitet, hat es einen sehr hohen Nährwert.

Fische

Es gibt nur sehr wenige giftige Fische in tropischen Gewässern mit Süßwasser, bei einigen Arten ist die Handhabung jedoch gefährlich. Dazu gehören Stachelfische wie Welse, Fische mit gefährlichen Zähnen wie die Piranhas und bestimmte Fische, die elektrische Schläge austeilen, wie Zitteraale und Katzenfische. Nur die Fische, die Schläge austeilen, können nicht sicher zu Nahrung verarbeitet werden (siehe den Abschnitt »Umweltgefahren« in diesem Kapitel).
Von jedem Fisch nur kleine Portionen essen. Wenn nach etwa zwanzig Minuten keine Anzeichen für eine Krankheit auftreten, kann man unbesorgt weiteressen. Fisch verdirbt in den Tropen schnell und sollte bald nach dem Fang gegessen werden. Niemals Innereien oder Rogen tropischer Fische essen.

An tropischen Ufern

In und an den tropischen Meeren und Meereszuflüssen gibt es viele eßbare und gefährliche Meerestiere. Zu Informationen über das tropische Meeresleben siehe Kapitel 10 »Überleben auf See und an der Küste«.
Vergiften von Fischen. Allgemeine Informationen zum Fischfang finden sich in Kapitel 6. In den Tropen gibt es jedoch verschiedene Pflanzen und andere Materialien, mit denen die Eingeborenen Fische vergiften. Das Gift in diesen Substanzen ist nur für Kaltblüter gefährlich. Zu den Fischgiften gehören:
Die Malaiische Tubaliane – Diese holzige Ranke mit violetten Blüten und einer Samenschote wächst in Südostasien. Die Wurzeln pulverisieren und in ein stromauf- und stromabwärts mit einem »Pfahlzaun« blockiertes Gewässer werfen. Binnen kurzem kommen die schmerzgepeinigten Fische an die Oberfläche.
Der Baringtoniabaum – Diese Pflanze *(siehe Abbildung 7–9)* ist in Küstennähe in Malaysia, Indonesien, auf den Philippinen und in Teilen Polynesiens zu finden. Die Samen zermahlen und in einen Teich oder ein anderes von Land umgebenes Gewässer werfen.

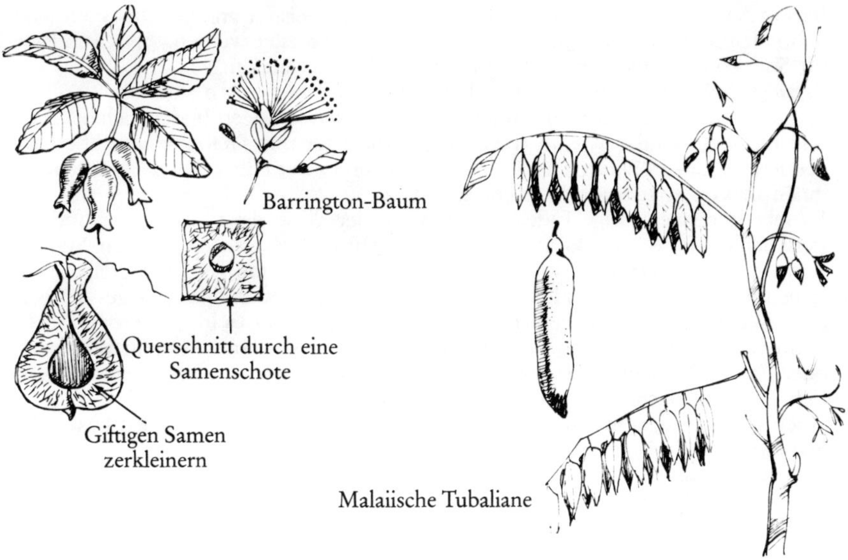

Abb. 7.9: Pflanzen zum Vergiften von Fischen

Schalen von Korallen und Meerestieren – Kalk tötet Fische. Schalen von Korallen und anderen Meerestiere verbrennen, um dieses Fischgift zu erhalten.

Frösche, Wassermolche und Salamander – Diese kleinen amphibischen Tiere leben am Süßwasser in warmen und gemäßigten Zonen der ganzen Welt.
Zum Fröschefangen ein kleines Stück farbigen Stoff an einem Haken und den Haken an einer leichten Leine oder einem Stab befestigen. Diesen Köder vor dem Frosch hin und her schwenken. Er wird in der Annahme, es sei ein Insekt, mit der Zunge danach schnappen.
Nachts, wenn sie anhand ihres Quakens lokalisiert werden können, Frösche mit einer Lampe oder ähnlichem jagen. Mit einem Knüppel erschlagen oder die größeren mit Haken und Leine fangen. Den ganzen Körper nach dem Häuten essen. Wassermolche und Salamander sind dort, wo es viele Frösche gibt, unter verrotteten Baumstämmen oder unter Steinen zu finden. Alle sind eßbar. Jedoch keine Kröten essen. Sie haben sich an das Leben außerhalb der Sicherheit des Wassers dadurch angepaßt, daß sie in der Haut verschiedene Toxine entwickelten. Einige können zwar unbesorgt gegessen werden, schmecken aber fürchterlich.
Weichtiere. Dazu gehören wirbellose Süßwassertiere wie Schnecken, Muscheln und Miesmuscheln. Die meisten Angehörigen dieser Gruppe sind eßbar; Weichtiere müssen jedoch frisch sein und gekocht werden. Wenn sie roh gegessen werden, gelangen die Parasiten, die sie tragen, in den menschlichen Körper.
Krustentiere. Zu dieser Klasse gehören Süß- und Salzwasserkrabben, Panzerkrebs, Hummer und Garneelen. Die meisten sind eßbar, sie verderben jedoch schnell, und manche tragen schädliche Parasiten. An bemoosten Stellen und unter Steinen suchen oder mit dem Kescher in bei zurückgehendem Wasser stehenbleibenden Wasserlöchern fischen. Süßwassergarneelen finden sich in großer Zahl in tropischen Flüssen, und zwar besonders, wenn das Wasser träge ist. Dort hängen sie an Zweigen oder anderer Vegetation. Die Süßwasserarten kochen; die Salzwasserarten können auch roh gegessen werden.

Insekten. Maden, Grashüpfer, Termiten und die meisten anderen Insekten sind nahrhaft und schmecken gut, wenn sie richtig zubereitet werden. Als Grundlage für Suppen oder als Proteinzusatz in Eintöpfen verwenden.

Reptilien. Schlangen, Eidechsen, Alligatoren und Schildkröten sind alle mögliche Nahrungsquellen. Giftige und ungiftige Süßwasserschlangen finden sich an Seen und Flüssen, wo das Wasser träge ist und die Ufer mit Treibholz und überhängenden Zweigen übersät sind. Giftschlangen sind zwar eßbar, bei der Suche nach ihnen ist jedoch äußerste Vorsicht am Platz.

Es gibt nur zwei giftige Eidechsenarten auf der Welt: das Gilamonster und die Perleneidechse, die beide in den Trockengebieten des amerikanischen Südwestens, Mexikos und Mittelamerikas zu finden sind. Sie sind gefährlich, dabei aber träge und leicht zu vermeiden und sollten nur im äußersten Notfall gegessen werden. Alle anderen Eidechsen sind eßbar, und davon gibt es in den Tropen viele. Am einfachsten fängt man sie mit einer Schlinge aus leichtem Draht, Bindfaden oder Faser. Die Schlinge langsam über den Kopf der Eidechse bringen und festziehen. Die Eidechsen sitzen dabei meist ruhig.

Auch kleine Alligatoren und Krokodile sind eine geeignete Überlebenskost. Alligatoren und Krokodile zwischen 30 cm und 1,2 Meter Länge leben allein, und man kann mit ihnen fertig werden, wenn man sie mit Haken und Leine fängt oder nachts mit Hilfe einer Taschenlampe speert. Ein Axthieb zwischen die Augen tötet diese Reptilien sofort. Große Alligatoren und Reptilien sollten vor dem Häuten über einem Feuer erhitzt werden, da sich durch die Hitze die schwerere Rückenpanzerung besser löst. Nach dem Häuten das feste weiße Fleisch abschneiden und kochen oder braten.

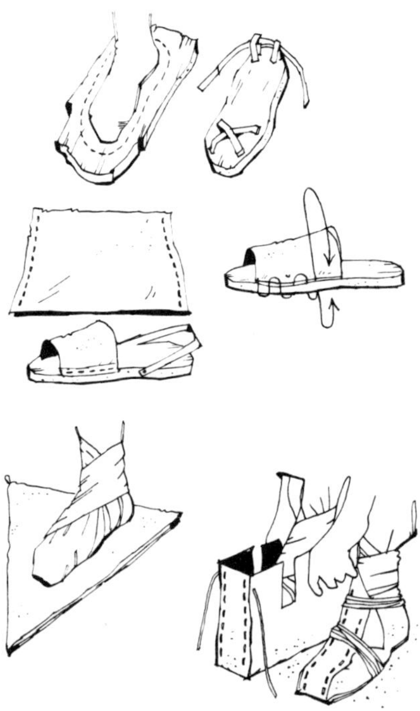

Abb. 7.10: Improvisierte Stiefel

Süßwasser- und Landschildkröten sind eßbar und mit Ausnahme der kältesten Regionen überall auf der Welt zu finden. Wasserschildkröten mit einem Knüppel erschlagen oder mit einer Leine fangen. Vorsicht bei den größeren zuschnappenden Arten. Durch Anheben am Schwanz wird man sicher mit ihnen fertig. Jedoch Vorsicht vor ihren wilden Bissen. Wenn man im Frühling eine Wasserschildkröte an Land ausmacht, das Nest zu finden versuchen und nachsehen, ob sie schon gelegt hat. Die Eier sind nahrhaft und – obgleich manchmal etwas körnig – geschmacklich recht gut. Wenn die Schildkröte noch nicht gelegt hat, trägt sie die Eier noch in sich. Als Proviant aufbewahren.

FEUERMACHEN

Holz gibt es in Massen – selbst wenn es außen naß ist, ist das Innere von totem Holz trocken genug, um zu brennen. Trockenes Holz findet sich auch in den Ranken von Kletterpflanzen oder auf Büschen.
In Gegenden mit Palmen bilden die Fasern unten an den Palmblätter guten Zunder. Das Innere von trockenen Termitennestern ergibt gutes Anzündematerial.
Grüne Blätter auf einem Feuer ergeben einen Rauch, der Moskitos abhält.
Reserveholz durch Verstauen unter dem Unterschlupf trocken halten. Nasses Anzündmaterial und Brennholz am Feuer für spätere Verwendung trocknen.

KLEIDUNG

Den Körper bedeckt halten, um Bisse durch malariaübertragende Moskitos und anderes Ungeziefer zu verhindern, um die Haut gegen durch Kratzer von Dornen oder scharfen Gräsern verursachte Infektionen zu schützen und um in freiem Gelände einen Sonnenbrand zu vermeiden. Folgende Hinweise beachten:

1. Lange Hosen und Hemden mit langen Ärmeln tragen. Hosenbeine um Stiefelschäfte festbinden oder Hosen in die Socken stecken und fest zubinden oder Wickelgamaschen oder Stiefel aus Segeltuch oder Fallschirmstoff improvisieren, damit keine Zecken und Egel eindringen können.
2. Locker getragene Kleidung ist kühler.
3. Moskitokopfschutz tragen oder ein Unterhemd oder T-Shirt um den Kopf wickeln. Diesen Schutz besonders in der Morgen- und Abenddämmerung tragen.
4. In offenem oder mit hohem Gras bedecktem Gelände ein Halstuch oder einen improvisierten Kopfschutz als Schutz vor Sonnenbrand und Staub tragen. In hohem Gras vorsichtig fortbewegen, es gibt scharfkantige Gräser, die die Kleidung in Fetzen schneiden.
5. Wenn die Schuhe verloren- oder entzweigehen, kann man praktische Sandalen improvisieren, indem man ein Stück Rinde als Sohle und ein Stück Segeltuch als Oberteil und Fersenriemen verwendet.
6. Kleidung vor Einbruch der Nacht trocknen, um Unbequemlichkeit durch Kälte zu verhindern.
7. Kleidung, besonders Strümpfe, täglich waschen. Dreckige Kleidung verrottet nicht nur, sondern führt auch zu Hautkrankheiten.
8. Ausgezogene Kleidung sollte aufgehängt werden. Wenn sie auf dem Boden liegt, sammeln sich möglicherweise Ameisen, Skorpione oder Schlangen darin. Vor dem Anziehen Fuß- und andere Bekleidung immer auf solche »Gäste« untersuchen.

8 Überleben in der Wüste

GELÄNDE

Bei den Gegenden, die »Wüste« genannt werden, gibt es Variationen von der Salz- bis zur Sandwüste. Einige sind bar jeglichen Pflanzen- und Tierlebens; in anderen gibt es Gräser und Dornbüsche, von denen Kamele, Ziegen oder selbst Schafe leben können. Wo sie auch liegen, Wüsten sind immer extreme Stätten. Extrem heiß am Tage, extrem kalt in der Nacht, extrem frei von Pflanzen, Bäumen, Seen und Flüssen. Wüsten sind überall auf der Welt zu finden und bedekken nahezu ein Fünftel der Erdoberfläche. Zu den besser bekannten Wüstengebieten gehören die Sahara, die Arabische Wüste, die Wüste Gobi und die flachen Ebenen der südwestlichen Vereinigten Staaten.

UNMITTELBARE ÜBERLEGUNGEN

Eine 4,5-Literflasche Wasser und ein Signalspiegel (oder irgend ein anderes reflektierendes Material) sind die unerläßlichen Voraussetzungen für das Überleben in der Wüste. Zusätzliche Ausrüstung sollte in der folgenden Reihenfolge hinzukommen:

- Kompaß, Taschenlampe und Wasser;
- Schattenspendendes Material, entsprechende Kleidung und noch mehr Wasser;
- Zusätzliche Signalausrüstung, noch mehr Wasser und schließlich etwas Proviant.

MARSCH

Beim Marsch ist folgendes zu beachten:

1. Nur am Abend, in der Nacht oder am frühen Morgen marschieren.
2. In Richtung auf die Küste, eine bekannte Marschroute, eine Wasserquelle oder ein bewohntes Gebiet marschieren. An der Küste läßt sich das Schwitzen durch Anfeuchten der Kleidung im Meer verringern.
3. Der leichtesten Route folgen, d. h. lockeren Sand und rauhes Gelände meiden und auf vorhandenen Pfaden marschieren. In Sanddünen auf den harten Dünentälern oder auf den Dünenkämmen marschieren.
4. Nicht irgendwelchen Flußläufen folgen, um das Meer zu erreichen, es sei denn in Küstenwüsten oder solchen Gebieten, die von großen Flüssen durchquert werden. In den meisten Wüsten führen Flußläufe und Täler zu umschlossenen Becken oder vorübergehenden Seen.
5. Karten nach Möglichkeit auf Genauigkeit prüfen. Karten von Wüstengebieten sind oft ungenau, da sich das Gelände häufig ändert.
6. Bei schlechter Sicht nicht marschieren. Während eines Sandsturms Unterschlupf suchen. Richtungen mit einem tief in den Boden gekratzten Pfeil, einer Reihe von Steinen oder irgendwie anders markieren. Mit dem Rücken zum Wind auf die Seite legen und während des Sturms schlafen. Das Gesicht

mit einem Tuch bedecken. Keine Angst davor haben, vom Sand begraben zu werden; selbst in Sanddünen braucht der Sand Jahre, um ein totes Kamel zu bedecken. Wenn möglich, auf der Leeseite eines Hügels Unterschlupf suchen.
7. Geschätzte Entfernungen mit drei multiplizieren, da durch das Fehlen jeglicher Merkmale ein Unterschätzen wahrscheinlich wird.
8. Im Sommer tauchen oft Fata Morganas auf, wenn man in die Sonne blickt; eine allgemeine Aussage über die Bedingungen, bei denen sie auftreten, und über die Formen, die sie annehmen, ist jedoch schwierig.

SCHUTZ

Um in der Wüste zu überleben, ist Schutz vor der Sonne, der Hitze und gelegentlichen Sandstürmen erforderlich. Da man nicht davon ausgehen kann, daß das Material zum Bau eines Unterschlupfes vorhanden ist, hier einige Hinweise:

1. Zum Schutz vor der Sonne den Körper mit Sand bedecken. Durch Eingraben in den Sand wird auch der Wasserverlust reduziert. Es gibt Berichte von Überlebenden, die besagen, daß der Sanddruck den ermüdeten Muskeln eine wertvolle körperliche Erleichterung verschafft.

2. Wenn ein Fallschirm oder anderes geeignetes Material zur Verfügung steht, ein Loch ausheben und damit bedecken. In felsigen Wüstengegenden oder an Stellen, an denen Büsche, Dornengewächse oder Hügel mit Grasbüscheln wachsen, einen Fallschirm oder eine Decke über die Felsen oder Büschel ausbreiten.

3. Natürliche und künstliche Gegebenheiten der Wüste zum Schutz oder als Unterschlupf ausnutzen – einen Baum, einen Felsen, ein Hügelgrab oder eine Höhle. Die Wand eines trockenen Flußlaufs kann als Unterschlupf dienen, nach einem Wolkenbruch ist er aber möglicherweise plötzlich überflutet. Wadiufer – an ausgetrockneten Flußläufen, Tälern oder in Schluchten – sind besonders gute Stellen, um nach Höhlen zu schauen.

4. Wann immer es praktikabel ist, vorhandene Unterschlupfmöglichkeiten nutzen. Im Zweiten Weltkrieg berichteten Überlebende, daß selbst Wüstengräber als Schutz gegen die Elemente genutzt wurden.

UMWELTGEFAHREN

Wasserknappheit

Die Bedeutung von Wasser kann nicht genug betont werden. Wasser ist lebenswichtig, ganz gleich, wieviel Proviant zur Verfügung stehen mag. Die Mindestmenge in heißen Wüsten ist etwa eine Gallone (4,5 Liter) pro Tag. Bei mäßigem Schwitzen und Marsch in der kühlen Wüstennacht kommt man mit dieser Gallone etwa 30 Kilometer weit. In der Tageshitze dürfte es nur etwa die Hälfte sein. Folgende Hinweise beachten, um Wasser zu sparen:
1. Voll angezogen bleiben. Die Kleidung trägt zur Regelung des Schwitzens bei, indem sie den Schweiß nicht so schnell trocknen läßt, daß seine kühlende Wirkung verloren geht. Ohne Hemd ist es vielleicht kühler, man schwitzt aber mehr und holt sich wahrscheinlich einen Sonnenbrand.

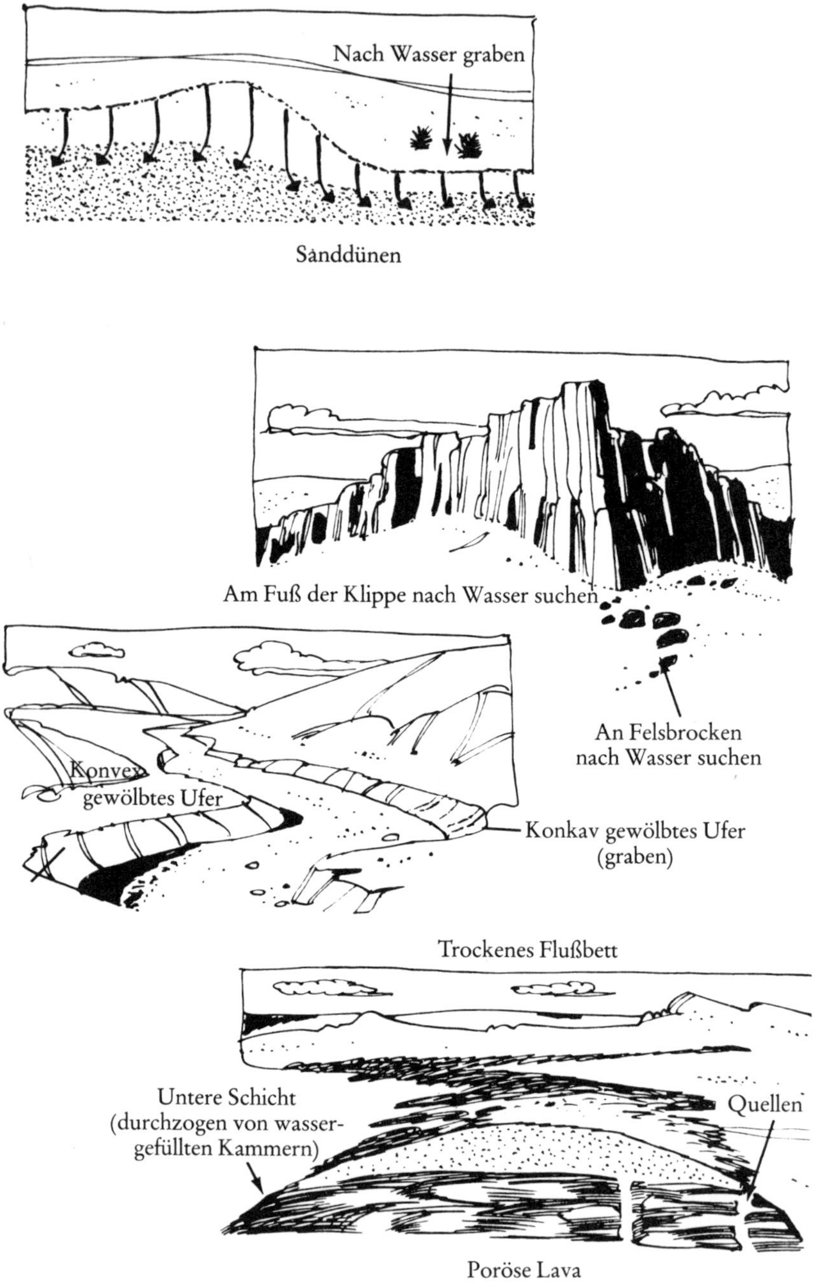

Abb. 8.1: Verborgene Wasserquellen in der Wüste

2. Nicht hasten. Man kommt mit weniger Wasser länger aus, wenn man nicht so stark schwitzt.
3. Wasser nur zum Waschen benutzen, wenn ein sicherer und ausreichender Vorrat zur Verfügung steht.
4. Wasser nicht hinunterstürzen; in kleinen Schlucken trinken. Wenn es um den Wassernachschub kritisch bestellt ist, nur die Lippen anfeuchten.
5. Mit Hilfe von kleinen Kieselsteinen im Mund oder durch Kauen von Gras den Durst lindern. Durch Atmen durch die Nase Wasserverlust vermeiden. Nicht sprechen.
6. Salz nur zusammen mit Wasser und nur bei Vorhandensein eines großen Wasservorrats verwenden. Salz verstärkt den Durst.

Lokalisieren von Wasser. Außer wenn ein Brunnen oder eine Oase in der Nähe ist, mag es sich als schwierig herausstellen, ein Minimum von 4 1/2 Liter Wasser pro Tag zu finden. Da Wasser sich in der Wüste meist in Brunnen findet, folgt man am besten einem Eingeborenenpfad oder einer gut ausgetretenen Tierfährte. Es gibt jedoch auch andere Möglichkeiten, in der Wüste Wasser zu finden:

1. An sandigen Küsten oder Wüstenseen ein Loch in die erste Bodensenkung hinter der ersten Sanddüne graben. Dort sammelt sich bei Niederschlag Regenwasser. Wenn der Sand feucht wird, aufhören zu graben und das Wasser einsickern lassen. Bei weiterem Graben stößt man möglicherweise auf Salzwasser.
2. An allen Stellen mit feuchtem Sand einen seichten Brunnen ausheben.
3. In trockenen Flußbetten findet sich Wasser oft unmittelbar unter der Oberfläche. Es versickert am niederigsten Punkt an der Außenseite einer Biegung im Flußbett, wenn der Fluß austrocknet. In diesen Biegungen nach Wasser graben.
4. Wüstenbewohner kennen oft Wasserstellen in niedrig gelegenen Gebieten. Sie decken sie auf verschiedene Art und Weise ab, also besonders in halbtrockenem und Buschgelände unter Gebüschhaufen oder in geschützten Winkeln nachschauen.
5. Besonders in einigen Regionen kann Tau eine Wasserquelle bilden. Kühle Steine oder freiliegende Metallflächen dienen als Taukondensierungsmittel. Den Tau mit einem Stück Stoff aufwischen und auswringen. Tau trocknet bald nach Sonnenaufgang und sollte deshalb vorher gesammelt werden. Bei starkem Tau sollte sich etwa ein halber Liter pro Stunde ergeben.
6. Nach Zisternen oder natürlichen Wasseransammlungen hinter Felsen, in Wasserrinnen oder Seitenschluchten und unter Klippenrändern Ausschau halten. Oft besteht der Boden dort aus solidem Fels oder fester Erde. Bei Fehlen dieser Hinweise die Wasserquelle durch Beachten von Tierlosung suchen.
7. Besonders bei Sonnenuntergang und in der Dämmerung fliegende Vögel beobachten. In richtigen Wüstengebieten umkreisen Vögel die Wasserlöcher. Das Flughuhn Asiens, Haubenlerchen und Zebravögel fliegen Wasserlöcher mindestens einmal pro Tag an; Papageien und Tauben müssen in Reichweite von Wasser leben.
8. In der Wüste Gobi nicht auf Pflanzen als Wasserquelle verlassen. In der Sahara kann der wilde Wüstenkürbis als Wasserquelle dienen. Auch der große Trommelkaktus der amerikanischen Wüsten enthält beträchtliche Feuchtigkeit, die aus dem Fruchtfleisch herausgedrückt werden kann. Weitere Informationen über den Trommelkaktus finden sich im Abschnitt über Wassersuche in Kapitel 6 »Grundlegende Überlebensfähigkeiten«.
9. Die Wurzeln einiger Wüstenpflanzen befinden sich nahe an der Erdoberfläche. Beispiele dafür sind der Australische Brunnenbaum, die Kasuarine und

der Kino-Gummibaum. Die Wurzeln aus dem Boden holen und in 60–80 cm lange Stücke schneiden. Die Rinde entfernen und das Wasser heraussaugen.

10. Weitere wasserspendende Pflanzen sind der Baum der Reisenden in Madagaskar, der Regenschirmbaum des tropischen Westafrika und der Affenbrotbaum im nördlichen Australien und in Afrika.

Die meisten romantischen Geschichten über vergiftete Brunnen kann man vergessen. Diese Erzählungen entstehen im allgemeinen durch schlechtschmeckendes Wasser, das Salz, Alkali oder Magnesium enthält. Allein aufgrund der örtlichen Lage ist Wasser in der Wüste im allgemeinen besser gefiltert und reiner als das Wasser in den meisten Städten. Alles Wasser jedoch behandeln (abkochen oder Chlortabletten verwenden). Das ist besonders wichtig in Eingeborenendörfern und in zivilisierten Gegenden.

Sandstürme

Bei gesundem Menschenverstand stellen Sandstürme keine ernsthafte Gefahr dar. Bei Staub- oder Sandstürmen nicht marschieren. Mit dem Rücken zum Wind niederlegen und die Augen bedecken. Die Marschrichtung mit Steinen, einer Reihe tiefer Löcher oder mit anderen Mitteln markieren: Sandstürme können die Landschaft ändern und Richtungsmarken verstecken. Keine Angst davor, von einem Sandsturm lebendig begraben zu werden. Sandstürme sind nicht so bedrohlich wie Blizzards.

Eidechsen

Keine Eidechse auf der Welt ist giftig mit Ausnahme des Gilamonsters und der Perleneidechse, die nur im amerikanischen Südwesten, in Mittelamerika und in Mexiko zu finden sind. Durch ihre Trägheit stellen sie nur eine geringe Gefahr dar. Beide Eidechsenarten gibt es nur in Wüstengegenden.

GESUNDHEITSGEFAHREN

Dehydration

In der Wüstenhitze ist der Durst allein kein ausreichendes Anzeichen für die benötigte Wassermenge. Wenn man nur so viel Wasser zu sich nimmt, daß der Durst gestillt ist, kann der Körper trotzdem dehydriert werden. Wann immer es möglich ist, viel Wasser trinken, besonders zu den Mahlzeiten. Wenn man nur zu den Mahlzeiten trinkt, tritt Dehydration dazwischen auf, und während man sich nach dem Essen und Trinken wieder normal fühlt, tritt anschließend durch den Energieverlust aufgrund der Dehydration Ermüdung ein. Eine Selbstbeschränkung auf ein oder zwei Liter Wasser pro Tag bedeutet geradezu eine Einladung für das Unglück (bei hohen Temperaturen), da kleine Wassermengen eine Dehydration nicht verhindern. Das Schwitzen einschränken, nicht das Trinken.

Die durch Dehydration verlorene Leistungsfähigkeit kommt schnell zurück, wenn man Wasser trinkt. Eine Dehydration um bis zu 10% des Körpergewichts ergibt noch keine bleibenden Schäden. Bei einem Körpergewicht von 150 Pfund

kann man durch Schwitzen 15 Pfund verlieren, vorausgesetzt, daß man später ausreichend Wasser trinkt, um das Gewicht zurückzugewinnen. Kaltes Wasser führt zu Magenbeschwerden, wenn es zu schnell getrunken wird. Bei Lufttemperaturen von 30° Celsius oder darunter kann man eine Reduzierung des Körpergewichts durch Dehydration um 25% überleben. Bei Temperaturen über 35° Celsius werden 15% Gewichtsverlust durch Dehydration gefährlich.
Die Symptome der Dehydration sind zuerst Durst und allgemeines Unwohlsein, gefolgt von einer Neigung zu langsameren Bewegungen und schwindender Appetit. Bei fortschreitender Dehydration wird man schläfrig, die Körpertemperatur steigt, und ab einem Gewichtsverlust von etwa 5% fühlt man sich übel. Bei Gewichtsverlust von 6–10% verstärken sich die Symptome in folgender Reihenfolge: Schwindel, Kopfschmerzen, Schwierigkeiten beim Atmen, Kribbeln in Armen und Beinen, trockener Mund, bläuliche Körperfarbe, undeutliche Sprache und Unfähigkeit zu gehen.
Es gibt keinen Ersatz für Wasser, mit dem sich Dehydration vermeiden und die normale Leistungsfähigkeit des Körpers erhalten ließe. Alkohol, Salzwasser, Benzin, Blut oder Urin verstärken die Dehydration nur noch mehr. In einem Notfall kann man Brackwasser (Wasser mit etwa dem halben Salzgehalt von Meerwasser) trinken und dadurch eine Nettozunahme an Feuchtigkeit für den Körper erreichen. Jede Flüssigkeit mit einem höheren Prozentsatz an Abfallstoffen kann nur dem Kühlsystem des Körpers Schaden zufügen.

Wirkung der Sonne

Die Wüstensonne kann gefährliche Auswirkungen haben. Drei Arten von Hitzezusammenbrüchen sind möglich:

Hitzekrämpfe – Die ersten Anzeichen für einen Hitzekollaps sind normalerweise Krämpfe in Bein- und Bauchmuskeln. Den Patienten ruhig halten und ihm in Wasser aufgelöstes Salz zu trinken geben.

Hitzeerschöpfung – Der Patient wird erst rot, dann blaß, er schwitzt heftig, hat eine feuchte, kühle Haut und deliriert oder wird bewußtlos. Den Patienten flach auf dem Rücken in den Schatten legen. In Wasser aufgelöstes Salz einflößen – zwei Salztabletten auf ein Liter Wasser.

Hitzschlag – Ein Hitzschlag kann ganz plötzlich auftreten. Das Gesicht ist rot, die Haut heiß und trocken. Das Schwitzen hört auf, der Patient hat starke Kopfschmerzen, sein Puls ist schnell und stark. Bewußtlosigkeit ist möglich.
Den Patienten abkühlen. Seine Kleidung lockern und ihn flach, aber nicht auf dem Boden, in den Schatten legen. Abkühlen durch Durchnässen der Kleidung mit Wasser und mit Hilfe von improvisierten Fächern. Keine anregenden Mittel geben.

Blendung – Sand ist zwar nicht so weiß wie Schnee, die Konzentration an ultra-violettem Licht ist in warmen Gegenden der Welt jedoch größer, und die Gefahr einer Blendung durch die Sonne kann genauso groß sein wie die Gefahr der Schneeblindheit. Gegen Sonnenblendung die gleichen Schutzmaßnahmen wie gegen Schneeblindheit anwenden (siehe Kapitel 9). Um die Augen vor Netzhautentzündung (direkte Sonneneinstrahlung) zu schützen, nicht in die Sonne schauen und die Augen mit Hilfe der Hutkrempe oder eines Turbans mit an den Seiten herunterhängenden Stoffstreifen im Schatten halten.

Abb. 8.2: Die zweifach nützliche Akazie

NAHRUNG

Im allgemeinen ist in der Wüste nur schwer Nahrung zu finden. Nahrung steht jedoch erst an zweiter Stelle hinter Wasser, und man kann ohne schädliche Nebenwirkungen mehrere Tage ohne Nahrung auskommen. Proviant von Anfang an rationieren. In den ersten 24 Stunden nichts und ansonsten auch nur dann essen, wenn auch Wasser zur Verfügung steht.

Tiere

Tiere sind selten in der Wüste. Ratten und Eidechsen bilden möglicherweise die einzige Nahrung. In offenem Wüstengelände finden sich manchmal Huftiere, man kommt aber nur schwer an sie heran. Die häufigsten Wüstentiere sind kleine Nager (Kaninchen, Präriehunde, Ratten), Schlangen und Eidechsen, die für gewöhnlich in der Nähe von Buschland oder Wasser zu finden sind. Alle Reptilien mit Vorsicht behandeln, da einige der in der Wüste vorkommenden Arten giftig sind. Auf Felsen und Büschen nach Landschnecken Ausschau halten.
Auch einige Vögel gibt es in der Wüste. Den Handrücken mit einem schmatzenden Geräusch küssen, um sie anzulocken. Über einigen Wüstenseen wurden schon Flughühner, Trappen, Pelikane, Möwen und selbst Enten gesehen. Mit einer beköderten Schlagfalle oder mit Haken und Köder fangen.
Der See oder das Wasserloch, an dem Pelikane und Möwen zu finden sind, enthält Fische. Deshalb sind die Vögel dort. Außerdem sind menschliche Siedlungen überall dort zu finden, wo es in ansonsten trockenen Breiten fischbesetzte Gewässer gibt.

Eßbare Pflanzen

Wo Wasser ist, sind normalerweise auch Pflanzen. Einige Wüstenpflanzen sehen trocken und unappetitlich aus, andere wiederum sind saftig und eßbar. Alle weichen Teile über der Erde probieren – Blüten, Früchte, Samen, junge Schößlinge und Rinde. Zu bestimmten Jahreszeiten sind möglicherweise Grassamen oder Bohnensträucher zu finden. Diese Bohnen wachsen auf Akazien, die oft dornig sind und ähnlich wie der Mesquito-Strauch der südwestlichen Vereinigten Staaten aussehen. Alle Gräser sind eßbar, die in der Sahara oder Gobi zu findenden sind aber weder wohlschmeckend noch nahrhaft. Datteln gibt es möglicherweise in den afrikanischen Wüsten, in Südwestasien und einigen Teilen Indiens und Chinas. Alle Pflanzen ausprobieren. Im folgenden finden sich Beschreibungen der häufiger vorkommenden eßbaren Wüstenpflanzen.

Agave. Diese Pflanze gibt es in Europa, Afrika, Asien, Mexiko und Westindien. Sie ist eine typische Wüstenpflanze, wächst aber auch in feuchten tropischen Gegenden. In voll ausgewachsenem Zustand hat die Agave dicke, feste Blätter mit kräftigen, scharfen Spitzen, die in Rosettenform angeordnet sind. In der Mitte befindet sich ein Stengel, der wie eine Kerze emporwächst und einen Blütenkopf trägt. Dieser Stengel oder Schößling ist der eßbare Teil. Pflanzen mit noch nicht voll entwickelten Blüten suchen; den Stengel rösten. Er enthält faserige, sirupfarbene Schichten, die süß schmecken.

Wilder Wüstenkürbis. Diese Kriechpflanze ist ein Mitglied der Kürbisfamilie und wächst in großen Mengen in der Sahara, in Arabien und an der Südostküste Indiens. Die etwa 2,4 bis 3 Meter langen Ranken verlaufen auf der Erde, und der Kürbis wird etwa so groß wie eine Orange. Die Samen sind geröstet oder gekocht eßbar. Auch die Blumen können gegessen werden, und die wasserhaltigen Stielschößlinge lassen sich kauen.

Feigenkaktus. Diese Pflanze stammt aus Amerika, wächst aber in vielen Wüsten und an vielen Meeresküsten der Welt, außer in der Arktis. Sie ist in den südwestlichen Vereinigten Staaten, in Mexiko, Südamerika und an den Ufern des Mittelmeers zu finden. Sie hat einen etwas dickeren Stiel von etwa 2,5 cm Durchmesser, der voller Wasser ist. Die Außenseite ist mit Bündeln sehr scharfer Dornen bedeckt, die in gewissen Abständen stehen, und die Pflanze hat gelbe und rote Blüten. Sie kann mit anderen Arten von dicken, fleischigen, kaktusähnlichen Pflanzen verwechselt werden, besonders in Afrika. Die Wolfsmilchgewächse in Afrika sehen wie Kakteen aus, enthalten aber einen milchigen, giftigen Saft. Im Feigenkaktus findet sich niemals milchiger Saft. Die auf der Spitze des Kaktus wachsende eiförmige Frucht ist eßbar. Die Spitze der Frucht abschneiden, die äußere Schicht abschälen und den gesamten Inhalt essen. Auch die wattepolsterähnlichen Teile des Feigenkaktus sind eßbar. Dornen abschneiden und die Polster wie grüne Bohnen der Länge nach in Streifen schneiden. Roh oder gekocht essen.

Pistazienmandel. Es gibt etwa sieben Arten wilder Pistazienmandeln in Wüsten- oder Halbwüstengebieten um das Mittelmeer, in Kleinasien und in Afghanistan. Bei einigen handelt es sich um immergrüne Pflanzen, während andere ihre Blätter während der Trockenzeit verlieren. Die Blätter wachsen abwechselnd am Stiel und bestehen entweder aus Dreiergruppen oder einer Reihe kleiner Blätter. Die Mandeln sind im Reifezustand hart und trocken. Auf Holzkohle rösten.

Mandeln. Wilde Mandeln wachsen in den Halbwüstengebieten in Südeuropa, dem östlichen Mittelmeergebiet, Iran, Arabien, China, Madeira, auf den Azoren und den Kanarischen Inseln. Der Mandelbaum ähnelt einem Pfirsichbaum und wird bis zu 12 Meter hoch. Die in Büscheln überall am Baum wachsende Frucht sieht etwa wie ein knorriger, unreifer Pfirsich aus, wobei der Kern (die Mandel) mit einer dicken, trockenen, wolligen Haut bedeckt ist. Um an die Mandel zu gelangen, die Frucht an der Seite spalten und den harten Kern aufbrechen. Große Mengen als Proviantreserve sammeln und knacken.

Generelle Vorsichtsmaßnahmen bei Wüstenpflanzen: Alle Wüstenpflanzen mit milchigem Saft meiden. Dieser Saft reizt die Haut sehr stark. Ein weißer Saft, der aus einem abgebrochenen Stiel läuft, ist eine Warnung: Dieser milchige Saft ist giftig, wenn er eingenommen wird.

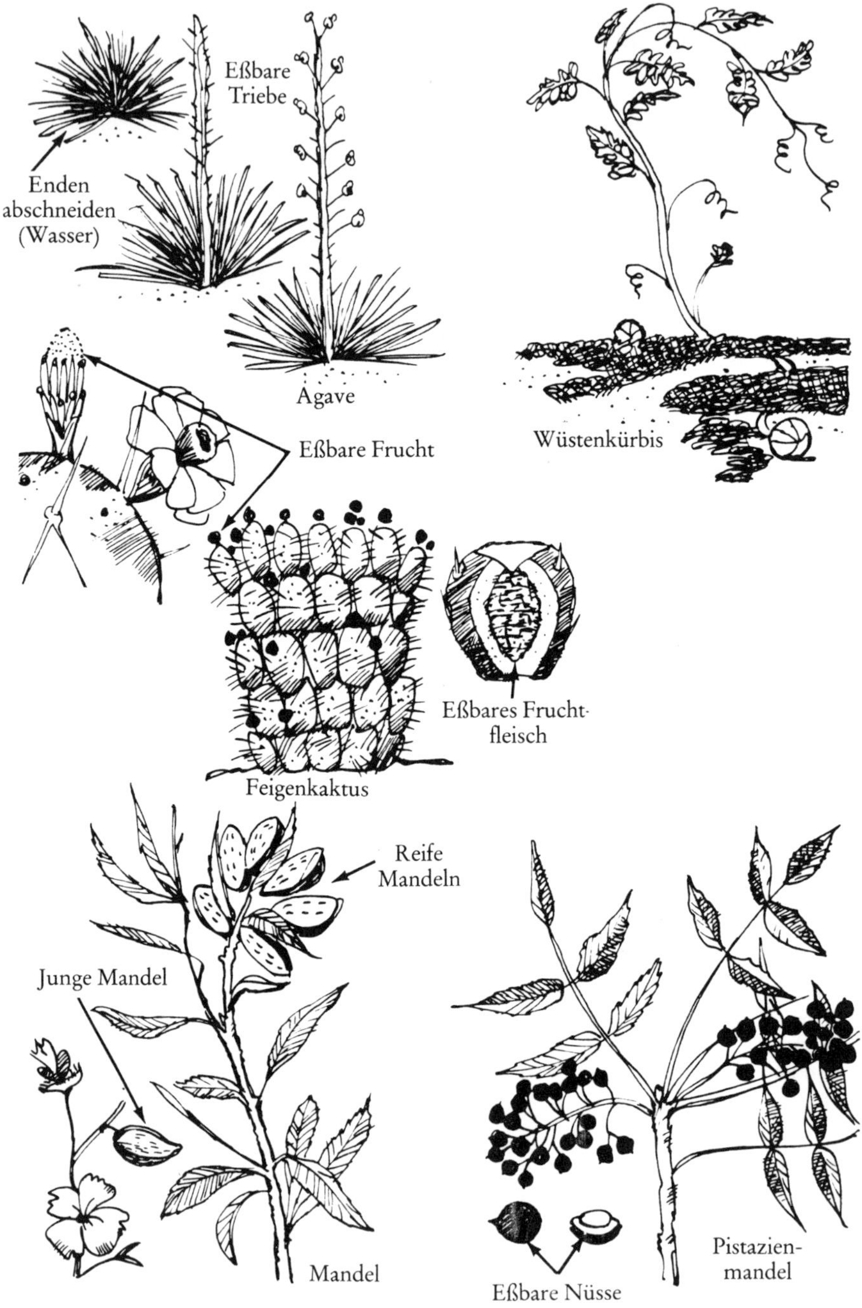

Abb. 8.3: Eßbare Wüstenpflanzen

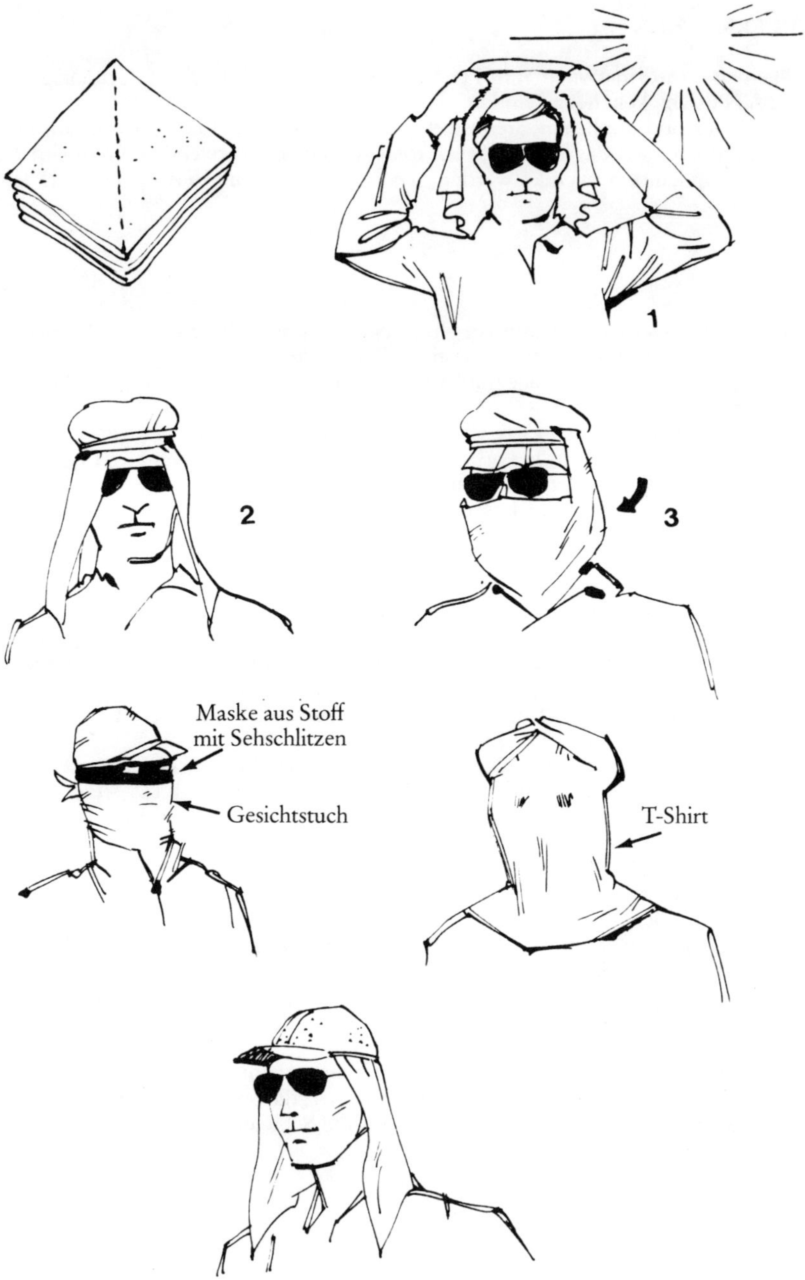

Abb. 8.4: Schützende Kopfbedeckung für die Wüste

FEUERMACHEN

Allgemeine Informationen zum Feuermachen sind in Kapitel 6 (»Grundlegende Überlebensfähigkeiten«) zu finden.
Palmblätter und ähnlichen Brennstoff gibt es in oder bei Oasen. In der offenen Wüste jedoch auch das kleinste Stück toter Vegetation verwenden. Getrockneter Kameldung kann verwendet werden, wenn kein Holz zur Verfügung steht.

KLEIDUNG

Folgende Hinweise zum Schutz gegen direktes Sonnenlicht, zu starkes Verdampfen vom Schweiß und die vielen lästigen Wüsteninsekten befolgen:

1. Körper und Kopf am Tage gut bedeckt halten. Lange Hosen und langärmliges Hemd tragen.
2. Ein Halstuch zum Schutz des Nackens vor der Sonne tragen.
3. Wenn keine Sonnenbrille vorhanden ist, aus um und über den Kopf gebundenen Tuchstreifen einen Sehschlitz anfertigen.
4. Wenn Kleidung zurückgelassen werden muß, um das Gepäck zu erleichtern, ausreichend Kleidung zum Schutz gegen die kalten Wüstennächte zurückbehalten.
5. Kleidung locker tragen.
6. Kleidung nur im Schatten öffnen. Reflektiertes Sonnenlicht kann zu Sonnenbrand führen.

Der Schutz der Füße kann den Unterschied zwischen Leben und Tod ausmachen. Die folgenden Hinweise sollten beachtet werden:

1. Schuhe und Strümpfe frei von Sand und Insekten halten, selbst wenn man häufig anhalten muß, um sie zu reinigen.
2. Wenn keine Stiefel vorhanden sind, aus irgendwelchem Stoff Gamaschen anfertigen. Dazu zwei Streifen von etwa 7–10 cm Breite und 1,2 Meter Länge schneiden. Die Streifen spiralenförmig von unten nach oben um den Schaft der Schuhe wickeln. Der größte Teil des Sands bleibt dann draußen.
3. Schuhe und Strümpfe bei der Rast im Schatten ausziehen. Dabei aber Vorsicht, da die Füße anschwellen können, wodurch es schwierig wird, die Schuhe später wieder anzuziehen.
4. Nicht barfuß gehen. Der heiße Sand führt zu Blasen. Außerdem führt Barfußgehen auf einer Salzebene oder in einem Sumpf zu Alkaliverbrennungen.
5. Im und um das Lager herum improvisierte Clogs anziehen. Einen Riemen an Holzstücke nageln und mit den Füßen hineinschlüpfen. Die Oberteile der Füße vor der Sonne schützen.
6. Falls irgendein Fahrzeug ausgeschlachtet werden kann, improvisierte Sandalen aus alten Reifen herstellen. Es ist jedoch besser, die Sohlen der eigenen Schuhe mit schwerem Tuch zu verstärken, wenn die Schwierigkeit nur darin besteht, daß die Sohlen durchgelaufen sind.

9 Überleben in der Kälte

GELÄNDE

In subarktischen und arktischen Gebieten finden sich nahezu alle Abstufungen der Landschaft zwischen Gebirgsgipfeln und Gletschern einerseits und flachsten Ebenen andererseits. Die Bodenbeschaffenheit im arktischen und subarktischen Sommer reicht ebenfalls von äußerst hart und rauh bis zu äußerst weich und feucht. Im Winter werden gefrorene Seen, Flüsse und Sümpfe zu den Straßen des Nordens.

Außer auf Gletschern und zugefrorenen Gewässern sind in der Arktis Sommertemperaturen oberhalb 18° Celsius normal. Die Wintertemperaturen gehen manchmal bis -56° Celsius zurück und erreichen maximal 0° Celsius. Schlimmer noch als die Arktis sind die subarktischen Gebiete. Die Sommer sind kurz mit Temperaturen bis zu 40° Celsius. Die Wintertemperaturen sind die kältesten in der nördlichen Hemisphäre: zuweilen –50 bis –62° Celsius in Nordamerika und noch niedriger in Sibirien. Im Winter kühlt der Wind, wenn er mit niedrigen Temperaturen einhergeht, den menschlichen Körper schnell aus. Windkälte ist die kombinierte Kühlwirkung von Luft, Temperatur und Wind auf einem erhitzten Körper und nicht so sehr die Temperatur, wie sie ein Thermometer anzeigt. Viele Gebiete im hohen Norden erhalten weniger Niederschlag in Form von Regen oder Schnee als der trockene Südwesten der Vereinigten Staaten. Die durchschnittliche Jahresniederschlagsmenge in den subarktischen Gebieten beträgt außer an Meeresküsten etwa 25 cm, während sie in der Arktis im allgemeinen bei 10 cm oder weniger liegt.

Die Chancen, in diesen so extremen Gegenden zu überleben, sind besser, als man denken würde. Die richtige Einstellung – der Wille zum Überleben – und ein paar grundlegende Vorsichtsmaßnahmen erhöhen die Chancen noch. Mit der Natur arbeiten, nicht gegen sie.

UNMITTELBARE ÜBERLEGUNGEN

Schutz vor der Kälte ist ein unmittelbares und dauerndes Problem. Daher sollte möglichst bald ein Feuer angezündet und ein Unterschlupf gebaut werden.

MARSCH

Beim Marsch in Kaltwetterzonen besteht das Geheimnis des Erfolges in angemessener Schutzkleidung, ausreichend Proviant, Ruhe und einem gleichmäßigen Schritt. Ohne angemessene Schutzkleidung reichen weder Proviant und Ruhe noch ein stetiger Schritt, um in der extremen Kälte und dem Wind der Arktis zu überleben. Ohne richtige Ausrüstung wäre es in der Arktis besser, Schutz zu suchen, ein Feuer anzuzünden und »sich einzugraben«, um Wärme und Energie zu sparen. Wenn Wetter und Gesundheit es zulassen, alles nur mögliche versuchen, um freundlich gesinnte Eingeborene zu finden. Wenn eine feindlich gesinnte Bevölkerung zum Marsch oder zu Sicherheitsmaßnahmen zwingt, müssen die Überlebenstechniken entsprechend geändert werden. Klimatische und körperliche Ge-

fahren gegen feindliche Verhaltensweisen abwägen und entscheiden, welche Gefahr größer ist. In Gebieten mit freundlich gesinnter Bevölkerung nahe beim beschädigten Flugzeug oder Fahrzeug bleiben und darauf vorbereiten, Signale an auftauchende Suchflugzeuge zu geben.
Die Marschrichtung richtet sich nach dem Standort und dem Gelände. In gebirgigen oder waldigen Gegenden ist es ratsam, Flüssen stromabwärts in Richtung auf bewohnte Gebiete zu folgen. Sibirien, wo die Flüsse nach Norden fließen, bildet eine Ausnahme. Dort und im europäischen Rußland liegen die besiedelten Gebiete südlich. Beim Marsch quer durch das Land den Konturen des Landes zu folgen versuchen; dabei jedoch bedenken, daß Talsohlen häufig kälter als Hänge und Kämme sind, und zwar besonders nachts. In Richtung auf die Küste, einen größeren Fluß oder ein bekanntes bewohntes Gebiet marschieren.

Im arktischen Winter müssen vier grundlegende Erfordernisse erfüllt sein, wenn man erfolgreich marschieren will:
Richtungsbestimmung – Die genaue Abmarschstelle und die Lage des Ziels müssen bekannt sein. Die Richtung läßt sich mit Hilfe von Sternkonstellationen und arktischen »visuellen Hilfsmitteln« bestimmen. Schneewehen befinden sich beispielweise meist an der Leeseite von vorstehenden Objekten wie Felsen, Bäumen, Weidenansammlungen oder hohen Ufern. Durch Bestimmen der Himmelsrichtungen auf dem Kompaß und dadurch der Richtung der Schneewehen kann der Winkel, in dem man sie kreuzt, zum Überprüfen eines Kurses dienen. Der Schnee auf der Südseite von Hügelkämmen ist meist körniger als auf der Nordseite. Weitere Hilfsmittel zur Richtungsbestimmung sind Weiden, Erlen und Pappeln, die meist nach Süden geneigt sind, sowie Nadelbäume, die auf der Südseite buschiger sind. Diese Hilfsmittel können als sehr grober Anhalt dienen.
Körperliche Widerstandskraft – Überleben ist gleichbedeutend mit »Nimm dir Zeit«. Ohne richtige Ausrüstung und bei schlechtem Wetter besitzen nur wenige Leute ausreichend Widerstandskraft für einen erfolgreichen Marsch in der Arktis.
Kleidung – Ausreichend Kleidung, die der Jahreszeit und dem Gelände angemessen sein muß, ist erforderlich, um trocken zu bleiben.
Proviant, Brennstoff und Unterschlupf – Diese drei Dinge müssen in ausreichender Menge vorhanden sein, um am Leben zu bleiben, oder es muß die erforderliche Ausrüstung vorhanden sein, um sie zu beschaffen. Für den Marsch braucht man mehr Proviant, als wenn man an Ort und Stelle bleibt. Wenn daher nur begrenzter Proviant vorhanden ist und sich nur wenig Wild in dem betreffenden Gebiet befindet, muß sichergestellt sein, daß der Marsch wirklich die einzige Lösung ist.

Marschhindernisse im Sommer sind dichte Vegetation, rauhes Gelände, Insekten, weicher Erdboden, Sümpfe und Seen sowie undurchwatbare Flüsse. Im Winter ergeben sich Hindernisse durch weichen Schnee, gefährliches Flußeis, schlechtes Wetter, Knappheit an Proviant und Gewässerabschnitte, die nur von dünnem Eis oder Schnee bedeckt sind. Folgendes ist beim Marsch in der Arktis zu beachten:

1. Nicht während eines Blizzards marschieren.
2. Vorsicht beim Überqueren von dünnem Eis. Flach hinlegen und kriechen, damit das Gewicht verteilt wird.
3. Flüsse bei niedrigstem Wasserstand überqueren. Durch normales Frieren und Tauen kann der Wasserstand bis zu 2,5 Meter pro Tag variieren. Das kann zu jeder Tageszeit passieren, je nach Entfernung von einem Gletscher, nach Temperatur und Gelände. Dieser Unterschied im Wasserstand sollte auch bei der Wahl eines Lagerplatzes in der Nähe eines Flußes in Betracht gezogen werden.
4. Die klare arktische Luft berücksichtigen, die das Schätzen von Entfernungen schwierig macht. Entfernungen werden eher unter- als überschätzt.

5. Nicht marschieren, wenn Himmel und verschneites Gelände scheinbar ineinander fließen, da es durch den Mangel an Kontrast dann unmöglich ist, die Art des Geländes zu beurteilen.
6. Eine Schneebrücke immer rechtwinklig zu dem Hindernis, das sie überspannt, überqueren. Mit einem Knüppel oder einer Eisaxt den stärksten Teil der Brükke suchen. Das Körpergewicht mit Hilfe von Schneeschuhen oder Skiern oder durch Kriechen verteilen.
7. Frühzeitig lagern, um ausreichend Zeit für den Bau eines Unterschlupfes zu haben.
8. Flüsse – gefroren oder nicht – sind mögliche Marschstraßen. Zugefrorene Flüsse sind häufig frei von lockerem Schnee, und das Eis macht den Marsch leichter.

Die Fähigkeit, erfolgreich über schneebedecktes Gelände zu marschieren, hängt direkt von den folgenden Faktoren ab:

1. Das Vorhandensein und die Fähigkeit zur Nutzung von Schneeschuhen oder Skiern. Bei Erfahrung im Skilanglauf und Vorhandensein der Ausrüstung ist der Marsch auf Skiern zu empfehlen. Unter den meisten Schneebedingungen und in den meisten Geländearten bilden Ski die schnellste und energiesparendste Marschmethode. Für den Marsch mit Schneeschuhen braucht man kaum irgendwelche Erfahrung, die Geschwindigkeit wird aber geringer und der Marsch erschöpfender.
2. In tiefem, lockerem Schnee ist Skilaufen anstrengend, und wenn die Wahl gegeben ist, werden Schneeschuhe empfohlen. Eine leichte Kruste auf dem Schnee verhindert jedoch das Einsinken der Skier und sorgt für ein schnelles und leichtes Vorankommen. Eine Kruste, die stark genug ist, einen Menschen zu tragen, ermöglicht sogar einen Fußmarsch, aber selbst dann greift man besser zu Skiern, wenn die nötige Ausrüstung und Erfahrung vorhanden ist.

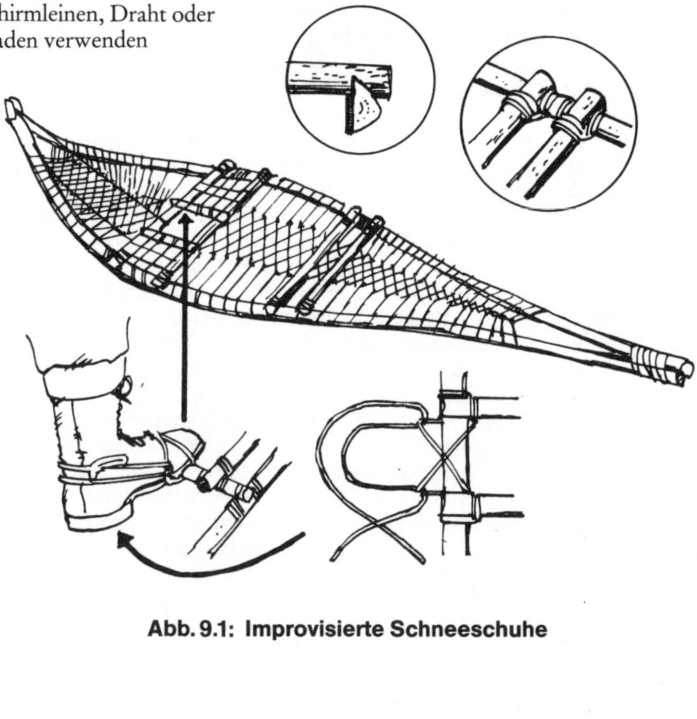

Abb. 9.1: Improvisierte Schneeschuhe

3. Bei lockerem und tiefem Schnee improvisierte Ausrüstung anfertigen. Schneeschuhe aus Weiden oder anderem grünen Holz mit Hilfe eines hölzernen Trennstücks und Bindfaden, Draht, Kabel oder Fallschirmleinen herstellen. Auch aus den Sitzunterteilen, Sichtscheiben und anderen Teilen eines Flugzeugwracks lassen sich Schneeschuhe anfertigen.

UNTERSCHLUPF

Um im Winter zu überleben, ist ein Schutz vor der Kälte erforderlich. Im Sommer braucht man einen Unterschlupf vielleicht nur als Schutz gegen Insekten und Sonne. Geeignete natürliche Unterschlupfmöglichkeiten finden sich in Höhlen, Felsüberhängen, Schluchten, Gebüschansammlungen oder natürlichen Geländeterrassen. Das in Kapitel 6 »Grundlegende Überlebensfähigkeiten« genannte Material zum Bau von Unterschlüpfen eignet sich ausgezeichnet für die Arktis und Subarktis im Sommer.

Der ideale Platz für einen Unterschlupf ist im Winter anders als im Sommer. Im Winter richtet sich die Wahl nach dem Schutz vor Wind und Kälte und der Nähe von Brennstoff und Wasser. In gebirgigem Gelände muß die Gefahr von Lawinen, Steinschlag und Überschwemmungen in Betracht gezogen werden. Eine Stelle unter großen Bäumen kommt nicht in Frage, da gefrorene Äste, auch bekannt als »Witwenmacher«, wie Speere hinunterfallen können. Im Sommer sollten Plätze gewählt werden, die relativ frei von Insekten sind und in der Nähe von Nahrung und Wasser liegen. Zum Schutz gegen Insekten sucht man besser eine Stelle an einem windigen Hügelkamm oder einen Platz, an dem eine Brise vom Meer her herrscht. Auch in Wäldern und in der Nähe schnellfließender Flüsse läßt es sich aushalten. Für den Fall, daß es am wichtigsten ist, sich zu verstecken, sollte der Lagerplatz gute Beobachtungsmöglichkeiten bieten und eine oder zwei verborgene Fluchtwege aufweisen.

Die Art des zu bauenden Unterschlupfs hängt vom Material und von der Zeit ab. Unabhängig von der Art muß der arktische Unterschlupf jedoch seinen Hauptzweck erfüllen, nämlich die Wärme eines Feuers oder die Körperwärme zu speichern, so daß man warm bleibt. Die Körperwärme hält sich länger in ruhiger Luft. Aus diesem Grunde den Unterschlupf klein, eng und winddicht bauen. Weiterhin muß ausreichende Lüftung vorhanden sein, um die Erstickungsgefahr zu bannen. An der Spitze des Unterschlupfs ein Loch lassen, damit Kohlenmonoxidgase und Rauch entweichen können. Nahe am Boden einen kleinen Spalt lassen, damit frische Luft eindringen kann.

Auf Packeis oder schneebedecktem ödem Land in Eis und Schnee eingraben oder mit Eis und Schnee bauen. Der Bau ist manchmal leichter als das Eingraben.

Als vielleicht einfachste einer Reihe von improvisierten Unterschlupfmöglichkeiten bietet sich eine harte Schneewehe an, die für einen oder mehrere Leute ausgehöhlt wird. Selbst ein Loch im Schnee kann als vorübergehende Notunterkunft dienen. Diese Art Unterschlupf ist wegen der Härte des Schnees manchmal nur schwierig und ohne richtiges Werkzeug häufig überhaupt nicht zu erstellen. Schneewehen in der Nähe von Bäumen suchen, da der Schnee um und unter niedrighängenden Ästen, die von der Schneewehe bedeckt sind, weniger fest ist. Ein Haus aus Schneeblöcken ist ein nützlicher semi-permanenter Unterschlupf für zwei oder mehr Leute. Für den Bau eines solchen Schneehauses braucht man jedoch beträchtliche Erfahrung und Übung. Entscheidend bei dieser Konstruktion ist die Plazierung der Schneeblöcke, die an drei aufeinanderstoßenden Kanten gehalten werden – an den Unterkanten und an der Spitze. Dieser dreiseitige Halt ist, zusammen mit der Neigung der schiefen Ebene, das einzige »Geheimnis«

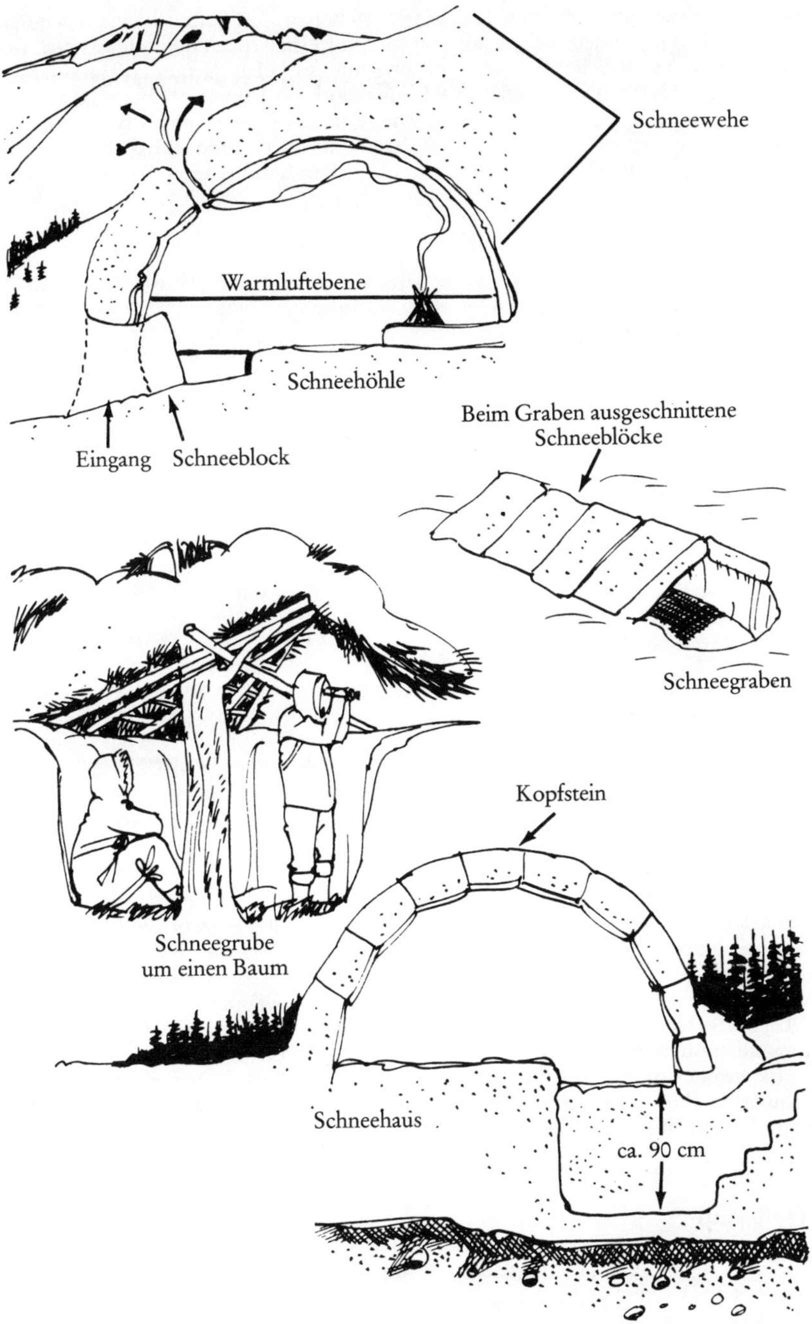

Abb. 9.2: Unterschlupf in der Arktis

beim Bau eines Schneehauses. Die Fugen zwischen den Schneeblöcken werden mit dreieckigen Schneestücken ausgestopft und erhalten eine abschließende Behandlung, indem weicher Schnee vorsichtig mit der behandschuhten Hand eingerieben wird. Der Schnee fungiert als Binder und wird fester als die eigentlichen Schneeblöcke. Ein Nachteil beim Bau eines solchen Unterschlupfs besteht darin, daß Werkzeug erforderlich ist – Messer, Säge oder Axt. Eskimos haben bewiesen, daß man allein mit Hilfe eines Messers überleben kann – ohne Messer braucht man ein Wunder.

UMWELTGEFAHREN

Blizzards

Blizzards und Stürme treten regelmäßig in der Arktis auf, und aus ihrer Verbindung entstehen oft riesige Schneewehen, die einen Menschen innerhalb kurzer Zeit begraben können. Bei einem Blizzard nicht zu marschieren versuchen. Jederzeit sorgfältig auf die Wetterbedingungen achten. In anderen Gegenden der Erde können die Wetterbedingungen äußerst unangenehm sein; in der Arktis kann ein Nichtbeachten des Wetters tödlich sein.

Steinschlag

Steinschlag wird dadurch verursacht, daß Schnee und Eis, die lose Steine verbinden, wegtauen.

Lawinen

Bei jedem schneebedeckten Hang, der steiler ist als 20°, besteht die Gefahr einer Lawine. Nach Schneefall alle steilen Hänge meiden. In einer Lawine Kopf oder einen anderen Teil des Körpers an der Oberfläche zu halten versuchen. Eine Lawine ist wie ein »Schneefluß«, und mit Schwimmbewegungen kann man an der Oberfläche bleiben. Den Körper möglichst waagrecht halten. Die Gefahr in einer Lawine besteht im Ersticken. Wenn man völlig von Schnee bedeckt ist, eine Luftkammer um den Kopf herum zu schaffen versuchen. Wenn ein Eingeschlossenwerden durch den Schnee unmittelbar bevorsteht, die Hände auf den Kopf legen; das gibt Raum für weitere Bewegungen.

Treibsand

Gletscherströme aus geschmolzenem Schnee bilden Sandbänke, die mit Wasser gesättigt sind. Diese Gebiete meiden. Beim Marsch auf nassem Sand die Festigkeit des Bodens vorher prüfen. Beim Einsinken flach hinwerfen und Arme und Beine ausbreiten. Mit gleichmäßigen und langsamen Schwimmbewegungen auf festen Boden vorarbeiten.

Eisschollen, Schneematsch und schmelzendes Eis

In der Arktis und Subarktis besteht im Frühjahr die Gefahr, daß das Eis taut und aufbricht. Die sich daraus ergebenden Gefahren lassen sich mit Aufmerksamkeit, Konzentration, langsamen Bewegungen und gutem Menschenverstand vermeiden. Wenn man durch das Eis bricht, sofort die Arme ausbreiten. Es ist schwierig, auf das Eis zurückzuklettern, jedoch nicht unmöglich. Mit Hilfe von Armen und Beinen als Hebeln aus dem Wasser zu rollen versuchen. Wenn das Eis weiter bricht, auf das Ufer oder festeres Eis zuarbeiten.

Eisberge

Eisberge, die sich in einem dauernden Schmelzprozeß befinden, schmelzen am Fuß oder unterhalb der Wasseroberfläche schneller. Sie werden kopflastig und können umkippen. Spitz zulaufende Eisberge meiden. Als Schutz auf See niedrige und flache Eisberge suchen.

Scheinbares Ineinanderfließen von Himmel und Erde

Dieses scheinbare Ineinanderfließen ergibt sich bei bedecktem Himmel und schneebedecktem Land und führt zu Schwierigkeiten bei der Beurteilung von Entfernungen und der Art des Geländes. Unter diesen Bedingungen werden Entfernungen eher unter- als überschätzt. Daher in diesen Zeiten möglichst nicht marschieren.

Magnetkompaß

In den Polargebieten reagieren Magnetkompasse träge und sind weit weniger verläßlich bei der Richtungsbestimmung. Nicht auf eine einzige Ablesung verlassen. Mehrere Ablesungen vornehmen und den Durchschnitt ermitteln.

Giftige Pflanzen

Die meisten Pflanzen in den Polargebieten sind eßbar. Der Wasserschierling ist in den meisten Fällen die einzige stark giftige Pflanze, aber auch Hahnenfuß und einige Pilzarten sollten gemieden werden. Der Wasserschierling ist eine der giftigsten Pflanzen der Erde. Sie läßt sich anhand ihres Standorts (immer auf nassem Boden) und mit Hilfe der folgenden Merkmale erkennen: eine hohle, geteilte Knolle am unteren Ende des hohlen Stiels, spindelförmige Wurzeln und ein starker, unangenehmer Geruch, der sich besonders in Wurzeln und Knollen bemerkbar macht. Der Wasserschierling kommt besonders häufig in Marschgebieten in der Nähe von Südküsten und an marschigen Seen in Flußtälern im Binnenland vor. Er findet sich niemals an Hängen oder auf trockenem Grund. Alle Beeren in den Polargebieten sind eßbar mit der einen Ausnahme des Christophskrauts, das giftig ist.

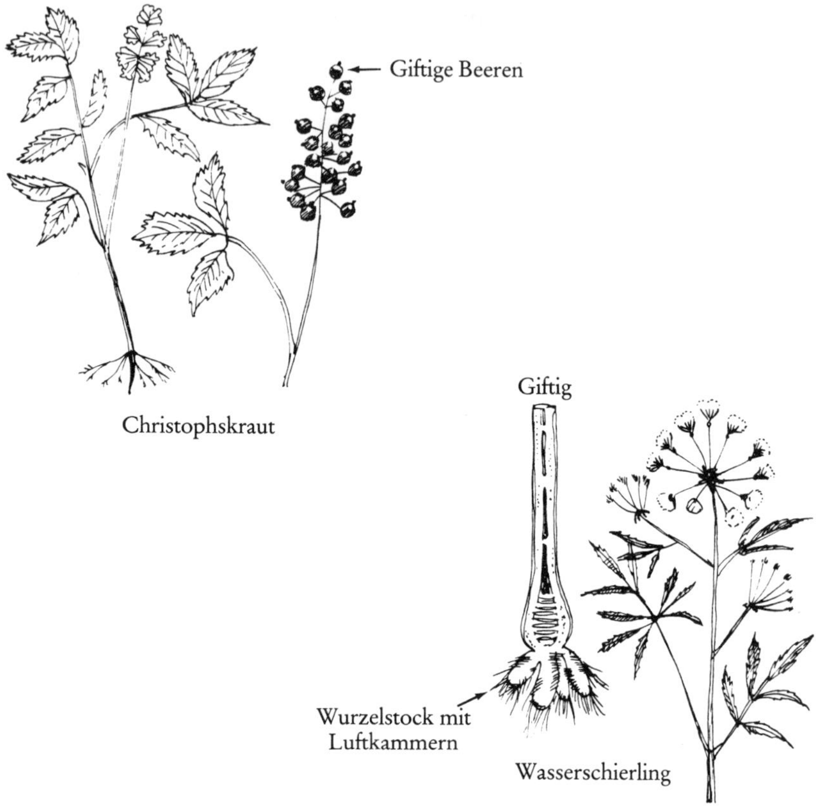

Abb. 9.3: Gipftpflanzen des Nordens

GESUNDHEITSGEFAHREN

Die Gefahren durch Insekten, Giftschlangen, Pflanzen, Tiere und Krankheiten nehmen ab, je weiter man vom Äquator aus nach Norden oder Süden kommt. Dafür nehmen die physischen Gefahren wie Schnee und Kälte zu. In der Arktis besteht die Hauptgefahr für die Gesundheit im Erfrieren. Als nächstes kommen Schneeblindheit, Kohlenmonoxidvergiftung und Sonnenbrand. Der Schlüssel für eine gute Gesundheit in der Kälte liegt in wirkungsvollen Vorbeugungsmaßnahmen, nicht in nachträglicher Behandlung. Schutz gegen die Kälte muß die erste Überlegung in jeder Überlebenssituation sein; sie erfordert sofortiges Tätigwerden. Es gibt keine absoluten Temperatur- oder Zeitangaben für die Fähigkeit, Kälte zu ertragen; entscheidend sind eine Reihe von variablen Faktoren – individuelle Toleranzgrenzen, Windkältefaktor, feuchte oder trockene Kälte – sowie Zeit und Temperatur.

Gegen die Kälte gibt es drei Möglichkeiten – Kleidung, Unterschlupf und Feuer. Zu angemessenen Schutzmaßnahmen siehe die entsprechenden Kapitel.

Kaltes Wasser und feuchte Kälte

Untertauchen in eisigem Wasser entzieht dem Körper schnell seine Wärme. Der einzige Schutz gegen das Erfrieren in kaltem Wasser besteht darin, aus dem Wasser zu kommen – möglichst schnell und auf jede nur mögliche Art. Selbst im kältesten Wasser hat man mindestens 30 Minuten Zeit, um das Ufer oder ein Floß zu erreichen, bevor der Körper so viel Wärme verloren hat, daß der Tod die Folge ist.
Feuchte Kälte durch Schwitzen oder feuchte Kleidung beschleunigt den Verlust an Körperwärme sehr stark. Wenn man zu schwitzen beginnt, Kleidung lockern, damit die Haut trocknen kann. Wenn feuchte Kleidung sehr kalt wird, bilden sich Eiskristalle, die mit einem Stock abgeschlagen werden können.
In allen Situationen, in denen Kälte im Spiel ist, besonders auf den Schutz der Extremitäten achten – Hände, Füße, Kopf, Ohren und Nase. Über diese Bereiche des Körpers kann die Hälfte der Körperwärme verlorengehen.

Frostbeulen

Längere extreme Kälte führt zu Frostbeulen, d. h. begrenzten Gewebeerfrierungen. Sie entstehen durch einen Mangel an Blutzirkulation im betroffenen Bereich. Die Verengung der Blutgefäße durch die extreme Kälte verhindert, daß das Blut dort zirkuliert. Das Ergebnis ist Sauerstoffmangel und Absterben des Gewebes. Zu den Symptomen gehören ein Kältegefühl in dem betroffenen Bereich, dem ein taubes Gefühl folgt. Erfrierungen sind nicht besonders schmerzhaft und können auftreten, ohne daß man es merkt. Die Haut ist zu Beginn rot, dann blaß oder wachsweiß. Im betroffenen Körperteil ist kein Gefühl, wenn er erfroren ist. Bei starken Erfrierungen können Ödeme und Blutungen auftreten, wenn sie auftauen.
Erfrierungen folgendermaßen behandeln:

1. Feuchte oder engsitzende Kleidung vorsichtig von dem erfrorenen Bereich entfernen. Gefrorene Schuhe oder Kleidung nicht mit Gewalt ausziehen.
2. Den erfrorenen Bereich mit einem anderen Körperteil oder mit Hilfe eines anderen Körpers erwärmen. Erfrorene Hände an die Brust, zwischen die Schenkel oder unter die Achseln legen.
3. Wenn möglich, den erfrorenen Bereich in Wasser auftauen, das etwas wärmer als die Körpertemperatur ist.
4. Nicht rauchen, da Nikotin die Blutgefäße weiter verengen kann.
5. Auf keinen Fall Schnee oder Eis auflegen.
6. Den erfrorenen Bereich nicht bewegen oder massieren.
7. Erfrierungen können zu Blasenbildung und Schälen der Haut wie bei Sonnenbrand führen. Blasen nicht öffnen.
8. Freiliegende Haut oft überprüfen. Die Vernachlässigung von Erfrierungen bedeutet eine Einladung für Wundbrand.

Schützengrabenfuß

Der Schützengrabenfuß, auch Immersionsfuß genannt, entsteht durch langes Einwirken von Kälte und Feuchtigkeit und durch verringerte Blutzirkulation. Verschlimmert wird er, wenn die Füße ruhig gehalten oder wenn engsitzende Stiefel getragen werden. Zu den Symptomen gehören ungemütliche Kälte der Füße, Unsicherheit beim Gehen, Kribbeln und Schmerzen sowie Rötung und Anschwellen der Füße.

Der Schützengrabenfuß läßt sich verhindern, indem man längere Untätigkeit der Füße vermeidet und sie warm und trocken hält. Schützengrabenfuß wie Erfrierungen behandeln.

Hypothermie

Untertemperatur ergibt sich, wenn der Körper mehr Wärme verliert, als er erzeugen kann. Die Symptome sind unkontrollierbarer Schüttelfrost, Schwierigkeiten beim Sprechen und Denken sowie blaue und aufgedunsene Haut.
Sofort Maßnahmen ergreifen; Untertemperatur kann tödlich sein. Laufen, herumspringen und Glieder bewegen, um Körperwärme zu erzeugen. Heiße Flüssigkeiten trinken. Sobald wie möglich einen warmen Unterschlupf oder ein Feuer aufsuchen.
Ungenügende Rast und falsche Ernährung tragen stark zum Risiko des Erfrierens bei. Vor Erschöpfung hüten.

Schneeblindheit

Schneeblindheit wird durch glänzende Reflexionen vom Schnee verursacht. Sie kann selbst an nebligen oder wolkigen Tagen auftreten. Das erste Anzeichen von Schneeblindheit besteht darin, daß Unterschiede im Bodenniveau nicht mehr bemerkt werden; anschließend folgt ein brennendes Gefühl in den Augen. Später schmerzen die Augen selbst bei schwachem Licht. Vorbeugen ist besser als heilen; falls aber Heilung erforderlich ist, ist völlige Dunkelheit die beste Medizin. Jederzeit Sonnenbrille tragen. Falls keine vorhanden ist, Holz, Leder oder anderes Material mit schmalen Augenschlitzen verwenden. Durch Schwärzen von Nase und Wangen mit Ruß läßt sich der grelle Glanz verringern.

Sonnenbrand

Ein Sonnenbrand ist in der Arktis sowohl an bewölkten als auch an sonnigen Tagen möglich, und er sollte als gefährliche Möglichkeit in Betracht gezogen werden.
Mit auf die Haut aufgetragenem Talg läßt sich Sonnenbrand verhindern. Auch ein stoppliger Bart schützt gegen Sonnenbrand. Sonnenverbrannte Hautteile mit tierischen Ölen feucht halten und aus der Sonne bleiben.

Kohlenmonoxidvergiftung

Der Tod durch Kohlenmonoxid bildet eine große Gefahr in der Arktis. Wenn man extremer Kälte ausgesetzt ist, schaltet der Wunsch, warm zu werden und zu bleiben, oft den gesunden Menschenverstand aus. Zum Warmbleiben auf die Kleidung verlassen – nicht auf ein Feuer. In vorübergehenden Unterkünften Feuer und Heizgeräte nur zum Kochen benutzen. Jede Art Brennstoff kann in einem schlecht gelüfteten Unterschlupf bereits in einer halben Stunde eine gefährliche Menge des geruchlosen Kohlenmonoxid erzeugen. Für Lüftung kann man sorgen, indem man den Unterschlupf oben offenläßt und für eine weitere Öffnung (für Frischluft) nahe am Boden (Türklappe teilweise offen) sorgt oder indem man einen Zuglufttunnel baut. Der Tunnel wird unter dem Fußboden gebaut und hat eine Öffnung unter der Feuerstelle. Der Zug der Feuerstelle saugt Frischluft von außen in den Tunnel. Wenn man sich in einem Unterschlupf benommen fühlt, sofort an die frische Luft begeben. Langsam bewegen und gleichmäßig atmen. Vor allen Dingen die Quelle der Rauchgase beseitigen. Wenn mehrere Leute in einem geschlossenen und erwärmten Unterschlupf schlafen, sollte einer wach bleiben, um auf Anzeichen von Kohlenmonoxid zu achten. Eine gelbe Flamme bedeutet, daß sich Kohlenmonoxid bildet. Kohlenmonoxidvergiftete an die frische Luft bringen und Wiederbelebungsmaßnahmen einleiten. Eine Mund-zu-Mund-Beatmung bei einem Kohlenmonoxidvergifteten ist nicht gefährlich.

Blutungen

Blutungen werden durch die Kälte beeinflußt: Das Blut ist dünner und braucht länger, bis es gerinnt. Weiterhin schafft die Blutzirkulation Wärme im Körper, so daß ein Blutverlust kritisch werden kann.
Wundverbände sollten nur so fest angelegt werden, daß die Blutung gerade gestillt wird, und sie sollten sofort nach Aufhören der Blutung gelockert werden. Körper und Gliedmaßen nach Möglichkeiten warmhalten. Falls die Blutung andauert, den blutenden Bereich anheben und Druckverband anlegen.
Als letztes Mittel (bei starken Blutungen an Arm oder Bein) oder bei spritzenden Blutungen sofort einen Abbinder anlegen. Trotz des wahrscheinlichen Verlusts eines Glieds aufgrund von Erfrieren muß der Abbinder angelegt bleiben, da das verlorene Blut nicht ersetzt werden kann. Es ist besser, ein Glied zu verlieren als das Leben.

Hygiene

In der Arktis ist wie in anderen Gegenden eine gute Körperpflege wichtig. Sauber zu bleiben versuchen. Falls ein Waschen des Körpers nicht möglich ist, zumindest Gesicht, Hände, Achseln, Leistengegend und Füße sauber zu halten versuchen. Jeden Abend vor dem Schlafengehen Stiefel ausziehen, Füße trocknen, reiben und massieren. Stiefel über einem Lagerfeuer trocknen. Nicht in nassen Strümpfen schlafen; Strümpfe unter dem Hemd direkt am Körper trocknen. Nasse Schuhe, wenn kein Feuer vorhanden ist, mit trockenem Gras oder Moos ausstopfen, damit sie schneller trocknen.
Keine Angst davor, den Körper bei der Erledigung menschlicher Bedürfnisse zu entblößen. Die betroffenen Körperbereiche bleiben dabei nicht so lange entblößt, daß sie erfrieren. Abfälle in einiger Entfernung von Unterschlupf und Wasservorrat vergraben.

WASSER

Der Durst stellt in kalten Regionen im Winter ein Problem dar. Um Brennstoff für andere Zwecke zu sparen, verzichtet der Überlebende oft darauf, Wasser zu trinken, das er durch Schmelzen von Eis und Schnee erhalten könnte. Auch durch die für das Sammeln von Eis erforderliche Zeit und Energie wird der Vorrat leicht begrenzt. Das kann in den kalten arktischen Gebieten genauso leicht zu einer gefährlichen Dehydration führen wie in heißen Wüstengegenden.
Wasser erhält man, indem man ein Loch in das Eis schlägt oder indem man Eis schmilzt. Um eine bestimmte Wassermenge aus Schnee zu erhalten, braucht man

50% mehr Zeit und Brennstoff, als wenn man Eis nimmt.
Innerhalb gewisser Grenzen ist es nicht gefährlich, Schnee zu essen; dabei sind aber folgende Vorsichtsmaßnahmen zu beachten:

1. Schnee solange tauen lassen, daß er in einen länglichen »Stock« oder »Ball« geformt werden kann. Keinesfalls Schnee im Naturzustand essen – das führt zur Dehydration, anstatt den Durst zu löschen.
2. Kein zerstoßenes Eis essen, da dadurch Lippen und Zunge verletzt werden können.
3. Wenn man erhitzt, kalt oder müde ist, wird der Körper durch Essen von Schnee abgekühlt.
4. Im Sommer gibt es meist viele Teiche, Seen und Flüsse, aus denen sich Wasser holen läßt. In den wärmeren Monaten enthalten Senken auf Eisbergen und Schollen Frischwasser, wie sich auch Süßwasser in geschützten Buchten und Zuflüssen findet, wo sich Wasser aus geschmolzenem Schnee gesammelt hat. Sämtliches Wasser sollte aber unabhängig von seiner Quelle abgekocht oder wenn möglich chemisch behandelt werden. Teichwasser ist trotz seiner bräunlichen Farbe normalerweise trinkbar. Das milchige Wasser eines Gletscherflusses läßt sich trinken, nachdem die Sedimente herausgefiltert wurden oder sich abgesetzt haben. Altes Meereseis, das an seiner bläulichen Farbe und den abgerundeten Kanten zu erkennen ist, ist trinkbar. Neues Meereseis ist zu salzig.

Jede Fläche, die die Sonnenwärme absorbiert, kann zum Schmelzen von Eis und Schnee benutzt werden – ein flacher Stein, eine dunkle Plane oder ein Signaltuch. Die Fläche so anlegen, daß das Wasser in einen Behälter laufen kann.

NAHRUNG

Die Chancen, verschiedene Nahrungsmittel in der Arktis zu finden, richten sich nach der Jahreszeit und dem Ort. An arktischen Küsten vertreibt das Wintereis normalerweise alle Tiere und Pflanzen; aber selbst nördlich der Baumgrenze, wo Mäuse, Fische und Raupen nicht so leicht zu finden sind, gibt es genügend Nahrung, um am Leben zu bleiben. Fleisch sollte niemals gebraten werden, da bei dieser Zubereitungsmethode das Fett verloren geht, das für eine gute Gesundheit in der Kälte erforderlich ist.

Lagerung und Konservierung

Einiges von dem Fleisch eines großen oder einer Menge kleiner Tiere sollte für spätere Verwendung gelagert oder konserviert werden. Bei kaltem Wetter werden Frischfleisch oder Fisch durch Einfrieren konserviert. Fleisch möglichst schnell einfrieren, indem man es außen um den Unterschlupf herum ausbreitet. In den Sommermonaten sollten Fleisch und Tiere an einem kühlen, schattigen Platz aufbewahrt werden. Ein Loch im Boden dient als Ersatz für einen Kühlschrank. Fleisch in Streifen schneiden und in Bäumen aufhängen, wo Wind und Sonne einwirken können. Damit es außerhalb der Reichweite der meisten Fliegen ist, sollte Fleisch mindestens fünf Meter über dem Boden hängen.
In bestimmten Gebieten mag es notwendig werden, die Vorräte vor Aasfressern wie Bären und Vielfraßen zu schützen. Das läßt sich erreichen, indem man die Vorräte an einen jungen, etwa fünf Meter hohen Baum hängt, der dann mit Hilfe eines Seils, das über den Ast eines in der Nähe stehenden Baumes geworfen wurde aufgerichtet wird. Der junge Baum ist zu klein, als daß ein Bär ihn erklettern könnte, und das Tier weiß nicht, wie es das in einiger Entfernung festgemachte

Seil lösen muß, damit das Gewicht der Vorräte den jungen Baum zum Boden herunterzieht.

Fische

In arktischen Gewässern gibt es nur wenige giftige Fische. Einige Fische jedoch, wie etwa der Seeskorpion, legen giftige Eier; die schwarze Muschel kann zu jeder Jahreszeit giftig sein, und ihr Gift ist genauso gefährlich wie Strychnin. Auch das Fleisch arktischer Haie sollte gemieden werden. In Küstenströmen und Flüssen finden sich möglicherweise viele und köstlich schmeckende Lachse, die zur Laichzeit flußaufwärts schwimmen, ihr Fleisch wird aber mit zunehmender Entfernung vom Meer immer schlechter, so daß sie weiter im Binnenland nur eine armselige Nahrung bilden.

In Nordpazifik und Nordatlantik und weiter nach Norden im Polarmeer sind die Küstengewässer reich an allen Meeresfrüchten. Äschen, Forellen, Felchen und Hechtdorsche finden sich in den Seen, Teichen und arktischen Küstenebenen Nordamerikas und Asiens. Viele große Flüsse enthalten Lachse und Störe. Flußschnecken oder Süßwasserschnecken finden sich in großen Mengen in den Flüssen, Strömen und Seen der nördlichen Nadelwälder. Alle Küstengewässer sind gleichermaßen reich an Meerestieren.

Fische lassen sich speeren, spießen, mit Kescher, Haken oder Hand fangen oder mit Steinen oder Knüppeln betäuben. Dorsche untersuchen neugierig Tuchstreifen oder Metall- oder Knochenstücke. Sie lassen sich auch durch Eislöcher fangen. Ein gutes Netz läßt sich aus festem Bindfaden oder aus den inneren Fallschirmleinen (falls vorhanden) anfertigen. Für ausgewachsene Lachse oder Forellen sollten die Maschen etwa 5 × 5 cm groß sein. Für kleinere Fische ist ein Streichnetz mit sehr feinen Maschen erforderlich, das sich aus biegsamen Weidenästen und Bindfaden herstellen läßt.

Fische lassen sich leichter in einer Flußenge fangen. Ein seichter Fluß läßt sich verengen, indem man von beiden Ufern aus einen Zaun aus Steinen, Stöcken oder Gebüsch baut. Durch Umleiten eines Flusses können Fische auf den Strand getrieben werden. Um Fische bei ablaufendem Wasser zu fangen, halbmondförmig Steine auf den Untiefen aufschichten und den Bereich in der Halbmondöffnung vertiefen.

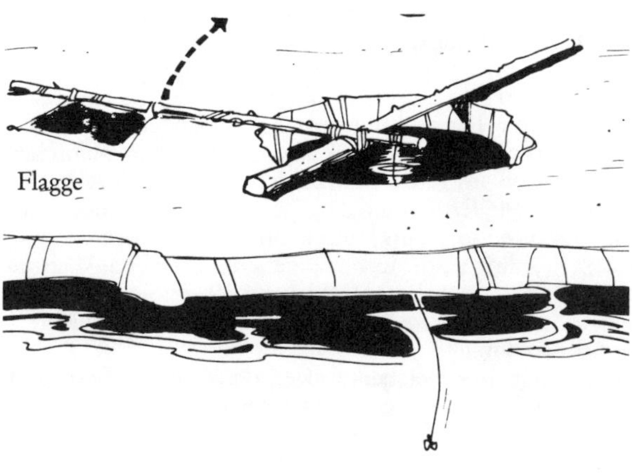

Abb. 9.4: Automatischer Angler

Landtiere

In den arktischen und subarktischen Regionen sind viele große Landtiere wie Hirsche, Karibou, Rentier, Moschusochse, Elch, Wapiti, Bergschafe, Ziegen und Bären zu finden.

Zu den kleinen im Winter und Sommer zu findenden Tundratieren gehören Kaninchen, Mäuse, Lemminge, Backenhörnchen und Füchse. Nagetiere halten jedoch im allgemeinen im Winter ihren Winterschlaf. Im Sommer finden sich an den sandigen Ufern größerer Flüsse viele Eichhörnchen. Murmeltiere, die ähnlich wie das Waldmurmeltier aussehen, sind in den Bergen zwischen Felsen, meist an Wiesenrändern, zu finden. Weiter im Süden, wo es Bäume gibt, trifft man auf Stachelschweine, die sich leicht vom Baum herunterschütteln und töten lassen. Dieses Tier lebt von Rinde. Abgeknabberte Äste sind ein gutes Zeichen für seine Anwesenheit. Stachelschweine mit Vorsicht behandeln und nur anfassen, wenn sie tot sind.

Die beste Jagdzeit ist im allgemeinen der frühe Morgen und der späte Abend, wenn die Tiere von und zu ihren Äsungs- und Schlafplätzen und Wasserstellen unterwegs sind. Für die Jagd auf große Tiere großkalibrige Gewehre verwenden. An die großen Tiere in der Arktis kann man sich relativ leicht anschleichen, und sie ergeben viel Proviant und Brennstoff. Auch ihre Häute sind sehr nützlich. Für eine erfolgreiche Jagd auf Landtiere sollte man einige ihrer Eigenarten kennen:

1. Karibous oder Rentiere können sehr neugierig sein. Man kann sie nahe genug für einen Schuß heranlocken, indem man ein Tuch schwenkt und sich langsam auf allen Vieren auf sie zubewegt.
2. Durch Imitation eines vierbeinigen Tieres kann man auch einen Wolf dazu verleiten, näher zu kommen.
3. Elche sind meist in dichtem Busch zu finden. Kühe mit Kälbern und brünstige Bullen können angreifen. Im Winter kann man Elche entdecken, indem man einen Hügel oder Baum erklettert und nach dem »Rauch« des Tieres (kondensierte Körperfeuchtigkeit, die wie der Rauch eines kleinen Lagerfeuers emporsteigt) Ausschau hält.
4. Bergziegen und -schafe sind argwöhnisch und nur schwer zu beschleichen. Sie lassen sich jedoch überraschen, wenn man über sie gelangt und sich vorsichtig nähert, sobald sie mit heruntergebeugten Köpfen äsen.
5. Moschusochsen hinterlassen rinderähnliche Spuren und Losung. Wenn sie aufgescheucht werden, bilden sie eine Gruppe und bleiben in dieser Position, bis man sich ihnen nähert; dann täuschen einer oder mehrere Bullen möglicherweise einen Angriff auf den Eindringling vor.
6. Bären sind bösartig und gefährlich. Ein verwundeter Bär ist extrem gefährlich und sollte nicht in sein Lager verfolgt werden. Der Eisbär ist ein nichtermüdender geschickter Jäger mit gutem Sehvermögen und einem außerordentlich guten Geruchssinn. Eisbären jagen und fressen Menschen.
7. Kaninchen rennen oft im Kreis und kehren zu der Stelle zurück, an der sie erschreckt wurden. Pfeifen, wenn das Tier davonläuft. Möglicherweise hält es an. Fallen sind wirksam beim Fang kleinerer Landtiere.
8. Im Winter und Frühling sind Meeressäugetiere – Robben, Walrosse und Eisbären – auf dem gefrorenen Packeis oder auf Eisschollen im offenen Wasser zu finden. Wie Landtiere ergeben diese Meerestiere Proviant, Hilfsmittel, Brennstoff und Kleidung.
9. Robben mit Vorsicht beschleichen. Gegen den Wind nähern und plötzliche Bewegungen vermeiden. Ein weißer Tarnanzug ist nützlich. Nur vorrücken, wenn der Kopf des Tieres darauf hinweist, daß es schläft. Wenn eine Bartrobbe sich zu bewegen scheint, schnell aufstehen und rufen; die Robbe bekommt möglicherweise Angst und liegt ruhig, so daß man schießen oder sie

mit dem Speer töten kann. Diese Spezies ruht auf Treibeis und ist zahlreich dort zu finden, wo das Eis durch Strömungslöcher und Gezeitenrisse gebrochen ist. Keine großen Mengen der Leber von Meeressäugetieren oder Haien essen; der hohe Gehalt an Vitamin A kann Übelkeit verursachen.

10. Den auf Treibeis zu findenden Walrossen muß man sich generell per Boot nähern. Sie gehören jedoch zu den gefährlichsten Tieren der Arktis und sollten im allgemeinen gemieden werden.
11. Eisbären sind in nahezu allen Küstenregionen der Arktis zu finden, erscheinen aber nur selten an Land. Diese Tiere möglichst meiden. Eisbärfleisch niemals unzubereitet essen. Es ist normalerweise mit Parasiten übersät.

Vögel

In der Arktis haben viele Vögel ihre Brutplätze. Enten, Gänse, Seetaucher und Schwäne bauen im Sommer ihre Nester in der Nähe der Teiche auf den Küstenebenen, und sie bilden eine überreichliche Quelle für Nahrungsmittel. Wald- und Schneehühner bewohnen gebirgiges Gelände und buschbedeckte Gebiete in arktischen und subarktischen Regionen. Seevögel sind auf Klippen oder kleinen Inseln vor der Küste zu finden. Ihre Nistgebiete lassen sich oft anhand ihrer geräuschvollen Flüge zu und von den Nahrungsplätzen lokalisieren. Seevögel wie auch Raben und Eulen lassen sich als Nahrung verwenden.

Im Winter sind Eulen, Raben und Schneehühner die einzigen vorhandenen Vögel. An Felsschneehühner kommt man leicht heran, sie finden sich paarweise und sind sehr zutraulich. Obgleich sie durch ihre weiße Schutzfärbung im Winter nur schwer auszumachen sind, bilden sie eine leichte Nahrungsquelle, da sie mit Hilfe von Steinen, einer Schleuder oder selbst eines Knüppels getötet werden können. Moor-Schneehühner, die sich in großen Schwärmen sammeln, sind leicht mit Hilfe von Fallen zu fangen. Sie sind in Weidenansammlungen an Bächen und in Feuchtgebieten zu finden.

Alle arktischen Vögel machen im Sommer, wenn sie sich mausern, eine zwei- bis dreiwöchige fluglose Zeit durch. Vögel in der Mauser können im Lauf gefangen werden. Frische Eier zählen zu den sichersten Nahrungsmitteln, und sie sind in jedem Stadium der Embryoentwicklung eßbar.

Vögel lassen sich auf verschiedenste Art und Weise fangen – mit einem improvisierten Netz aus Bindfaden, mit einem beköderten Haken an einer Angelleine, mit einer einfachen Kistenfalle oder, im Falle von jungen Vögeln, mit der Hand.

Pflanzennahrung

Viele Pflanzen in den Polargebieten sind eßbar. Der Wasserschierling ist eigentlich die einzige Giftpflanze, Hahnenfuß und einige Pilzarten sollten jedoch ebenfalls gemieden werden. Einige der bekannteren eßbaren Pflanzen in kalten Klimazonen sind:

Flechten – Flechten haben wahrscheinlich den größten Nährwert aller arktischen Pflanzen. Einige Flechten enthalten eine bittere Säure, die zu Übelkeit und starken internen Reizungen führen kann, wenn sie roh gegessen werden. Durch Einweichen und Kochen der Pflanzen in Wasser wird die Säure beseitigt. Durch langsames Rösten in einer Pfanne können sie knusprig gemacht werden. Durch Einweichen über Nacht und anschließendes Trocknen können Flechten zu Pulver verarbeitet werden. Die getrocknete Flechte mit einem Stein bearbeiten und das Pulver ein paar Stunden einweichen. Anschließend kochen, bis es geleeartig wird. Dieses Gelee zum Andicken von Suppen und Gemüseeintöpfen nutzen.

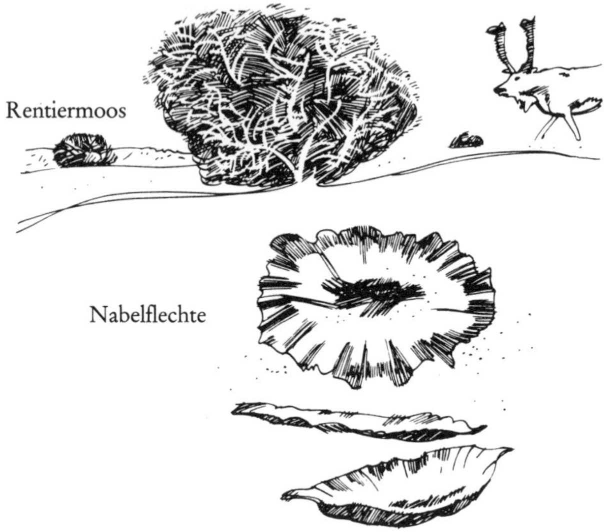

Abb. 9.5: Flechten

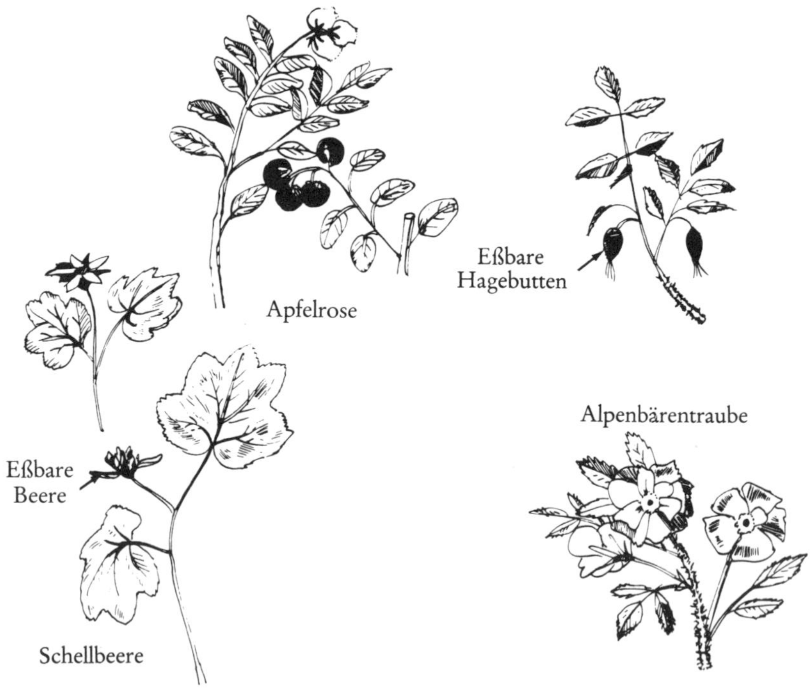

Abb. 9.6: Eßbare Beeren

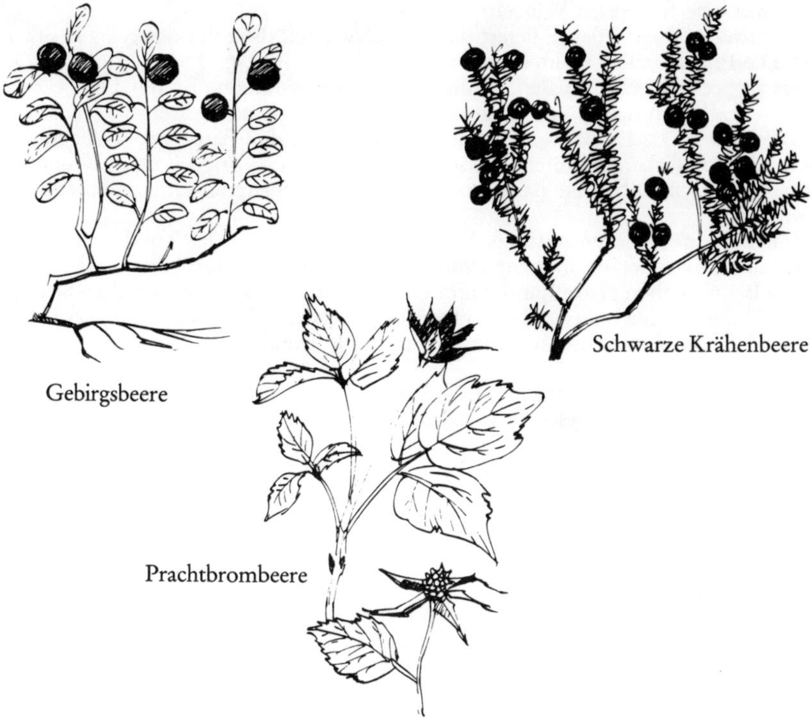

Abb. 9.6: Eßbare Beeren

Nabelflechte besteht aus dünnen, ledrigen, unregelmäßig geformten Scheiben von 2,5 bis mehreren Zentimetern Durchmesser. Sie ist schwarz, braun oder gräulich. Die Scheiben haften mit einem kurzen Mittelstiel an Felsen. Diese nahrhafte Flechte ist in nassem Zustand weich, in trockenem Zustand hart und spröde.

Beeren – Die wichtigste der nördlichen Beeren ist die Prachtbrombeere. Alle Beeren außer denen des Christophkrauts sind eßbar. An letzterer Pflanze hängen die roten Beeren in langstieligen Büscheln zu einem Dutzend oder mehr.

Gebirgsbeere – Ein niedriger, kriechender Busch mit ledrigen, immergrünen Blättern. Er trägt rote, einzelne Beeren, die einen hohen Vitamingehalt aufweisen.

Alpenbärentraube – Diese Beere wächst in Büscheln zu dreien oder vieren am Ende von kurzen Stengeln auf einem wuchernden Strauch mit rauher Rinde und abgerundeten Blättern, die rot werden und nahezu geschmacklos sind.

Apfelrose – Die Frucht, Hagebutte genannt, ist von Mitte des Sommers bis zum Herbst (oft auch im Winter und Anfang des Frühjahrs) zu finden. Die Apfelrose wächst in trockenen Wäldern, besonders an Flüssen und Steilufern. Sie ist an ihrem dornigen Strauch zu erkennen. Die Hagebutten sind rot bis orange. Im Frühjahr und Winter sind die Hagebutten hart und trocken, aber dennoch eßbar und sehr nahrhaft.

Weitere eßbare Beeren sind die Schellbeere und die Schwarze Krähenbeere. Letztere ist blau oder schwarz.

Wurzeln. Die folgenden Wurzeln sind eßbar:
Bärenschote – Diese Pflanze liefert die Süßholzwurzel, die roh oder gekocht eßbar ist. Die Pflanze selbst ist im Norden weit verbreitet und in sandiger Erde, besonders an Seeufern und Flüssen, zu finden. Sie hat rosafarbene Blüten. Die gekochten Wurzeln schmecken wie Karotten, sind aber noch nahrhafter.
Läusekraut – Das Läusekraut ist eine niedrigwachsende Pflanze mit wolligen Ähren oder rosafarbenen Blüten. Die schwefelgelbe Wurzel ist groß und süß und gekocht oder roh eßbar. Sie ist in trockenen Tundragebieten Nordamerikas zu finden.
Natterwurz oder Wiesenknöterich – Auch diese Wurzel ist in der Tundra zu finden. Sie hat weiße oder rosafarbene Blüten, die eine dünne Ähre bilden. Die länglichen Blätter haben glatte Ränder und wachsen nahe dem Boden aus dem Stengel. Die Wurzel ist reich an Stärke, schmeckt aber etwas scharf, wenn sie roh gegessen wird. Am besten ist sie, wenn sie ein paar Stunden in Wasser eingeweicht und dann geröstet wird.
Süßholzwurzel – Diese Wurzel und die Eskimokartoffel haben im frühen Frühling, Sommer und Herbst (gelegentlich auch im Winter) wurzelähnliche Knollen. Im Sommer werden sie zäh und ungenießbar. Die Blüten dieser Pflanze sind rosa-violett, erbsenähnlich und wachsen in länglichen Büscheln; die Samenschoten sind flach, 2,5 bis 5 cm lang und bestehen aus mehreren rundlichen Abschnitten.

Skorbut läßt sich verhindern, indem man frische Pflanzen und Fleisch zu sich nimmt. Unter den vielen Pflanzen mit hohem Vitamin-C-Gehalt finden sich Löffelkraut und Fichten.
Gemüse. Viele Pflanzen des Nordens bilden einen guten Ersatz für das Blattgemüse, das wir normalerweise jeden Tag essen.
Löwenzahn – Bei dieser Pflanze handelt es sich möglicherweise um einen Lebensretter in Polarregionen. Blätter und Wurzeln können roh gegessen werden, schmecken aber besser, wenn sie leicht gekocht werden. Löwenzahnwurzeln lassen sich als Kaffeeersatz nutzen. Zur Zubereitung die Wurzeln säubern und in kleine Stücke schneiden. Rösten und zwischen zwei Steinen mahlen. Wie Kaffee aufbrühen.
Sumpfdotterblume – Diese Pflanze ist in Sümpfen und an Flüssen zu finden und wächst zu Frühlingsanfang. Blätter und Stiele besonders der jungen Pflanzen schmecken gut, wenn sie gekocht werden.
Meerespflanzen – Meerespflanzen bilden eine gute Ergänzung zu Fischen (siehe Kapitel 10 »Überleben auf See und an der Küste«).
Weiden – Diese Sträucher oder kleinen Bäume sind auf der ganzen Welt zu finden. In der Tundra sind sie vielleicht nur ein paar Zentimeter hoch. Sie haben junge, zarte, blättrige Schößlinge, die im Frühling eßbar sind. Mit zunehmendem Alter werden sie bitter und zäh. Weiden lassen sich anhand ihrer Blüten oder Fruchtbüschel identifizieren, die sich zu raupenähnlichen Ähren von etwa 2,5 cm Länge entwickeln. Sie kommen in nahezu allen Lebensräumen vor und bilden eine der besten Quellen an Vitamin C.
Sonnenröschen – Die jungen Blätter, Stiele und Blüten sind im Frühling eßbar, werden im Sommer zäh und bitter und sterben im Herbst ab. Sie sind an Flüssen, Sandbänken, Seeufern und auf alpinen und arktischen Hängen zu finden. Die Stiele sind 30–60 cm hoch, und die Blätter sind dick, nahezu weiß und etwa 8 cm lang. Die Blüten sind rosa bis violett, groß und auffallend mit vier Blütenblättern.
Afterkreuzkraut – Die jungen Blätter, Stiele und Blüten sind eßbar im Frühling, zäh und bitter im Sommer. Diese Pflanze ist in offenen Wäldern, an Hügeln und Flußufern und in der Nähe von Meeresküsten zu finden. Besonders häufig, kommt sie auf kürzlich abgebrannten Flächen vor. Sie hat Ähnlichkeit mit dem Sonnenröschen, ihre Blätter sind jedoch grün, und die Stiele sind rötlich und grö-

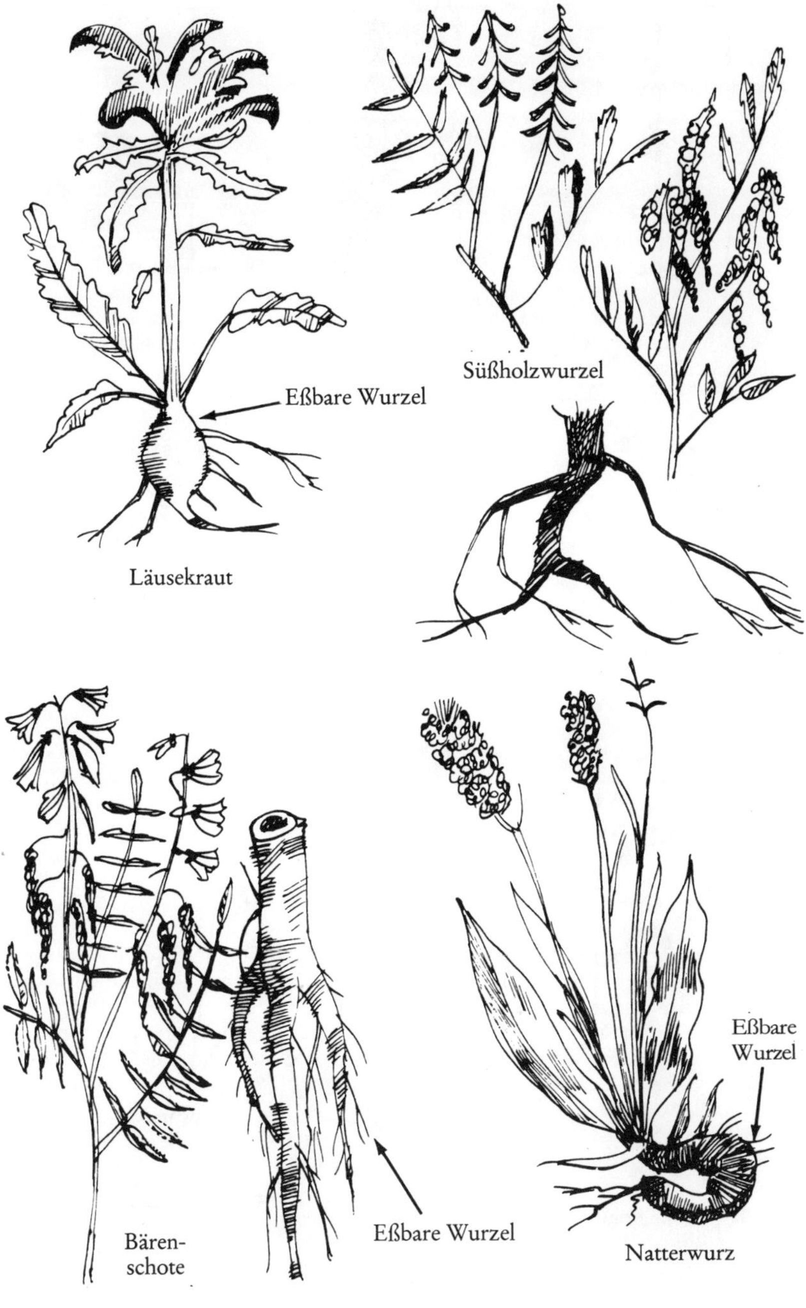

Abb. 9.7: Eßbare Wurzeln

Abb. 9.8: Pflanzen gegen Skorbut

Löwenzahn

Afterkreuzkraut

Weide

Sumpfdotterblume

Sonnenröschen

Huflattich

Abb. 9.9: Eßbare Grünpflanzen

ßer als beim Sonnenröschen. Sie wird mannsgroß; ihre Blüten sind auffallend rosafarbig.
Huflattich – Die Blätter und blühenden Schößlinge sind im Frühling und Sommer eßbar. Die Pflanze ist in feuchten Wäldern und auf der feuchten Tundra zu finden. Sie hat dickliche Blätter, ist dreieckig geformt und wird 7–25 cm lang. Sie ist oben dunkelgrün und unten schmutzig weiß und wächst nur im Frühling. Der Stiel ist fleischig und spinnwebartig, etwa 30 cm hoch, mit einem Büschel von cremefarbenen Blüten an der Spitze.

FEUERMACHEN

Einen Platz wählen, der Schutz vor dem Wind bietet. In bewaldeten Gegenden bieten Bäume oder Büsche guten Windschutz, in offenem Land muß man jedoch improvisieren. Eine Reihe von Schneeblöcken, ein Hügelkamm oder eine ausgehöhlte Schneewehe dienen als Windschutz auf dem Packeis. Von Weiden kann man Büschel abschneiden und ringförmig in den Schnee oder Erdboden stecken. In Gegenden mit Hochwald baut man einen Ring aus immergrünen Ästen. Den Windschutz etwa 1,2 Meter hoch machen und mit Ausnahme des Eingangs rings um das Feuer anlegen. Das Feuer vor von überhängenden Ästen tropfendem geschmolzenem Schnee schützen.

Brennstoff

Alles, was brennt, ist auch guter Brennstoff, und davon gibt es viel im Hohen Norden: Speck, Flechten, an der Oberfläche liegende Kohleklumpen, Treibholz, Gras und Birkenrinde. In einigen Gegenden der Arktis mag jedoch Tierfett der einzige Brennstoff sein, der dann in einem Metallbehälter verbrannt wird, wobei ein Docht zum Anzünden dient. Robbenspeck ergibt auch ohne Behälter ein gutes Feuer, wenn Benzin oder Esbittabletten zur Verfügung stehen, um erst eine Zündflamme zu bekommen. Ein Stück Speck von etwa 1000 cm^2 brennt mehrere Stunden lang. Ausgebrannte Speckstücke sind eßbar. Die Eskimos verbrennen Robbenspeck und benutzen dabei Robbenknochen als Docht. Als erstes schichten sie eine kleine Pyramide von Knochen auf; dann wird ein kleines Tuch mit Öl von einem Stück Speck getränkt, das Tuch wird angezündet, in den Knochenhaufen gelegt, und dann kommt der Speck oben auf den Haufen. Durch die Hitze schmilzt das Öl im Speck, tropft auf die erhitzten Knochen und entzündet sich. Ein Speckofen läßt sich aus einer leeren Dose von etwa der Größe einer Ein-Pfund-Kaffeedose herstellen. Zuerst viele kleine Löcher in die Dose schlagen (einschließlich des Bodens). Dann aus einem Stück Segeltuch, trockenem Tundramoos oder einem Stück Robbenfell mit der Haarseite nach außen einen Docht machen. Der Docht wird mit dem Öl gesättigt, angezündet und unter die Dose gelegt; der Speck kommt dann oben auf die Dose. Das vom Speck in die erhitzte Luft in der Dose tropfende Öl verbrennt heißer, als wenn der Speck direkt ohne Dose auf den Docht zu liegen käme.
Als Brennstoff in subpolaren Regionen dient normalerweise Holz. Das trockenste Holz ist in toten, abgestorbenen Bäumen zu finden. Auf lebenden Bäumen sind die Zweige über dem Schnee die trockensten. In der Tundra grüne Weiden und Birken in Stücke schneiden und verbrennen.

KLEIDUNG

Das grundlegende Überlebensproblem in polaren Gebieten besteht darin, warm zu bleiben. In der Kälte hat man keine Zeit für Experimente. Man muß sofort das Richtige tun. Die Kleidung und ihre Tragweise ist entscheidend dafür, wie lange man überlebt.

In der Kälte geht Körperwärme an die umgebende Luft verloren. Daher muß die Kleidung in kalten Klimazonen einen Zweck erfüllen – sie muß die Körperwärme am Entweichen hindern, indem sie sie gegen die kalte Außenluft isoliert. Durch Anziehen oder Ausziehen von normaler Kleidung je nach Erfordernis kann man die Körpertemperatur kontrollieren. Die inneren Schichten von Isolierkleidung halten die warme Luft innen, während die windundurchlässigen Außenschichten dafür sorgen, daß keine kalte Luft in die Kleidung eindringt und Körperwärme davonträgt. Hier einige wichtige Tatsachen über Kleidung und ihre Bedeutung:

1. Engsitzende Kleidung verkleinert den Bereich ruhiger Luft am Körper und verhindert die freie Blutzirkulation.
2. Schwitzen ist gefährlich, weil es den Isolierwert der Kleidung reduziert, indem Luft durch Feuchtigkeit ersetzt wird. Bei Verdampfen der Feuchtigkeit wird der Körper abgekühlt. Überhitzen vermeiden, indem Kleidungsschichten abgelegt und die Kleidung an Hals, Handgelenken und Brust geöffnet wird.
3. Hände und Füße werden schneller kalt als andere Teile des Körpers und benötigen besondere Aufmerksamkeit. Die Hände möglichst geschützt halten. Sie können unter den Achseln, zwischen den Schenkeln oder an den Rippen erwärmt werden. Füße sind schlecht warm zu halten, weil sie schneller schwitzen. Man kann jedoch Beschwerden aus dem Weg gehen, indem man Schuhe trägt, die groß genug für zumindest zwei Paar Strümpfe sind, und indem man die Füße trocken hält. Warme Doppelsocken kann man sich anfertigen, indem man einen Strumpf in einen anderen steckt und den Zwischenraum mit einer Schicht aus trockenem Gras, Moos oder Federn ausfüllt.
4. Es mag erforderlich werden, einige Kleidungsstücke zu improvisieren, wie etwa Stiefel, wenn die eigenen Stiefel zu klein für ein zweites Paar Strümpfe sind. Alles was man dazu braucht, ist ein Stück Segeltuch und etwas Bindfaden. Aus dem Sitzbezug eines Fahrzeugs oder aus dem Bezug der Sitzpolsterung eines Pilotenfallschirms lassen sich improvisierte Stiefel anfertigen.

EINGEBORENE

In der Arktis gibt es nur relativ wenig Eingeborene. Die in Nordamerika und Grönland zu findenden Eingeborenen sind freundlich gesinnt. Eskimos leben größtenteils an den Küsten. Indianer sind an Flüssen und Strömen im Binnenland zu finden. Die Eingeborenen in der Arktis haben wenig genug zu essen, also keine Vorteile aus ihrer Gastfreundschaft ziehen. Beim Weitermarsch Bezahlung anbieten.

10 Überleben auf See und an der Küste

Es gibt viele Gründe, warum man sich plötzlich dem Problem gegenüber sehen könnte, auf See zu überleben. Das Schiff oder Flugzeug, auf dem man sich befindet, kann durch Gefahren wie Stürme, Feuer oder Zusammenstöße oder durch kriegerische Handlungen sinken oder abstürzen. Ein Überleben hängt zum großen Teil von den vorhandenen Rationen und Ausrüstungsgegenständen, ihrer Verwendung und von der eigenen Geschicklichkeit und dem eigenen Einfallsreichtum ab.
Heutzutage sind alle Rettungsboote, Flöße und Flugzeuge für die meisten Notfälle auf See ausgerüstet. Diese Ausrüstung muß man kennen, man muß wissen, wo sie verstaut und wie sie gebraucht wird. Sicherstellen, daß Angelzeug dabei ist. Vor und während einer langen Seereise mit der Ausrüstungsliste der Rettungsboote, den Verfahren beim Verlassen des Schiffs und der Kommandostruktur an Bord des Rettungsfahrzeugs vertraut machen.
Es ist jedoch möglich, ja sogar wahrscheinlich, daß man sich ohne Floß oder Ausrüstung in einer Position wiederfindet, in der man improvisieren muß. Bei einem Flugzeugabsturz oder bei Schiffbruch das größte schwimmende Wrackteil wählen. Dieses Teil sichern und dann alle greifbaren lebensrettenden Gegenstände wie Lebensmittelbehälter, Wasser, Funkausrüstung usw. aus dem Wrack zu holen versuchen.

ÜBERLEBEN AUF SEE: UNMITTELBARE ÜBERLEGUNGEN

Notwasserung

In einem auf See niedergehenden Flugzeug nicht versuchen, Flöße oder Rettungswesten im Innern aufzublasen. Wenn man erst einmal draußen und das Floß aufgeblasen ist, eine Leine zwischen Floß und Flugzeug befestigen, solange es noch schwimmt. Alle nützlichen und leicht zu tragenden Fernmeldegeräte sowie weiteren Proviant und Wasser auf das Floß holen, dabei aber jederzeit eine Person an der Leine belassen, um sie sofort zu kappen, wenn es nötig ist.

Öl auf dem Wasser

Wenn auf dem Schiff oder dem gewasserten Flugzeug Feuer ausbricht und Öl ausläuft, schnell gegen den Wind aus dem Feuerbereich schwimmen oder paddeln. Wenn man sich im Wasser befindet und von brennenden Ölteppichen umgeben ist, in die Richtung (meist gegen den Wind) schwimmen, in der man am wahrscheinlichsten von der Gefahr freikommt. Unter kleinen Bereichen mit brennendem Öl hindurchtauchen. Wenn man von einer breiten Feuerwand umgeben ist, tauchen und beim Auftauchen die Arme umherwerfen, um ein »Auge« im Feuer zu schaffen, Luft holen, untertauchen und auf diese Weise weiterschwimmen, bis die Feuerwand überwunden ist.

Überlebensschwimmen

Mit einer Rettungsweste kann man sich längere Zeit über Wasser halten. Zur leichteren Fortbewegung etwas Luft aus der Weste ablassen und auf dem Rücken schwimmen. Für jemand, der weiß, wie er sich im Wasser entspannen kann, besteht selbst ohne Rettungsweste nur eine sehr geringe Ertrinkungsgefahr, besonders in Salzwasser. Durch Einschließen von Luft in der Kleidung erhält man im Wasser Auftrieb und kann ausruhen. Wenn man längere Zeit im Wasser ist, muß man vom Wassertreten ausruhen. Als guter Schwimmer auf dem Rücken treiben lassen, wenn die See es erlaubt. Wenn möglich, immer auf dem Rücken treiben lassen. Wenn man dazu nicht in der Lage ist oder wenn die See zu rauh ist, folgende Technik anwenden:

1. Aufrecht im Wasser »stehend« einatmen.
2. Den Kopf mit dem Gesicht nach unten ins Wasser legen und mit den Armen Schwimmbewegungen machen.
3. Mit dem Gesicht im Wasser ruhen, bis man wieder atmen muß.
4. Den Kopf heben, ausatmen, mit Armen und Beinen Balance halten, einatmen und den Zyklus wiederholen.

Abb. 10.1: Überlebensschwimmen

FORTBEWEGUNG UND SCHUTZ

Das Floß

Das Wissen um die Pflege und richtige Behandlung eines Floßes ist wichtig, da es sowohl als Schutz als auch als Transportmittel dient, bis man entweder gerettet wird oder das Ufer erreicht.
Bei einem Gummifloß ist es wichtig, daß es richtig aufgeblasen ist. Wenn die Hauptauftriebskammern nicht fest sind, mit Pumpe oder Mund weiter aufblasen. Sitze, wenn vorhanden, aufblasen, es sei denn, irgendwelche Verletzte müssen flach liegen. Nicht zu stark aufblasen. Die Luftkammern müssen gut gerundet, aber nicht fest wie ein Faß sein. An heißen Tagen etwas Luft ablassen, um die Ausdehnung durch die warme Luft zu kompensieren. Das Floß möglichst trokken halten. Um das Floß im Gleichgewicht zu halten, die Mitte beschweren. Wenn zwei oder mehr Personen an Bord sind, den schwersten in der Mitte sitzen lassen. Lecks treten an Gummiflößen am ehesten an Ventilen, Nähten und unter

Wasser auf. Sie können mit den im Floß befindlichen Stöpseln repariert werden. Ein normales oder aus Segeltuch und Kreuzbalken improvisiertes Segel niemals gleichzeitig an beiden unteren Enden festbinden. Ein plötzlicher Windstroß würde das Floß umkippen. Irgendwie dafür sorgen, daß eine Ecke des Segels je nach Bedarf losgelassen oder festgehalten werden kann.
Alle erdenklichen Maßnahmen treffen, um ein Umkippen des Floßes zu verhindern. Bei rauher See am Bug einen Treibanker ausbringen und möglichst niedrig hinsetzen. Nicht aufstehen und keine plötzlichen Bewegungen machen. Bei extrem rauhem Wetter einen Reservetreibanker bereithalten, falls der erste verlorengeht.
Wenn das Floß gekentert ist, die Aufrichtleine (auf Mehr-Personen-Flößen) von einer Seite auf die andere werfen. Auf die andere Seite des Floßes schwimmen; einen Fuß auf den Schwimmkörper setzen und ziehen. Wenn keine Aufrichtleine vorhanden ist, hinübergreifen und die Rettungsleine auf der anderen Seite fassen. Ins Wasser zurückgleiten und das Floß damit wieder aufrichten. Die meisten Flöße haben Aufrichtgriffe an der Unterseite. 20-Mann-Flöße brauchen nicht aufgerichtet zu werden, da sie von beiden Seiten identisch sind.
In ein Ein-Mann-Floß vom schmalen Ende hineinklettern und dabei möglichst waagerecht bleiben. Das ist auch die richtige Methode, um an Bord eines Mehr-Personen-Floßes zu kommen, wenn man allein ist.
Wenn mehrere Flöße vorhanden sind, sollten sie zusammengebunden werden. Das Heck des ersten Floßes am Bug des zweiten befestigen und einen Treibanker am Heck des zweiten Floßes anbringen. Zwischen den Flößen eine Leine von etwa 7,5 Meter verwenden; die Leine so verlängern oder verkürzen, daß der Treibanker in einem Wellental ist, wenn das Floß sich auf einem Wellenkamm befindet. Bis auf die Verletzten oder Kranken sollten alle Mann auf einem Floß Wache stehen. Zu jeder Zeit muß ein Mann auf Wache sein. Der Wachdienst sollte höchstens zwei Stunden dauern. Der Ausguck sollte nach Anzeichen für Land, möglichen Rettern und Scheuer- oder Leckstellen am Floß Ausschau halten. Er sollte am Floß festgebunden werden.
Wind und Strömung treiben das Floß. Diese Kräfte nutzen, wenn sie in die beabsichtigte Richtung führen. Zur Ausnutzung des Windes das Floß voll aufblasen und hoch aufgerichtet sitzen. Den Treibanker einholen und ein Segel setzen. Einen Riemen oder ein Paddel als Steuer verwenden. Bei Gegenwind den Treibanker ausbringen und niedrig im Floß zusammenkauern, um dem Wind weniger Angriffsfläche zu bieten. Das Floß nur segeln, wenn Land in der Nähe ist. Strömungen sollten kein Problem darstellen, da sie auf dem offenen Meer selten mehr als 9 bis 13 Kilometer am Tag zurücklegen.

Signalisieren

Auf See gibt es viele Arten zu signalisieren – Funkgeräte, Leuchtkugeln, Farbstoff, Spiegel, Lampen, Pfiffe. Signalgeräte nur benutzen, wenn feststeht, daß sie auch gesehen oder gehört werden. Bei Fehlen von Signalausrüstung das Wasser mit Paddeln oder Riemen aufpeitschen.
Funkgeräte – Wenn das Rettungsboot oder Floß mit Funkgeräten ausgerüstet ist, die beiliegenden Signal- und Betriebsanleitungen befolgen.
Signalspiegel – Besonders nützlich, um die Aufmerksamkeit von Rettern aus der Luft zu erregen.
Lampen und Leuchtkugeln – Anweisungen für die Benutzung von Signalpistolen, Leuchtkugeln, Rauchsignalen und Notlampen (normale Rettungsbootausrüstung) sind in den wasserdichten Behältern für diese Ausrüstung zu finden. Laterne und

Taschenlampe sind wertvolle Nachtlichter und können zum Signalisieren benutzt werden.

Signalflaggen – Die beste Methode, die Signalflagge zu zeigen, besteht darin, daß zwei Mann sie gespannt halten und so bewegen, daß sich ein Farbblitz ergibt. Signalflaggen an einem Mast sind aus weiter Entfernung zu sehen.

Bootabdeckung – Wenn die Persenning oder Bootabdeckung als Überdachung benutzt wird, mit der farbigen Seite nach oben anbringen. Damit winken, wenn ein Rettungsfahrzeug in Sicht ist.

Trillerpfeife – Bei schlechter Sicht mit der Pfeife Überwasserfahrzeuge oder Leute am Ufer aufmerksam machen oder andere Flöße lokalisieren, wenn sie nachts abgetrieben werden.

Anzeichen für Land

Wolken. Wolken und bestimmte, genau abgegrenzte Reflexionen am Himmel sind die verläßlichsten Anzeichen für Land. Kleine Wolken hängen über Atollen und möglicherweise über Koralleninseln und verborgenen Riffen. Feste Wolken oder Wolkenkämme finden sich oft um die Gipfel hügliger Inseln oder Küstenstreifen. Sie sind leicht zu erkennen, da andere Wolken an ihnen vorbeiziehen. Weitere Zeichen am Himmel für Land sind Blitze und Reflexionen. Blitze aus einer bestimmten Region am frühen Morgen weisen auf gebirgiges Gelände hin, besonders in den Tropen. In den Polargebieten bedeutet ein scharf abgegrenzter heller Bereich an einem grauen Himmel, daß dort Treibeis oder Ufereis in offenem Wasser liegt.

Geräusche. Zu den Geräuschen, die auf Land hindeuten, gehören die fortgesetzten Schreie von Meeresvögeln aus einer bestimmten Richtung, Schiffs- oder Bojensignale und andere Zivilisationsgeräusche.

Weitere Anzeichen. Vermehrtes Auftreten von Vögeln und Insekten deutet auf nahes Land hin. Auch blättriger Seetang, der meist in seichtem Wasser zu finden ist, weist auf Landnähe hin. Junges Eis, das normalerweise glatter, ebener und weißer als Packeis ist, deutet auf einen gefrorenen Wassereinlauf in der Nähe hin, besonders wenn die Stücke sich nahe beieinander befinden. Land wird auch durch Gerüche angekündigt, die der Wind über weite Entfernungen mit sich trägt. Diese Tatsache wird bei dichtem Nebel oder nachts wichtig. Eine Zunahme von schwimmendem Treibholz oder Vegetation bedeutet, daß Land in der Nähe ist.

UMWELTGEFAHREN

Haie

Diese großen Meeresräuber sind neugierig und untersuchen Gegenstände im Wasser. Es ist unwahrscheinlich, daß sie ohne Provokation angreifen, nicht unwahrscheinlich ist dagegen ein Angriff auf einen verwundeten und blutenden Schwimmer. Jeglicher Blutfluß sollte möglichst schnell gestillt werden. Dazu notfalls einen Abbinder aus Schuhriemen oder Kleidung anlegen. Haie leben in nahezu allen Ozeanen, Meeren und Flußmündungen. Aufzeichnungen zeigen jedoch, daß die meisten Angriffe durch Haie in Gewässern mit Temperaturen von 18° C aufwärts vorgekommen sind. In Gegenden mit kälterem Wasser besteht ein Haiproblem nicht.

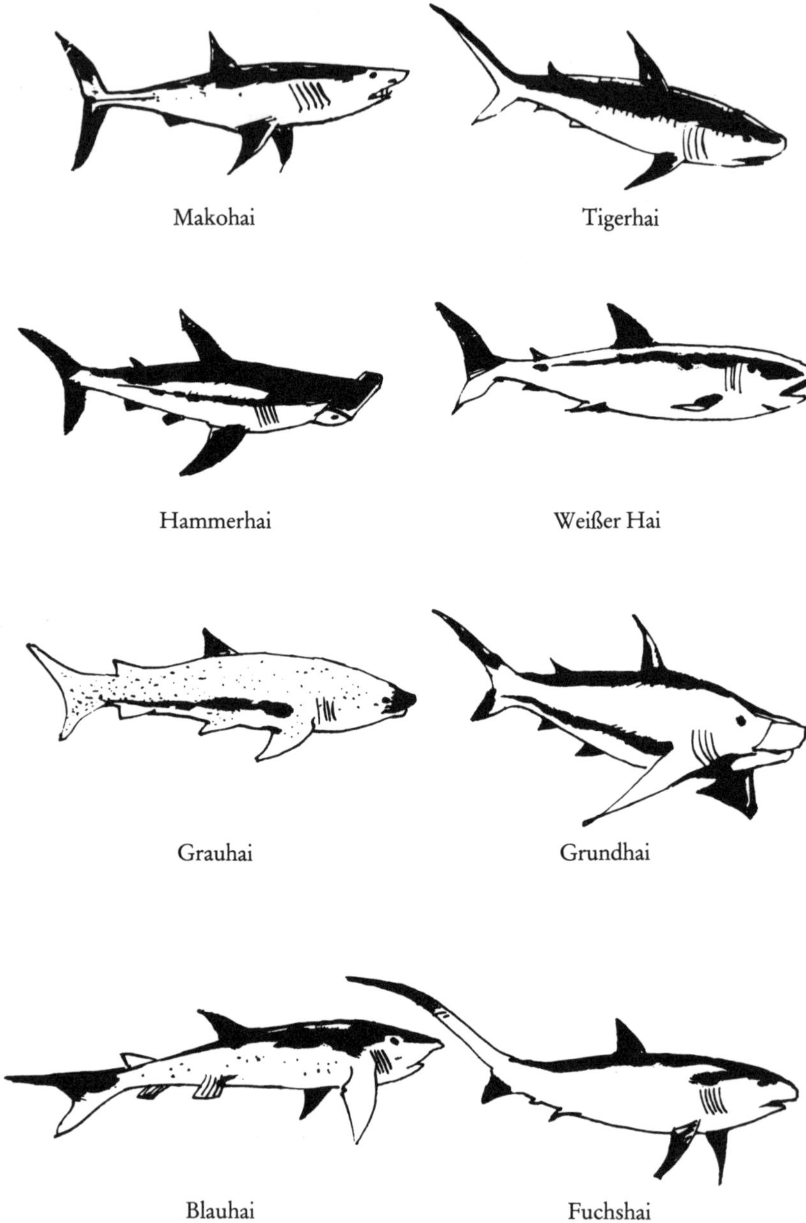

Abb. 10.2: Haie, die Menschen angreifen

In der Tat sind die Chancen, von einem Hai angegriffen zu werden, sehr klein. Selbst in warmen Meeren, wo Angriffe möglich sind, läßt sich das Risiko verringern, wenn man weiß, was man tun muß und wie man es tun muß, und wenn man Haiabwehrmittel besitzt.

Schutzmaßnahmen gegen Haie
Im Wasser:
1. Kleidung und Schuhe anbehalten.
2. Bei Angriff eines Hais auf eine Gruppe zusammenrücken und einen engen Kreis bilden. Gesichter nach außen, daß man einen sich näherenden Hai sehen kann. Bei rauher See zusammenbinden. Den Angriff durch Stoßen mit den Füßen oder ausgestreckten Armen abwehren.
3. Möglichst ruhig bleiben. Treibenlassen, um Energie zu sparen und möglichst wenig Körper darzubieten. Beim Schwimmen starke, regelmäßige Schwimmzüge machen; ziellose unregelmäßige Bewegungen vermeiden.
4. Von Fischschwärmen entfernt halten.

Wenn ein Hai in weiten, langen Kreisen schwimmt, ist er nur neugierig. Wenn die Kreise enger werden und der Hai schnell und aufgeregt schwimmt, bereitet er den Angriff vor. Bei einem einzelnen Hai auf kurze Entfernung:

5. Starke, regelmäßige Schwimmbewegungen machen; einen Ausfall auf den Hai vortäuschen – vielleicht wird er verscheucht.
6. Nicht direkt auf dem Kurs des Hais davonschwimmen; mit Blick auf den Hai zur Seite wegschwimmen.
7. Rhythmisch mit hohlen Händen auf das Wasser schlagen. Mit dem Kopf unter Wasser einen lauten und scharfen Schrei ausstoßen. Haie werden durch Lärm und Bewegung angezogen, sobald man aber einmal bedroht ist, scheucht ein Schrei den Hai vielleicht weg.
8. Im Nahkampf den Hai mit einem Messer in Schnauze, Augen, Kiemen oder Bauch stoßen.
9. Als letztes Mittel den Hai mit den Füßen oder ausgestreckten Armen wegstoßen oder eine Seitenflosse fassen und mit dem Hai schwimmen, bis man sich abstoßen kann.

Auf dem Floß:
1. Nicht vom Floß aus angeln, wenn Haie in der Nähe sind. Am Haken befindliche Fische aufgeben, wenn ein Hai sich nähert. Fische nicht über dem Wasser säubern, wenn Haie in Sicht sind.
2. Keinen Abfall über Bord werfen, wenn Haie in der Nähe sind.
3. Hände oder Füße besonders beim Fischen nicht im Wasser baumeln lassen.
4. Einen Hai, der das Floß anzugreifen oder zu beschädigen droht, durch Schläge mit dem Paddel auf Schnauze oder Kiemen verscheuchen.
5. Eine Pistole (falls vorhanden) über dem Hai abfeuern – der Lärm verscheucht ihn möglicherweise.
6. Vor dem Ins-Wasser-gehen oder vor dem Anlanden des Floßes nach Haien unter dem Floß und um das Floß herum Ausschau halten.

Flügelrochen

Flügelrochen oder Mantas, die in tropischen Gewässern zu finden sind, können fälschlicherweise für Haie angesehen werden. Ein schwimmender Rochen winkelt die Spitzen seiner Flossen nach oben ab, die dann, aus Wasserhöhe gesehen, den Rückenflossen zweier nebeneinander schwimmender Haie ähneln. Bei näherem Hinsehen erkennt man dann, daß es sich um einen Rochen und nicht um zwei Haie handelt; wenn beide Flossen von Zeit zu Zeit gleichzeitig verschwin-

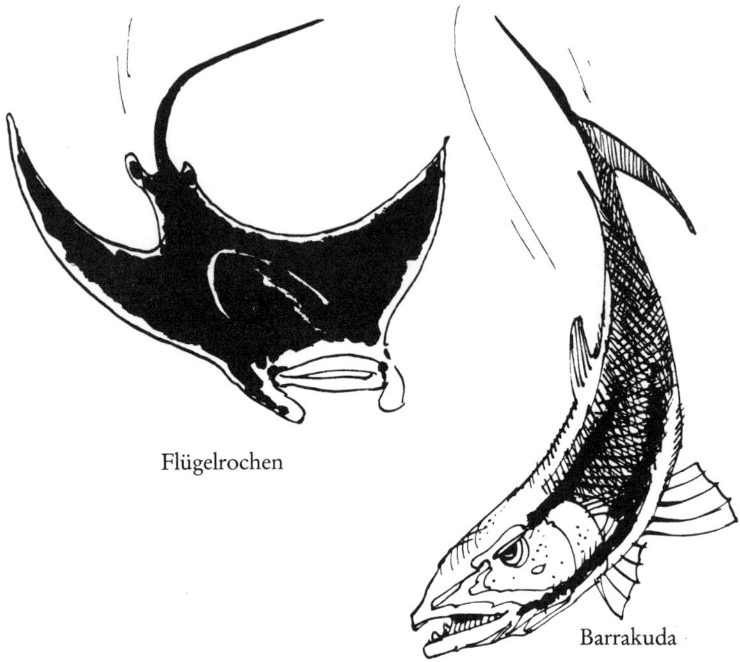

Abb. 10.3: Gefährliche Meerestiere

den, ist es ein Rochen. In tiefem Wasser bilden Rochen keine Gefahr für Schwimmer; manche sind jedoch gefährlich, wenn man in seichtem Wasser auf sie tritt.

Zitterrochen

Der Zitterrochen ist sowohl in offenem Wasser als auch an sandigen und lehmigen Meeresböden zu finden. Der »Torpedo«, wie er manchmal genannt wird, kann einen lähmenden Schlag austeilen; er ist jedoch nur selten anzutreffen.

Fische mit giftigem Fleisch

In tropischen Gewässern sind hunderte Arten von giftigen Fischen zu finden. Die meisten giftigen Fische haben jedoch ähnliche körperliche Merkmale. Sie sind im allgemeinen merkwürdig geformt – kofferähnlich oder nahezu rund – und haben eine harte Haut (oft besetzt mit knochigen Platten oder Stacheln), winzige Mäuler, kleine Kiemen und kleine oder gar keine Bauchflossen.
Die Namen vieler tropischer Giftfische sind von ihren Formen abgeleitet. Der Kofferfisch hat beispielsweise einen starren, knöchernen, kofferähnlichen Rücken und zwei hornförmige Vorsprünge über den Augen. Der Drückerfisch wird charakterisiert durch seine sandpapierartige Haut und einen schmalen, stachligen Fortsatz über den Augen.

Kofferfisch

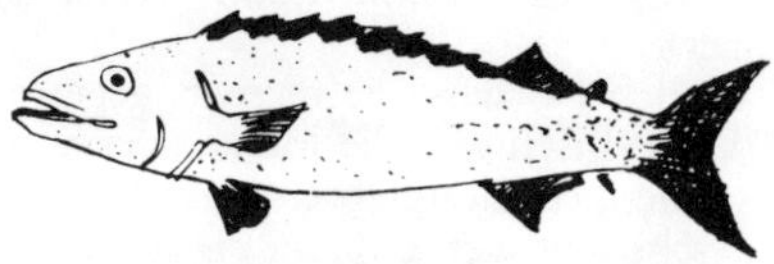

Escolar

Schnapper
(nur in Teilen
des Pazifik giftig,
im Atlantik ungiftig)

Grashecht

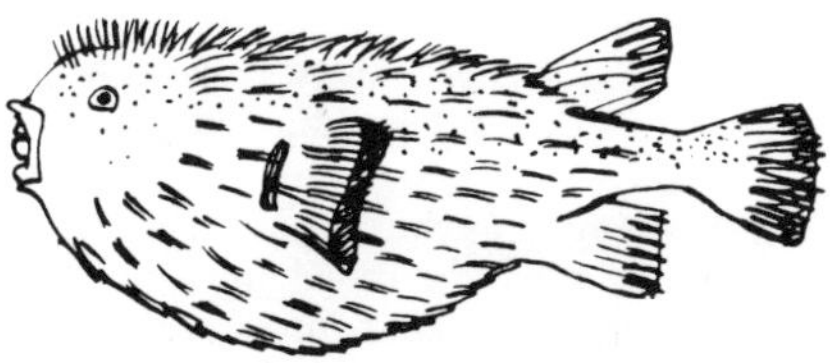

Igelfisch

Hornfisch

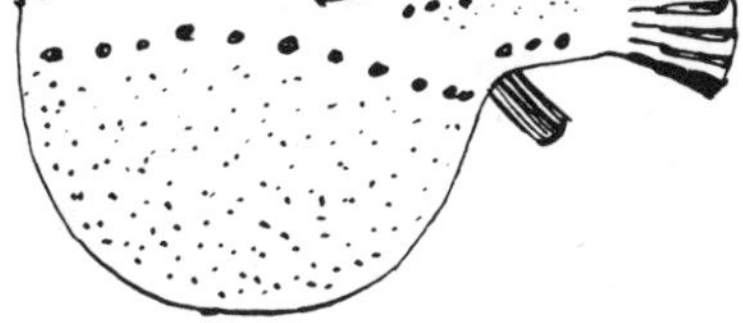

Kugelfisch

Dornfisch

Abb. 10.4: Giftige Fische

Giftige Fische können von sich aus giftig sein oder weil ihre Nahrung Gifte enthält.
Zu den Fischen, die niemals gegessen werden sollten, gehören die Kugelfische, der Igelfisch und die Molas oder Sonnenfische. All diese Fische sind leicht zu erkennen, da die Igelfische und Kugelfische zu Kugeln anschwellen, wenn sie aufgescheucht werden, und die Molas sehen aus wie große Köpfe ohne Schwanz. In Japan werden bestimmte Arten von Kugelfischen als Delikatesse angesehen, wenn sie richtig zubereitet sind; trotz aller Vorsichtsmaßnahmen gibt es jedoch immer wieder Todesfälle. In den Vereinigten Staaten, von Georgia aus nach Norden, wird eine Spezies von Kugelfisch (Spheroides maculatus) gern und ohne Nebenwirkungen gegessen. In der Praxis sollten jedoch alle Kugelfische als giftig betrachtet werden.
Einige Fischarten sondern aus Drüsen in der Haut einen Schaum oder Schleim ab. Dieser Schleim ist giftig, wenn er gegessen wird oder an Augen oder andere empfindliche Hautstellen gelangt. Beispiele für Fische mit giftigen Sekreten sind Seifenfisch, Krötenfisch, Schleimaal, Muräne und Kofferfisch. Diese Fische sind sorgfältig zu häuten, wenn sie als Nahrung verwendet werden sollen.
Schließlich können aus einer Reihe von Gründen Leber, Gedärme, Geschlechtsdrüsen, Gehirn und andere Eingeweide in ansonsten eßbaren Spezies giftig sein. Unbekannte Fische daher sorgfältig säubern, um eine mögliche Vergiftung des eßbaren Fleisches mit Eingeweidegiften zu verhindern. Wenn diese Organe oder irgendein anderer Teil außer dem Fleisch gegessen werden sollen, sollten sie dem Eßbarkeitstest unterzogen werden, es sei denn, man weiß, daß die betroffene Spezies zu allen Jahreszeiten völlig ungiftig ist. Niemals einen giftigen Fisch kochen, um das Gift zu beseitigen. Das ist nicht möglich, wie lange und stark man auch kocht. Selbst Brühe oder Suppe aus giftigen Fischen kann äußerst gefährlich sein.
Ciguateravergiftung. Man nimmt an, daß diese Vergiftung durch die kleinen blaugrünen, am Boden wachsenden Algen verursacht wird, die sehr häufig auf tropischen Koralleninseln zu finden sind. Folglich sind einige algenfressende Fische gelegentlich giftig, besonders in den Gewässern um die tropischen indo-pazifischen und karibischen Inseln. Die Fische, die kleine verkrustete Algen und Korallen fressen, sind normalerweise an ihren Zähnen zu erkennen, die die Form eines Papageienschnabels haben. Beim Angeln in Gewässern, in denen Ciguateravergiftung vorkommt, sollten diese Spezies auf Eßbarkeit hin überprüft werden. Da das Gift kumulativ wirkt, können Raubfische, die sich von den vielen algenfressenden Fischen ernähren, noch giftiger sein. Aus diesem Grund sind große Barakudas (über ein Meter lang), Grashechte, Schnapper und große Barsche verantwortlich für die Mehrheit aller Fälle von Ciguateravergiftung. Noch einmal, wenn diese Spezies als Nahrung benötigt werden und aus betroffenen Gegenden stammen, muß das Fleisch vor dem Essen getestet werden. Der einzige wirksame Test besteht darin, das Fleisch an ein Säugetier zu verfüttern oder es selbst zu versuchen. Durch Kochen oder Waschen wird das Gift nicht deaktiviert. Von Eingeborenen läßt sich am ehesten erfahren, welche Spezies in einem bestimmten Gebiet eßbar sind. Dabei aber auch daran denken, daß die Eingeborenen manchmal bestimmte Organismen aus Tradition oder Aberglaube als Nahrung ablehnen; diese Organismen können sich durchaus als eßbar herausstellen.

Stechende Fische (giftig)

Viele Fischarten haben Stacheln, die Punktwunden verursachen können, und bei einigen Fischarten finden sich zusammen mit diesen Stacheln Giftdrüsen. An alle Fische sollte man mit Vorsicht herangehen, und diejenigen mit giftigen Stacheln

Abb. 10.5: Fische mit Giftstacheln

sollten selbst dann noch gemieden werden, wenn der Fisch tot ist, da die Stacheln giftig bleiben können. Fische mit Giftstacheln sind eßbar, wenn die Giftdrüsen entfernt werden, die Gefahren beim Fang dieser Spezies und beim Entfernen der Giftdrüsen sind aber wahrscheinlich größer als der Wert der damit erhaltenen Nahrung. Das trifft besonders auf den Teufelsfisch und den Zebrafisch zu. Während die Giftigkeit zwischen den Spezies und zwischen einzelnen Fischen derselben Spezies variiert, steht die Gefährlichkeit der folgenden, häufig anzutreffenden Arten fest.

Medusen. Die Medusen, einschließlich der Röhrenqualle werden charakterisiert durch ihre Fähigkeit zu stechen. Die größte Gefahr besteht im Kontakt mit den Tentakeln. Kleidung bietet einigen Schutz vor diesen Tieren. Ein Medusenstich ist normalerweise nicht gefährlich, wiederholte Stiche können jedoch zu starken Schmerzen und Übelkeit führen.

Stechrochen. Der Stechrochen hat einen Stachel mit giftigen Widerhaken. Dieser Stachel ist daher nur schwer zu entfernen und zeigt außerdem die Neigung, in der Wunde abzubrechen, wodurch sich die Wahrscheinlichkeit einer Infektion noch erhöht. Es handelt sich bei diesen Tieren um flache, rochenähnliche Fische von oft mehreren Fuß Länge. Sie sehen ähnlich wie Flügelrochen aus; die Giftstacheln befinden sich am Ende des Schwanzes. Die Tiere sind in seichten, warmen Küstengewässern zu finden. Durch Stochern mit einem Stock kann man sich einen Weg im Wasser freimachen. Bei Berührung wird ein Stechrochen schnell davonschießen. Wenn man aber flach auf ihn tritt, peitscht sein Schwanz wild in die Höhe, und der Stachel wird durch Bein oder Knöchel getrieben.

Weitere Giftfische sind Petermännchen, Drachenfisch, Chirurg, Teufelsfisch, Zebrafisch und Seeteufel.

Bei der Nahrungssuche im Wasser sollte immer Fußbekleidung getragen werden, und wenn der Meeresboden nicht sichtbar ist, sollte man immer mit den Füßen scharren. Die Erste Hilfe bei einer vergifteten Punktwunde besteht in sofortiger Säuberung und Ausspülung. Den betroffenen Körperteil in heißes Wasser legen (49° C oder so heiß, wie man es aushalten kann) oder den verwundeten Bereich 30 bis 60 Minuten mit heißen Kompressen abdecken, um die Gifte zu deaktivieren. Da es nur wenige Anti-Venine gibt, richtet sich die medizinische Behandlung im allgemeinen nach den Symptomen.

Zwei Gruppen von Fischen, die allerdings nur eine relativ kleine Gesundheitsgefahr darstellen, können einen elektrischen Schlag austeilen. Es handelt sich um die Zitterrochen und die Sterngucker. Von diesen beiden Gruppen sind die Zitterrochen zwar nicht häufig, aber am ehesten anzutreffen und am Grund der Ozeane in den gemäßigten und tropischen Zonen zu finden. Bei Berührung eines Zitterrochens kann man einen Schlag erhalten, der stark genug ist (bis zu 220 Volt), einen Menschen umzuhauen und zeitweilig zu betäuben. Zitterrochen sind an ihrem nahezu kreisförmigen, diskusartigen Körper und dem typischen Fischschwanz und der Schwanzflosse von den Stechrochen mit ihren peitschenähnlichen Schwänzen und dreieckigen Körpern zu unterscheiden.

Beißende Fische

Obgleich ein Angriff durch einen Fisch im Meer weniger wahrscheinlich ist, als vom Blitzschlag getroffen zu werden, bilden die grotesken Folgen solch eines Angriffs für die meisten Leute eine Quelle größter Besorgnis. Die drei Fischarten, die hauptsächlich für diese Besorgnis verantwortlich sind, sind Muränen, Barakudas und Haie.

Muränen. Jeder Aal, der ausreichend provoziert wird, kann zubeißen. Muränen haben sich jedoch den Ruf einer äußerst aggressiven Familie geschaffen und sind für den Menschen am gefährlichsten. Diese Aalart, die in Löchern und Spalten in tropischen Riffs oder Felsen lebt, verteidigt sein Gebiet, wenn ein Fuß oder Arm zu nahe kommt. Bei der Suche nach Nahrung im Meer jedes Loch vorsichtig untersuchen, bevor man hineinfaßt und einen Fisch oder Hummer herausholt. Wenn eine Muräne zubeißt, bleiben die rückwärts gebogenen Zähne stecken, und manchmal besteht die einzige Möglichkeit, das Tier loszuwerden, darin, seinen Kopf abzuschneiden.

Barakudas. Barakudas haben sich einen oft unverdienten Ruf erworben, aggressiv zu sein. Es ist zwar bekannt, daß sie Menschen schwere Wunden zugefügt haben, dabei ist ihr wildes Aussehen und ihre Neugierde aber häufiger mehr für diesen Ruf verantwortlich als die tatsächliche Anzahl von Angriffen gegen Menschen. Die um Australien zu findende Barakudaspezies soll aggressiver sein als die um die karibischen und pazifischen Inseln. Große Barakudaschwärme sind meist gefährlicher als ein einzelner Fisch, wie es ja auch bei einer Hundemeute der Fall ist. Viele Arten zeigen ein vertikales Streifenmuster unmittelbar vor dem Fressen oder einem Angriff. Barakudas rauben häufig Anglern die frischgefangenen Fische und in trübem Wasser greifen sie vielleicht reflektierende Gegenstände an, weil sie sie wahrscheinlich für kleinere Fische halten. Nachts greifen Barakudas wahrscheinlich wie kleinere Haie und verschiedene andere Spezies eine helle Lichtquelle an. Wenn ein Barakuda sich nicht ausdrücklich aggressiv verhält oder wenn keine gerade getöteten Fische in der Nähe sind, ist sein typisch neugieriges Verhaltensmuster kein ausreichender Grund, sich alarmiert zu fühlen.

Andere Gefahren im Wasser

Die gefährlichen und giftigen Wassertiere, die vorher angesprochen wurden, stehen längst nicht allein auf der Liste der möglichen Gefahren. Tropische Knochenmuscheln und lange, schlanke, spitze Schraubenschnecken sind ebenfalls giftig. Große Schneckenmuscheln mit Vorsicht angehen; große Ohrschnecken und zweischalige Muscheln können gefährlich werden, wenn man sie mit der Hand sammelt, anstatt sie mit einem Stock oder Keil loszubrechen. Sie schnappen über den Fingern zu und halten so fest, daß man sich nicht lösen kann und ertrinkt. Korallen, ob tot oder lebendig, können schmerzhafte Schnitte verursachen. Es gibt Hunderte von Gefahren im Wasser, die zu tiefen Punktwunden, starken Blutungen und Infektionen führen können.

GESUNDHEITSGEFAHREN

Zum Schutz gegen spezifische extreme Wetterbedingungen siehe entsprechende Kapitel über diese Extreme. Es folgt eine Reihe von Gesundheitsproblemen und -gefahren, die direkter auf das Meer zurückgehen.

1. *Immersionsfuß* – Dieses körperliche Leiden kann an Bord eines Floßes sehr ernst werden. Verursacht wird es durch Kälte, Untertauchen in Wasser, Enge und eingeschränkte Blutzirkulation. Es macht sich bemerkbar durch Kribbeln, Taubheit, Rötung und Schwellung. Möglicherweise erscheinen fleckige rote Bereiche und Blasen. Füße warm und trocken halten, Blutzirkulation durch Bewegen von Zehen und Füßen aufrecht erhalten und Fußbekleidung lösen. Mehrere Male am Tag Füße und Beine für etwa 30 Minuten hochlegen. Bei Immersionsfuß nach Erreichen des Ufers die Füße schonen.
2. Salzwasserfurunkel – Diese Furunkel werden durch dauernde Einwirkung von Salzwasser verursacht. Nicht aufstechen oder drücken; trocken halten.

3. Seekrankheit – Bei Seekrankheit nicht essen oder trinken. Hinlegen und die Position des Kopfes häufig ändern.

4. Tränende Augen – Dieser Zustand wird durch den grellen Glanz von Himmel und Wasser verursacht. Zur Verhütung Sonnenbrille tragen oder einen improvisierten Augenschutz aus Tuch oder Verbandmull herstellen. Wenn keine Medikamente vorhanden sind, einen Verband oder ein Baumwolltuch mit Meerwasser anfeuchten und vor dem Verbinden über die Augen legen.

5. *Verstopfung* – Das ist an Bord von Rettungsflößen normal. Keine Abführmittel nehmen. Möglichst viel bewegen.

6. *Schwierigkeiten beim Urinieren oder dunkler Urin* – Auch dieses Problem ist unter solchen Bedingungen normal.

WASSER

Regen, Eis und die Körperflüssigkeiten anderer Lebewesen sind die einzigen natürlichen Wasserquellen auf dem Meer. Meerwasser ist nicht trinkbar. Es verschlimmert den Durst und verstärkt den Wasserverlust, indem es dem Gewebe Flüssigkeiten entzieht, die durch Nieren und Därme ausgeschieden werden müssen.

Regenwasser

Regenwasser mit Hilfe von Eimern, Tassen, Dosen, Treibankern, Bootsabdekkungen, Segeln, sauberer Kleidung und sämtlichem Segelzeug an Bord sammeln. Auffangeinrichtungen herrichten, bevor sie wirklich benötigt werden. Wenn nur ein leichter Regenschauer bevorsteht, das Auffanggerät im Meer anfeuchten. Das Salz verunreinigt das Regenwasser nur leicht, und durch das Anfeuchten nimmt der Stoff das Süßwasser nicht auf. Der Körper kann Wasser speichern; daher möglichst viel trinken.

Eis

Meereseis verliert sein Salz nach einem Jahr und wird zu einer guten Wasserquelle. Dieses »alte« Eis ist an seinen gerundeten Kanten und der bläulichen Farbe zu erkennen.

Salzwasser

Bei Frost kann man Frischwasser aus Salzwasser gewinnen. Salzwasser in einem Behälter einfrieren lassen. Da das Süßwasser als erstes gefriert, sammelt sich das Salz in der Mitte des gefrorenen Süßwassers. Das Salz entfernen; das übrigbleibende Eis ist ausreichend salzfrei, um einen Menschen am Leben zu erhalten. Möglicherweise sind im Floß oder Rettungsboot Chemikalien vorhanden. Mit diesen Chemikalien kann man das Salzwasser von Salz und alkalischen Substanzen befreien. Anweisungen sind bei diesen Chemikalien zu finden.

Das Meer ist reich an verschiedenen Lebensformen. Man braucht nur an sie herankommen, um Nahrung zu haben. Wenn Angelausrüstung vorhanden ist, stehen die Chancen ausgezeichnet, daß man nicht verhungern muß, aber selbst ohne Ausrüstung ist die Lage nicht hoffnungslos.

Fische

Praktisch alle frischgefangenen Meeresfische sind wohlschmeckend und gesund, sei es gekocht oder roh. Fische in warmen Gegenden sofort nach dem Fang ausnehmen und ausbluten lassen. Nicht sofort gegessenen Fisch in dünne, schmale Streifen schneiden und zum Trocknen aufhängen. Gut getrockneter Fisch bleibt mehrere Tage eßbar. Nicht gesäuberter und getrockneter Fisch kann in einem halben Tag verdorben sein. Niemals Fische mit bleichen, durchscheinenden Kiemen, eingesunkenen Augen, schlaffer Haut und schlaffem Fleisch oder unangenehmem Geruch essen (solche kranken und verseuchten Fische sind auf offener See nur selten zu finden). Guter Fisch sollte genau die entgegengesetzten Merkmale zeigen. Meeresfisch sollte einen Salzwasser- oder sauberen Fischgeruch haben. Aale können fälschlicherweise für Seeschlangen gehalten werden, die einen deutlich schuppigen Körper und stark zusammengepreßten, paddelförmigen Schwanz haben. Aale und Seeschlangen sind beide eßbar, letztere sind aber wegen ihrer giftigen Bisse mit Vorsicht zu behandeln. Herz, Blut, Darmwände und Leber der meisten Fische sind eßbar. Die Gedärme sollten gekocht werden. Eßbar sind außerdem die teilweise verdauten kleineren Fische, die man möglicherweise im Magen größerer Fische findet. Weiterhin bilden Seeschildkröten eine gute Nahrung.
Obgleich medizinische Forschungen im Auftrag der US NAVY ergeben haben, daß ein großer Bereich von Meeresnahrung von Seeschildkröten und Barakuda bis zu Hai- und Wallebern unter gewissen Umständen giftig sein kann, gibt es bestimmte Hinweise darauf, das Gegenteil anzunehmen. Viel hängt davon ab, wo die Tiere gefangen werden – es ist beispielsweise nur in wenigen Schildkröten im westlichen Pazifik oder Indischen Ozean jemals Gift gefunden worden – oder von der Menge, die man ißt, wie im Fall von mit Vitamin A angereicherten Lebern von Haien und Meeressäugetieren.
Auf hoher See tritt Fischvergiftung eher durch falsche Handhabung oder verdorbenen Fisch auf als durch irgendeine andere Ursache. Fische sind besonders empfindlich für bakterielle Zersetzung. Aus diesem Grund sollten sie sofort ausgenommen und entweder gegessen oder konserviert werden. Fische können konserviert werden, indem man sie in dünne Streifen schneidet und anschließend salzt und trocknet. Fische mit dunklem Fleisch sind besonders empfindlich für skromboide Bakterienvergiftung, und wenn sie nicht gesäubert und an einer kühlen Stelle aufbewahrt werden können, sollten sie gekocht oder roh gegessen werden, und die Reste sollten als Köder Verwendung finden und nicht für eine weitere Mahlzeit an die Seite gelegt werden. Bakterienvergiftungen lassen sich zwar mit Antibiotika behandeln, an Bord eines Floßes sind aber möglicherweise keine oder nicht genügend Antibiotika vorhanden, um das Risiko einzugehen, zwei Tage alten Thunfisch zu essen.

Fischfanghilfen. Es folgen einige nützliche Fischfanghilfen:
Angelleine – Aus Persenning- oder Segeltuchstücken läßt sich eine starke Angelleine anfertigen, indem man die Fäden aufdreht und sie in kurzen Stücken in Gruppen von drei oder mehr Fäden zusammenbindet. Auch Fallschirmleinen, Schnür-

riemen oder Fäden aus Kleidung lassen sich verwenden.
Fischhaken – Man sollte sich nie ohne Angelausrüstung auf See begeben, aber selbst ohne Ausrüstung kann man noch genügend Geräte improvisieren, um zu überleben. Haken lassen sich aus Gegenständen mit Spitzen anfertigen, wie etwa Nagelfeilen, Abzeichen und Gürtelschnallen oder aus Vogelknochen, Fischgräten und Holzstücken. Für einen hölzernen Haken den Schaft in Form bringen und am Ende eine Nut für die Spitze einschneiden. Die Spitze so zuschneiden, daß der härteste Teil der Maserung die Spitze des Hakens bildet. Mit Segeltuchstreifen Haken und Schaft zusammenbinden.
Fischköder – Aus Münzen oder Karabinerhaken oder einem Geldstück an einem Doppelhaken improvisierte Fischköder herstellen.
Enterhaken – Mit einem improvisierten Enterhaken aus Holz vom Floß oder Boot Seetang sammeln. In den Schaft aus dem schwersten Holzstück drei Nuten für die drei Haken schneiden. Die Haken in einem Winkel von 45° festbinden. Eine Leine am Schaft befestigen und den Enterhaken hinter dem Floß herziehen. Manchmal kann man damit kleine Fische als Nahrung oder Köder oder auch Seetang heranziehen, an dem gelegentlich Garneelen, Krabben und kleine Fische hängen; der Tang selbst enthält wichtige Mineralien und Vitamine. Roher Beerentang (eine braune Alge mit kleinen Gasauftriebskörpern) – der auf hoher See am häufigsten anzutreffende Tang – ist allerdings zäh, salzig und schwer zu verdauen. Beerentang schmeckt besser eingelegt, aber selbst dann absorbiert er viel Körperflüssigkeit und sollte nur gegessen werden, wenn viel Trinkwasser an Bord des Rettungsboots oder Floßes vorhanden ist.
Treibanker/Planktonschleppnetz – Auf den meisten Rettungsbooten und Flößen findet sich ein Treibanker. Andernfalls kann man einen improvisierten Treibanker aus einem Schöpfeimer oder Hemd herstellen. Sein Zweck besteht darin, unter Wasser einen Zug auszuüben, um besser Richtung und Standort beibehalten zu können, besonders wenn man in der Nähe eines Flugzeug- oder Schiffwracks bleiben will. Bei Sturm hält ein Treibanker den Bug des Rettungsboots oder Floßes im Wind. Darauf achten, daß das Ankertau nicht am Floß scheuert. Wenn ein improvisierter Treibanker gebaut werden muß, ist ein Hemd besser als ein Segeltucheimer, da man mit einem durchlässigen Gewebe wie Baumwolle Plankton und kleine Fische aus dem Meer seihen kann. Plankton besteht aus winzigen Pflanzen und Tieren, die im Ozean treiben oder schwimmen. Diese Grundorganismen der Meeresnahrungskette finden sich im allgemeinen häufiger in Landnähe als in der Mitte des Ozeans, da ihr Vorkommen von den Nährstoffen im Wasser abhängt. Mit einer Kombination aus Treibanker und Planktonschleppnetz läßt sich jedoch auf offener See eine bemerkenswerte Menge kleiner Meereslebewesen aus dem Meer holen.
Plankton. Über den Wert von Plankton als Überlebensnahrung gehen die Ansichten weit auseinander. Die Befürworter, zu denen auch die Environmental Training Division der US-Luftwaffe gehört, weisen darauf hin, daß Plankton durchschnittlich 30–60 % Protein, 4–31 % Fette und 18–23 % Kohlehydrate enthält. Wenn alle Dornen und Stacheln entfernt werden, bildet Plankton eine ausgezeichnete Nahrungsquelle. In China, Indien und Japan hat es bereits als »Garneelenpaste« oder würzige Zutat weite Verbreitung gefunden. Die Gegner, einschließlich einiger vielbeachteter Stimmen in den Sanitätsdiensten von US-Army und -Navy, argumentieren, daß man Plankton unter keinen Umständen essen sollte, weil man zusammen mit dem Plankton eine große Menge Salzwasser zu sich nimmt und das Risiko eingeht, giftige Dinoflagellaten (Geißeltierchen) zu verspeisen.
Haifleisch. Haifleisch ist eine gute Nahrungsquelle, sei es roh, getrocknet oder gekocht, und wird auf den Märkten vieler Länder gehandelt. Einige Haiarten werden bevorzugt, und wegen des möglichen hohen Vitamin-A-Gehalts sollte man

die Leber aller Haie nur in geringem Maße essen. Auch das Fleisch und die Leber des Grönlandhais können wegen ihres hohen Gehalts an Vitamin A giftig sein. Wegen des hohen Harnstoffgehalts im Blut verdirbt Haifleisch schnell. Daher ist das Fleisch am besten, wenn man es sofort ausbluten läßt oder mehrfach in Wasser einweicht.

Köder. Kleine Fische als Köder zum Fang größerer Fische verwenden. Diese kleinen Fische mit dem Streichnetz aus der Angelausrüstung fangen. Wenn keine Angelausrüstung vorhanden ist, aus Moskitokopfschutz, Fallschirmtuch, oder an Paddeln befestigter Kleidung ein Netz anfertigen. Das Netz ins Wasser halten und nach oben schwingen. Vogel- und Fischinnereien als Köder aufbewahren. Ein Stück farbiger Stoff, glänzendes Zinn oder selbst ein Hemdknopf kann als Köder dienen. Köder im Wasser hin und her bewegen, damit er lebendig aussieht. In verschiedenen Tiefen fischen.
Folgende Hinweise sind beim Fischen auf See nützlich:

1. Vorsicht beim Umgang mit Fischen mit Stacheln und Zähnen.
2. Die Leine nicht an einem festen Gegenstand festmachen; ein großer Fisch könnte ihn zerbrechen. Die Leine nicht um den Körper wickeln.
3. Wenn ein großer Fisch anbeißt, ist es besser, die Leine zu kappen, als das Risiko einzugehen, daß Floß oder Boot kentern.
4. In einem Gummifloß Vorsicht mit Haken, Messern oder Speeren.
5. Kleine Fische angeln. Nicht in der Nähe großer Haie fischen.
6. Nach Fischschwärmen, die durch das Wasser brechen, Ausschau halten. Falls möglich, näher an solche Schwärme heranarbeiten.
7. Nachts mit einer Taschenlampe in das Wasser leuchten oder mit einem Stück Segeltuch oder Stoff das Mondlicht reflektieren. Das Licht zieht Fische und Tintenfische an, die vielleicht ins Floß springen.
8. Schatten am Tag lockt viele Arten kleiner Fische an. Unter einem heruntergeholten Segel oder einer Persenning sammeln sich Fische.
9. Das Fleisch aller auf offener See gefangener Fische (außer Medusen und der Leber einiger Spezies) ist eßbar, gekocht oder roh. Roher Fisch schmeckt weder salzig noch unangenehm.
10. Aus einem an einem Paddel befestigten Messer einen improvisierten Speer oder eine Harpune zum Fang großer Fische anfertigen (den Fang schnell in das Boot ziehen, da der Fisch sich windet und von einem nicht mit Widerhaken versehenen Blatt heruntergleitet).
11. Wenn die Angelausrüstung verlorengeht, ein Stück Fisch- oder Vogeleingeweide ins Wasser halten. Ein Überlebender berichtete, daß er an einem Tag 80 Fische fing, indem er sie ein Stück Innereien verschlucken ließ und sie dann mit den Händen auf sein Floß warf.
12. Die Ausrüstung pflegen. Leinen trocknen lassen und sicherstellen, daß Haken sich nicht in der Leine verfangen und sie beschädigen. Haken reinigen und schärfen.

Vögel

Alle gefangenen Vögel essen. Sie lassen sich manchmal auf einem Floß oder Boot nieder und es gibt sogar Berichte von Überlebenden, daß Vögel auf ihren Schultern gelandet sind. Bei scheuen Vögeln einen beköderten Haken im Wasser hinterherschleppen oder einen beköderten Haken in die Luft werfen. In der südlichen Hemisphäre trifft man mehr Vögel weit draußen auf See als in der nördlichen. Aber nicht mutlos werden. Man weiß nie, wann sich ein Vogel zeigt.
Viele Seevögel lassen sich in Schußweite locken, indem man ein glänzendes Stück

Metall oder Muschel hinter dem Floß herzieht (Vorsicht beim Schießen, damit ein aufblasbares Floß kein Loch erhält!. Wenn ein Vogel in Reichweite landet, kann man ihn fangen. Die meisten Vögel sind jedoch scheu und lassen sich außerhalb der Reichweite auf dem Floß nieder. In diesem Fall mit einer Vogelschlinge arbeiten. Aus zwei Seilstücken einen losen Knoten machen. Die Mitte mit Fischinnereien oder ähnlichem beködern. Wenn der Vogel sich niederläßt, die Schlinge um seine Füße festziehen. Alle Teile des Vogels nutzen, selbst die Federn, die man als Isolation in Hemd oder Schuhe stopfen oder als künstlichen Fischköder verwenden kann.

ÜBERLEBEN AN DER KÜSTE: GELÄNDE UND UNMITTELBARE ÜBERLEGUNGEN

Ein treibendes Floß oder ein Schwimmer wird nicht immer durch Suchflugzeuge oder -schiffe bemerkt. Man muß möglicherweise an der Küste landen, bevor man gerettet wird. Bei Annäherung an das Ufer Korallen und Felsen zu meiden versuchen. Wenn man an felsiger Küste landen muß, steile Klippen und Kämme meiden, an denen eine starke Brandung herrscht. Wenn man auf einem Floß oder Rettungsboot ist, ans Ufer schwimmen und eine Leine hinterherziehen. Das Floß oder Boot möglichst weit auf das Ufer ziehen. Es kann als vorübergehender Unterschlupf dienen oder das Dach eines dauerhafteren Unterschlupfes bilden. Beim Überqueren von Korallen Schuhe und Kleidung anbehalten, um tiefe Schnitte zu vermeiden. Wenn man sich treiben lassen oder schwimmen muß, von den Wellen tragen lassen; dabei die Beine anziehen, aber entspannt sein, um Stöße abzufangen.

MARSCH

Wenn man sich dafür entscheidet, loszumarschieren, geht man besser an der Küste entlang als ins Binnenland. Die Küste nur zur Umgehung von Hindernissen wie Sümpfen und Klippen verlassen, außer man stößt auf einen Pfad, von dem man sicher ist, daß er zu einer menschlichen Ansiedlung führt.

SCHUTZ

Die Informationen zu Schutzbauten in Kapitel 6 (»Grundlegende Überlebensfähigkeiten«) treffen auch für die Küste zu.

UMWELTGEFAHREN

Reptilien

Schildkröten. Seeschildkröten wurden lange Zeit als eine so gute Nahrungsquelle betrachtet, daß ihre Anzahl stetig zurückgegangen ist. Die meisten gehören zu den gefährdeten Arten und sollten nur im Notfall gegessen werden. Ein paar Fälle von Vergiftung durch Schildkröten wurden von den indo-pazifischen Riffen gemeldet; sie treten jedoch nur selten und sporadisch auf und verlaufen mit ähnlichen Symptomen wie die Ciguateravergiftung. Schildkröteneier sind immer nahrhaft, und auch Leber und Fett sind eßbar.

Seeschlangen. Seeschlangen sind nur im Pazifischen und im Indischen Ozean zu finden, und ihre Bisse sind hochgiftig (mehr als zehnmal so tödlich wie die jeder anderen Schlange). Seeschlangen unterscheiden sich stark in ihrer Farbmusterung und lassen sich am besten anhand ihres vertikal abgeflachten Schwanzes und ihres schuppigen Körpers identifizieren. Sie zeigen im allgemeinen keine Aggressivität gegenüber Schwimmern, obgleich es dabei zwischen den einzelnen Arten Unterschiede gibt, und sie sollen während der Paarungszeit aggressiver sein. Da ihre gerillten Fänge kurz sind und eine kauende Bewegung nötig ist, um dem Opfer das Gift zu injizieren, kommen nur relativ wenige Bisse vor. Wie es bei giftigen Schlangen häufig der Fall ist, treten bei der Mehrheit der Bisse keine schweren Vergiftungen auf.

Seeschlangen werden häufig nachts von Licht angelockt, und die wahrscheinlichsten Opfer sind Fischer, die ihre Netze einholen. Da Seeschlangen Luftatmer sind, sind sie oft an der Wasseroberfläche zu sehen, und es gibt Berichte, daß im Frühling ungeheure Mengen in Ansammlungen von mehreren Meilen Länge gesehen wurden. Der erste Biß schmerzt meist wenig oder gar nicht, und möglicherweise ergibt sich noch nach Stunden keine Lähmung (normalerweise das erste erkennbare Symptom). Man nimmt an, daß die Sterblichkeitsrate unter 17 % liegt, und der Tod kann noch eine Woche oder später nach dem Biß eintreten. Die Erste Hilfe entspricht der Behandlung anderer giftiger Schlangenbisse, ein Aufschneiden der Wunde wird jedoch nicht empfohlen, und Aussaugen wird für weniger sinnvoll gehalten als ein Abbinder und sofortige Ruhigstellung des Opfers.

Seeschlangen sind eßbar, wenn der Kopf mit den Giftdrüsen entfernt worden ist. Sie werden in China verkauft, und auf den Philippinen haben sich ein paar Betriebe auf die Zucht von Seeschlangen zur Verwertung von Fleisch und Häuten spezialisiert. Auch die Japaner sollen erfolgreiche Seeschlangenzüchter sein. Im allgemeinen werden von den vielen Arten nur sechs bis acht gegessen, da die anderen Spezies zu klein für kommerzielle Märkte sind.

Krokodile. Das Krokodil bewohnt tropische Salzwasserbuchten und mangrovenbestandene Nebenflüsse und ist bis zu 50 km auf die offene See hinaus anzutreffen. Ein paar gibt es in der Nähe bewohnter Gegenden, und die sind am ehesten in den entfernten Gebieten Ostindiens und Südostasiens anzutreffen. Tiere von über 2 m Länge sollten als gefährlich betrachtet werden, und zwar besonders weibliche Tiere, die ihr Nest bewachen. Krokodilfleisch bildet eine ausgezeichnete Nahrung.

Seeigel, herzförmige Seeigel, Schwämme und Anemonen

Seeigel und ihre Verwandten im Meer bilden zwar nur selten eine tödliche Gefahr, können aber äußerst starke Schmerzen verursachen. Seeigel, die meist in tropischen seichten Gewässern in der Nähe von Korallen zu finden sind, erinnern an kleine, runde Stachelschweine. Wenn man auf sie tritt, stechen sie feine Kalk- oder Quarznadeln in die Haut, die dann abbrechen und zu eitern beginnen. Wenn möglich, sollten die Stacheln entfernt und die Wunde gegen Infektionen behandelt werden. Ausführliche Angaben zu Seeigeln finden sich im Abschnitt »Nahrung« in diesem Kapitel.

GESUNDHEITSGEFAHREN

Extreme Wetterbedingungen bilden ein bedeutsames Gesundheitsrisiko für das Überleben an der Küste. Siehe unter den Abschnitten über Gesundheit in den Kapiteln über spezifische Zonen mit extremem Klima.

WASSER

Siehe Kapitel 6 »Grundlegende Überlebensfähigkeiten« und den Abschnitt »Wasser« weiter vorn in diesem Kapitel.

NAHRUNG

Seetang

Blättriger grüner, brauner und roter Seetang enthält bis zu 25 % Protein und 50 % Kohlehydrate und stellt eine wertvolle Quelle für Jod und Vitamin C dar.
An Felsen festsitzenden oder freischwimmenden Seetang suchen, da der am Ufer liegende Tang oft verdorben ist. Die dünnen zarten Arten über einem Feuer oder in der Sonne trocknen, bis sie knusprig sind; dann zerstampfen und als Würze für Suppen und Brühen verwenden. Die dicken ledrigen Arten waschen und dann durch Kochen weichmachen. Seetang bildet eine ideale Ergänzung für die Nahrung. Zusammen mit anderen Meeresfrüchten essen.
Blättrige grüne Algen oder Meersalat (Ulva) – wächst unterhalb der Niedrigwasserlinie an den Küsten von Nordpazifik und Nordatlantik. In Süßwasser waschen und wie Kopfsalat verwenden.
Zuckertang – schmeckt süß. Die braune Alge ist beiderseits des Atlantik und an den Küsten von China und Japan zu finden.
Riementang – ist eine große braune oder oliv-grüne Alge, die küstennah auf dem Meeresboden lebt und um mehr als 3,6 Meter in einer Woche wachsen kann. Vor dem Essen kochen. Mit Gemüse oder Suppe mischen.
Perltang – ist beiderseits des Atlantik zu finden und sieht wie eine verkümmerte oder ledrige Form von Salat aus. Vor dem Essen kochen.
Speis-Rotalge – ist eine rote Alge mit kurzem Stiel, aber breiten, dünnen, trichterförmigen Blättern, die oft durch mehrere Spalten in eigentümliche runde Läppchen geteilt werden. Sie ist im Atlantik und im Mittelmeer zu finden. Die Pflanze ist süß und kann frisch oder getrocknet gegessen werden. Manche Leute verwenden sie als eine Art Kaugummi.
Purpurtang – kommt im Nordatlantik und Pazifik vor und ist rot, dunkel-purpur oder purpur-braun mit einem satinartigen oder filmigen Glanz. Als Relish verwenden. Kurz kochen, bis er zart ist, dann pulverisieren. Zu zerstoßenen Getreidekörnern geben; ergibt auch einen hervorragenden Pfannkuchen. Diese Pflanze ist unterhalb der Hochwasserlinie zu finden.

Andere eßbare Pflanzen

Salzmarschgräser (Spartine) – sind auf beiden Seiten des Nordatlantik zu finden und tragen im Herbst ein eßbares Korn.

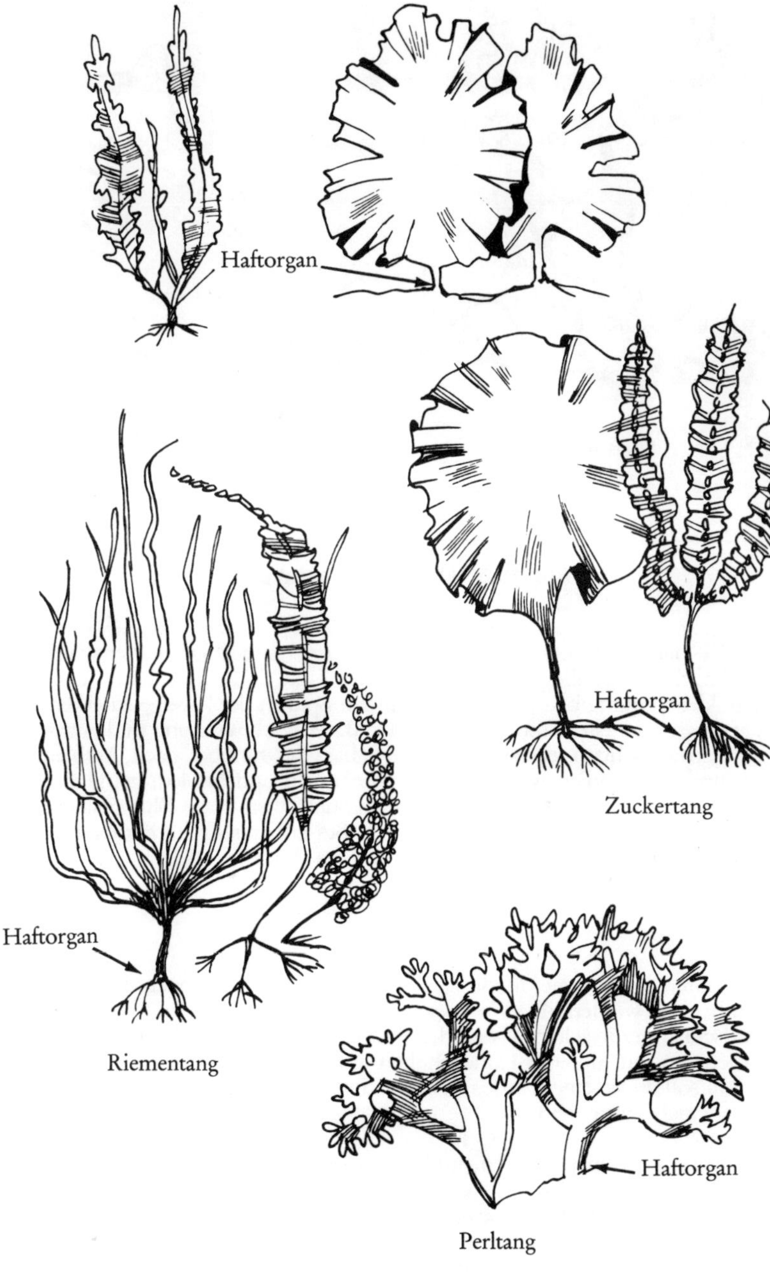

Abb. 10.6: Algen und Seetang

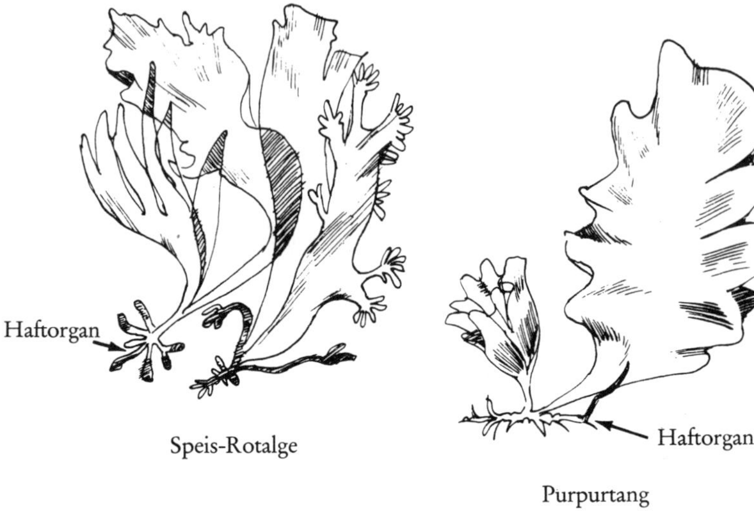

Abb. 10.6: Algen und Seetang

Strandmelde – hat im Mittelmeerraum kleine, eßbare, graufarbige Blätter von etwa 2,5 cm Länge. Im Frühling ist die an der Küste zu findende Pflanze an ihren schmalen, klein-unterteilten Blütenähren an den Spitzen der Zweige zu erkennen.
Johannisbrotbaum – ist ein Baum, der bis zu 15 Meter hoch wird und in den trockenen Einöden am Mittelmeer sowie in der Sahara bis hinüber nach Arabien, in den Iran und nach Indien wächst. Er ist immergrün und hat ledrige, glänzende kleine Blätter, die zu zweit oder dritt an einem Stiel sitzen. Seine Blüten sind klein und rot. In der Samenschote findet sich ein süßes eßbares Fruchtfleisch. Die Samen des Johannisbrotbaums pulverisieren und als Porridge kochen.

Wirbellose Tiere

Generell sollten Schwämme, Medusen, Korallen und Seeanemonen weder gegessen noch berührt werden, da viele Spezies stechen können oder auf menschlicher Haut Ausschlag verursachen. Wenn der Proviant ausgeht und Anemonen gegessen werden müssen, nur mit Handschuhen anfassen und in Salzwasser kochen. Im Idealfall sollten sie einem Eßbarkeitstest unterzogen werden, um sicherzustellen, daß sie nicht giftig sind.
Eßbarkeitstest:
1. Eine kleine Portion probieren, und wenn sie im Mund sticht oder schlecht schmeckt, ausspucken.
2. Bei akzeptablem Geschmack eine kleine Portion herunterschlucken und eine Stunde warten.
3. Wenn keine Reaktion erfolgt, ist die Nahrung relativ sicher, da sich bei den meisten Vergiftungen (außer bei denen durch verdorbene Nahrung) innerhalb kurzer Zeit die ersten Symptome zeigen. Man kann dann eine kleine Mahlzeit zu sich nehmen (bei Verdacht auf verdorbene Nahrung sollte das Verfahren nicht angewandt werden).

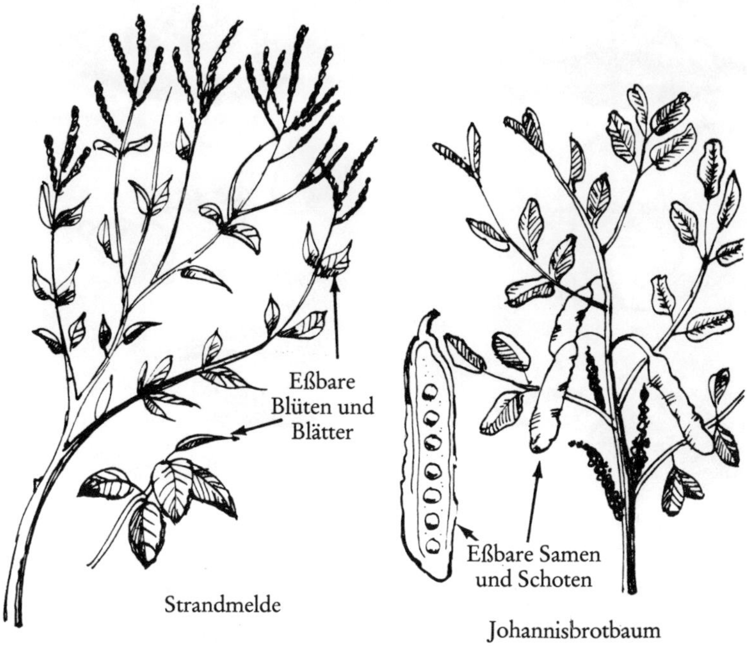

Abb. 10.7: Eßbare Küstenpflanzen

4. Wenn innerhalb zwölf Stunden nach dem Essen einer kleinen Menge Meeresfrüchte keine Symptome einer Vergiftung auftreten, kann das Fleisch als eßbar betrachtet werden. Bei Verdacht auf Ciguatera (siehe oben) muß der Test bei jedem einzelnen Tier angewendet werden, da man nicht davon ausgehen kann, daß alle Tiere der gleichen Spezies eßbar sind.

Weichtiere

Miesmuscheln, Napfschnecken, zweischalige Muscheln, Seeschnecken, Seepolypen, Tintenfische und Nacktkiemerschnecken sind alle eßbar (mit Ausnahme des blaugeringten Polypen der südwestlichen Pazifikriffe, dessen Bisse tödlich sein können, und dem Auftreten von »roten Gezeiten«, bei denen Weichtiere giftig sein können) und liefern normalerweise den Großteil an Protein, den ein Überlebender an der Küste zu sich nimmt. Vor dem Essen großer Mengen jedoch bei jeder Spezies in einer Gegend den Eßbarkeitstest vornehmen.
Warnung: Beim Sammeln von Kegelschnecken das spitz zulaufende Ende vom Körper weghalten. Niemals lebendige Schnecken am Körper aufbewahren. Nur 15 Schneckenarten im Pazifik und Indischen Ozean aus einer Familie von etwa 400 Spezies sind giftig. Die subkutane Gifteinspritzung dieser 15 Arten geschieht jedoch schnell und ist tödlich. Alle kegelförmigen Muscheln oder Schnecken mit gemasertem Farbmuster oder rotem Stechrüssel sollten gemieden werden. Sie sind zwar eßbar, wenn die Giftdrüse entfernt wird, das Risiko ist die Mühe jedoch nicht wert.

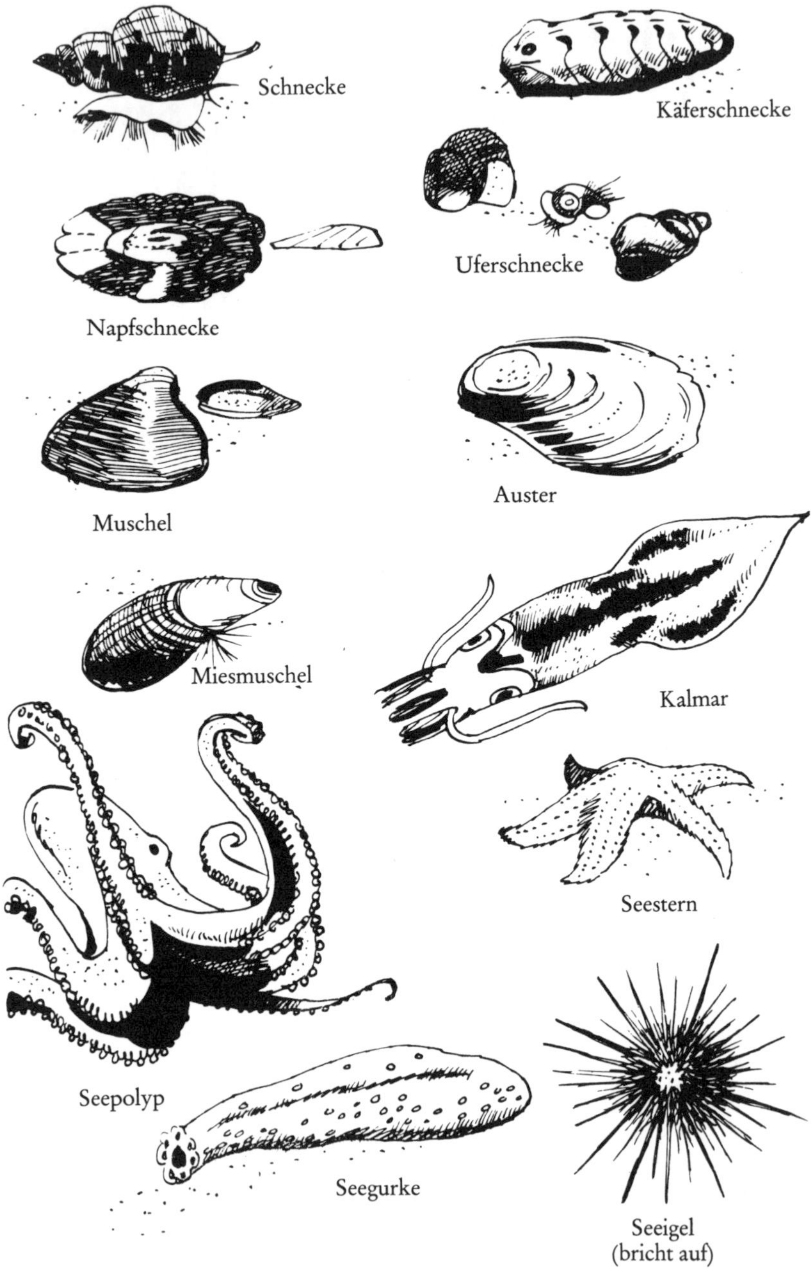

Abb. 10.8: Eßbare Meerestiere an der Küste

Würmer

Küstenwürmer sind zwar eßbar, man nutzt sie aber wahrscheinlich besser als Fischköder denn als Nahrungsmittel. Borstenwürmer (die wie struppige Raupen aussehen) und die scharfkantigen Röhren des Röhrenwurms sind besonders zu meiden. Pfeilwürmer alias Lanzettfische sind keine echten Würmer, sondern primitive Chordatiere, die im Sand leben. Frisch oder getrocknet schmecken sie ausgezeichnet.

Gliederfüßer

Zu dieser Ordnung gehören Krabben, Hummer, Rankenfußkrebse und Insekten. Die Meeresgliederfüßer sind selten für den Menschen gefährlich und werden im allgemeinen als ausgezeichnete Nahrung geschätzt. Eine Spezies Molukkenkrebs in Asien soll während der Fortpflanzungsperiode giftig sein, und sowohl Land- als auch Meereskrebse können giftig werden, wenn sie sich von giftigen Substanzen ernähren. Das geschieht jedoch so selten, daß man deswegen nicht besorgt zu sein braucht. Die scharfen Scheren von größeren Krebsen oder Hummern können den Finger eines Menschen zermalmen, und viele Spezies haben Stacheln auf ihren Schalen, die beim Fang das Tragen von Handschuhen empfehlenswert machen. Rankenfußkrebse waren schon für manchen Kratzer oder Schnitt verantwortlich, und obgleich sie sich manchmal nur schlecht auslösen lassen, bilden die größeren Arten eine gute Nahrungsquelle.

Stachelhäuter

Stachelhäuter gibt es nur im Meer und dort im allgemeinen nur auf dem Meeresboden. Einige der häufiger anzutreffenden Mitglieder dieser Gruppe sind Seeigel, Seesterne, Seegurken und Sanddollars.
Seeigel. Seeigel kommen häufig in großen Mengen vor und sind oft die Ursache schmerzhafter Verletzungen. Sie sind zwar nicht aggressiv, können aber gefährlich werden, wenn man zufällig darauf tritt oder über sie streicht. Die langstachligen Spezies in den Tropen (z. B. Diadema) sind besonders gefährlich. Diese Arten haben oft dünne Sekundärstacheln, die mehr Schaden anrichten können als die dickeren Primärstacheln, da sie alle gezähnt sind, wodurch ein Entfernen nahezu unmöglich wird. Bei einer Punktwunde die Stacheln herausziehen, die sich greifen lassen, und den Rest in der Wunde lassen, bis er sich auflöst, oder bei einer Infektion chirurgisch entfernen. Durch Auftragen von Ammonium, Alkohol oder Zitrussaft soll sich der Auflösungsprozeß beschleunigen. Die meisten kurzstachligen Arten von Seeigeln kann man mit etwas Vorsicht mit Handschuhen oder mit der nackten Hand sammeln. Die reifen Geschlechtsdrüsen dieser Spezies werden als Delikatesse angesehen, die gekocht werden kann, meist aber roh gegessen wird. Gegenwärtig werden große Mengen Seeigel von den nordwestlichen Vereinigten Staaten in den Orient geliefert, wo eine große Nachfrage nach den Eiern besteht. Die Eßbarkeit verschiedener Spezies während der Fortpflanzungsphase wurde bezweifelt, im allgemeinen bilden Seeigel aber eine gute Nahrungsquelle. Einige wenige Seeigel haben tassenähnliche Scheren, die sogenannten »Stiele«, zwischen den Stacheln, die mäßig giftig sein können. Die Spezies, deren giftige Scheren so weit entwickelt sind, daß sie einem Menschen gefährlich werden könnten, sind so selten anzutreffen, daß keine klinischen Daten vorhanden sind.

Seesterne. Seesterne bieten für einen Menschen nur wenig Nahrung und bilden auch nur eine geringe Gefahr mit der möglichen Ausnahme der allgemein »Dornenkrone« (Acanthaster planci) genannten Art. Diese Spezies hat viele Arme und einen dicken stachligen Bewuchs auf der Oberfläche, der als giftig angesehen wird. Eine Verletzung durch die zähen dornenähnlichen Stacheln ist äußerst schmerzhaft, ähnlich wie die Verletzungen durch ein giftiges Weichtier oder einen giftigen Fisch. Diese Spezies sollte nicht gegessen werden. Über die Eßbarkeit anderer Spezies von Seesternen gibt es nur sehr wenig Informationen, obgleich berichtet wird, daß der von einigen Arten erzeugte Schleim zu Hautreizungen führen kann. Im allgemeinen ist es nicht praktisch, Seesterne als Nahrung zu verwenden, es sei denn während der Fortpflanzungsphase, wenn mehr eßbare Substanz in Armen und Körperhöhle vorhanden ist.
Seegurke. Dieses röhrenähnliche Tier ist im wesentlichen für den Menschen nicht gefährlich. Einige Spezies stoßen, wenn sie erschreckt werden, ihre kleinen inneren Organe aus, die sich dann bald regenerieren. Ein Kontakt der Eingeweideflüssigkeiten mit den Augen sollte vermieden werden. Andere Spezies können lange, weiße, klebrige Fäden ausstoßen, die als Verteidigung dienen. Diese Fäden sind im allgemeinen nur lästig, obgleich sie gelegentlich zu leichten Reizungen führen können. Mehrere Spezies bilden eine wichtige Nahrungsquelle im indo-pazifischen Gebiet. Sie werden nach dem Ausnehmen entweder ganz gegessen (wie im Falle der Art Stichopus) oder die fünf muskulösen Streifen, die am Körper entlang laufen, werden abgeschnitten und geräuchert, eingelegt oder gekocht gegessen.

11 Überleben unter ungewöhnlichen Bedingungen

VERHALTEN NACH EINEM FLUGZEUGABSTURZ

An Land

1. Vom Flugzeug entfernt halten, bis die Triebwerke abgekühlt sind und ausgelaufener Treibstoff verdampft ist.
2. Nach Verletzten schauen. Erste Hilfe leisten. Für das Wohlergehen der Verletzten sorgen. Vorsicht beim Bergen Verletzter – besonders Rückenverletzter – aus dem Flugzeug.
3. Schutz vor Wind und Regen suchen. Einen provisorischen Unterschlupf aufbauen. Wenn nötig, sofort ein Feuer anzünden. Bei kaltem Wetter heiße Getränke zubereiten.
4. Das Notfunkgerät in Betrieb setzen und andere Signalausrüstung griffbereit halten.
5. Jetzt entspannen und ausruhen, bis der Absturzschock vorbei ist. Ausgedehnte Vorbereitungen und Planungen zurückstellen.
6. Nach dem Ausruhen das Lager organisieren. Den einzelnen Personen spezielle Pflichten zuweisen. Sämtliche Nahrung und Ausrüstung zusammentragen, einen Verantwortlichen dafür bestimmen. Einen Unterschlupf zum Schutz vor Regen, heißer Sonne, Schnee, Wind, Kälte oder Insekten bauen. Allen möglichen Brennstoff sammeln. Mindestens einen Tagesvorrat an Brennstoff zu sammeln versuchen. Wasser suchen. Nach Tier- und Pflanzennahrung Ausschau halten.
7. Signale vorbereiten, die aus der Luft zu erkennen sind.
8. Ein Logbuch beginnen. Datum und Ursache des Absturzes, wahrscheinlichen Standort, Namen der Überlebenden, Bestand an Nahrung, Wasser und Ausrüstung, Wetterbedingungen und weitere wichtige Daten eintragen.
9. Den Standort möglichst genau bestimmen und in den Funksprüchen angeben. Wenn die Standortberechnung auf Himmelsbeobachtungen beruht, diese Beobachtungen mitangeben.
10. Wenn man aus dem Flugzeug abgesprungen ist, zur Absturzstelle zurückzugelangen versuchen. Retter können ein Flugzeug aus der Luft sehen, wenn ein einzelner Mann noch nicht erkennbar ist.
11. Beim Flugzeug bleiben, falls nicht das Gegenteil ratsam erscheint. Das Flugzeug nur verlassen, wenn man weiß, daß man in einem kurzen Marsch Hilfe erreichen kann. Beim Abmarsch eine Notiz mit der geplanten Route zurücklassen (außer in feindlichem Gebiet). Der geplanten Route folgen, damit Retter einen Anhaltspunkt haben.
12. In der Arktis das Flugzeug als Unterschlupf benutzen. Öffnungen mit Netzen oder Fallschirmtuch abdecken, damit die Insekten draußen bleiben. Draußen kochen, um Kohlenmonoxydvergiftung zu vermeiden. Das Feuer in sicherer Entfernung vom Flugzeug anlegen. Nicht davon ausgehen, längere Zeit im Flugzeug zu leben; das ist zu kalt. Draußen einen besseren und isolierten Unterschlupf errichten.
13. In der Wüste am Tage nicht im Flugzeug Unterschlupf suchen; dort ist es zu heiß. Im Schatten eines Flügels aufhalten, wenn kein anderer Unterschlupf vorhanden ist. Wenn man beim Flugzeug bleibt, kann man für guten Schatten sorgen, indem man einen ausgebreiteten Fallschirm am Flügel festbindet

und so eine Markise erhält. Die untere Kante dabei mindestens 60 cm über dem Erdboden lassen, damit die Luft zirkulieren kann. Rohrstücke aus dem Flugzeug als Zeltgestänge und -pfähle verwenden.
14. Elektronische Geräte energiesparend einsetzen.
15. Häufig den Horizont mit dem Signalspiegel abschwenken.

Daran denken: Man ist selbst der Schlüssel zur Rettung. Den Suchtrupps bei der Suche helfen und ihre Anweisungen befolgen, wenn man gesichtet worden ist. Die Trupps können alle Hilfe brauchen, die man geben kann. Keine Risiken eingehen, die zu Verletzungen führen können.

Auf See (gilt auch für Schiffbruch)

1. Flöße oder Rettungswesten nicht im Innern des Flugzeugs aufblasen.
2. Mit der Notausrüstung möglichst schnell aus dem Flugzeug oder dem sinkenden Schiff gelangen.
3. Rettungsfloß (Flöße) mit einer Leine am Flugzeug oder Schiff befestigen, bis alle Leute an Bord sind oder bis das Flugzeug oder Schiff zu sinken beginnt. Einen Mann abstellen, der die Leine kappt, sobald das Flugzeug oder Schiff untergeht.
4. Wenn möglich, Rettungsflöße direkt vom Schiff oder Flugzeug aus beladen, ohne ins Wasser zu gehen. Selbst wenn man nur vorübergehend in kaltem Wasser ist, kann das Nachwirkungen für die folgenden Tage haben.
5. Das Floß immer gut ausbalanciert halten, jedoch darauf vorbereitet sein, es beim Kentern wieder aufzurichten.
6. Nicht direkt am Flugzeug oder Schiff (Treibstoff oder Öl im Wasser), aber in der Nähe bleiben, bis es sinkt. In Strömungsrichtung gesehen vor dem Wrack bleiben.
7. Nach fehlenden Passagieren suchen, besonders in der Richtung, in die sich die Wellen bewegen.
8. Auf dem Wasser treibende Geräte retten; alles verstauen und sichern und die Flöße auf Luft in den Kammern, Lecks und mögliche Scheuerstellen überprüfen. Das Floß ausschöpfen. Vorsicht vor Beschädigungen durch Schuhe oder scharfe Gegenstände.
9. In kalten Gewässern einen Windschutz, Spritzschutz oder eine Überdachung aufziehen. Wenn weitere Überlebende vorhanden sind, aneinanderkauern; regelmäßig Körperübungen machen.
10. Den körperlichen Zustand aller Leute an Bord überprüfen. Erste Hilfe leisten. Pillen gegen Seekrankheit nehmen. Eventuell Treibstoff oder Öl abwaschen.
11. Mehrere Flöße mit einer mindestens 7,5 Meter langen Leine zusammenbinden. Die Flöße nur an der um das Floß laufenden Rettungsleine verbinden. Wenn die See nicht sehr rauh ist, die Leine kürzen, sobald ein Flugzeug zu hören oder zu sehen ist. Zwei oder mehr nahe beieinanderliegende Flöße sind leichter zu sehen als weit auseinanderliegende.
12. Das Notfunkgerät in Betrieb nehmen. Bedienungsanweisungen finden sich am Gerät. Sender-Empfänger nur benutzen, wenn bestimmt Flugzeuge in dem betreffenden Gebiet sind. Andere Signalgeräte für den sofortigen Gebrauch vorbereiten.
13. Die Reparaturstöpsel des Rettungsfloßes möglichst bald an der Seite des Floßes bereitlegen.
14. Kompasse, Uhren, Streichhölzer und Feuerzeuge trocken halten. In wasserdichte Behälter legen.
15. In warmen Gewässern ein Sonnensegel aufziehen. Die Haut bedeckt halten. Sonnencreme und Lippenbalsam auftragen. Hemdsärmel heruntergerollt las-

sen und die Strümpfe über die Hose ziehen. Hut und Sonnenbrille tragen.

16. Die Lage ruhig abschätzen und das weitere Vorgehen sorgfältig planen.
17. Wasser und Proviant rationieren; anderen Pflichten zuweisen; Überdachung oder Persenning zum Auffangen und Aufbewahren von Regenwasser verwenden.
18. Ein Logbuch führen. Die letzte genaue Standortbestimmung des Navigators, Zeit des Absturzes, Namen und körperlicher Zustand der Überlebenden, Versorgungsplan, Wind, Wetter, Richtung der Dünung, Zeiten von Sonnenaufgang und Sonnenuntergang und andere Navigationsdaten eintragen. Alles Gerät auflisten.
19. Ruhig bleiben. Keine Energie verschwenden und dadurch Wasser und Proviant sparen. Nicht unnötig schreien. Nicht unnötig bewegen. Den Sinn für Humor bewahren und oft einsetzen. Daran denken, daß die Rettung auf See Zusammenarbeit erfordert. Der Kontakt mit Suchflugzeugen hängt von der Sichtbarkeit der Überlebenden ab. Die Sichtbarkeit mit allen nur möglichen Signalgeräten vergrößern. Spiegel griffbereit halten; Funkgerät benutzen, wann immer es möglich ist; Signalflagge und Farbstoff einsetzen, wenn ein Flugzeug sie möglicherweise sehen kann.
20. Wenn man eine Rettungsweste trägt, aber nicht in der Lage ist, ein Floß zu erreichen, kann man in den Meeren der gemäßigten oder tropischen Zonen trotzdem mehrere Tage überleben. Da ein Schwimmer aus der Luft noch schlechter zu sehen ist als ein Floß, jederzeit darauf vorbereitet sein, den Markierungsfarbstoff und den Signalspiegel zu gebrauchen.

KERNWAFFENEINSATZ

Sofortmaßnahmen

Höchstwahrscheinlich wird die erste Warnung vor einer Kernexplosion ein Alarm oder ein Angriffswarnsignal sein. Nach den örtlich vorgeschriebenen Verhaltensmaßregeln für die Zivilverteidigung richten; falls nicht bekannt, sofort Schutz suchen. Falls kein Alarm gegeben wird und die erste Warnung aus der eigentlichen Explosion besteht, augenblicklich Schutz suchen. In unmittelbarer Nähe einer Kernexplosion gibt es schlichtweg keine Überlebenschance. In einer Entfernung von ein paar Meilen hat man 15–20 Sekunden, bis die Hitzewelle zuschlägt, und vielleicht etwas länger bis zum Eintreffen der Druckwelle.
Wenn man keinen Unterschlupf erreichen kann, in der nächsterreichbaren Bodensenke auf die Erde fallen lassen. Das Gesicht mit den Händen bedecken, auf den Bauch legen und der Explosion möglichst wenig nackte Haut bieten (selbst in einer Entfernung von 25–30 km kann die Hitze die Haut noch völlig verbrennen). Keinesfalls auf den Explosionsblitz schauen.

Strahlung

Wenn man die Kernexplosion überlebt hat, besteht die nächste und wichtigste Maßnahme darin, Schutz vor den Wirkungen der Reststrahlung zu suchen. Wenn keine Gegenmaßnahmen gegen diese Gefahr getroffen werden, sind alle anderen Überlebenstechniken nahezu wertlos. Die Reststrahlung kann tödlich sein und erfordert sofortiges Handeln.

Schutz in ländlichen Gebieten. Das wirkungsvollste Schutzmittel gegen durchdringende Gammastrahlung ist Deckung. Außerhalb von Städten ist natürliche Deckung zu finden, die sich verbessern läßt. Die Deckung muß schnell (höchstens fünf Minuten) nach Ankunft am Ort des Geschehens gefunden werden. Ideale Stellen sind Höhlen, überhängende Felsen, tiefe Hohlwege oder große, umgestürzte Baumstämme.

Die Deckung verbessern, während die Vorteile des Schutzes, die sie bietet, genutzt werden. Auf ebenem Boden die Erde säubern und hinlegen. In Bauchlage einen schmalen Graben ziehen und die Erde um den Graben aufschichten. Ein Schutzdach sollte nur in Betracht gezogen werden, wenn man an das Material dafür herankommt, ohne sich unnötig der Strahlung auszusetzen. Eine Abdeckung aus Fallschirmstoff bietet zwar keine Abschirmung, verhindert aber, daß feste Teilchen in die Deckung gelangen. Der Stoff muß häufig geschüttelt werden, um die Partikel zu entfernen, die sich darauf abgesetzt haben.

In der Marsch oder in Gegenden mit Dauerfrost können Grasblöcke zu einer Deckung aufgeschichtet werden. Wenn man von allen Seiten, einschließlich von oben geschützt ist, ergeben die folgenden Materialstärken eine ideale Abschirmung gegen die Strahlung, die von radioaktivem Niederschlag auf der Erde ausgeht und von den Luftmolekülen gestreut wird. Eine geringere Abschirmung kann jedoch durchaus Leben retten.

Stahl	ca. 15 cm	Erde	ca. 90 cm
Fels	ca. 60 cm	Eis	ca. 150 cm
Beton	ca. 60 cm	Schnee	ca. 600 cm

Vom Innern der Deckung aus weiterarbeiten, um das Leben darin bequemer zu machen. Man braucht möglichst viel Bequemlichkeit, um zu rasten und sich von der Strahlung zu erholen. Maßnahmen treffen, damit es so warm und trocken wie möglich ist. Ein Fallschirm kann als Isoliermaterial dienen, wenn er durch Ausschütteln oder durch Abspülen und Trocknen dekontaminiert worden ist.

Die Strahlungsgefahr verringert sich recht schnell, vorausgesetzt daß keine neuen Explosionen für weitere Verseuchung sorgen. Sieben Stunden nach dem Zeitpunkt der stärksten Verstrahlung ist die Gefahr auf ein Zehntel zurückgegangen. 49 Stunden nach dem Zeitpunkt der stärksten Verstrahlung bleibt nur noch ein Hundertstel der Gefahr übrig. Nach zwei Wochen ist es nur noch ein Tausendstel. Wenn weitere Verstrahlungen auftreten (Explosion weiterer Sprengkörper), muß man das Abklingen der Strahlung durch das jeweils neue radioaktive Material abwarten. Mindestens 200 Stunden nach Explosion des letzten Sprengkörpers in Deckung bleiben; länger, wenn möglich. Die Deckung sollte nur verlassen werden, wenn unbedingt Wasser benötigt wird. Die Deckung sollte getarnt und Bewegungen auf ein Minimum reduziert werden, um die Position nicht zu verraten.

Verarbeitete Lebensmittel (Rationen) kann man ungefährdet essen, solange die Behälter intakt sind. Das gleiche gilt für alle verarbeiteten Lebensmittel, die in dem betreffenden Gebiet zu finden sind. Tiere kann man essen, selbst wenn sie aus einem verstrahlten Gebiet stammen. Die Tiere müssen sorgfältig gehäutet und Herz, Leber und Nieren müssen weggeworfen werden. Fleisch aus der Nähe von Knochen sollte man nicht zu sich nehmen, da das Skelett eines Tieres einen großen Prozentsatz an Radioaktivität aufnimmt.

Pflanzen kann man im allgemeinen ungefährdet essen. Am besten sind Pflanzen, deren eßbare Teile unter der Erde liegen. Am zweitbesten sind Pflanzen mit glatter Oberfläche, die sich leicht abwaschen läßt. Pflanzen mit rauher Oberfläche sind schlecht abzuwaschen, können im Notfall aber auch verwendet werden. Alle pflanzliche Nahrung schälen und dem Eßbarkeitstest unterziehen.

Offenes Wasser in einem Gebiet, in dem radioaktiver Niederschlag gefallen ist, kann schädliche Partikel enthalten. Wasser aus einer unterirdischen Quelle (Quel-

le, abgedeckter Brunnen usw.) ist am besten. Als nächstes kommt Wasser aus anderen Quellen (Seen, Teiche, Flüsse, Ströme usw.). Einen Filter erhält man, indem man etwa 30 cm vom Ufer der Wasserquelle ein Loch gräbt. Das Wasser sickert in das Loch, aus dem man es zum Trinken entnehmen kann. Möglicherweise ist das Wasser trübe oder gar lehmig, der Schmutz setzt sich aber ab, wenn man das Wasser ein wenig stehenläßt. Vor dem Trinken sollte solches Wasser von Bakterien gesäubert werden.
Kleidung anbehalten. Dazu gehören auch Hut und Handschuhe. Auf diese Weise werden Betaverbrennungen der freien Haut vermieden. Kleidung und Ausrüstung sollten durch Ausschütteln dekontaminiert werden. Durch Waschen der Kleidung in eventuell vorhandenem Wasser werden die radioaktiven Partikel entfernt.
Durch Abwaschen des Staubs von der Haut kann man dazu beitragen, Verbrennungen zu verhüten. Möglichst warm und trocken bleiben. Betaverbrennungen wie normale Verbrennungen behandeln, außer daß die verbrannten Bereiche abgewaschen werden sollten. Die Strahlenkrankheit befällt am ehesten sehr junge, kranke oder alte Leute. Bei dieser Krankheit wird die Körperchemie zerstört oder geändert, aber leicht verstrahlte Leute, die ansonsten bei guter Gesundheit sind, erholen sich. Daran denken, daß die Strahlenkrankheit nicht ansteckend ist. Man kann einem verstrahlten Menschen ohne Gefahr für sich selbst helfen.

Schutz in Städten. In einer Stadt wird man möglicherweise durch einen drei- bis fünfminütigen Sirenenheulton oder eine Reihe von kurzen Signalen auf Hörnern, Pfeifen oder anderen Instrumenten vor einem Atomangriff oder einer anderen größeren Gefahr für Leben und Eigentum gewarnt. Dadurch wird man in die Lage versetzt, einen öffentlichen Schutzraum aufzusuchen, wenn man als Zivilist auf der Arbeitsstelle ist (immer informieren, wo der nächste Schutzraum ist; falls der Arbeitgeber sich in diesem Punkt unklar ausdrückt, ihn dran erinnern, daß es ein Verstoß gegen Bundesgesetze ist, keinen Notfallplan für einen Angriff mit Atomwaffen zu haben) oder man kann in den Schutzraum des Hauses oder der Wohnung gehen (Anmerkung des Übersetzers: Hier werden amerikanische Verhältnisse geschildert. In Deutschland besteht das Sirenensignal aus einem an- und abschwellenden Heulton von einer Minute Dauer, gefolgt von einer Minute Pause. Weiterhin gibt es keine Verpflichtung für Arbeitgeber, einen Notfallplan für einen Atombombenangriff aufzustellen). Ein batteriebetriebenes Radio zum Empfang offizieller Informationen bereithalten. Nicht über Telefon Informationen oder Ratschläge einzuholen versuchen.
Schutzräume gegen radioaktive Strahlung, improvisierte Hausschutzräume, kann man aus einem vorhandenen Keller bauen. Wenn man, wie viele Hauseigentümer besonders in den Sonnenstaaten* und neueren Siedlungen, keinen Keller hat, sollte man den Bau eines Gemeinschaftsschutzraums oder eines persönlichen Schutzraums im Hinterhof in Betracht ziehen. Für die meisten vorhandenen Kellerräume ist zusätzliches Abschirmmaterial erforderlich, damit die Insassen vor radioaktiver Strahlung geschützt sind.
An Abschirmung sind mindestens erforderlich:
ca. 10 cm Beton,
ca. 12 bis 15 cm Mauerwerk,
ca. 15 cm Sand (in Säcken oder Kisten),
ca. 17,5 cm Erde,
ca. 20 cm Betonhohlblöcke (bei Füllung mit Sand ca. 15 cm),
ca. 25 cm Wasser,
ca. 35 cm Bücher oder Zeitschriften, oder
ca. 45 cm Holz.

*der USA-Anmerkung des Übersetzers

Pläne für den Umbau von Kellerräumen und für Hinterhofschutzräume erhält man kostenlos von: The Department of Defense, Office of Civil Defense, The Pentagon, Washington, D. C. 20310, U.S.A.

Nahrungsmittel und Wasser. Ausreichend Nahrung, Wasser und Hygieneartikel für mindestens 14 Tage sollten im Schutzraum gelagert werden. Die folgende Liste zeigt einige Beispiele für Nahrungsmittel und deren ungefähre Aufbewahrungsdauer. Sie sollten innerhalb der genannten Zeiten ausgewechselt werden:

Nahrungsmittel	Monate
Milch:	
Kondensmilch	6
Trockenmilch, in Metallbehälter	6
Fleisch, Geflügel, Fisch, in Dosen:	
Fleisch, Geflügel	18
Fisch	12
Mischgerichte aus Fleisch, Gemüse, Getreideprodukten	18
Fleisch-Gemüse-Suppen, kondensiert	8
Obst und Gemüse:	
Beeren und Sauerkirschen, in Dosen	6
Zitrussäfte, in Dosen	6
Andere Früchte und Fruchtsäfte, in Dosen	18
Trockenfrüchte in Metallbehälter	6
Tomaten, Sauerkraut, in Dosen	6
Andere Gemüse, in Dosen (einschl. Trockenbohnen und Trockenerbsen)	18
Getreidegerichte und Backwaren:	
Eßfertige Getreidegerichte:	
In Metallbehälter	12
in Original-Papierverpackung	1
Ungekochte Getreidegerichte (Schnellkoch- oder Fertiggerichte)	
in Metallbehälter	24
in Original-Papierverpackung	12
Hydrierte (mit Antioxidationsmittel behandelte) Fette und Pflanzenöle	12
Zucker, Süßigkeiten, Nüsse:	
Zucker	
Bonbons, Kaugummi	18
Nüsse, in Dosen	12
Fertigpudding	12
Verschiedenes:	
Kaffee, Tee, Kakao (Instant)	18
Rahmtrockenprodukte (Instant)	12
Brühen	12
Getränkepulver mit Fruchtgeschmack	24
Salz	
Würzextrakte (z. B. Pfeffer)	24
Soda, Backpulver	12

Wasser muß in festverschlossenen Plastikbehältern aufbewahrt werden (Glas kann brechen, und Metall neigt zum Rosten). Es sollte für jede Person mindestens ein Liter täglich zur Verfügung stehen. Weitere Möglichkeiten, Flüssigkeit zu erhalten, sind Eiswürfel oder Wasser aus Eiswürfeln (wenn sich vor dem Stromausfall ein funktionierender Gefrierschrank im Schutzraum befand), Milch, Softdrinks, Säfte, Wasser aus dem Heißwasserbehälter (falls der sich im Keller/Schutzraum befindet) und Wasser, das sich bereits im Leitungssystem befindet. Um an dieses Wasser zu gelangen, wenn die Hauptventile abgedreht oder zerstört sind, den Hahn am höchsten Punkt des Hauses aufdrehen, damit Luft in die Leitungen gelangen kann. Dann nach Bedarf Wasser aus dem Hahn am tiefsten Punkt des Hauses, der sich meist im Keller/Schutzraum befindet, entnehmen. Dieses Wasser so behandeln, als wenn es aus einer potentiell verseuchten Quelle stammt: abkochen. Wenn das Wasser nicht abgekocht werden kann, Wasserentkeimungstabletten (ohne Rezept in der Drogerie zu erhalten), zwölf Tropfen einer zweiprozentigen Jodtinktur pro Gallone (4,5 Liter) oder acht Tropfen eines flüssigen Chlorbleichmittels (vorausgesetzt, daß auf dem Etikett steht, daß unterchlorsaures Salz der einzige aktive Bestandteil ist) pro Gallone Wasser zugeben.

Die Strahlung durchdringt Lebensmittel und Wasser, ohne sie für immer zu verstrahlen. Die Gefahr besteht darin, daß man möglicherweise auf der Nahrung befindliche (oder durch den Umgang mit einem verstrahlten Behälter an die Nahrung gelangte) radioaktive Teilchen zu sich nimmt.

Jeder Behälter von geeigneter Größe mit einem festschließenden Deckel kann als Toilette dienen. Ein weiterer Kübel, der mit Kunststoff ausgekleidet ist, kann den Abfall aufnehmen. Weiterhin für ausreichend Desinfektionsmittel, Toilettenpapier, Seife, Waschlappen und Handtücher, Kübel oder Wannen und Sanitärtücher sorgen. Neben speziellen Medikamenten für einzelne Familienmitglieder ist auch ein gut ausgerüsteter Erste-Hilfe-Satz erforderlich.

NATURKATASTROPHEN

Vorbereitende Maßnahmen

Katastrophen und Notfälle, die große Gebiete und viele Menschen in Mitleidenschaft ziehen, können sich manchmal schnell entwickeln. Plötzliche Überschwemmungen und Erdbeben kündigen sich beispielsweise nur kurz vorher oder gar nicht an.

Anderen Katastrophen und Notfällen geht eine gewisse Aufbauzeit voraus, die mehr Zeit für wirksame Schutzmaßnahmen läßt. Der Weg eines Hurrikanes wird zum Beispiel tagelang verfolgt, und die Menschen in wahrscheinlich gefährdeten Gebieten werden mehrere Stunden, bevor der Sturm voraussichtlich über das Land zieht, benachrichtigt. In vielen Fällen lassen sich auch Fluten vorhersagen, so daß genügend Zeit vorhanden ist, die Leute in den gefährdeten Gebieten zu warnen. Selbst im Falle von Tornados erlauben die Wettervorhersagen häufig eine Warnung vor einer möglichen Katastrophe. Winterunwetter – Blizzards, starker Schneefall, Eisstürme oder gefrierender Regen – können ebenfalls das Ausmaß einer Katastrophe annehmen, die sich einigermaßen vorhersagen läßt.

Bevor noch ein Notfall eintritt, sollte man sich darum kümmern, welche Warnsignale Verwendung finden, wie sie sich anhören, was sie bedeuten und welche Maßnahmen man treffen muß, wenn man sie hört. Radio oder Fernsehen eingeschaltet lassen, um Wetterberichte und -vorhersagen sowie weitere Informationen und Ratschläge zu hören, die eventuell von den lokalen Behörden gesendet werden.

In Erfahrung bringen, wie Gas, Strom und Wasser abgedreht werden (Auskünfte darüber erteilen die örtlichen Versorgungsunternehmen). Hausfeuerlöscher von Zeit zu Zeit überprüfen, um sicherzustellen, daß der Druck ausreicht, daß die Chemikalien sich nicht abgesetzt haben und daß das Gerät ordnungsgemäß funktioniert. Eine gut bestückte Erste-Hilfe-Ausrüstung an zentralen Stellen wie etwa

der Küche aufbewahren. Kleinere Ausrüstungen lassen sich in den Badezimmern unterbringen (beim amerikanischen Roten Kreuz gibt es medizinische Handbücher über die erforderlichen Maßnahmen bei nahezu allen möglicherweise auftretenden medizinischen Notfällen). Einen Vorrat von Lebensmitteln in Dosen oder versiegelten Packungen anlegen, die nicht gekühlt und zur Zubereitung nicht erhitzt werden müssen, dazu einen Plastikwasserkanister mit Hahn, von Familienmitgliedern benötigte Medikamente, Decken oder Schlafsäcke, Taschenlampen oder Laternen, ein batteriebetriebenes Radio und einen verschließbaren Behälter mit mehreren Rollen Toilettenpapier als Nottoilette. Für den Fall, daß man das Haus verlassen muß, mag weiterhin ein Auto in gutem Betriebszustand mit möglichst viel Benzin erforderlich sein. In Landesteilen, in denen es zu Wirbelstürmen oder Überschwemmungen kommt, Sperrholzplatten und anderes Holz zum Schutz von Fenstern und Türen sowie Plastikfolie oder Persenning zum Schutz von Möbeln und anderen Einrichtungsgegenständen bereithalten.
Aufforderungen, das Haus zu verlassen oder sich an einen anderen Ort zu begeben, sofort nachkommen und die Anweisungen der lokalen Behörden befolgen. Wenn bestimmte Routen angegeben oder empfohlen werden, diese Strecken benutzen und nicht auf eigene Faust nach Abkürzungen suchen. Vor dem Verlassen des Hauses Wasser, Gas oder Strom abdrehen. Im Radio auf Bekanntgaben über Notunterkünfte und Massenverpflegungsstellen achten, falls sie benötigt werden.

Überschwemmungen.

Bei einer Überschwemmung sollte man folgendermaßen vorgehen:

1. Feststellen, auf welcher Höhe das Grundstück liegt, damit bei Vorhersage möglicher Wasserstände schon abgeschätzt werden kann, ob die Gefahr einer Überflutung besteht.
2. Wenn eine Überschwemmung unmittelbar bevorsteht, keine Sandsäcke an der Außenwand des Hauses aufschichten, um das Eindringen von Wasser in den Keller zu verhindern. In die Erde einsickerndes Wasser kann sich um die Kellerwände sammeln oder das gesamte Untergeschoß anheben, so daß es aus dem Boden »aufschwimmt«. In den meisten Fällen ist es besser, das Wasser ungehindert in den Keller fließen zu lassen (oder das Untergeschoß selbst mit klarem Wasser zu fluten, wenn man sicher ist, daß es sowieso überschwemmt wird). Dadurch wird der Wasserdruck an der Außenseite von Kellerwänden und -fußböden ausgeglichen und Bauschäden an Fundament und Haus vermieden.
3. In verschlossenen sauberen Behältern einen Trinkwasservorrat anlegen.
4. Wenn eine Überschwemmung wahrscheinlich ist und die Zeit es gestattet, wichtige Dinge und Möbel in die oberen Geschosse transportieren. Alle elektrischen Geräte, die nicht transportiert werden können, abklemmen – jedoch nicht berühren, wenn man naß ist oder im Wasser steht. Haustüren und Fenster verschließen. Ein Fahrzeug, das zurückgelassen werden muß, in die Garage oder Hofeinfahrt stellen, die Fenster schließen und Türen abschließen.
5. Bei der Fahrt durch hohes Wasser einen niedrigen Gang einlegen und sehr langsam fahren, damit kein Wasser in den Motor spritzt und ihn funktionsunfähig macht. Daran denken, daß die Bremsen möglicherweise schlecht ansprechen, wenn die Räder in tiefem Wasser gewesen sind.
6. Wenn man von einer steigenden Flut eingeschlossen wird, auf das Dach klettern. Wenn auch das Dach überschwemmt zu werden droht, einen großen, stabilen, schwimmenden Gegenstand suchen, auf dem man mit der Flut schwimmen kann.

7. Anderen Zuflucht gewähren, wenn die Tragfähigkeit groß genug ist.
8. Gebäude nach Rückgang des Wassers vorsichtig betreten. Die Fundamente könnten geschwächt sein, und die Häuser könnten zusammenbrechen.
9. Bei Teilnahme an Rettungseinsätzen nach einer Überschwemmung immer Sicherheitswesten tragen.
10. Direkten Kontakt mit einem Verzweifelten vermeiden, da er nicht nur sein eigenes, sondern auch das Leben des Retters gefährden könnte. Bevor man das Boot verläßt, um dem Opfer zur Hilfe zu kommen, ihm je nach den Umständen immer ein verankertes Seil zuwerfen oder ein Ruder hinhalten.
11. Wenn im Winter jemand durch das Eis gebrochen ist, einen Knüppel oder ein Kleidungsstück nach ihm ausstrecken und dabei flach ausgestreckt auf das Eis legen, um das Gewicht besser zu verteilen. Wenn andere Leute helfen wollen, eine menschliche Kette quer über das Eis bilden (auf dem Bauch liegend), wobei andere Leute am Ufer die Kette auf sicheren Boden ziehen, sobald das Opfer sicher gefaßt ist.

Tornados

Falls ein Tornado droht, sollte man folgendermaßen vorgehen:
1. Auf Ratschläge im Radio oder Fernsehen achten.
2. Den Himmel beobachten, und zwar besonders in südlicher und südwestlicher Richtung. Wenn jedoch bei Annäherung eines Hurrikanes eine »Tornadowache« angeordnet wird, den Himmel in östlicher Richtung beobachten.
3. Das Auftreten rotierender, trichterförmiger Wolken telefonisch an die Polizei oder die Wetterstelle weitergeben. Das Telefon nicht dazu verwenden, weitere Informationen einzuholen.
4. Falls möglich, im Innern eines Gebäudes Schutz suchen.
5. Im Freien im rechten Winkel aus dem Weg des Tornados fortbewegen.
6. Falls keine Zeit zur Flucht mehr vorhanden ist, flach in die nächste tiefere Stelle im Boden, wie etwa einen Graben oder eine Senke, legen.
7. In Bürogebäuden ist der Keller oder ein Innenkorridor in einem der unteren Stockwerke am sichersten. Die oberen Stockwerke sind nicht sicher. Falls die Zeit nicht ausreicht, um in eins der unteren Stockwerke zu gelangen, bieten kleine Räume mit festen Wänden oder Innenkorridore einigen Schutz vor herumfliegenden Trümmern. Anderenfalls Schutz unter schweren Möbelstücken suchen.
8. In Häusern mit Kellern in der Nähe der Wand im geschütztesten und am tiefsten liegenden Teil des Kellers Zuflucht suchen. Ein Sturmkeller oder verstärkter Kellerteil läßt sich einplanen und bauen; oder die Familie übt immer wieder die Benutzung des sichersten Kellerteils.
9. In Häusern ohne Keller im kleinsten Raum mit festen Wänden oder unter schweren Möbeln oder umgedrehten Polstersofas oder -stühlen im mittleren Teil des Hauses Zuflucht suchen. Das Erdgeschoß ist sicherer als der erste (oder zweite) Stock.
10. Wenn noch Zeit bleibt, die Fenster an der dem Sturm abgewandten Seite teilweise öffnen – jedoch von Fenstern fernhalten, wenn der Sturm zuschlägt.
11. Wohnwagen sind besonders anfällig für Umkippen und Zerstörung bei starkem Wind und sollten zugunsten eines vorher gewählten Unterschlupfs oder selbst eines Grabens im Freien aufgegeben werden. Der Schaden läßt sich möglichst gering halten, wenn man den Anhänger mit Kabeln sichert, die in Beton verankert werden.
12. Fabriken, Hörsäle und andere große Gebäude mit großen, freitragenden Dä-

chern sollten von vornherein markierte Schutzbereiche im Keller, in kleineren Räumen oder in der Nähe haben.

Hurrikane

Wenn ein Hurrikan bevorsteht, folgendermaßen vorgehen:

1. Bei hochgelegenen Häusern und wenn keine Anweisungen kommen, die Häuser zu verlassen, im Innern bleiben.
2. Bevor der Sturm zuschlägt, Außenobjekte, die davongeweht werden könnten, sichern. Mülleimer, Gartenwerkzeuge, Spielzeug, Schilder, Verandamöbel und eine Reihe von anderen harmlosen Gegenständen werden im Hurrikan zu zerstörenden Geschossen.
3. Fenster mit Brettern vernageln oder mit Sturmläden oder Band schützen. Kleine Fenster sind hauptsächlich durch vom Wind getriebenes Material gefährdet. Größere Fenster können durch den Winddruck zerbrechen.
4. Im Zentrum oder »Auge« des Hurrikans läßt der Wind zeitweilig nach; das kann von wenigen Minuten bis zu einer ganzen Stunde oder länger dauern. Während dieses Nachlassens an einem sicheren Ort bleiben. Der Wind kommt – vielleicht noch stärker – aus der anderen Richtung zurück.
5. Bei einem Hurrikan oder einem starken Sturm sind geparkte Autos als Schutz unbrauchbar. Als letztes Mittel, wenn keine Senke oder kein Graben in der Nähe ist, bieten sie jedoch etwas Schutz vor umherfliegendem Material, wenn man unter sie kriecht.
6. Die Sicherheitsregeln für Überschwemmungen und Tornados beachten. Die meisten Verhaltensmaßregeln, die einem der gesunde Menschenverstand gebietet, treffen für alle Naturkatastrophen zu.

Erdbeben.

Bei einem Erdbeben folgendermaßen vorgehen:

1. Ruhig bleiben. Nicht davonlaufen oder in Panik geraten. Wenn man die richtigen Maßnahmen trifft, besteht durchaus die Möglichkeit, daß man nicht verletzt wird.
2. An Ort und Stelle bleiben. Wer sich im Freien befindet, bleibt draußen. Wer sich im Innern eines Gebäudes befindet, bleibt drinnen. Die meisten Verletzungen passieren, wenn die Leute Gebäude betreten oder verlassen.
3. Im Innern Schutz unter Schreibtischen, Tischen oder Bänken oder an Innenwänden oder Korridoren suchen. Von Glas, Fenstern und Außentüren entfernt halten.
4. Während oder nach dem Erdbeben keine Kerzen, Streichhölzer oder andere offenen Flammen benutzen. Sämtliche Feuer löschen.
5. Im Freien von Gebäuden und Versorgungseinrichtungen entfernen. Wenn man einmal im Freien ist, dort bleiben, bis das Erdbeben aufhört.
6. Nicht durch Gebäude oder nahe an ihnen vorbeilaufen. Die größte Gefahr durch fallende Trümmerstücke besteht unmittelbar vor Eingängen und in der Nähe der Außenwände.
7. Im fahrenden Wagen anhalten, so schnell es die Sicherheit erlaubt, aber im Fahrzeug bleiben. Ein Auto mag zwar bei einem Erdbeben fürchterlich in den Federn schwanken, es bildet aber einen guten Platz, um darin das Ende des Bebens abzuwarten. Bei der Weiterfahrt auf durch das Erdbeben verursachte Gefahren wie etwa heruntergefallene oder fallende Gegenstände, abgerissene Stromleitungen oder gebrochene oder unterhöhlte Eisenbahnlinien achten.

Flutwellen

1. Flutwellen entstehen nicht bei allen, aber bei vielen Erdbeben. Bei der Nachricht von einem Erdbeben auf Flutwellen gefaßt sein.
2. Nach einem lokalen Erdbeben nicht in niedrig liegenden Küstengegenden bleiben.
3. Eine Flutwelle besteht nicht aus einer einzigen, sondern aus einer Reihe von Wellen. Aus Gefahrengebieten bleiben, bis die zuständige Behörde Entwarnung gegeben hat.
4. Niemals an die Küste gehen, um nach einer Flutwelle Ausschau zu halten. Wenn man sie sehen kann, ist sie zu nah, als daß man ihr noch entfliehen könnte.
5. Bei einer Flutwellenkatastrophe den Anweisungen der örtlichen Behörden über das Verhalten während des Notfalls befolgen.

Blitzschlag.

Sicherheitsregeln und Verfahren:

1. Wenn ein Gewitter bevorsteht, in ein Haus oder großes Gebäude oder in ein Fahrzeug, das ganz aus Metall besteht, begeben.
2. In einem Haus das Telefon nur für Notfälle benutzen.
3. Im Freien, wenn man kein sicheres Gebäude oder Auto erreichen kann, folgende Vorsichtsmaßnahmen treffen:
   - nicht über die Umgebung herausragen, wie es der Fall ist, wenn man auf einem Hügel, im offenen Feld oder an der Küste steht oder von einem kleinen Boot aus angelt. In großen Booten »innen« aufhalten.
   - Nicht in oder in der Nähe von offenem Wasser bleiben.
   - Nicht auf oder in der Nähe von Motorrädern, Rollern, Golfwagen oder Fahrrädern aufhalten. Golfschläger an die Seite legen.
   - Von Drahtzäunen, Wäscheleinen, Metallrohren, Schienen und anderen Metallteilen, über die die Elektrizität des Blitzes geleitet werden könnte, entfernt halten.
   - Nicht in kleinen, einzeln stehenden Schuppen oder anderen kleinen Bauten in offenem Gelände aufhalten.
   - Im Wald an einer tiefliegenden Stelle unter dichtstehenden kleinen Bäumen Schutz suchen. In offenem Gelände eine tiefliegende Stelle wie etwa eine Senke oder ein Tal aufsuchen. Auf der Hut sein vor plötzlichen Überschwemmungen.
   - Wenn man ohne Schutz auf einem flachen Feld oder in der Prärie steht und fühlt, daß sich die Haare sträuben – ein Anzeichen dafür, daß der Blitz bald zuschlägt –, auf die Knie fallen und nach vorn beugen und dabei die Hände auf die Knie legen. Nicht flach auf den Boden legen.
4. Vom Blitz getroffene Leute erhalten einen starken elektrischen Schlag und erleiden möglicherweise Verbrennungen, sie sind aber nicht elektrisch aufgeladen und können ohne Gefahr angefaßt werden. Selbst jemand, der durch Blitz »getötet« wurde, kann wiederbelebt werden, wenn man schnell handelt. Wenn eine Gruppe getroffen wurde, sollten die scheinbar Toten zuerst behandelt werden.
5. Das Rote Kreuz lehrt, daß, wenn ein Opfer nicht atmet, sofort Erste Hilfe geleistet werden sollte, um unwiderrufliche Schäden am Gehirn zu verhindern. Erwachsenen alle fünf Sekunden und Kindern alle drei Sekunden eine Mund-zu-Mund-Atemspende verabreichen, bis medizinische Hilfe eintrifft.
6. Auch Opfer, die nur gelähmt und ansonsten unverletzt zu sein scheinen, benö-

tigen möglicherweise Hilfe. Auf Verbrennungen überprüfen, und zwar besonders an Fingern und Zehen sowie in der Nähe von Knöcheln und Schmuck.

Waldbrände

Sicherheitsregeln:

1. Bei der Fahrt durch trockenes bewaldetes Land von Zeit zu Zeit den örtlichen Radiosender einstellen, um eventuell Berichte über größere Brände im betreffenden Gebiet zu hören.
2. Wenn kein Radio vorhanden ist, entfernt liegende Berge nach schwarzen Wolken absuchen, die in einer bestimmten Gegend bleiben oder sich wellenförmig bewegen und anders als gewöhnliche Regen- oder Gewitterwolken aufsteigen. Wenn man sich gegen den Wind bewegt, kann man den Rauch oft riechen, lange bevor man ihn sieht. Die Richtung des Brandes festzustellen versuchen und entsprechend ausweichen.
3. Nicht versuchen, einem bereits nahe gekommenen Waldbrand davonzulaufen. In Richtung auf den nächsten Strom oder Fluß rennen, selbst wenn man dabei quer zum Feuer rennen muß. In den Fluß springen und von brennbaren Uferabschnitten entfernt halten. Sicherstellen, daß alle Kleidungs- und Körperteile naß sind. Felsen am Ufer können extrem heiß werden, und das Wasser wird mit Sicherheit warm.
4. Nicht in Panik geraten. Nur ein außergewöhnlich großer Brand würde dazu führen, daß äußerst seichte oder stehende Gewässer so heiß werden, daß man sich darin verbrüht.
5. Einatmen von Rauch dadurch verhindern, daß man durch feuchten Stoff, ein Handtuch oder ein Unterhemd atmet.
6. Das Feuer absorbiert einen großen Teil des vorhanden Sauerstoffs, daher still liegen und soweit wie möglich die normale Atmung aufrechterhalten.
7. Wenn man aufgrund der Tiefe und der Intensität des Feuers kein Gewässer irgend einer Art (selbst tiefgelegener, marschiger Boden kann von Nutzen sein) erreichen kann, wird man möglicherweise versuchen wollen, eine Feuerschneise um sich herum zu schaffen. Um es klipp und klar zu sagen, das mag bei einem kleinen Buschfeuer helfen, wird aber nicht viel nützen, wenn man von einer riesigen Feuerwand umgeben ist.
8. Was immer man auch tut, flache Höhlen sind zu meiden. Wenn der eingeatmete Rauch nicht tödlich ist, Hitze und Sauerstoffmangel sind es bestimmt.

Nach einer Katastrophe

1. Alle Gebäude mit Vorsicht betreten. Sie sind durch die Katastrophe möglicherweise beschädigt oder ihre Festigkeit ist geringer geworden, und sie können ohne Vorwarnung zusammenbrechen.
2. Gebäude betreten, um nach undichten Gasleitungen oder elektrischen Kurzschlüssen zu suchen.
3. Wegen der Gefahr undichter Gasleitungen keine brennenden Zigaretten oder andere brennende Gegenstände in umschlossene Räume bringen.
4. Von heruntergefallenen oder beschädigten Stromleitungen fernhalten.
5. Das Haus nach austretendem Gas absuchen. Bei Gasgeruch alle Fenster und Türen öffnen, das Hauptgasventil am Zähler schließen und das Haus sofort verlassen. Gasversorgungsunternehmen, Polizei oder Feuerwehr benachrichtigen und das Haus erst wieder betreten, wenn mitgeteilt worden ist, daß es sicher ist.

6. Bei nassen Elektrogeräten: erst den Hauptschalter in Aus-Stellung bringen; dann das nasse Gerät abklemmen, austrocknen, wieder anschließen und jetzt erst am Hauptschalter wieder einschalten (Achtung: keinen dieser Handgriffe vornehmen, wenn man naß ist oder in Wasser steht).
7. Wenn bei Einschalten des Stroms die Sicherungen herausspringen, Hauptschalter abschalten und die betroffenen Bereiche und Geräte auf Kurzschlüsse untersuchen.
8. Lebensmittel- und Wasservorräte überprüfen. Lebensmittel, die gekühlt werden müssen, können verdorben sein, wenn der Strom einige Zeit unterbrochen war. Keine Nahrung essen, die mit Überschwemmungswasser in Kontakt gekommen ist. Bezüglich der Verwendung von Lebensmitteln und Wasser nach den Anweisungen der lokalen Behörden richten.
9. Falls erforderlich, Nahrung, Kleidung, medizinische Behandlung oder Unterschlupf beim Roten Kreuz oder bei den Behörden in Empfang nehmen.
10. Nicht auf Besichtigungstour gehen. Das kann zur Behinderung von Erste-Hilfe- oder Rettungsarbeiten führen, und außerdem kann es gefährlich sein.
11. Nicht die Straßen benutzen, es sei denn, es ist absolut erforderlich.
12. Lokale Gefahren an die Behörden melden.
13. Wenn die Gefahr vorüber ist, die Verwandten schriftlich, mit Telegramm oder über Telefon benachrichtigen. Sonst müssen die Behörden möglicherweise Zeit und Geld mit der Suche verschwenden. Das Telefon nicht blockieren.
14. Keine Gerüchte weitergeben.

Giftschlangen der Welt

TATSACHEN ÜBER SCHLANGEN

Giftschlangen sollten respektiert und gemieden werden, man sollte aber keine Furcht vor ihnen haben. Die folgenden Tatsachen werden dazu beitragen, viele der unbegründeten Ängste zu vertreiben, die in bezug auf Schlangen bestehen. Die meisten Schlangen sind harmlos. Selbst viele Giftschlangen, die noch nicht voll entwickelt sind, sind nur begrenzt gefährlich. Es gibt aber auch viele kleine Schlangen – mit einer Maximallänge von etwa 1,5 Meter –, die vom Zeitpunkt ihrer Geburt an sehr giftig sind. Einige der häufiger vorkommenden sind im folgenden aufgeführt:

Schlange	durchschnittl. Größe (m)	Vorkommen
Asiatische Kobra	1,50	Indien
Uräusschlange – Ägyptische Brillenschlange	1,05	Ägypten und Südafrika
Katuka	1,20	Indien
Puffotter (afrikanisch)	1,05	Marokko und Arabien
Mamba	1,50	Westliches, mittleres Südamerika
Tigerschlange	1,20	Australien
Sandviper	0,60	Nordafrika
Gabunviper	0,90–1,20	Tropisches Afrika
Urutu	1,20	Brasilien
Korallenschlange	0,30–0,60	Vereinigte Staaten, südwestlicher Pazifik

In den Tropen gibt es eine ganze Reihe von Giftschlangen, aber die von diesen Schlangen ausgehende Gefahr ist geringer als in den von Klapper- oder Mokkasin-Schlangen verseuchten Gegenden der Vereinigten Staaten. In einigen Gebieten der Erde gibt es keine giftigen Landschlangen; dazu gehören Neuseeland, Kuba, Haiti, Jamaika, Puerto Rico und die Polynesischen Inseln.

Einige Schlangen sind aggressiv und können ohne augenscheinliche Provokation angreifen. Die Königskobra in Südostasien, die Buschmeister und die tropische Klapperschlange in Südamerika und die Mamba in Afrika sollen das Berichten zufolge manchmal tun. Aggressivität ist jedoch die Ausnahme. Nahezu alle Schlangen sind furchtsam und ängstlich und gehen dem Menschen aus dem Weg.

Schlangen ertragen keine extremen Wetterbedingungen. In gemäßigten Regionen sind sie in den wärmeren Monaten Tag und Nacht aktiv; bei kaltem Wetter verfallen sie in Winterschlaf oder werden inaktiv. In Wüsten und Halbwüsten sind die Schlangen am aktivsten während des frühen Morgens und halten sich am Tage im Schatten auf. Viele Schlangen sind nur bei Nacht aktiv.

Schlangen bewegen sich normalerweise nur langsam fort, können aber mit erstaunlicher Schnelligkeit zuschlagen. Sie können einen Menschen im Lauf nicht einholen, und nur wenige können sich im Sprung vom Boden abheben.

Die Entfernung, auf die Schlangen zuschlagen können, wird oft übertrieben dargestellt. Sie beträgt selten mehr als die Hälfte der Länge der Schlange, bei großen Schlangen etwa 1/3 ihrer Länge. Von ein paar kleineren Vipern weiß man jedoch, daß sie aus einer Entfernung angreifen können, die ihrer vollen Länge entspricht. Auch wenn sie voll eingeringelt sind, können einige Schlangen aus einer Entfernung, die 1/3 ihrer Länge entspricht, zuschlagen. Der Abstand, aus dem eine Kobra angreifen kann, ist leicht abzuschätzen, da der erhobene Körperteil niemals in täuschende S-Windungen gelegt wird, sondern nur nach vorn und unten zustößt. Dieser Abstand beträgt normalerweise etwa 30 cm, bei einer Königskobra mit einer Länge von 3,6 Metern, beträgt er bis zu 90 cm.

ALLGEMEINE EINTEILUNG DER GIFTSCHLANGEN

Giftschlangen mit langen Fangzähnen

Zur Gruppe der sehr giftigen Schlangen gehören die Vipern und Ottern Europas, Asiens und Afrikas, die Klapperschlangen, Kupferkopfschlangen und Wassermokkasins Nordamerikas und die Buschmeister, Lanzenschlangen sowie verschiedene andere Spezies des tropischen Amerika.
Die echten Vipern und Grubenottern haben meist dicke Körper mit flachen Köpfen. Wohlbekannte Arten der echten Vipern, die nur in der Alten Welt zu finden sind, sind die Russelviper in Indien, die Kapviper in Südafrika, die Puffotter in den trockenen Gegenden Afrikas und Arabiens und die Gabunviper des tropischen Afrika.
Der Biß einer Schlange dieser Gruppe ist sehr schmerzhaft und führt zu lokalen Schwellungen, die zunehmen, wenn sich das Gift im Gewebe ausbreitet.

Giftschlangen mit kurzen Fangzähnen

Wegen der relativ kurzen Fangzähne der Schlangen in dieser Gruppe verringert schon leichte Kleidung ihre Gefährlichkeit für den Menschen. Ihr Gift ist das tödlichste aller Giftschlangen. Zu diesen Schlangen gehören die Kobras, Paragudas und Korallenschlangen. Sie umfassen die Mehrheit der Schlangen in Australien und viele Arten in Indien, Malaysia, Afrika und Neuguinea. Es gibt zehn oder mehr Arten von Kobras, alle in Afrika oder Asien. Alle sind mehr oder weniger in der Lage, eine »Haube« zu bilden. Die Königskobra ist die größte aller Giftschlangen. Das Gift der Kobra und ihrer Verwandten wirkt hauptsächlich auf die Nerven, und der Kobrabiß schmerzt erst einige Zeit später. Da das Gift in den Blutkreislauf des Opfers gelangt, verteilt es sich schnell auf alle Körperteile.

Seeschlangen

Im Atlantik gibt es keine giftigen Seeschlangen, sie kommen jedoch in großer Zahl an den Küsten des Indischen Ozeans und des südlichen und westlichen Pazifik vor. Normalerweise sind sie in den Gezeiten unterworfenen Flüssen und in Küstennähe anzutreffen, man findet sie aber auch weit draußen auf See. Schwimmer werden gewöhnlich nicht angegriffen, so daß nur eine geringe Gefahr besteht, gebissen zu werden. Sie sind an ihrem flachen, senkrecht zusammengepreßten Ruderschwanz zu erkennen.

Würgeschlangen

Obwohl sie nicht giftig sind, sollte man einige Tatsachen über Pythons, Boas, Anakondas und andere Würgeschlangen erwähnen – Schlangen, die ihre Beute mit Hilfe ihrer mächtigen Muskeln strangulieren. Manche dieser Schlangen werden bis zu 7,5 Meter lang. Diese Reptilien sind furchtsam und greifen einen Menschen nur selten an. Boas sind in den amerikanischen Tropen, Pythons in den afrikanischen und asiatischen Tropen zu finden. Sie greifen gelegentlich kleine Kinder an, lassen aber normalerweise alles, was zum Verschlingen zu groß ist, in Ruhe. Ein ausgewachsener Mensch ist selbst für die größte Python zu viel. Diese Schlangen sind langsam und scheu, wenn sie jedoch gefangen oder in die Enge getrieben werden, werden sie sich möglicherweise wehren, indem sie den Angreifer umschlingen. Ihre scharfen Zähne und ihre Würgekraft machen sie zu gefährlichen Gegnern.

IDENTIFIZIERUNG VON GIFTSCHLANGEN

Es gibt kein einzelnes Merkmal, mit dessen Hilfe man eine Giftschlange von einer harmlosen unterscheiden kann, ausgenommen das Vorhandensein von Giftzähnen und -drüsen. Die Vorstellung, daß alle Giftschlangen lanzenförmige oder dreieckige Köfpe oder irgendein anderes warnendes Merkmal haben, ist falsch und gefährlich.
Die einzig sichere Art der Identifizierung gefährlicher Schlangen besteht darin, sich mit dem Aussehen der giftigen Arten in den verschiedenen Gegenden der Welt zu befassen, damit man sie vom äußeren Erscheinungsbild her erkennt. Die wichtigen Arten aller Gegenden sind in den Illustrationen auf den folgenden Seiten dargestellt. Die Fähigkeit, giftige Schlangen von harmlosen zu unterscheiden, verringert die Gefahr eines Schlangenbisses und dient der Beseitigung der Angst.

GIFTSCHLANGEN IN NORDAMERIKA

Klapperschlangen

In den Vereinigten Staaten und Mexiko gibt es etwa 27 Arten von Klapperschlangen. Bis auf die Gegenden, wo sie ausgerottet worden sind, gibt es in nahezu jedem Gebiet eine oder mehrere Arten. Die Klapper am Schwanzende ist das beste und eindeutigste Erkennungszeichen. Wenn die Klapper nicht zu sehen ist, bilden der dicke Rumpf und der breite Kopf gute Gefahrenzeichen. Einige Klapperschlangen sind klein, und ihr Biß führt wohl kaum zum Tod. Andere, wie etwa die Diamantklapperschlange, werden bis zu 2,4 Meter lang und sind sehr gefährlich. Klapperschlangen sind grau bis schwarz und manchmal gefleckt.
Klapperschlangen kommen in nahezu jedem Gelände vor, sie bevorzugen jedoch offene, sandige Stellen oder Felsbänder. Sie geben nicht immer ein warnendes Rasseln von sich; wenn sie überrascht werden, schlagen sie manchmal erst zu und rasseln anschließend. Klapperschlangen versuchen nahezu immer, ohne Kampf zu entkommen. Die Gefährlichkeit eines Bisses hängt von der Größe der Schlange ab: der Biß einer kleinen Klapperschlange macht einen normal gebauten Menschen krank; der einer großen (90–150 cm lang) kann tödlich sein.

Klapperschlange

Wassermokassin

Kupferkopf

Korallenschlange

Abb. A1: Giftschlangen in Nordamerika

Tropische Klapperschlange

Gruppe der Lanzenschlangen

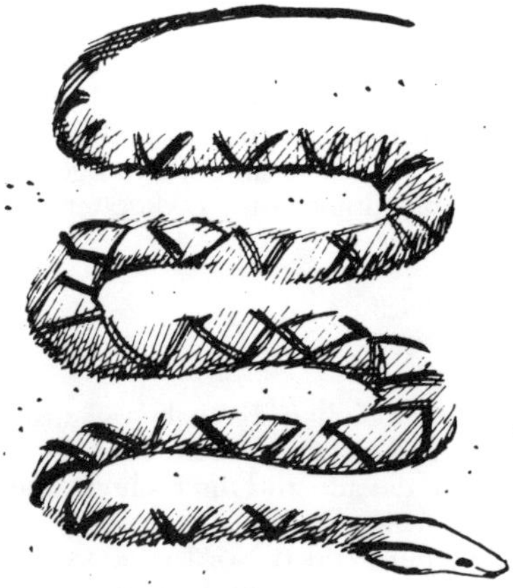

Buschmeister

Seeschlange

Abb. A2: Giftschlangen in Mittel- und Südamerika

Wassermokkasin

Die Wassermokkasin hat einen dicken Rumpf und einen Kopf, der breiter als der Hals ist. Sie wird im Durchschnitt 90 bis 120 cm lang, es gibt aber auch Exemplare von 1,8 Meter. Sie ist gewöhnlich mattbraun oder oliv und weist eine undeutliche Zeichnung in Bandform oder Fleckenform auf; die Zeichnungen verschwinden manchmal bei den größeren Schlangen. Die Unterseite ist gelblich mit dunkleren Markierungen. Junge Wassermokkasins zeigen eine glänzende Farbe. Das offene Maul ist weiß. Die Wassermokkasin wird oft mit verschiedenen Spezies harmloser Wasserschlangen verwechselt, die ihr in Farbe und Form stark ähneln. Nicht identifizierte Schlangen im oder am Wasser sollten gemieden werden.
Die Wassermokkasin lebt im oder am Wasser und ist eine gute Schwimmerin. Sie sonnt sich oft auf Zweigen und Baumstämmen an trägen Flüssen, sumpfigen Nebenarmen und Sümpfen. Wenn sie gestört wird, zieht sie sich normalerweise zurück, kann aber auch ihren Bereich behaupten, wobei sie ihr Maul in einer Drohgeste weit offen hält. Das Gift der Wassermokkasin ist sehr gefährlich, und der Biß einer großen Schlange ist oft tödlich.

Kupferkopf (Hochlandmokkasin)

Bei der Kupferkopfschlange handelt es sich um eine Schlange mit dickem Rumpf, deren Kopf breiter als der Hals ist. Sie erreicht eine durchschnittliche Länge von etwa 75 cm, einige Arten werden aber auch bis zu 1,35 Meter lang. Sie haben gewöhnlich eine fahlbraune Farbe und eine Reihe von dunkleren Querstreifen, die sich in der Mitte des Rückens verengen. Bei größeren Schlangen findet sich oft nur eine kleine und unverdächtige Zeichnung. Der Kopf ist kupferrot. Die Unterseite ist im allgemeinen von heller Farbe und etwas gesprenkelt. In den nördlichen Gegenden ist die Kupferkopfschlange normalerweise in dichten Wäldern zu finden. Im Süden kommt sie nahezu überall auf Felder oder in Wäldern vor. Sie bevorzugt hohen, trockenen Grund. Diese Schlangenart ist ziemlich furchtsam; sie versteckt sich normalerweise und versucht zu entkommen, wenn sie entdeckt wird. In die Ecke getrieben, bewegen sie den Schwanz schnell hin und her und erzeugen einen deutlichen Summton. Sogar in Gegenden, in denen die Schlangen recht zahlreich vorkommen, sind Bisse selten. Das Gift ist schwach und für Erwachsene nicht besonders gefährlich. Nur wenige Todesfälle sind bekannt geworden. Die Kupferkopfschlange wird auch als Hochlandmokkasin, Todesotter oder Pilotschlange bezeichnet.

Korallenschlangen

Diese Schlangen gehören eigentlich zur Familie der Kobras. Sie haben glänzend rote oder rosafarbene Unterseiten und glänzende Streifen auf dem Rücken. Es gibt drei oder vier Arten von Korallenschlangen, die alle im Durchschnitt unter 60 cm lang sind; eine Art wird bis zu 1,2 Meter lang.
Korallenschlangen sind nur in den subtropischen Gegenden Nordamerikas – im südlichen Florida und Teilen von Mexiko – zu finden, da sie am liebsten in niedriggelegenen Sumpf- und Marschgebieten leben.
Wenn die Korallenschlange mit ihren kurzen Fangzähnen zubeißt, muß sie sich im wahrsten Sinne des Wortes durch die Haut »kauen«, wodurch es für sie nahezu unmöglich ist, durch irgendeine Art von Kleidung zuzubeißen.
Korallenschlangen sind harmlos und furchtsam. Sie sind nur selten zu sehen und verursachen nur sehr wenige Todesfälle.

Korallenschlangen

Siehe Giftschlangen in Nordamerika.

Klapperschlangen

Von den fünf Arten von Klapperschlangen in Mittel- und Südamerika ist nur die Tropische Klapperschlange weit verbreitet. Bei dieser und ihren nahen Verwandten handelt es sich um große Schlangen, die im Durchschnitt 1,5 Meter lang sind. Die typische Tropische Klapperschlange weist zwei am Hals verlaufende dunkle Streifen und geometrische Rumpfmarkierungen auf. Die Mexikanische Klapperschlange ist ähnlich gezeichnet, jedoch ohne dunkle Streifen. Eine kleinere Klapperschlange, die auf der Arubainsel zu finden ist, hat einen fahlgrauen Rücken und eine weiße Unterseite. Die Klapper an der Schwanzspitze bildet ein ausreichendes Erkennungszeichen für alle Klapperschlangen.
Die Tropische Klapperschlange ist ein gefährliches Reptil. Sie ist groß und aggressiv und ihr Gift ist äußerst gefährlich. Sie kann nach einem nur sehr geringen warnenden Klappern und vor dem Zusammenrollen zuschlagen. Wenn sie gereizt wird, bewegt sie sich auf den Reizenden zu. Sie ist nur in trockenem, hügeligem Land, nicht jedoch in dichten Wäldern zu finden. In Mexiko und Mittelamerika wird die Tropische Klapperschlange auch als »Cascabel« und in Brasilien als »Cascavel« bezeichnet.

Buschmeister

Die Buschmeister ist eine große Schlange mit einigermaßen schlankem Körper und einem Kopf, der viel breiter als der Hals ist. Sie ist im Durchschnitt etwa 2,1 bis 2,7 Meter lang, kann aber auch eine Länge von etwa 3,3 Meter erreichen. Sie ist hellbraun mit einem rosigen Farbstich und zeigt eine Reihe dunkler Flecken, die auf der Oberseite breit und an den Seiten schmal werden. Die Schuppen sind äußerst rauh und stehen wie die Zähne einer Feile in die Höhe.
Die Buschmeister ist größtenteils in tiefliegenden Wäldern zu finden. Sie bevorzugt trockenen Boden und versteckt sich oft in Tierhöhlen. Wenn sie auf dem Waldboden liegt, ist sie aufgrund ihrer Tarnung nur sehr schwer zu erkennen. Die Schlange bleibt entweder bewegungslos liegen, bis man sie berührt, oder sie versucht zu entkommen. Sie kann bösartig zuschlagen – manchmal schleicht sie sich sogar an einen Eindringling an. Wenn die Schlange irritiert ist, vibriert der Schwanz, und wenn das unter trockenem Laub passiert, kann man die Schlange für eine Klapperschlange halten. Die Buschmeister ist eine wilde und gefährliche Schlange, jedoch nur selten zu finden. Die beste Vorsichtsmaßnahme besteht darin, Stiefel zu tragen und die Hände aus Löchern und Büschen nahe am Boden zu lassen.

Lanzenschlangen

Zu dieser Gruppe gehören mehrere eng verwandte Arten. Die Lanzenschlange und etwa sechs ihrer Verwandten sind grau bis braun oder rötlich und haben

dunkle geometrische Flecken, die auf der Oberseite im allgemeinen schmal und an den Seiten breit sind. Sie haben einen mäßig dicken Rumpf und einen Kopf der viel breiter als der Hals ist. Die Lanzenschlange wird im Durchschnitt 90 bis 120 cm lang, erreicht aber auch eine Länge von 1,8 oder 2,1 Meter. Einige Mitglieder der Gruppe sind kleiner und zeigen alle möglichen Farben, einschließlich grün oder gelb; manche haben dicke Rümpfe. Die Lanzenschlange wird auch als »Barba Amarilla« bezeichnet.
Die Gruppe der Lanzenschlangen ist im gesamten Mittel- und Südamerika weit verbreitet. Die großen Arten leben am Boden; einige der kleineren, die auch als Palmenvipern bezeichnet werden, leben auf Bäumen, besonders am Unterteil der Palmenblätter. Die größeren Arten der Gruppe sind gefährlich und oft in Zuckerrohrfeldern oder um Siedlungen herum zu finden, wo sie Ratten fangen. Alle legen ihren Rumpf in Windungen, bevor sie zuschlagen. Klapperschlange, Buschmeiter und die Gruppe der Lanzenschlangen gehören alle zu den Grubenottern. Alle haben zwei lange Fangzähne im Oberkiefer und keine anderen Zähne von vergleichbarer Größe. Die beiden langen Fangzähne können von Haut bedeckt sein oder sie werden in das Maul zurückgefaltet. Ein weiteres charakteristisches Merkmal dieser Schlangen ist eine tiefe Grube zwischen Auge und Nüstern.

Seeschlangen

Seeschlangen sind nur in Brack- oder Salzwasser an der Pazifikküste vom Golf von Kalifornien bis Ekuador zu finden. Sehr häufig kommen sie manchmal im Golf von Panama vor. Im Atlantischen Ozean gibt es sie nicht. Die Seeschlange beider amerikanischer Kontinente hat einen braunen bis schwarzen Rücken und eine gelbe Unterseite. Sie wird durchschnittlich 60 bis 90 cm lang.
Auf sämtlichen Karibischen Inseln außer Martinique, Santa Lucia und Trinidad gibt es keine Giftschlangen. Auch in Chile und im Andenhochland über etwa 3000 Meter sind keine Giftschlangen zu finden.

GIFTSCHLANGEN IN SÜDOSTASIEN

Kobras

An der typischen Kampfhaltung mit erhobenem Kopf und gespreizter Haube sind Kobras am leichtesten zu erkennen. Die häufigste Spezies, die Indische Kobra, wird bis zu 1,8 Meter lang. Typisch für diese Spezies ist die Brillenzeichnung auf der Haube; diese Zeichnung kann aber auch aus nur einem Fleck oder aus zwei Flecken ohne Verbindung bestehen. Kobras bilden normalerweise (aber nicht immer) eine Haube, wenn sie gereizt werden. Die Königskobras sind die größten aller Giftschlangen: sie werden im Durchschnitt 3 bis 3,6 Meter lang, manche erreichen bis zu 5,4 Meter. Im Verhältnis zu ihrem Rumpf ist die Haube der Königskobra schmaler als die der anderen Arten.
In einem großen Teil Südostasiens sind Kobras die am häufigsten vorkommenden Giftschlangen. Besonders zahlreich sind sie in Indien, wo die Eingeborenen sie aus religiösen Gründen nicht töten. Kobras sind am häufigsten an felsigen Stellen zu finden oder in alten Häusern, wo sie sich von Ratten ernähren. Die am häufigsten vorkommenden Arten sind nicht besonders wild; Königskobras greifen jedoch möglicherweise von selbst an, besonders wenn sie ihre Eier bewachen.

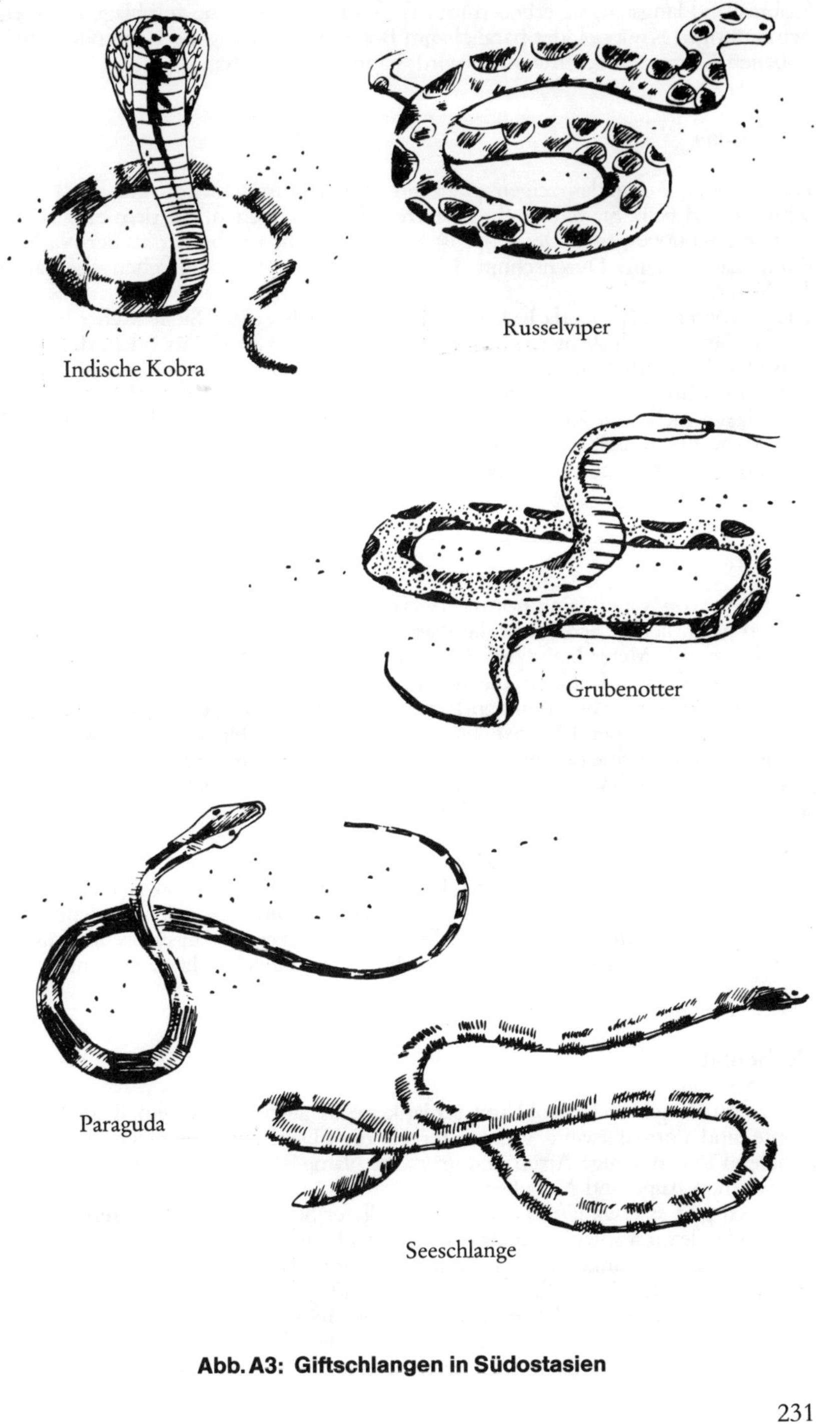

Abb. A3: Giftschlangen in Südostasien

Kobras sind langsam; sie erheben immer den Kopf, wenn sie zuschlagen. Mit einem kräftigen Knüppel, der parallel zum Boden in Richtung auf Kopf oder angehobenen Körperteil geschwungen wird, kann man sie töten.

Paragudas

Die meisten Paragudas zeigen glänzende Streifen in schwarz und weiß oder schwarz und gelb. Sie haben einen starren Rückenknochen, auf dem eine Reihe größerer Schuppen sitzt. Der Kopf ist klein und nicht viel breiter als der Nacken. Paragudas sind im Durchschnitt 1,2 bis 1,5 Meter lang, erreichen aber auch 1,8 Meter.
Die gewöhnliche Paraguda Indiens ist meistens nachts aktiv. Sie lebt eher in offenem Gelände als in dichtem Dschungelunterholz und ist nachts oft in der Nähe von bewohnten Plätzen und auf Wegen zu finden. Die gestreifte Paraguda zieht dichten Dschungel vor. Alle Paragudas sind sehr giftig. Die Paraguda erhebt zum Zuschlagen nicht den Kopf wie eine Kobra und schlägt auch nicht aus einer zusammengerollten Stellung zu wie eine Viper – sie schwingt nur den Kopf auf die eine oder andere Seite und beißt zu.

Vipern

Die Köpfe von Vipern sind normalerweise viel breiter als ihre Hälse. Die häufigste und gefährlichste Spezies ist die Russelviper. Sie hat einen dicken Rumpf und wird bis zu 1,5 Meter lang. Auf der Oberseite hat sie eine auffällige Zeichnung aus drei Reihen von Punkten, die aus weißumfaßten schwarzen Ringen mit rötlichen oder braunen Mittelpunkten bestehen. Eine weitere gefährliche Spezies ist die Sägeschuppenviper. Hier handelt es sich um kleine Schlangen von etwa 60 cm Länge von im allgemeinen heller Farbe mit dunklen Vierecken. Die Seitenschuppen sind rauh und leicht sägezahnartig. Wenn sie aufgescheucht werden, winden sich diese Schlangen heftig und geben ein zischendes Geräusch von sich.
Die Russelviper zieht offene, sonnige Flecken vor, ist aber bis auf dichten Dschungel nahezu überall zu finden. Sie ist nicht besonders bösartig und schlägt nur zu, wenn sie stark gereizt wird. Die Sägeschuppenviper ist zwar klein, dafür aber bösartig und beißt schnell zu; es sind Fälle bekannt geworden, in denen der Biß einer nur 30 cm langen Viper tödlich war. Sie leben vorzugsweise in Wüsten oder trockenen Gebieten und sind in dichtem Dschungel nicht zu finden.

Grubenottern

Grubenottern gibt es sowohl mit schlankem als auch mit dickem Rumpf. Ihre Köpfe sind normalerweise viel breiter als die Hälse. Sie sind meist braun mit dunklen Flecken; einige Arten sind grün. Ihr Name leitet sich von der tiefen Grube zwischen Auge und Nase her.
In Indien gibt es etwa ein Dutzend Arten dieser Schlange. Grubenottern sind in allen Geländearten sowohl auf Bäumen, als auch am Boden zu finden. Die Baumschlangen sind schlank; die Bodenschlangen sind dicker und haben einen schwereren Körper. Nur die größeren Exemplare sind gefährlich. Bei einer der chinesischen Grubenottern handelt es sich um eine Mokkasin, die der nordamerikanischen ähnlich ist; sie ist in den felsigen Gegenden der weitabgelegenen Gebirge im südlichen China zu finden. Sie erreicht eine Länge von etwa 1,35 Meter, ist

aber nur bösartig, wenn sie gereizt wird. In den Ebenen des östlichen China ist oft eine kleine Grubenotter von etwa 45 cm Länge zu finden; sie ist jedoch zu klein, als daß sie einem Menschen, der Schuhe trägt, gefährlich werden könnte.

Seeschlangen

Diese Schlangen haben einen abgeflachten, paddelähnlichen Schwanz und unterscheiden sich insofern von Aalen, als die Schlangen Schuppen haben, was bei den Aalen nicht der Fall ist. Seeschlangen zeigen große Variationen in Farbe und Form; sie sind im Durchschnitt 120 bis 150 cm lang, manche Exemplare erreichen aber auch Längen von 2,4 bis 3 Meter.
Seeschlangen sind an den Küsten und in den Mündungen einiger größerer Flüsse zu finden. Der Biß dieser Schlangen ist gefährlich, es kommt aber nur selten vor, daß sie zubeißen. Seeschlangen tauchen manchmal in großer Zahl auf, besonders während der Fortpflanzungszeit, sie beißen aber nur selten zu, wenn man sie nicht anfaßt. Es ist kein Fall eines vorsätzlichen Angriffs auf einen Menschen im Wasser bekannt.

GIFTSCHLANGEN IN EUROPA, AFRIKA UND DEM NAHEN OSTEN

In Europa westlich der Wolga sind Ottern die einzigen Giftschlangen. In Irland oder auf Madagaskar gibt es keine Giftschlangen.

Korallenschlangen

Siehe Giftschlangen in Nordamerika.

Seeschlangen

Siehe Giftschlangen in Südostasien.

Europäische Vipern

Diese Schlangen haben einen kurzen, dicken Rumpf und einen Kopf, der viel breiter als der Hals ist. Normalerweise verläuft bei ihnen ein Zick-Zack-Streifen den Rücken entlang; sie sind von grauer, olivbrauner, rötlicher oder gelblicher Farbe. Die Europäische Viper wird durchschnittlich 60 bis 90 cm lang. Auf dem Kontinent gibt es acht verschiedene Arten. Sie werden auch als Ottern bezeichnet.
Vipern sind im allgemeinen in den wilderen Gegenden, besonders auf Felsebenen wie in den Pyrenäen, dem Appennin und auf dem Balkan zu finden, wo sie bis in eine Höhe von etwa 1500 Meter vorkommen. Es gibt sie weit oben im Norden bis zum 67. Breitengrad in Skandinavien und quer durch Sibirien. Sonnenbeschienene Hänge, Moore und Heide, Kornfelder und Abfallhaufen sind ihre bevorzugten Aufenthaltsorte. Ein paar europäische Vipern sind aggressiv und wild und verursachen gelegentlich Todesfälle.

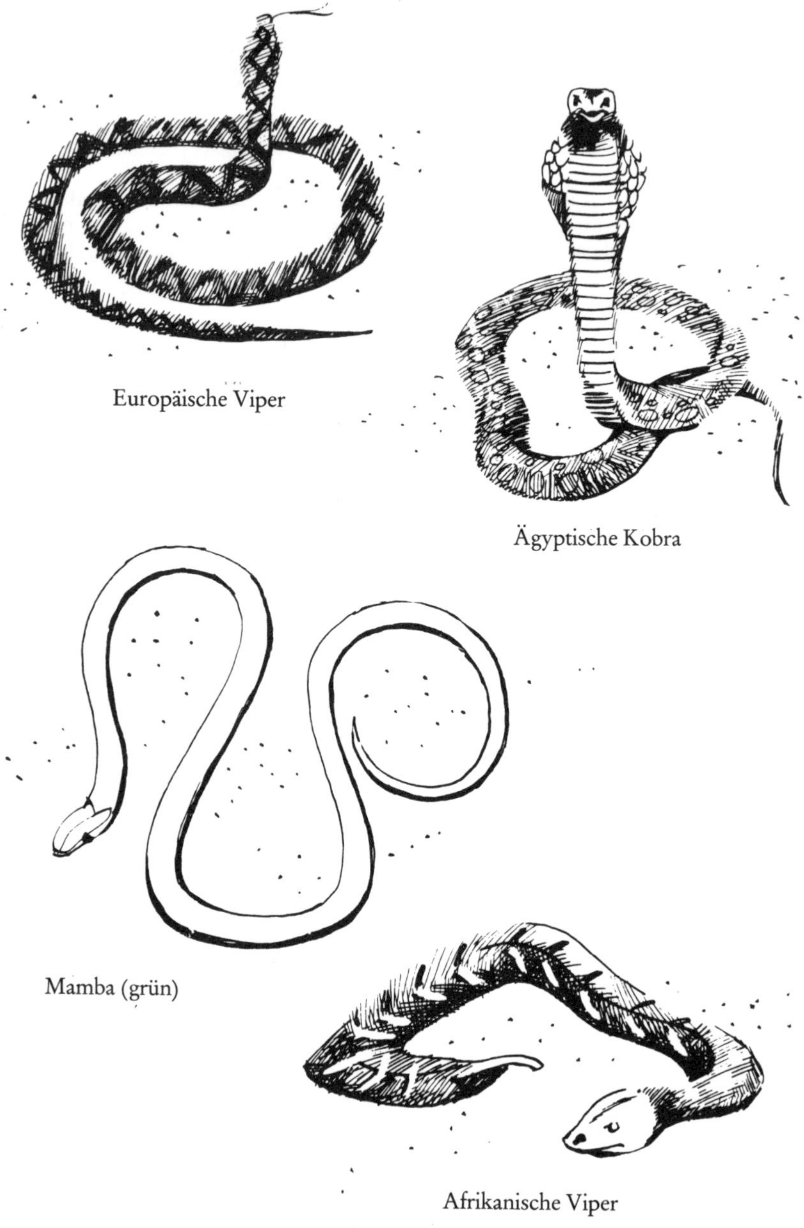

Abb. A4: Giftschlangen in Europa, Afrika und Nahem Osten

Afrikanische Vipern

Mit Ausnahme der Puffotter ähneln die Vipern Nordafrikas denen in Europa. Bei der Puffotter handelt es sich um eine große bräunliche oder sandfarbene Schlange mit auffallenden Markierungen, einem schweren Rumpf und einem sehr kurzen Schwanz. Die Puffotter wird bis zu 1,5 Meter lang. In Mittel- und Südafrika finden sich noch weitere Viperarten; zu den größten gehört die Rhinozerosviper. Diese in Westafrika vorkommende Schlange hat Hörner über der Nase, einen sehr breiten Kopf und einen dicken Rumpf, der auf dem Rücken mit farbigen Zeichnungen bedeckt ist; sie erreicht eine Maximallänge von etwa 1,2 Meter. Die Gabunviper hat ein Horn über der Nase, einen breiten Kopf und einen dicken Körper mit länglichen Zeichnungen auf dem Rücken und dreieckigen farbigen Flecken an den Seiten; sie wird bis zu 1,8 Meter lang. Weiterhin gibt es noch eine Reihe von anderen, meist kleinen Vipern in Afrika.
Die Puffotter zieht offene Wälder oder Grasland in der Nähe von Flüssen vor. Die Rhinozerosviper ist in oder an Flüssen zu finden. Die Gabunviper lebt in dichten Wäldern. Die Bisse all dieser Schlangen sind äußerst gefährlich. Sie sind jedoch nicht aggressiv und beißen nicht so schnell zu. Die kleineren Vipern, die in sandigen Gegenden, offenem Buschland, Grasland oder lichten Wäldern vorkommen, sind trotz ihrer geringen Größe schon eher aggressiv und gefährlich. Eine der kleineren Arten vergräbt sich im Sand und greift möglicherweise vorbeigehende Menschen an; an einer charakteristischen Ringelspur im Sand kann man erkennen, ob eine solche Schlange in der Nähe ist.

Kobras

In Afrika und dem Nahen Osten gibt es mehrere Arten von Kobras. In diesen Gebieten sind sie schwarz, braun, grau oder gelblich, mit oder ohne Zeichnung. Kobras sind häufig 1,8 bis 2,1 Meter lang; eine Art – die Wasserkobra – kann sogar eine Länge von 2,5 Metern erreichen.
Die Kobras in Afrika und dem Nahen Osten kommen in nahezu jedem Lebensraum vor. Eine Art lebt in oder am Wasser; eine andere ist auf Bäumen zu finden. Einige der Kobras in diesem Gebiet sollen aggressiv und wild sein. Die recht bekannte Ägyptische Kobra im nördlichen Afrika und den angrenzenden Regionen ist oft in der Nähe von felsigen Stellen und Ruinen zu finden. Die Entfernung, aus der eine Kobra nach vorn in gerader Richtung zuschlagen kann, entspricht der Höhe des Kopfes über dem Boden. Einige Kobras können ihr Gift jedoch auf eine Entfernung von 3 bis 3,6 Meter verspritzen; dieses Gift ist harmlos, solange es nicht ins Auge gelangt, wo es zu Blindheit führt, wenn es nicht sofort ausgewaschen wird. Besonders gefährlich ist es, in Löchern und Steinhaufen herumzustochern, da dort die Möglichkeit besteht, auf eine spuckende Kobra zu treffen.

Mambas

Diese Schlangen sind sehr schlank und haben kleine Köpfe. Sie haben im allgemeinen eine grüne oder dunkle, gleichmäßige Farbe ohne verdächtige Flecken oder Zeichnungen. Die Schuppen sind glatt, symmetrisch angeordnet und groß. Mambas werden bis zu 3,6 Meter lang. Eine Mamba von etwa 2,4 Metern ist etwa halb so dick wie ein normaler Besenstiel. Es ist schwierig, Mambas eindeutig zu identifizieren. Die Zähne einer 2,4 Meter langen Schlange sind etwa 3,75 cm lang, nadeldünn und nahezu ganz mit Fleisch bedeckt.

Bis auf die äußersten nördlichen Bereiche sind Mambas überall in Afrika zu finden. Die Südafrikanische Mamba kommt von Tansania im Osten bis Westafrika südlich des Kongo vor; sie macht zwei Farbveränderungen durch – einmal schwarz und einmal grün. Die Grüne Mamba gibt es in Westafrika, vom Senegal bis zum Niger. Mambas leben in Bäumen oder am Boden, und sie sind schon auf der Suche nach Ratten in Häuser eingedrungen. Sie sind sehr schnell. In der Brutzeit können sie von selbst angreifen, ansonsten sind sie aber recht furchtsam. Der Biß einer Mamba ist sehr gefährlich.

GIFTSCHLANGEN IN AUSTRALIEN, NEUGUINEA UND AUF DEN PAZIFISCHEN INSELN

In Australien, Neuguinea, auf den Neuen Hebriden, den Karolinen- und Salomoninseln sowie auf den angrenzenden Inseln sind nahezu alle Schlangen giftig. Auf den östlich von Neuseeland gelegenen Inseln gibt es keine giftigen Landschlangen.

Seeschlangen

Siehe Giftschlangen in Südostasien.

Kupferkopfschlangen

Siehe Giftschlangen in Nordamerika.

Todesotter

Diese Schlange hat einen kurzen, dicken, unförmigen Rumpf mit einem Kopf, der viel breiter als der Nacken ist, und einen kurzen, dünnen Schwanz. Sie wird selten länger als 60 cm. Sie kann grau, braun, rosafarben oder ziegelrot sein, je nach dem Sandstein der jeweiligen Gegend, dem sie ihre Tarnung gut anpaßt. Besonders bei den jungen Tieren zeigen sich Streifen von dunklerer Farbe über dem Körper. Die Todesotter hat rauhe Schuppen und einen Dorn am Schwanz.
Sie kommt an sandigen Stellen fast im gesamten Australien, außer in Viktorialand, sowie im südlichen Neuguinea und auf den Molukken vor. Weil die Todesotter dem Boden, auf dem sie lebt, ähnelt, ist sie nur schwer zu sehen. Sie ist zwar nicht schnell, kann aber gefährlich werden, wenn man sie reizt oder auf sie tritt. Das Gift dieser Schlange ist äußerst stark.

Tigerschlangen

Die Tigerschlange hat dunkle Streifen auf einem dunklen grünen, grauen, orangefarbenen oder braunen Untergrund: manchmal sind die Streifen undeutlich. Sie hat einen kräftigen Rumpf mit einem recht breiten Kopf. Voll ausgewachsen erreicht sie im Durchschnitt eine Länge von 1,2 bis 1,5 Metern, aber auch 1,8 Meter sind möglich. Die Tigerschlange spreizt den Nacken, wenn sie ärgerlich ist.
Sie lebt auf trockenem Gelände in großen Bereichen Australiens und Tasmaniens.

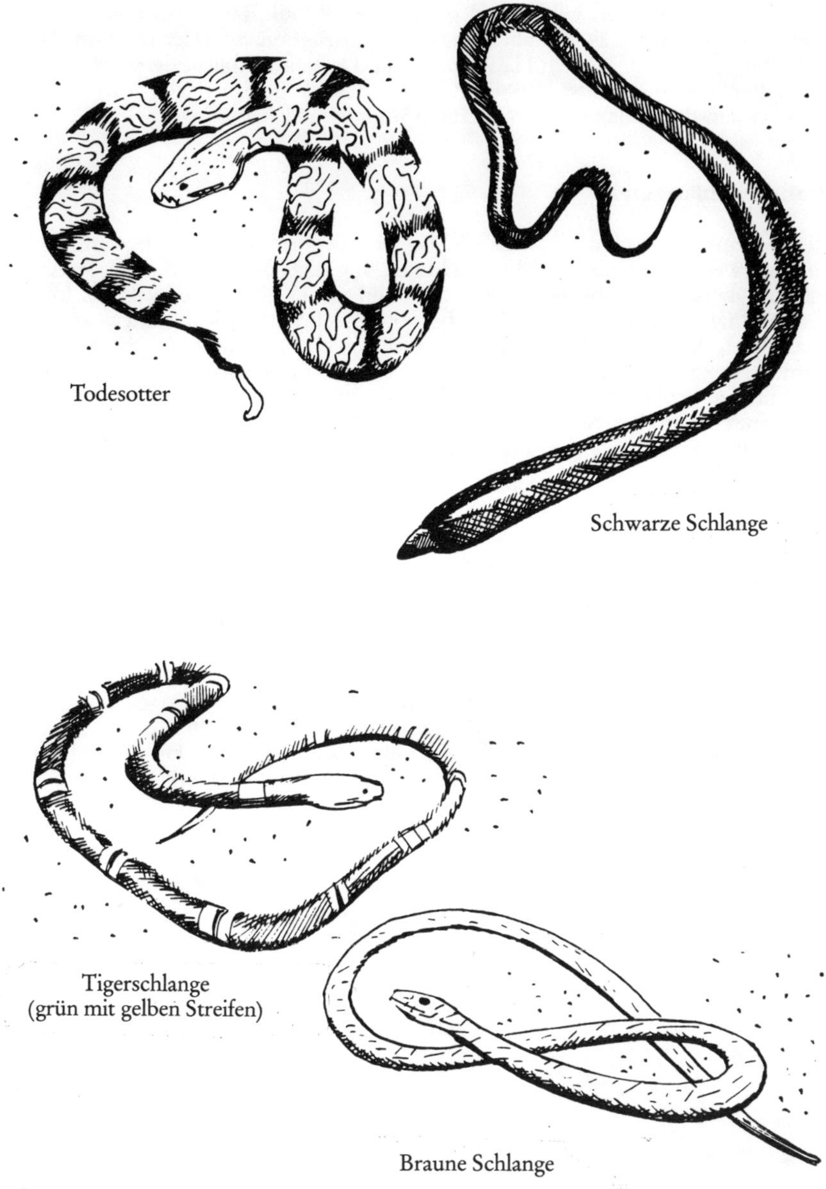

Abb. A5: Giftschlangen in Australien, Neuguinea und auf den Pazifischen Inseln

Es handelt sich um ein wildes und gefährliches Reptil, das in Australien mehr Todesfälle verursacht als alle anderen Schlangen zusammen. Tigerschlangen beißen schnell zu, wobei sie den Hals spreizen und mit einem blitzartigen Schlag zuschnappen, der so heftig ist, daß der Rumpf der Schlange dabei nach vorn bewegt wird, so daß die Schlange einen kurzen Sprung zu machen scheint.

Braune Schlangen

Hierbei handelt es sich um schlanke Schlangen mit einem kleinen schmalen Kopf; normalerweise werden sie 1,2 bis 1,5 Meter lang. Die Augen sind groß. Sie sind auf der Oberseite gelb bis braun oder grau und an der Unterseite weiß; die Jungtiere sind fahlbraun und zeigen ein hübsches Ringelmuster. Es gibt etwa ein Dutzend Arten dieser Schlange, von denen einige auch Peitschenschlangen genannt werden. Trotz des kleinen Kopfes ist das Gift dieser Schlangen äußerst stark.
Die braunen Schlangen sind im gesamten Australien weit verbreitet und auch in Neuguinea zu finden. Sie sind nur aggressiv, wenn sie aufgescheucht werden. Dann schlagen sie aus einer geringelten Stellung zu.

Schwarze Schlangen

Schwarze Schlangen sind blauschwarz an der Oberseite und glänzend purpurfarbig mit schwarzen Streifen an der Unterseite. Die Schuppen sind symmetrisch angeordnet und satinartig glatt. Sie werden durchschnittlich 1,8 bis 2,1 Meter lang und haben einen schlanken Rumpf und einen kleinen Kopf. Sie spreizen ihren Hals bei der geringsten Aufregung.
Bis auf die nördlichen Gebiete und Tasmanien sind diese Schlangen überall in Australien zu finden. Sie bevorzugen marschige Stellen oder Flüsse; sie tauchen und schwimmen gut und können lange unter Wasser bleiben. Da sie ruhig auf dem Grunde von Flüssen liegen, können sie für Badende gefährlich werden. Sie greifen nur an, wenn man auf sie tritt oder sie in die Ecke drängt. Zum Angriff heben sie ihren Kopf ein paar Zentimeter vom Boden und stoßen aus dieser Stellung zu. In Australien werden zwar mehr Leute von schwarzen Schlangen als von jeder anderen Schlangenart gebissen, ihr Gift ist jedoch relativ schwach, so daß nur sehr wenig Leute daran sterben.

Überlebensausrüstung (empfohlene Zusammenstellung)

Die neuen Nylonrucksäcke mit Aluminiumrahmen sind leicht, fassen jedoch neben Schlafsäcken (in der Kälte Daunenschlafsäcke, im Dschungel Hängematten verwenden) und kleinen Zelten oder Fallschirmstoffbahnen viele Dinge, auf die man nicht verzichten kann.

- Leichter, zusammenrollbarer Regenanzug
- In heißem Klima einen leichten Hut mit breiter Krempe
- In kaltem Klima eine Strickmütze für Kopf und Ohren und ein zweites Paar Faust- oder Fingerhandschuhe
- Eine zweite Garnitur Unterwäsche und Strümpfe
- Ein zusammenrollbares Fischnetz von etwa 1,2 m Länge (Pfähle dafür lassen sich aus Stöcken oder anderem Holz in der Nähe von Flüssen fertigen)
- Wasserfeste Streichhölzer, die sich an jeder Reibfläche entzünden
- Wasserdichte Dynamo-Taschenlampe
- Kerzenstummel (damit kann man nicht nur Licht machen, das Kerzenwachs erweist sich manchmal auch als nützlich für Reparaturarbeiten)
- Feueranzünder
- Toilettenpapier (keine Giftsumachblätter nehmen!
- Insektenmittel (in Plastikflasche)
- Sonnenschutzmilch oder -creme
- Sonnenbrille
- Signalspiegel
- Zwei Rauchsignale
- Zwei Leuchtfackeln
- Kompaß
- Geeignete topographische Karten
- Halazontabletten zur Wasserentkeimung (Anm. d. Übers.: in Deutschland etwa Mikropurtabletten)
- Zwei Dutzend sortierte Angelhaken
- 15 Meter Einfadenleine mit etwa 50 Pfund Belastbarkeit
- Messingringe und 7,5 m leichten Draht für Fallen
- Schweizer Offiziersmesser
- Nadel und Faden
- 7,5 m Fallschirmleine oder andere hochbelastbare Nylonleine
- Kurze Feile oder Schleifstein
- Axt oder Beil
- Eine gute Säge – leicht zu verpacken, aber fest genug, um Bäume von größerem Durchmesser zu fällen
- In Plastik verpackte Brühwürfel und Schokolade zum Mischen mit Wasser
- Etwa ein Quadratmeter Aluminiumfolie
- Antiseptische Creme
- Kleiner Notizblock und Bleistift

Erste-Hilfe-Ausrüstung

Die folgende Erste-Hilfe-Ausrüstung wird von der US-Army empfohlen. Sie enthält nur unbedingt notwendige Dinge mit Hauptaugenmerk auf größere Wunden und Schock:

- Einzelwundauflagen (etwa 10 × 17 cm) oder sterile Verbandpäckchen in festversiegelter Kunststoffpackung
- Kompressen und Bandagen, 5 × 5 cm, 4 Streifen
- Mullbinde (7,5 cm × 6 m)
- Drei 6 m lange Mullbinden, 2,5 und 5 cm breit
- Musselinverbandstuch (etwa 90 × 130 cm)
- Vaselinegaze (7,5 × 65 cm, 3 Streifen)
- Heftpflaster (2,5 cm × 1 m, 100 Streifen)
- Klebeverband (2 × 7,5 cm, 300 Streifen)
- Augenspülung und -verband
- Salmiakgeist, Ampullen, 1/3 cc, 10 Einheiten
- Polyvinylpyrolidon-Jod-Lösung, nicht eisenhaltig, 10 prozentig, 14,8 cc
- Natriumchlorid-Natriumbicarbonat-Mischung
- Rasierklinge
- Anwendungshinweise und Inhaltsverzeichnis

Ein Zivilist sollte keine ausgedehnte Reise in oder über Wildnisgebiete planen, ohne daß der Hausarzt eine gründliche Untersuchung mit Röntgen des Brustraums, Lungentest und EKG vorgenommen hat.

Eine zivile Erste-Hilfe-Ausrüstung läßt sich mit Hilfe einer Reservemunitionskiste, die weiß gestrichen und mit einem Roten Kreuz versehen wird, herstellen. Sie sollte im Lager jederzeit deutlich sichtbar sein und niemals so tief unter anderen Vorräten vergraben werden, daß sie nicht in Sekunden erreichbar ist.

Die folgenden Dinge (vorgeschlagen von dem medizinischen Experten für die Wildnis, Dr. George H. Hulsey aus Norman, Oklahoma) sollten zusätzlich zu den von der US Army empfohlenen in Gefrierbeuteln mit Reißverschluß in der umgebauten Munitionskiste Platz finden:

- Sortiment Klebeverbände
- Mullbinden
- Pinzette
- Elastische Binden
- Äthylchloridspray
- Kleine Dose Fußpulver
- Plastikflasche mit Aspirin
- Schlangenbißausrüstung (für nicht-arktische und nicht-subarktische Gebiete)

Besondere Umstände und Vorschläge zur medikamentösen Behandlung (einige dieser Medikamente müssen vom Arzt verschrieben werden):

- Kinetose (Reisekrankheit) – Paspertin
- Übelkeit und Erbrechen – Vomex-A-Zäpfchen
- Diarrhöe-Opiumtinktur
- Verdauungsstörungen – Tabletten gegen Magensäure

- Kleinere Schmerzen – Aspirin
- Größere Schmerzen – ein Narkotikum
- Insektenstiche, Reizungen durch Giftsumach, Nesseln usw. – Lotion mit 1 % Phenol, 1 % Menthol und 1 % Hydrokortison oder Fleischzartmacher (letzterer ist besonders wirksam gegen Bienenstiche. Wer auf Bienen- oder Wespenstiche besonders allergisch reagiert, sollte sich ein Medikament vom Arzt verschreiben lassen)
- Knoblauchextrakt (aus dem Reformhaus) entmutigt Moskitos und andere beißende Insekten.
- In der Wüste sind Salztabletten, im Dschungel Anti-Malaria-Tabletten äußerst wichtig.
- Immer Wasserentkeimungstabletten mitführen. Notfalls hilft auch eine Kappe flüssiges Bleichmittel auf fünf Gallonen Wasser.
- Keimtötende Seife
- Sonnenschutzlotion für Klimazonen mit viel Sonne; Lippenbalsam (oder Lippenstift), um Rissigwerden der Lippen zu verhindern.
- Bei Sonnenbrand Cortison-Aerosol-Spray aufbringen.
- Insektenmittel mit 40 oder mehr Prozent NN-Diäthyl-Metatoluamid ist zu empfehlen.

(Anmerkung des Übersetzers: Die oben angegebenen Medikamente stellen nur eine Auswahl aus den auf dem deutschen Markt erhältlichen dar. Es sollte auf jeden Fall ein Arzt zu Rate gezogen werden.)

Werkzeug und Waffen

Schneidewerkzeuge sind wichtig zum Überleben

- Sicherstellen, daß ein stabiles Messer mit Scheide und einer etwa 15 cm langen Klinge im Gepäck ist, wenn schon keine Axt oder kein Beil mitgeführt wird. Diese Werkzeuge sorgfältig pflegen.
- Wenn keine Feile oder kein Schleifstein zur Verfügung stehen, kann man Werkzeuge mit jedem Sandstein schärfen. Mit grauem, etwas lehmigem Sandstein lassen sich bessere Resultate erzielen als mit reinem Quarzstein. Quarz ist das einzige häufig vorkommende Mineral, das härter als Stahl ist und mit jedem Körnchen einen hellen Kratzer hinterläßt.
- Wenn kein Sandstein zu finden ist, nach Granit oder irgend einem anderen kristallinen Stein außer Marmor Ausschau halten. Bei Verwendung von Granit zwei Steine gegeneinander reiben, bis sie glatt sind, bevor sie als Schleifstein benutzt werden.
- Äxte lassen sich am besten mit Feile und Schleifstein schärfen, mit einem Stein allein kann man die Axt jedoch in brauchbarem Zustand erhalten. Die Axt alle paar Tage mit der Feile und nach jedem Gebrauch mit dem Schleifstein bearbeiten. Die Feile immer vom Blatt wegführen und die Axt dabei mit Wasser naßmachen.
- Mit dem Schleifstein die Axt feinschärfen. Den Stein in kreisförmiger Bewegung von der Blattmitte zur Kante führen.
- Ein Schneemesser kann allein mit einer Feile geschärft werden. Andere Messer werden nur mit dem Schleifstein scharfgehalten. Die Klinge leicht angewinkelt auf den Stein halten und vom Körper wegführen. Abwechselnd auf einer und dann auf der anderen Seite schärfen. Einen schärferen Schliff erhält man, wenn man den Druck auf die Klinge nach und nach verringert.
- Nicht versuchen, einen Baum mit einem Schlag der Axt zu fällen. Gleichmäßiger Rhythmus und Treffsicherheit sind wichtiger als reine Kraft. Wenn hinter einem Schlag zu viel Kraft sitzt, geht das auf Kosten der Treffsicherheit. Bei richtigem Schwung sorgt allein das Gewicht der Axt für die erforderliche Kraft.
- Vor der Arbeit alle Hindernisse aus dem Weg räumen. Zweige, Ranken oder Büsche können die Axt auf Fuß oder Bein ablenken. Daran denken – eine Axt kann eine gefährliche Waffe sein.
- Ein gebrochener Griff ist nur schlecht aus der Axt herauszubekommen. Am besten ist es normalerweise, ihn herauszubrennen. Bei einer einschneidigen Axt das Blatt bis zum Griffansatz im Boden vergraben und ein Feuer darüber anzuzünden. Bei einer zweischneidigen Axt einen kleinen Graben ausheben, die Axtmitte darüberlegen, beide Schneiden mit Erde bedecken und ein Feuer anlegen.

  Bei der Anfertigung eines neuen Griffs spart man Zeit und Mühe, indem man ihn gerade macht und nicht gekrümmt wie den ursprünglichen. Ein Stück junges, gerades Hartholz ohne Äste verwenden. Roh in Griffform bringen und dann schleifen. Das Ende des Griffs, das in die Axt kommt, spalten. Nach Anbringen des Griffs einen Keil aus dünnem, trockenem Hartholz in den Spalt treiben. Die Axt eine Zeitlang benutzen; den Keil weiter hineintreiben, dann in einer Ebene mit der Axt abschneiden.

Schußwaffen sind nützlich zum Überleben

- Verschiedene Firmen stellen eine Kombination aus Schrotflinte im Kaliber .410 und Gewehr im Kaliber .22 her. Diese Waffen haben einen hohlen Schaft, in dem Platz ist für die beiden Läufe, Patronen und Reinigungsgerät.
  Mit der Schrotflinte beträgt die wirkungsvolle Schußweite etwa 20–25 Meter bei kleinen Vögeln und 10–15 Meter bei kleinen Tieren. Schüsse auf weitere Entfernungen, besonders auf Vögel im Flug, sind Munitionsverschwendung.
  Schüsse aus dem .22-Gewehr können bis auf etwa 100 Meter tödlich sein, bei Entfernungen über 50 Meter sind die Chancen, Wild im entscheidenden Punkt zu treffen, jedoch sehr gering.
- Immer daran denken, daß das meiste Wild auf Entfernungen unter 50 Meter getötet wird. Niemals auf Entfernungen über etwa 65 Meter schießen, es sei denn, man kann nicht näher herankommen, um einen sauberen Schuß anzubringen. Der erste Schuß muß sitzen, da man vielleicht keinen weiteren auf dieses Tier abgeben kann und der Munitionsvorrat begrenzt ist.
- Kein Schnellfeuer schießen. Die Sache läßt sich mit einem Schuß erledigen, wenn man richtig zielt.
- Aus einer möglichst stabilen Stellung schießen. Daran denken, daß Überlebensgewehre leicht sind und daß jedes Zittern des Körpers aufgrund von Erschöpfung oder Aufregung sich auf den Lauf überträgt. Am besten schießt man im Liegen, möglicherweise ist jedoch eine sitzende oder kniende Stellung erforderlich. Wenn immer es möglich ist, eine Auflage, wie etwa einen Baumstamm oder Stein, verwenden, dabei aber immer die Hand zwischen Auflage und Lauf halten, damit der Schuß nicht verzogen wird. Niemals freihändig schießen, es sei denn, man kann aus Zeitgründen keine andere Stellung einnehmen.
- Auf lebenswichtige Organe zielen. Bei mittlerem oder großem Wild sind wahrscheinlich Schulter oder Brust die besten Stellen. Nur schießen, wenn sich eine lebenswichtige Stelle anbietet.
- Nicht auf den ersten Schuß vertrauen, selbst wenn das Wild tot umzufallen scheint. Sofort nachladen, dabei aber auf das Wild achten.
- Nach Blutspuren suchen, wenn das Tier nach dem ersten Schuß wegläuft. Wenn Blut zu sehen ist, 30 Minuten warten. Verwundetes Wild legt sich möglicherweise nieder, wenn man ihm Zeit läßt, und wird steif.
- Schußwaffen für den Gebrauch in Überlebenssituationen sind so gebaut, daß sie die dort anzutreffenden Bedingungen aushalten, sie brauchen jedoch eine entsprechende Pflege, wenn sie funktionieren sollen, sobald man sie braucht. Waffen sauber halten. Bei Nichtgebrauch möglichst abdecken. Abzug, Rücklauf, Verschluß und besonders den Lauf sauber und frei von Öl, Erde, Schnee oder Schmutz halten. Einen durch Schmutz, Schnee oder Fremdkörper verstopften Lauf vor dem Schießen säubern. Niemals versuchen, Fremdkörper im Lauf herauszuschießen – der Lauf wird zerplatzen.
- Die Waffe nicht als Keule, Hammer oder Brecheisen benutzen. Sie ist ein Präzisionswerkzeug, von dem das Leben abhängen kann.
- Die Waffe nicht zu stark einölen. Ein paar Tropfen auf die beweglichen Teile reichen völlig.

- Ein Stück Tuch, das an einem Bindfaden durch den Lauf gezogen wird, ist ein guter Ersatz für Reinigungsstock und Reinigungsöl.
- Wenn der Lauf sorgfältig gereinigt werden muß und kein Reinigungspulver zur Verfügung steht, vom Verschluß aus kochendes Wasser hindurchgießen. Das überschüssige Wasser mit einem Stück Stoff an einem Bindfaden aufnehmen; der heiße Lauf trocknet von selbst.
- Im Winter die Waffe von allen Schmier- und Rostschutzmittel befreien. Die Waffe vollkommen auseinandernehmen und alle Teile mit einem trockenen Lösungsmittel reinigen. Benzin oder Feuerzeugbenzin verwenden. Normale Schmiermittel verdicken sich in der Kälte und verlangsamen den Abzugsmechanismus. Bei kaltem Wetter funktionieren Waffen am besten, wenn sie völlig trocken sind.
- Ein größeres Problem besteht darin, die beweglichen Teile, Visier und Lauf von Schnee und Eis freizuhalten. Selbst eine kleine Menge Eis oder Schnee kann die Waffe funktionsunfähig machen, d. h. besonders im Schnee ist eine sorgfältige Handhabung äußerst wichtig. Mündung und Verschluß mit improvisierten Hauben schließen. Immer einen kleinen Stock zur Säuberung von Visier und Verschlußteilen mitführen.
- Waffen schwitzen, wenn sie aus extremer Kälte in einen warmen Unterschlupf gebracht werden; wenn man sie dann wieder mit hinaus nimmt, gefriert der feine Film aus Schwitzwasser. Dieses Eis kann die Funktionsfähigkeit erheblich beeinträchtigen, d. h. Waffen draußen lassen oder in einem Unterschlupf ohne Feuer aufbewahren. Wenn ein Unterschlupf nicht viel wärmer als die Außentemperatur ist, kann man die Waffen mit hereinbringen, sie sollten aber auf dem Boden abgelegt werden, wo die Temperatur am niedrigsten ist. Vor dem Säubern einer Waffe in einem warmen Unterschlupf alle kondensierte Feuchtigkeit abwischen. Das Metall schwitzt bis zu einer Stunde.
- Ein eingefrorenes Teil nicht mit Gewalt zu bewegen versuchen. Wenn möglich, leicht anwärmen und langsam hin und herbewegen, bis es aufgetaut ist. Wenn es nicht angewärmt werden kann, sichtbares Eis oder Schnee entfernen und langsam hin und herbewegen, bis es wieder funktioniert.
- Vor dem Laden der Waffe den Abzugsmechanismus ein paar Mal hin- und herbewegen, damit er mit Sicherheit frei ist, und die Munition überprüfen.
- Metallschäfte zum Schutz der Wangen mit Band, Stoff oder einem Strumpf überziehen.

ANHANG V

Orientierungstabellen und Diagramme

RICHTUNGSBESTIMMUNG MIT HILFE DER SONNE BEI SONNENAUF- UND UNTERGANG

Wenn geographische Breite und Länge bekannt sind, kann man durch Beobachtung der Sonne beim Auf- oder Untergang die Nordrichtung herausfinden. Abbildung A6 zeigt den rechtweisenden Azimut der aufgehenden Sonne für alle Monate des Jahres in der nördlichen und südlichen Hemisphäre.

Das folgende Beispiel zeigt, wie man mit Hilfe der aufgehenden Sonne die Nordrichtung findet: am 26. Januar ist der eigene Standort 50°00′ N und 165°06′ W. In der Tabelle findet man jetzt unter dem Datum und 50° nördlicher Breite den Azimut der Sonne mit 120°. Da die Sonne aufgeht, weiß man, daß dies der rechtweisende Azimut der Sonne von Norden ist. Daher liegt Norden mit Blick auf die Sonne in einem Winkel von 120° nach links.

Zur Bestimmung der Nordrichtung bei untergehender Sonne soll das gleiche Problem wie oben betrachtet werden. In diesem Fall handelt es sich beim Sonnenazimut jedoch nicht um den rechtweisenden Azimut. Stattdessen haben wir hier eine relative Peilung. Da die Sonne im Westen untergeht, muß Norden rechts von der Sonne liegen. Daher liegt die Nordrichtung bei Blickrichtung auf die Sonne in einem Winkel von 120° zur rechten Seite.

In Abbildung A6 ist weder jeder Tag des Jahres noch jeder Längengrad aufgeführt. Wenn eine Genauigkeit von bis zu einem Azimutgrad erforderlich ist, muß man zwischen den Werten in der Tabelle interpolieren. In der Praxis ergibt sich jedoch mit dem am nächsten liegenden Tag und Längengrad in der Tabelle ein Azimut, mit dem man seinen Kurs halten kann. Zum Beispiel: auf 32° nördlicher Breite am 13. April beträgt der genaue Azimut der aufgehenden Sonne 79°22; aus der Tabelle ergibt sich jedoch mit dem nächstliegenden Tag, dem 11. April, und der nächstliegenden Breite, 30°, als Azimut der aufgehenden Sonne 81°. Dieser Wert ist für eine solche Situation genau genug.

BESTIMMUNG DER GEOGRAPHISCHEN BREITE MIT HILFE DER TAGESLÄNGE

(Siehe Abbildung A7) Auf jeder geographischen Breite zwischen 60° N und 60° S kann man die genaue Breite mit einem Fehler von 30 Seemeilen feststellen, wenn die Tageslänge mit einer Abweichung von maximal einer Minute bekannt ist. Das gilt für das ganze Jahr mit Ausnahme von etwa zehn Tagen vor und nach den Tag- und Nachtgleichen – etwa 11. bis 31. März und 13. September bis 2. Oktober. Während dieser beiden Zeiträume ist der Tag auf allen Breiten etwa gleich lang. Um Sonnenaufgang und Sonnenuntergang genau bestimmen zu können, muß ein ebener Horizont vorhanden sein. Ein Landhorizont läßt sich dazu nicht immer benutzen.

BEOBACHTUNGEN ZUR BREITENBESTIMMUNG

Die Tageslänge von dem Augenblick an, an dem die Sonne über dem Meereshorizont sichtbar wird, bis zu dem Augenblick, in dem sie unter dem Horizont verschwindet, feststellen. Dieser Augenblick wird oft von einem grünlichen Blitz gekennzeichnet. Die Zeiten von Sonnenaufgang und Sonnenuntergang aufschreiben. Nicht auf die Erinnerung verlassen. Zu beachten ist, daß nur die Länge des Tages bei der Bestimmung der Breite zählt; eine Uhr kann eine unbekannte Ungenauigkeit besitzen und trotzdem zur Bestimmung dieses Faktors dienen. Wenn nur ein Meereshorizont zur Verfügung steht, wie etwa an der Küste, die örtliche Mittagszeit mit Hilfe der Schattenmethode (Kapitel Drei) feststellen. Der Tag ist doppelt so lang wie der Zeitraum zwischen Sonnenaufgang und Mittag oder zwischen Mittag und Sonnenuntergang.
Wenn die Tageslänge bekannt ist, kann man die Breite mit Hilfe des Nomogramms in Abbildung A7 feststellen.

BESTIMMUNG DER GEOGRAPHISCHEN LÄNGE MIT HILFE DER ÖRTLICHEN, SCHEINBAREN MITTAGSZEIT

Um die geographische Länge zu bestimmen, muß die genaue Zeit bekannt sein. Dazu sollte man wissen, mit welcher Geschwindigkeit die eigene Uhr vor- oder nachgeht. Wenn diese Geschwindigkeit bekannt ist und die Zeit feststeht, zu der die Uhr zum letzten Mal gestellt wurde, kann man die richtige Zeit berechnen. Die Zonenzeit auf der Uhr auf Greenwich-Zeit umrechnen; wenn die Uhr beispielsweise auf östliche Standardzeit eingestellt ist, erhält man Greenwich-Zeit durch Hinzufügen von 5 Stunden.
Die geographische Länge läßt sich bestimmen, indem man den Augenblick festhält, in dem ein Himmelskörper über dem Ortsmeridian durchläuft. Am einfachsten nimmt man dafür die Sonne. Auf einer ebenen Fläche einen Stock möglichst senkrecht aufstellen. Die Ausrichtung des Stocks mit Hilfe eines improvisierten Senklots überprüfen (ein Senklot erhält man, indem man irgendeinen schweren Gegenstand an einen Bindfaden bindet und frei hängen läßt; der Bindfaden zeigt die Senkrechte an). Kurz vor Mittag mit dem Markieren der Spitze des Stockschattens beginnen. Die Zeit jeder einzelnen Markierung aufschreiben. Weitere Markierungen anbringen, bis der Schatten definitiv länger wird. Die Zeit, zu der der Schatten am kürzesten ist, ist die Zeit, zu der die Sonne den Ortsmeridian passiert hat, beziehungsweise die örtliche scheinbare Mittagszeit. Wahrscheinlich muß die Lage des kürzesten Schattens geschätzt werden, indem man eine Linie mitten zwischen zwei Schatten gleicher Länge, einer vor und einer nach Mittag, wählt. Wenn man die Zeiten von Sonnenaufgang und Sonnenuntergang genau mit Hilfe eines Meereshorizonts bestimmen kann, liegt die örtliche Mittagszeit genau zwischen diesen Zeiten.
Die Greenwich-Zeit der örtlichen scheinbaren Mittagszeit notieren. Als nächstes muß diese festgestellte Zeit des Meridiandurchgangs um den Zeitausgleich korrigiert werden – d. h. um die Anzahl von Minuten, um die die richtige Sonne der mittleren Sonnenzeit vorgeht oder nachhinkt (die mittlere Sonnenzeit wurde von Astronomen eingeführt, um Zeitmeßprobleme zu vereinfachen. Für die mittlere Sonne wurde eine konstante Umlaufgeschwindigkeit von 15° pro Stunde über dem Äquator angenommen. In Wirklichkeit ist die Sonne nicht so rücksichtsvoll; sie ändert ihre Winkelumlaufgeschwindigkeit um die Erde mit den Jahreszeiten). Abbildung A9 zeigt die Minuten, die zur mittleren (Uhr-) Zeit addiert oder von ihr subtrahiert werden müssen, um scheinbare (Sonnen-) Zeit zu erhalten.

Jetzt, da die Greenwichzeit der lokalen Mittagszeit bekannt ist, kann man den Längenunterschied zwischen dem eigenen Standort und Greenwich berechnen, indem man den Zeitunterschied zwischen Zwölf Uhr Greenwich-Zeit und der lokalen Mittagszeit in Bogenmaß umrechnet. Dabei entspricht eine Stunde 15 Längengrad, vier Minuten einem Längengrad und vier Sekunden einer Längenminute.

Beispiel: Die Uhr ist auf östliche Standardzeit eingestellt. Sie verliert normalerweise 30 Sekunden am Tag. Seit vier Tagen ist sie nicht mehr gestellt worden. Zur lokalen Mittagszeit zeigt die Uhr am 4. Februar 15.08 Uhr.

Die Uhr muß um vier mal 30 Sekunden, d. h. zwei Minuten nachgestellt werden. Die Zonenzeit wird um fünf Stunden korrigiert. Greenwich-Zeit ist also 15.08 Uhr plus zwei Minuten plus fünf Stunden, d. h. 20.10 Uhr. Der Zeitausgleich für den 4. Februar beträgt minus 14 Minuten. Die lokale Mittagszeit ergibt sich als 20.10 Uhr minus 14 Minuten, d. h. 19.56 Uhr Greenwich-Zeit. Der Zeitunterschied zwischen Greenwich und dem eigenen Standort beträgt 19 Stunden 56 Minuten minus 12 Stunden, d. h. 7 Stunden 56 Minuten. 7 Stunden 56 Minuten entsprechen 119 Längengraden. Da die örtliche Mittagszeit später liegt als Greenwich-Mittag, befindet man sich westlich von Greenwich. Die geographische Länge beträgt somit 119° W.

RICHTUNGSBESTIMMUNG MIT HILFE DER SONNE AM MITTAG

Durch Bestimmen der lokalen Mittagszeit mit Hilfe der Schattenmethode erhält man auch die Richtung. Die Linie des kürzesten Schattens ist gleichzeitig die Linie des Ortsmeridians, d. h. der Nord-Süd-Linie. Ob die Sonne am Mittag im Norden oder Süden steht, hängt von der geographischen Breite ab; nördlich von 23,4° N steht die Sonne zur lokalen Mittagszeit immer im Süden, und die Schattenspitze zeigt in Richtung Norden. Südlich von 23,4° S ist die Sonne zur lokalen Mittagszeit immer im Norden, und der Schatten zeigt in Richtung Süden. In den Tropen kann die Sonne mittags je nach Datum und eigenem Standort sowohl im Norden als auch im Süden stehen.

BESTIMMUNG DER GEOGRAPHISCHEN BREITE MIT HILFE DES SONNENSTANDS AM MITTAG

Es gibt an jedem Tag nur jeweils einen Breitengrad auf der Erde, an dem die Sonne zur Mittagszeit genau durch den Zenit läuft. Auf allen Breitengraden nördlich davon verläuft die Sonne südlich des Zenit, und in den südlicheren Breitengraden steht sie mittags nördlich des Zenit. Bei jeder Änderung der Breite um ein Grad ändert sich auch der Zenitabstand um ein Grad. Abbildung A11 zeigt für jeden Tag des Jahres den Breitengrad, an dem die Sonne mittags im Zenit steht.

Datum		Winkel zwischen auf- oder untergehender Sonne und Norden (ebenes Gelände)												
		Breite												
		0°	5°	10°	15°	20°	25°	30°	35°	40°	45°	50°	55°	60°
Januar	1	113	113	113	114	115	116	117	118	121	124	127	133	141
	6	112	113	113	113	114	115	116	118	120	123	127	132	140
	11	112	112	112	113	113	114	115	117	119	122	125	130	138
	16	111	111	111	112	112	113	114	116	118	120	124	129	136
	21	110	110	110	111	111	112	113	115	117	119	122	127	133
	26	109	109	109	109	110	111	112	113	115	117	120	124	130
Februar	1	107	107	108	108	108	109	110	111	113	115	117	121	126
	6	106	106	106	106	107	107	108	109	111	113	115	118	123
	11	104	104	105	105	105	106	107	108	109	110	112	116	120
	16	103	103	103	103	103	104	105	106	107	108	110	112	116
	21	101	101	101	101	101	102	102	103	104	105	107	109	112
	26	99	99	99	99	100	100	100	101	102	103	104	106	108
März	1	98	98	98	98	99	99	99	100	100	101	102	104	106
	6	96	96	96	96	96	97	97	97	98	98	99	100	102
	11	94	94	94	94	94	94	95	95	95	96	96	97	98
	16	92	92	92	92	92	92	92	92	93	93	93	93	94
	21	90	90	90	90	90	90	90	90	90	90	90	90	90
	26	88	88	88	88	88	88	88	88	87	87	87	87	86
April	1	86	86	86	86	85	85	85	85	84	84	83	82	81
	6	84	84	84	83	83	83	83	82	82	81	80	79	77
	11	82	82	82	82	81	81	81	80	80	79	77	76	74
	16	80	80	80	80	79	79	78	78	77	76	74	72	70
	21	78	78	78	78	78	77	76	76	75	73	72	69	66
	26	77	77	76	76	76	75	75	74	72	71	69	66	63
Mai	1	75	75	75	74	74	73	73	72	70	69	66	63	59
	6	74	74	73	73	73	72	71	70	68	67	64	61	56
	11	72	72	72	72	71	70	69	68	67	64	62	58	52
	16	71	71	71	70	70	69	68	67	65	63	60	55	49
	21	70	70	70	69	69	68	67	65	63	61	58	53	47
	26	69	69	69	68	68	67	66	64	62	60	56	51	44
Juni	1	68	68	68	67	66	66	64	63	61	58	54	49	41
	6	67	67	67	67	66	65	64	62	60	57	53	48	40
	11	67	67	67	66	65	64	63	62	59	56	53	47	39

Juli	11	68	68	68	67	66	65	64	63	61	58	54	49	41
	16	69	68	68	68	67	66	65	64	62	59	55	50	43
	21	69	69	69	69	68	67	66	65	63	60	57	52	45
	26	70	70	70	70	69	68	67	66	64	62	59	54	48
August	1	72	72	72	71	71	70	69	68	66	64	61	57	51
	6	73	73	73	73	72	71	71	69	68	66	63	60	55
	11	75	75	74	74	74	73	72	71	70	68	66	63	58
	16	76	76	76	76	75	75	74	73	72	70	68	65	61
	21	78	78	77	77	77	76	76	75	74	72	71	68	65
	26	79	79	79	79	79	78	78	77	76	75	73	71	68
September	1	82	82	82	81	81	81	80	80	79	78	77	75	73
	6	83	83	83	83	83	83	82	82	81	81	80	78	77
	11	85	85	85	85	85	85	85	84	84	83	83	82	81
	16	87	87	87	87	87	87	87	86	86	86	85	85	84
	21	89	89	89	89	89	89	89	89	89	89	88	88	88
	26	91	91	91	91	91	91	91	91	91	91	92	92	92
Oktober	1	93	93	93	93	93	93	93	94	94	94	95	95	96
	6	95	95	95	95	95	96	96	96	97	97	98	99	100
	11	97	97	97	97	97	98	98	99	99	100	101	102	104
	16	99	99	99	99	99	100	100	101	101	102	104	105	108
	21	101	101	101	101	101	102	102	103	104	105	107	109	112
	26	102	102	103	103	103	104	104	105	106	108	109	112	115
November	1	104	104	105	105	105	106	107	108	109	110	113	116	120
	6	106	106	106	107	107	108	109	110	111	113	115	119	123
	11	107	107	108	108	108	109	110	111	113	115	117	121	126
	16	109	109	109	109	110	111	112	113	115	117	120	124	130
	21	110	110	110	111	111	112	113	114	116	119	122	126	133
	26	111	111	111	112	112	113	114	116	118	120	124	128	135
Dezember	1	112	112	112	113	113	114	115	117	119	122	125	130	138
	6	112	112	113	113	114	115	116	118	120	123	126	132	140
	11	113	113	113	114	115	116	117	118	121	124	127	133	141
	16	113	113	113	114	115	116	117	118	121	124	127	133	141
	21	113	113	113	114	115	116	117	118	121	124	127	133	141
	26	113	113	113	114	115	116	117	118	121	124	127	133	141

ACHTUNG: Bei aufgehender Sonne wird der Winkel von Ost nach Nord berechnet. Bei untergehender Sonne wird der Winkel von West nach Nord berechnet.

Abb. A6: Azimut der auf- und untergehenden Sonne

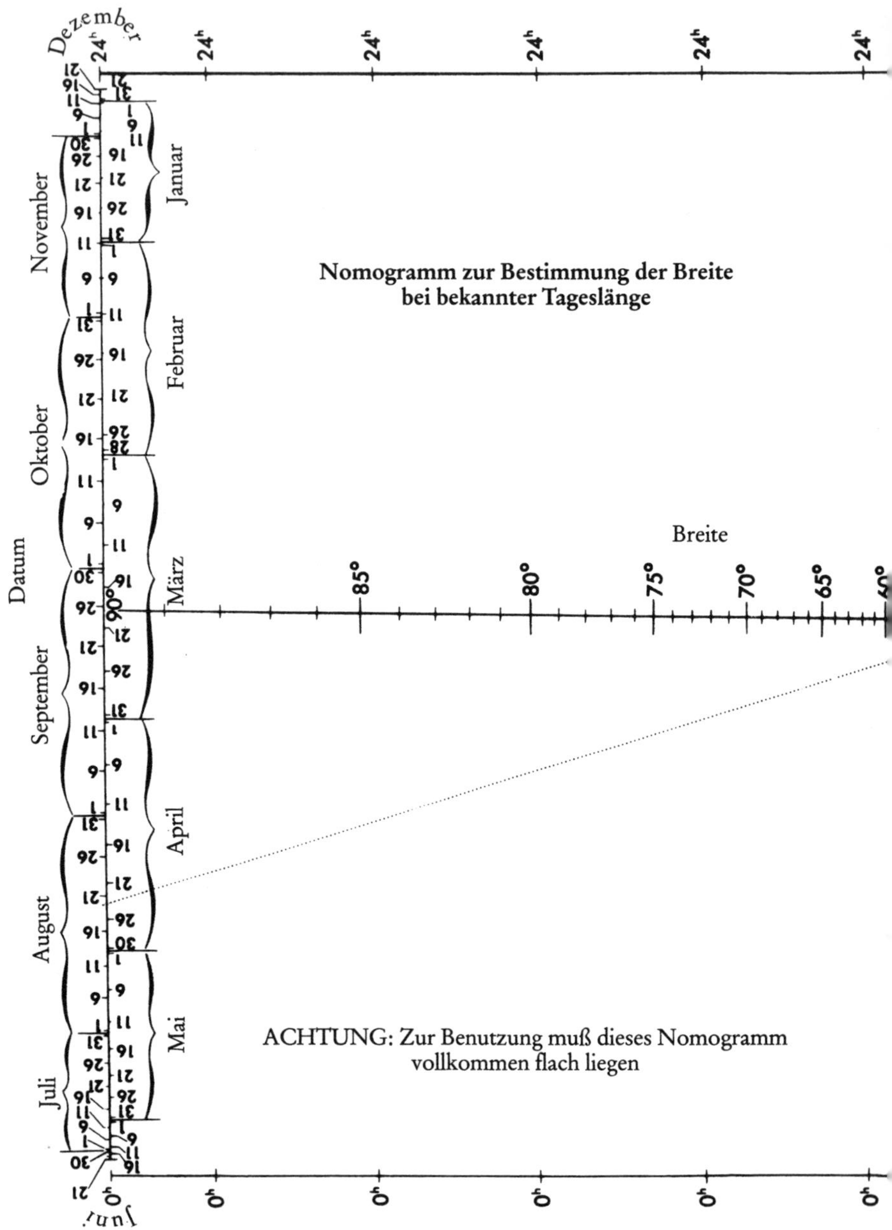

Abb. A7: Nomogramm

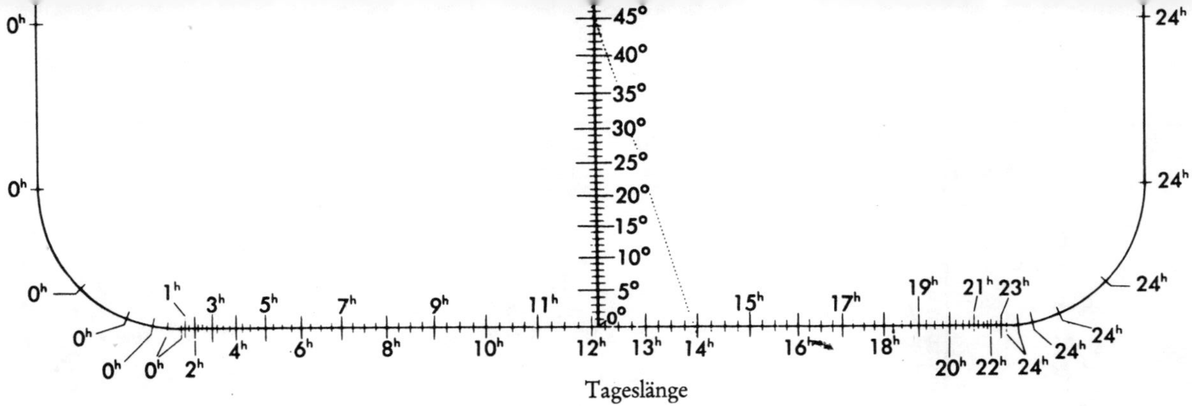

Gebrauchsanweisung

Zur Bestimmung der geographischen Breite:

Auf der *nördlichen Hemisphäre*:

1. Die Tageslänge zwischen dem Augenblick, in dem die Sonne am Meereshorizont auftaucht, und dem Zeitpunkt, zu dem sie unter dem Horizont verschwindet, feststellen. Dieser Augenblick wird häufig durch einen grünen Blitz gekennzeichnet.
2. Mit Hilfe eines Lineals die beobachtete Tageslänge auf der Tagesskala mit dem entsprechenden Datum auf der Datumsskala verbinden.
3. Auf der Breitenskale die geographische Breite ablesen.

Beispiel: Am 20. August beträgt die beobachtete Tageslänge 13 Stunden und 54 Minuten. Die geographische Breite ist 45°30'N.

Auf der *südlichen Hemisphäre*:

Sechs Monate zum Datum dazuzählen und wie oben fortfahren.

Beispiel: Am 11. Mai beträgt die festgestellte Tageslänge 10 Stunden und 4 Minuten. 11. Mai plus 6 Monate ergibt 11. November. Die geographische Breite ist 41°30'S.

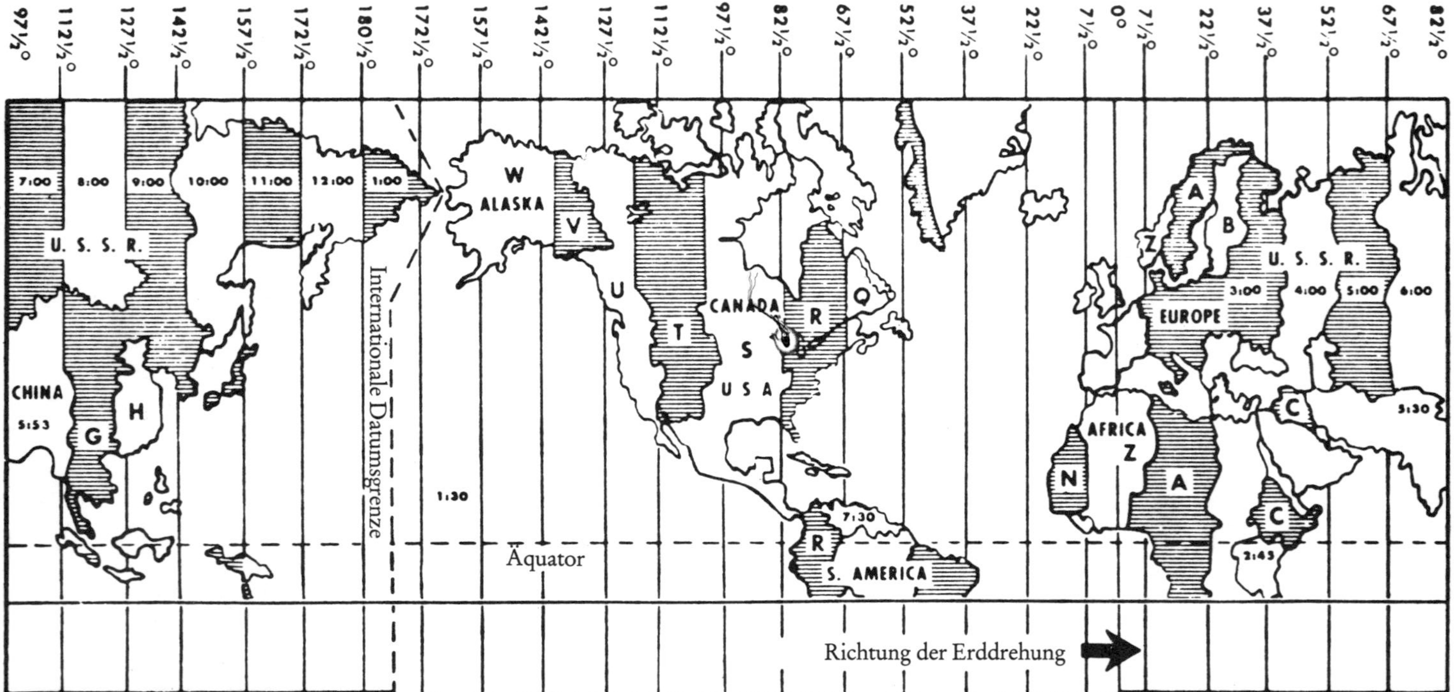

1800	1900	2000	2100	2200	2300	0000	0100	0200	0300	0400	0500	0600	0700	0800	0900	1000	1100	1200	1300	1400	1500	1600	1700
−6	−7	−8	−9	−10	−11	−12 +12	+11	+10	+9	+8	+7	+6	+5	+4	+3	+2	+1	0	−1	−2	−3	−4	−5
F	G	H	I	K	L	M Y	X	W	V	U	T	S	R	Q	P	O	N	Z	A	B	C	D	E

Abb. A8: Zeitzonen

Datum	Zeit-ausgleich	Datum	Zeit-ausgleich	Datum	Zeit-ausgleich	Datum	Zeit-ausgleich	Datum	Zeit-ausgleich	Datum	Zeit-ausgleich
Jan. 1	−3.5 min.	März 4	−12.0	Mai 2	+3.0 min.	Aug. 4	6.0	Okt. 1	+10.0 min.	Dez. 1	+11.0
2	−4.0	8	−11.0	14	+3.8	12	5.0	4	+11.0	4	+10.0
4	5.0	12	10.0	Mai 28	+3.0	17	4.0	7	+12.0	6	+9.0
7	6.0	16	9.0	Juni 4	+2.0	22	−3.0	11	+13.0	9	+8.0
9	−7.0	19	−8.0	9	+1.0	26	2.0	15	+14.0	11	+7.0
12	−8.0	22	−7.0	14	0.0	Aug. 29	−1.0	20	+15.0	13	+6.0
14	−9.0	26	−6.0	19	1.0	Sept. 1	0.0	Okt. 27	+16.0	15	+5.0
17	−10.0	März 29	−5.0	23	2.0	5	+1.0	Nov. 4	+16.4	17	+4.0
20	−11.0	April 1	−4.0	Juni 28	3.0	8	+2.0	11	+16.0	19	+3.0
24	12.0	5	−3.0	Juli 3	−4.0	10	+3.0	17	+15.0	21	+2.0
Jan. 28	−13.0	8	−2.0	9	−5.0	13	+4.0	22	+14.0	23	+1.0
Feb. 4	−14.0	12	−1.0	18	−6.0	16	+5.0	25	+13.0	25	0.0
13	−14.3	16	0.0	Juli 27	−6.6	19	+6.0	Nov. 28	+12.0	27	−1.0
19	−14.0	20	+1.0			22	+7.0			29	2.0
Feb. 28	−13.0	April 25	+2.0			25	+8.0			Dez. 31	−3.0
						Sept. 28	+9.0				

Durch Addition positiver Werte zur und Subtraktion negativer Werte von der mittleren Zeit erhält man die scheinbare Zeit

Abb. A9: Bestimmung der Zeit

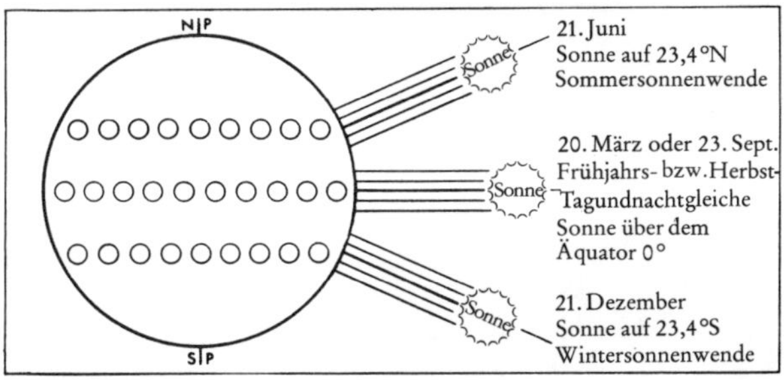

Abb. A10: Stellung der Sonne zur Tagundnachtgleiche und zur Sonnenwende

Deklination der Sonne (in Grad und Zehntelgrad)

Die Deklination ist bis zum nächsten Zehntelgrad und nicht in Bogenminuten aufgeführt.

Zur Umrechnung von 1/10° (0,1°) in Minuten mit 6 multiplizieren (d. h. 27,9° = 27°54′).

TAG	JAN.	FEB.	MÄRZ	APRIL	MAI	JUNI	JULI	AUG.	SEPT.	OKT.	NOV.	DEZ.
1	S 23.1	S 17.5	S 7.7	N 4.4	N 15.0	N 22.0	N 23.1	N 18.1	N 8.4	S 3.1	S 14.3	S 21.8
2	23.0	17.2	7.3	4.8	15.3	22.1	23.1	17.9	8.1	3.4	14.6	21.9
3	22.9	16.9	6.9	5.2	15.6	22.3	23.0	17.6	7.7	3.8	15.0	22.1
4	22.9	16.6	6.6	5.6	15.9	22.4	22.9	17.3	7.3	4.2	15.3	22.2
5	22.8	16.3	6.2	5.9	16.2	22.5	22.8	17.1	7.0	4.6	15.6	22.3
6	S 22.7	S 16.0	S 5.8	N 6.3	N 16.4	N 22.6	N 22.7	N 16.8	N 6.6	S 5.0	S 15.9	S 22.5
7	22.5	15.7	5.4	6.7	16.7	22.7	22.6	16.5	6.2	5.4	16.2	22.6
8	22.4	15.4	5.0	7.1	17.0	22.8	22.5	16.3	5.8	5.7	16.5	22.7
9	22.3	15.1	4.6	7.4	17.3	22.9	22.4	16.0	5.5	6.1	16.8	22.8
10	22.2	14.8	4.2	7.8	17.5	23.0	22.3	15.7	5.1	6.5	17.1	22.9
11	S 22.0	S 14.5	S 3.8	N 8.2	N 17.8	N 23.1	N 22.2	N 15.4	N 4.7	S 6.9	S 17.3	S 23.0
12	21.9	14.1	3.5	8.6	18.0	23.1	22.0	15.1	4.3	7.3	17.6	23.1
13	21.7	13.8	3.1	8.9	18.3	23.2	21.9	14.8	3.9	7.6	17.9	23.1
14	21.5	13.5	2.7	9.3	18.5	23.2	21.7	14.5	3.6	8.0	18.1	23.2
15	21.4	13.1	2.3	9.6	18.8	23.3	21.6	14.2	3.2	8.4	18.4	23.3
16	S 21.2	S 12.8	S 1.9	N 10.0	N 19.0	N 23.3	N 21.4	N 13.9	N 2.8	S 8.8	S 18.7	S 23.3
17	21.0	12.4	1.5	10.4	19.2	23.4	21.3	13.5	2.4	9.1	18.9	23.3
18	20.8	12.1	1.1	10.7	19.5	23.4	21.1	13.2	2.0	9.5	19.1	23.4
19	20.6	11.7	0.7	11.1	19.7	23.4	20.9	12.9	1.6	9.9	19.4	23.4
20	20.4	11.4	0.3	11.4	19.9	23.4	20.7	12.6	1.2	10.2	19.6	23.4
21	S 20.2	S 11.0	N 0.1	N 11.7	N 20.1	N 23.4	N 20.5	N 12.2	N 0.8	S 10.6	S 19.8	S 23.4
22	20.0	10.7	0.5	12.1	20.3	23.4	20.4	11.9	0.5	10.9	20.1	23.4
23	19.8	10.3	0.9	12.4	20.5	23.4	20.2	11.6	N 0.1	11.3	20.3	23.4
24	19.5	9.9	1.3	12.7	20.7	23.4	20.0	11.2	S 0.3	11.6	20.5	23.4
25	19.3	9.6	1.7	13.1	20.9	23.4	19.7	10.9	0.7	12.0	20.7	23.4
26	S 19.0	S 9.2	N 2.1	N 13.4	N 21.1	N 23.4	N 19.5	N 10.5	S 1.1	S 12.3	S 20.9	S 23.4
27	18.8	8.8	2.5	13.7	21.2	23.3	19.3	10.2	1.5	12.7	21.1	23.3
28	18.5	8.5	2.9	14.0	21.4	23.3	19.1	9.8	1.9	13.0	21.3	23.3
29	18.3	8.1	3.2	14.4	21.6	23.3	18.8	9.5	2.3	13.3	21.4	23.3
30	18.0	...	3.6	14.7	21.7	23.2	18.6	9.1	2.7	13.7	21.6	23.2
31	S 17.7		N 4.0		N 21.9	...	N 18.4	N 8.8	...	S 14.0	...	S 23.1

Beispiel: Am 10. Dezember beträgt die Deklination der Sonne 22,9° S, so daß ein Beobachter, der den Zenithabstand mit 0° mißt, weiß, daß er sich auf 22,9° südlicher Breite befindet. Wenn die Sonne 5° südlich vom Zenith steht, befindet er sich 5° nördlich von 22,9° S, d. h. auf 17,9° südlicher Breite, und wenn die Sonne nördlich steht, befindet er sich 5° südlich von 22,9° S, d. h. auf 27,9° südlicher Breite.

Abb. A11: Deklination der Sonne in Grad

Aufbruch ins Abenteuer

Jan Boger
Alles über Survival
152 Seiten, 257 Abb.
broschiert, DM 33,–

Dieser Digest bietet anschaulich alle Informationen über Ausrüstung, Technik und Fertigkeiten für Abenteuer-Reisende und Rucksack-Touristen.

Bernard Robin
Navy Survival-Handbuch
224 Seiten, 70 Karten und Zeichnungen
broschiert, DM 28,–

Im ersten Teil des Buches werden 31 Erlebnisberichte von Schiffbrüchigen wiedergegeben. Im zweiten Teil werden Regeln für ein Überleben auf See aufgestellt.

W. R. von Rhamm
Überlebenstraining
160 Seiten, 61 Abb.
Leinen, Schutzumschlag
DM 26,–

Das gesammelte Wissen, um in freier Natur, ohne zivilisatorische Hilfsmittel zu überleben. Mit praktischen Ratschlägen, Hinweisen und Tips zur Ernährung, Kleidung und Unterkunft.

Harald Kruse
Überlebenstechnik von A bis Z
216 Seiten, 71 Abb.
gebunden, DM 38,–

Ein Lexikon für das Überleben in Wildnis und Zivilisation. Für nahezu jede denkbare Situation finden sich hier überlebenswichtige Ratschläge – von kompetenter Seite ausgearbeitet und beschrieben.

W. R. von Rhamm
Abenteuer-Urlaub
323 Seiten, 84 Fotos und 31 Zeichnungen
gebunden, DM 24,–

Das Handbuch für Leute, die individuellen Abenteuer-Urlaub erleben wollen. Ein Kenner der Materie gibt viele Tips.

Nigel Gifford
Expeditionen
224 Seiten, 91 Abb. davon 28 farbig
broschiert, DM 29,–

Ein praktisches Handbuch für Organisation und Durchführung einer Expedition – geschrieben von einem Experten.

Der Verlag für Abenteuer

Postfach 1370
7 Stuttgart 1